**权威 · 前沿 · 原创**

皮书系列为

“十二五”“十三五”国家重点图书出版规划项目

中国社会科学院创新工程学术出版项目

# 2018年
# 辽宁经济社会形势分析与预测

ANALYSIS AND FORECAST OF ECONOMY AND SOCIETY OF LIAONING (2018)

主　编／梁启东　魏红江
副主编／王　磊　张天维　王　丹

社会科学文献出版社
SOCIAL SCIENCES ACADEMIC PRESS (CHINA)

图书在版编目(CIP)数据

2018年辽宁经济社会形势分析与预测/梁启东，魏红江主编. --北京：社会科学文献出版社，2018.11
（辽宁蓝皮书）
ISBN 978-7-5201-3637-2

Ⅰ.①2… Ⅱ.①梁… ②魏… Ⅲ.①区域经济-经济分析-辽宁-2018 ②社会分析-辽宁-2018 ③区域经济-经济预测-辽宁-2018 ④社会预测-辽宁-2018 Ⅳ.①F127.31

中国版本图书馆CIP数据核字（2018）第233057号

辽宁蓝皮书
2018年辽宁经济社会形势分析与预测

主　　编／梁启东　魏红江
副 主 编／王　磊　张天维　王　丹

出 版 人／谢寿光
项目统筹／任文武
责任编辑／张丽丽

出　　版／社会科学文献出版社·区域发展出版中心（010）59367143
地址：北京市北三环中路甲29号院华龙大厦　邮编：100029
网址：www.ssap.com.cn
发　　行／市场营销中心（010）59367081　59367083
印　　装／三河市龙林印务有限公司

规　　格／开 本：787mm×1092mm　1/16
印 张：23.5　字 数：355千字
版　　次／2018年11月第1版　2018年11月第1次印刷
书　　号／ISBN 978-7-5201-3637-2
定　　价／89.00元

皮书序列号／PSN B-2006-053-1/1

# 2018年辽宁蓝皮书编委会

# 主要编撰者简介

**梁启东** 现任辽宁社会科学院副院长，经济学研究员，人文地理学博士。曾获全国优秀科普专家、国务院特殊贡献专家称号，获省五一劳动奖章及省劳动模范、沈阳市“十大杰出青年”称号。主要研究成果有：《中国城区发展战略研究》《辽宁民营经济发展报告》《加入WTO与辽宁经济》《沈抚同城化战略研究》《沈阳经济区综合配套改革研究》《沈阳经济区城市发展研究》《对话金融危机》等专著。

**魏红江** 辽宁省统计局党组书记、局长，经济学博士，高级统计师。主要研究方向为经济统计。主要研究成果有：专著《大桥向阳——沿海开发建设实践与探索》；论文《结构性演进研究》《日本旅游业转型发展研究——基于与经济发展、信息产业的关联耦合分析》等多篇。

**王　磊** 博士，中国社会科学院社会学研究所博士后，硕士生导师，中国注册会计师。现任辽宁社会科学院社会学研究所所长、研究员。辽宁省直机关“五一劳动奖章”获得者。辽宁省重点学科（社会学）带头人，辽宁省“百千万人才工程”“百”层次人选，辽宁省宣传文化系统“四个一批人才”，沈阳市智库专家。中国社会学会常务理事，辽宁省社会学会副会长兼任秘书长（为法人代表）。吉林大学中国企业社会风险与责任研究中心兼职研究员，辽宁省总工会特邀理论研究员，辽宁省地方立法研究会常务理事，辽宁省国家公务员制度研究会理事，辽宁省行政学会理事，辽宁省财政学会理事等。

主要研究领域为社会福利与社会救助。近年来主持国家社会科学基金项目3项。2013年和2014年分别获得国家博士后科学基金面上项目一等资助和特别资助。主持完成辽宁省社会科学规划基金项目2项。作为核心成员参与“九五”国家社会科学基金重点项目及国家社科基金一般项目等多项国家级科研课题研究。截至目前出版学术专著2部，合著6部。在《财经问题研究》、《理论与改革》、《统计与决策》及《地方财政研究》等核心期刊发表学术论文二十余篇。科研成果获得省部级以上奖项十余项，其中获得辽宁省政府奖6项。

**张天维**　辽宁社会科学院产业经济研究所所长、研究员，中共辽宁省委省政府决策咨询委员，加拿大弗雷则研究所客座教授。现从事产业经济、理论经济、宏观经济、区域经济研究。主要研究成果有：《全球化趋势与产业成长战略》《繁荣与艰难之路——中国市场化的理论视角》《新型工业化与科技创新战略》等专著。2003年、2004年在加拿大弗雷则经济所从事合作研究，其间在国际学术期刊发表英文论文3篇，在UBC大学等做学术报告多场。多次在美国、俄罗斯、欧盟等国家和地区进行学术访问，合作进行专题研究。近年来主要从事东北老工业基地振兴政策绩效和辽宁省高新技术产业化发展战略方面的研究。

**王　丹**　辽宁社会科学院农村发展研究所所长，研究员，研究方向为农村经济、区域经济。近些年承担和参与国家级、省级社科基金项目及省政府、地方政府等委托课题三十余项。撰写相关著作十余部，在国家级、省级期刊上发表论文二十余篇。《通向复兴之路——振兴东北老工业基地政策研究》《取消农业税后农村新情况新问题及对策研究》等成果获得辽宁省哲学社会科学成果一等奖、二等奖等奖项。

# 摘　要

《2018年辽宁经济社会形势分析与预测》是辽宁社会科学院连续推出的第23本有关辽宁省经济社会形势分析的年度性研究报告。全书分为总报告、经济发展篇、民生改善篇、乡村振兴篇和专题篇五部分，由辽宁社会科学院有关专家，以及省直有关部门、大专院校的学者历经1年有余研创而成。2018年辽宁蓝皮书使用的数据是2017年整个年度的数据，依然突出对辽宁经济社会发展中热点、难点和关键问题的分析和预测，而且更加重视研究数据的完整性、研究的连续性。

本书认为，2017年以来，辽宁经济运行总体保持平稳，呈现出“运行企稳、走势向好”的发展态势。与此同时，辽宁省社会运行和发展态势良好，城乡居民收入不断增长，各项民生事业不断进步，城乡居民有了更多的获得感。

本书发现，2017年辽宁经济还存在着明显的问题和困难，如与全国经济的差距继续拉大；经济健康发展的基础不牢；创新不足，可持续发展能力不强等。在社会发展中还存在城乡收入分配差距加大，劳动力供需出现双降趋势，脱贫攻坚任务艰巨，人才服务体系发展滞后，部分职工生活困难等问题。

本书提出，2018年辽宁经济发展的积极因素和新的动力正在加速积聚，但是，全球经济复苏尚未完成，全国经济困难挑战不减，辽宁省经济形势依然严峻，经济增长基础还不稳固，内生动力还不足，提高经济发展的质量、效益，提升整体经济创新力、竞争力依然任重道远。为此，在经济领域要营造良好的投资环境，扩大有效投资；积极有效利用外资，持续提高对外开放水平；破除经济振兴的体制机制障碍；坚持创新发展，为振兴发展提供内生动力；实施乡村振兴战略，推进农业农村现代化。在社会领域，要持续深化社会事业改革，加强民生投入，强化社会治理，让广大城乡居民在经济社会发展中获得更多福祉。

**关键词：** 经济发展　民生改善　乡村振兴

# Abstract

*Analysis and Forecast of Economy and Society of Liaoning* (*2018*) is the 23rd report of a continuous introduction of Liaoning Academy of Social Sciences on the economic and social situation in Liaoning Province. The book consists of general report, comprehensive part, economic articles, social articles, rural revitalization articles and special articles. The authors mainly included experts from Liaoning Academy of Social Sciences as well as scholars from relevant provincial departments and universities. This book has been written for almost a year. The use of data is also the annual data of 2017. This "Liaoning Blue Book" not only highlights the analysis and prediction of Liaoning economic and social development of hot, difficult and key issues, but also pay more attention to the integrity of the data and research continuity.

This book maintain that the smooth economic growth of Liaoning province's economy as a whole in 2017. The development trend showed "stable operation and good trend" . At the same time, Liaoning's social operation and development trend was good, the income of urban and rural residents was growing, the livelihood of the people was progressing, and the urban and rural residents had more sense of gain.

This book has observed that there were obvious problems and difficulties in the Liaoning economy in 2017, such as the widening gap with the national economy, the weak foundation of the healthy development of the economy, the lack of innovation, the poor ability of sustainable development and so on. In the social development, the gap between urban and rural income distribution is increasing, the supply and demand of labor force has a double falling trend, the task of poverty alleviation and hard work is arduous, the development of the talent service system is lagging behind and some of the workers' life is difficult, etc.

This book puts forward that in 2018 the positive and new impetus of the economic development of Liaoning are accelerating. However, the global economic recovery has not been completed, the challenges of the national economic difficulties are not reduced, and the economic situation in Liaoning is still grim. At the same time the basis of economic growth is still unstable and the endogenous impetus is not enough to improve the quality and efficiency of economic development. It is still a long way to go to enhance the overall economic innovation and competitiveness. Therefore, in the economic field, we should build a good investment environment to expand effective investment. And continue to improve the level of opening to the outside world by use foreign capital actively and effectively. Make hard work to break the obstacles of the system and mechanism of revitalization. At the same time, insist on the innovation and development to provide endogenous impetus for the revitalization and development. We should implement the strategy of rural revitalization, and promote the modernization of agriculture and rural areas. In the social field, we should continue to deepen the reform of social undertakings, and strengthen the input of the people's livelihood and the social governance, to furnish the urban and rural residents with more welfare in the economic and social development.

**Keywords**: Economic Development; Liveihood Improvement; Rural Revitalization

# 目录

## Ⅰ 总报告



## Ⅱ 经济发展篇

## Ⅲ 民生改善篇



## Ⅳ 乡村振兴篇



## Ⅴ 专题篇



皮书数据库阅读使用指南

# CONTENTS

## Ⅰ General Reports



## Ⅱ Economy Articles

## Ⅲ Livelihood Improvement Articles



## Ⅳ Rural Revitalization Articles

## V Special Articles

# 总 报 告

**General Reports**

# B.1

# 砥砺奋进，开拓创新 抓住机遇，勇往直前

## ——2017年辽宁经济形势分析与2018年发展趋势预测

张天维　姜瑞春　姜岩*

**摘　要：** 2017年，辽宁省全年经济各项指标都明显好于上年，特别是下滑趋势得到了明显遏制，经济领域的主要指标都呈现增长特征；三次产业企稳向好的态势表现明显；产业结构调整取得显著效果，三次产业结构为9.1∶39.3∶51.6，是历年来表现最合理的一年；作为拉动经济增长的“三驾马车”的固定资产投资、消费和进出口都实现了正增长；新兴产业快速发

* 张天维，辽宁社会科学院产业经济研究所所长，研究员，主要研究方向为区域经济；姜瑞春，辽宁社会科学院产业经济研究所副所长，副研究员，主要研究方向为产业经济；姜岩，辽宁社会科学院产业经济研究所副研究员，主要研究方向为产业经济。

展，工业机器人、智能制造、新能源汽车、太阳能电池等新产业发展迅猛；工业效益得到提高，财政收入稳步增长，民生不断改善。但辽宁经济也存在着明显的问题和困难，如与全国经济的差距继续拉大；经济健康发展的基础不牢；创新不足，可持续发展能力不强等。2018 年辽宁虽然已经度过了最艰难时期，经济开始回暖，但要持续发展仍需要艰苦奋斗，继续营造良好投资环境，扩大有效投资；积极有效利用外资，持续提高对外开放水平等。

**关键词：** 经济形势　供给侧结构性改革　辽宁省

2017 年，辽宁省在党中央、国务院的领导下，贯彻落实党的十九大精神，实施“十三五”规划，以供给侧结构性改革为主线，坚持稳中求进工作总基调，统筹改革发展稳定工作，经济发展逐渐向好，全年工作取得了很大实效，特别是辽宁经济增速从 -2.5% 回升到 4.2% 实属不易。展望 2018 年，辽宁上下励精图治，发愤图强，坚忍不拔，为与全国同步进入小康社会、实现辽宁全面振兴正努力奋斗着。

## 一　2017年辽宁经济总体发展情况与基本特征

### （一）经济发展总体情况

2017 年，辽宁省经济运行逐渐向好。全年实现地区生产总值 23942 亿元，比上年增长 4.2%。其中，第一产业增加值 2182.1 亿元，增长 3.6%；第二产业增加值 9397.8 亿元，增长 3.2%；第三产业增加值 12362.1 亿元，增长 5.0%。全省人均地区生产总值 54745 元，比上年增长 4.3%。三次产业增加值比例调整为 9.1∶39.3∶51.6，服务业增加值占

GDP 比重比上年提高 0.1 个百分点。规模以上工业增加值比上年增长 4.4%。固定资产投资（不含农户）6444.7 亿元，比上年增长 0.1%。社会消费品零售总额 13807.2 亿元，比上年增长 2.9%。进出口总额 6737.4 亿元，比上年增长 17.9%。一般公共预算收入 2390.2 亿元，比上年增长 8.6%。

**表 1　辽宁与全国主要经济指标增长情况比较（2014～2017 年）**

单位：%

| 指标 | 2017 年 | | 2016 年 | | 2015 年 | | 2014 年 | |
|---|---|---|---|---|---|---|---|---|
| | 辽宁 | 全国 | 辽宁 | 全国 | 辽宁 | 全国 | 辽宁 | 全国 |
| GDP | 4.2 | 6.9 | -2.5 | 6.7 | 3 | 6.9 | 5.8 | 7.3 |
| 社会消费品零售总额 | 2.9 | 10.2 | 4.9 | 10.4 | 7.7 | 10.7 | 12.1 | 12 |
| 规模以上工业增加值 | 4.4 | 6.9 | -15.2 | 6 | -4.8 | 6.1 | 4.8 | 8.3 |
| 固定资产投资 | 0.1 | 7.2 | -65.3 | 8.1 | -27.8 | 10 | -1.5 | 15.7 |
| 财政收入 | 8.6 | 7.4 | 3.4 | 4.5 | -33.4 | 5.8 | -4.6 | 8.6 |

资料来源：Wind。

## （二）经济发展的基本特征

1. 下滑趋势得到了遏制

2017 年，辽宁地区生产总值增长 4.2%，虽然低于全国 6.9% 的平均速度，但摆脱了 2014 年以来经济下滑的颓势，增长速度超过了内蒙古（4%）、天津（3.6%）和甘肃（3.6%），不再是中国经济的最低“洼地”了，守住了全国排位第十四的位置。但也应该看到，全国有 22 个省份 GDP 增速超过了全国增速均值 6.9%，东北其他两省都有大幅度进步，黑龙江 GDP 增速为 6.4%、吉林增速为 5.3%，增速排名在辽宁前面的福建和上海都晋升到“3 万亿俱乐部”，贵州这一年增速突破 10%。在这样的背景下，辽宁压力仍在，就像辽宁省《政府工作报告》所指出的：面临的发展机遇前所未有，面临的风险挑战也前所未有。

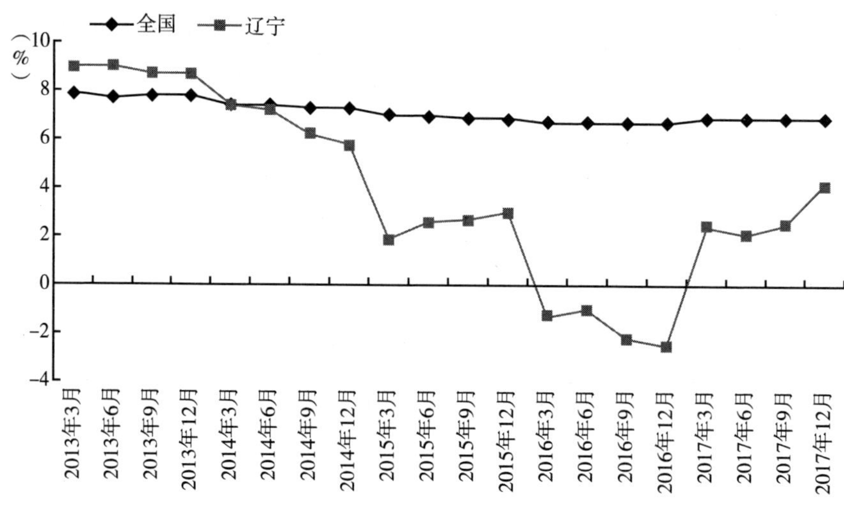


**图1　2013 年以来辽宁与全国 GDP 增速比较（按季度）**

2. 三次产业尤其工业企稳向好

第一产业增长平稳。2017 年全省第一产业实现增加值 2182. 1 亿元，同比增长 3. 6%，粮食总产量实现 2136. 7 万吨，比上年增加 36. 1 万吨。

第二产业企稳回升。2017 年全省第二产业实现增加值 9397. 8 亿元，同比增长 3. 2%。规模以上工业增加值增长 4. 4%，尤其是 2017 年 10 月累计增速结束 2015 年以来的负增长，呈现企稳回升态势。从主要行业看，规模以上装备制造业、冶金工业、石化工业、农产品加工业增加值分别同比增长 7. 4%、5. 9%、1. 7% 和 0. 5%。

第三产业运行平稳。2017 年全省第三产业实现增加值 12362. 1 亿元，同比增长 5. 0%。全年完成货运量 21. 6 亿吨，增长 4. 4%。全年商品房销售面积 4148. 5 万平方米，增长 11. 8%。

3. 三大需求出现积极变化

固定资产投资实现正增长。2017 年全省固定资产投资完成 6444. 7 亿元，同比增长 0. 1%，自 2014 年 10 月以来首次实现正增长，全年新开工的计划总投资超亿元的建设项目 742 个，比上年增加 19 个。

市场消费总体平稳但仍低于全国平均水平。全年社会消费品零售总额

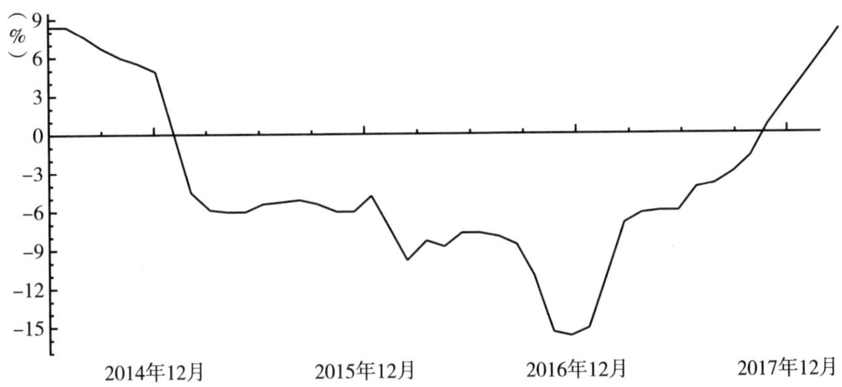


**图 2 辽宁工业增加值累计同比变化（按季度）**

资料来源：Wind。

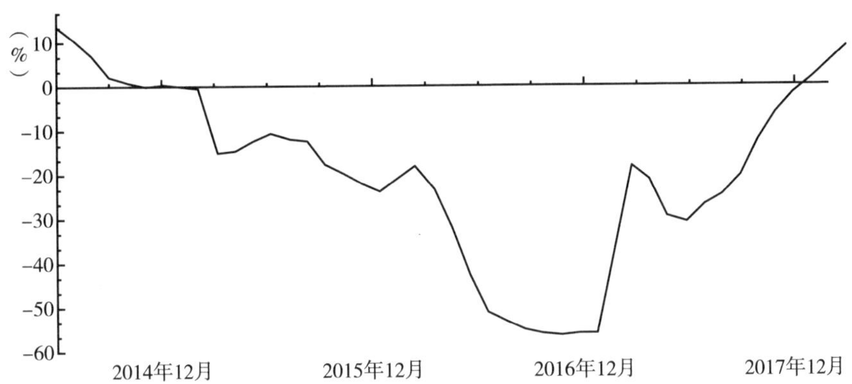


**图 3 辽宁省固定资产投资累计同比变化（按季度）**

资料来源：Wind。

13807.2 亿元，同比增长 2.9%，低于全国平均水平 7.3 个百分点，其中，通信器材类商品零售额增长 28.4%，化妆品类商品零售额增长 19.2%。

出口总额略有增长。全年出口总额 3041.7 亿元，比上年增长 7.1%。从出口产品看，全年机电产品出口增长 5.4%，其中电器及电子产品增长 20.0%；钢材出口增长 21.0%；农产品出口增长 10.5%；船舶出口增长 6.3%。

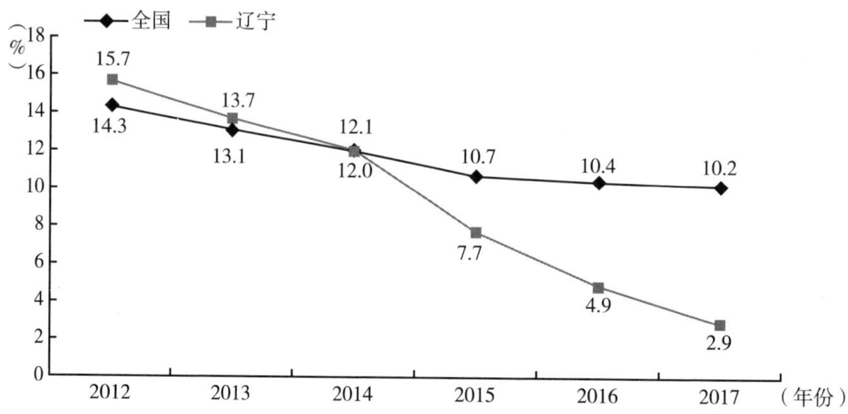


**图4　2012～2017年辽宁与全国社会消费品零售总额同比变化**

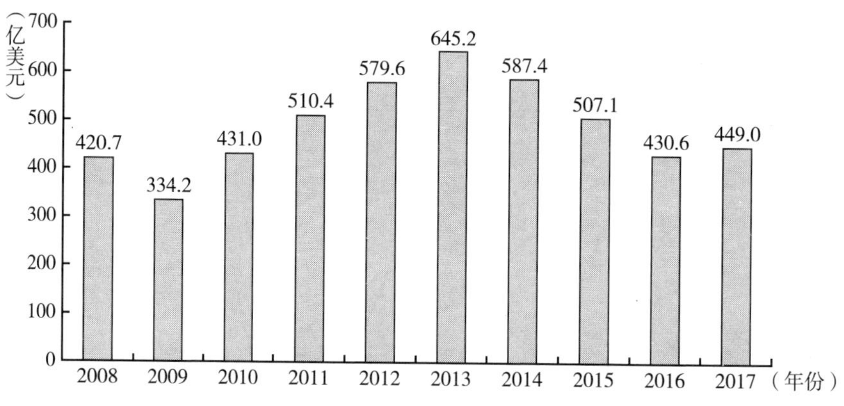


**图5　2008～2017年辽宁出口金额变化**

4. 结构调整稳中有进

新产品、新商业模式发展较好。工业机器人、智能制造等战略性新兴产业发展迅猛，全年工业机器人产量增长16.5%，高端装备制造业占装备制造业产值比重达18%。网上消费等新商业模式增速较快，全年网络实现零售额同比增长50.0%。此外，全省高新技术企业累计达2580家，全年高新技术产品出口增长18.2%，其中电子技术产品出口154.3亿元，增长45.5%。

高技术、转型升级类行业增长较快。全年规模以上铁路、船舶、航空航天和其他运输设备制造业等工业高技术行业增加值同比增长 24.8%，计算机、通信和其他电子设备制造业增加值增长 24.6%。契合转型升级方向的重点行业投资增长较快，全年高技术制造业投资增长 42.0%，其中电子及通信设备制造业投资增长 64.2%，医药制造业投资增长 5.9%，航空航天器及设备制造业投资增长 1.4 倍。

5. 企业效益逐步改善

全省规模以上工业企业效益逐月改善。2017 年规模以上工业企业实现产品销售收入同比增长 8.9%（见图 6）；实现利税同比增长 28.2%，其中实现利润同比增长 93.7%。全省财政收入逐步回升。2017 年全省一般公共预算收入 2390.2 亿元，同比增长 8.6%，比上年增速提高 5.2 个百分点，其中，税收收入 1812.0 亿元，增长 7.4%（见图 7）。

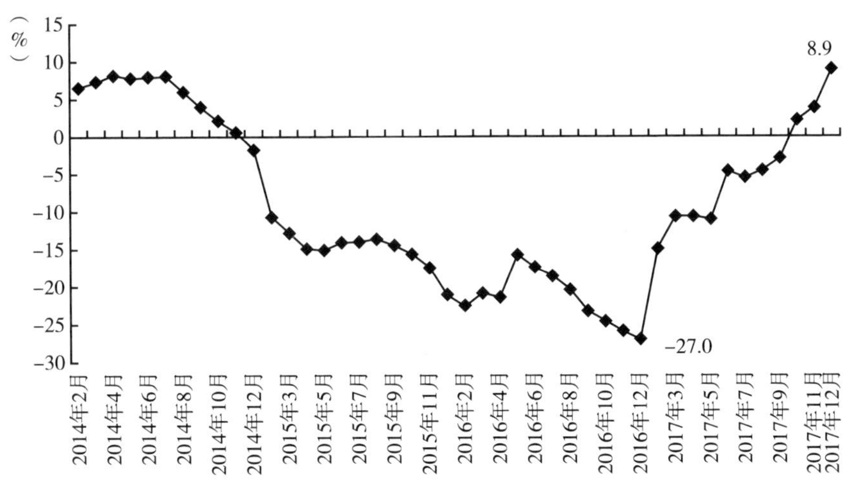


**图 6　2014～2017 年辽宁工业企业产品销售收入按月累计同比增长率**

6. 改革逐步深入推进

辽宁省坚决贯彻“三去一降一补”政策。2017 年全省清理“地条钢”生产企业 66 户，关闭退出小煤矿 185 处、化解产能 1020 万吨，淘汰落后水泥产能 422 万吨。深化国有企业改革。全省组建企业集团 86 家，启动沈阳

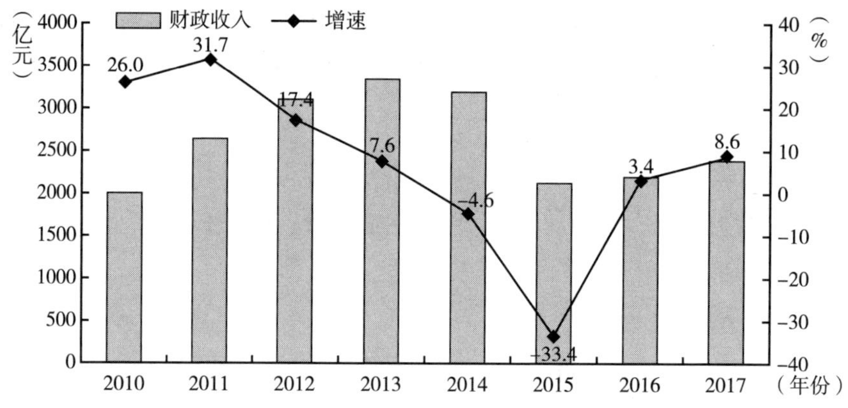


**图7　2010～2017年辽宁财政收入变化情况**

机床和大连机床综合改革。辽宁率先出台优化营商环境条例。全力集中整治突出问题，改善市场环境，万众创新蓬勃发展，新登记市场主体225.8万户、注册企业54.5万户。

## 二　2017年辽宁经济发展中出现的问题及难题

### （一）出现的问题

1. 与一些省份差距继续拉大

广东、江苏成为“8万亿俱乐部”成员。其中，广东2017年GDP达8.99万亿元，逼近9万亿元，连续29年居全国首位；江苏紧随其后，2017年GDP达到85900.9亿元。两省占全国经济总量的比重，都超过了10%。浙江、河南、四川、湖北四省在近几年持续保持较高速增长，辽宁与之差距越来越大；GDP排位第15的陕西，与辽宁的差距越来越小，特别是一些重要指标已经超过辽宁，如规模以上工业企业数量、创新的投入强度、人才的重视程度等，可以预见，在最近的几年内，辽宁被其超过是必然的结果。

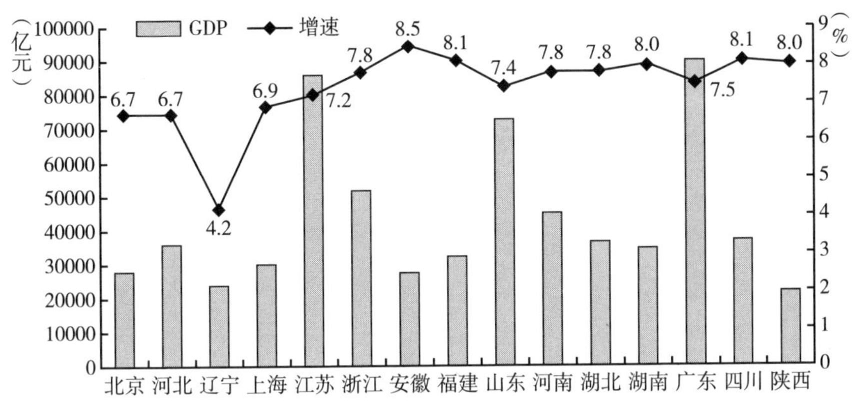


**图 8　2017 年 GDP 排名前 15 位的省份比较**

2. 创新投入和创新产出均不足

R&D 经费投入水平是衡量企业创新能力的重要指标。从 2016 年规模以上工业企业 R&D 投入总量看，广东第一（1676.3 亿元）、江苏第二（1657.5 亿元）、山东第三（1415 亿元）、浙江第四（935.8 亿元），辽宁省 R&D 经费支出仅为 242.1 亿元，在五省中居末位。为增强数据可比性，本报告根据各省规模以上工业企业数量，计算 R&D 经费支出平均值，2016 年广东第一（403.3 万元/户）、山东第二（348.5 万元/户）、江苏第三（348.2 万元/户），浙江和辽宁相差无几，分别为 232.7 万元/户和 234.6 万元/户，且与广东、山东、江苏相差较多。R&D 经费支出额占主营业务收入的比重代表企业研发投入的强度。计算结果显示，浙江 2015 年、2016 年该项指标值均最高，2016 年为 1.43%；广东 2015 年、2016 年均较高，居第二位，2016 年也达到了 1.32%；而投入总量居第二的江苏省，2016 年为 1.05%，位居第三；山东省为 0.94%，位居第五；而辽宁省无论投入总量，还是研发投入强度在五个省中均较低，2016 年研发投入强度为 1.02%。

有效发明专利的数量体现企业的创新活力。本报告计算了五省规模以上工业企业 2016 年平均专利申请数、平均发明专利申请数和平均有效发明专利数三个指标，结果如图 10 所示：广东省三项指标中除平均发明专利申请数外，其他指标均高于其他省份，三项指标分别为 12.17 件/户、3.74 件/

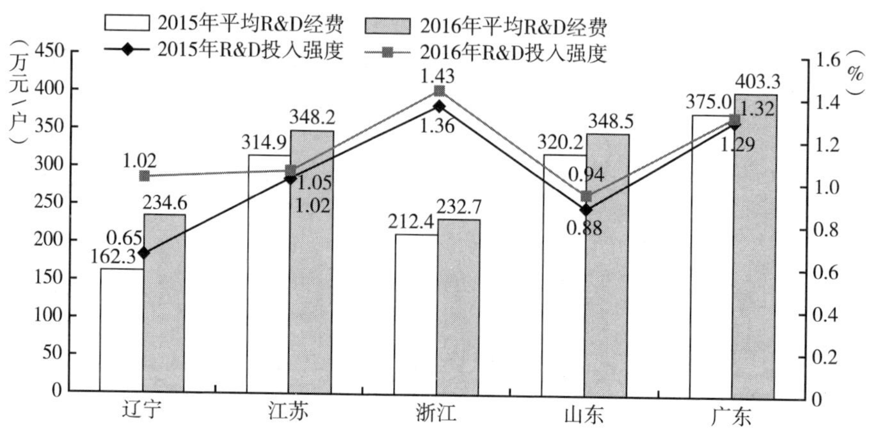


**图 9　2015 年、2016 年五省规模以上工业企业 R&D 投入情况**

资料来源：Wind。

户和 0.93 件/户；江苏平均专利申请数、平均有效发明专利数均居第二位，且与广东相差不大，甚至在平均发明专利申请数上高于广东省，说明其具有较强创新活力；浙江三项指标表现较好；而辽宁省三项指标分别为 5.1 件/户、2.48 件/户和 0.65 件/户，均大幅低于广东、江苏，进一步显示出辽宁省规模以上工业企业创新活力较弱。

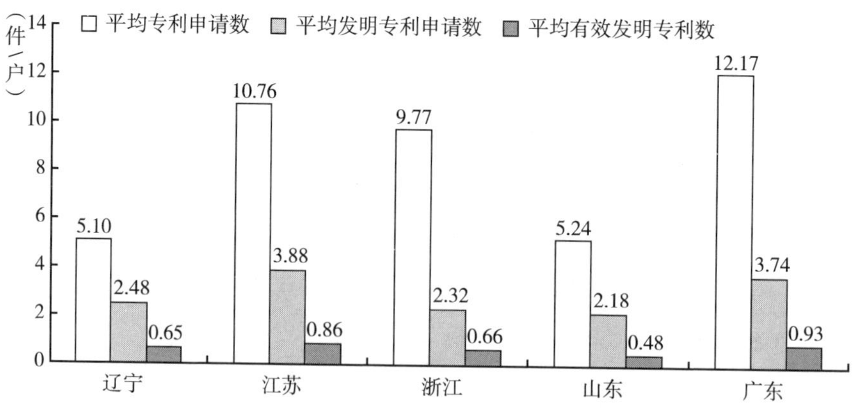


**图 10　2016 年五省规模以上工业企业专利情况**

资料来源：Wind。

3. 民营经济不发达

2016 年，辽宁省国有及国有控股工业销售产值占规模以上工业产值的比重为 45.5%，高于全国平均水平（33.9%）11.6 个百分点；由于国有及国有控股企业占比较高，在一定程度上挤占了民营企业发展需要的要素资源，阻碍了民营经济的发展。2016 年中国民营企业 500 强中，辽宁省有 7 家上榜，远低于浙江省的 134 家、江苏省的 94 家、广东省的 50 家以及山东省的 48 家；民营经济落后，还表现在装备制造业的综合配套能力不强上。辽宁装备制造业虽然拥有一批有实力的大型主机制造企业，但零部件、元器件产业薄弱，缺乏成套能力，服务业不发达，未形成以主机制造厂为核心、上中下游协同配套的强大产业链。

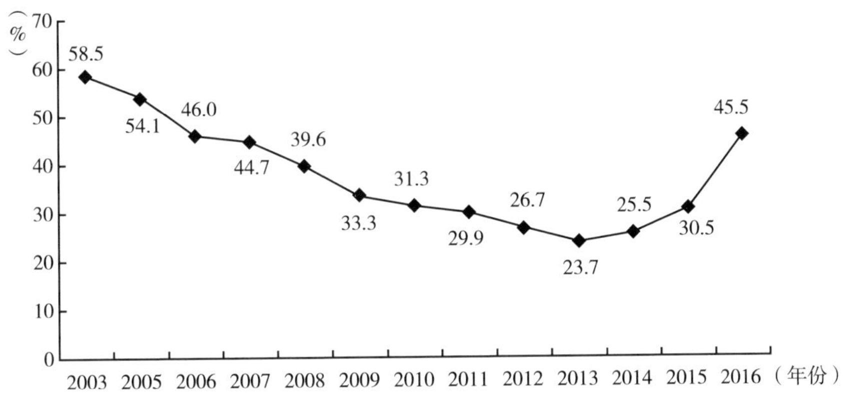


**图 11　2003～2016 年辽宁国有及国有控股工业销售产值占规模以上工业产值的比重变化情况**

## （二）现存的困难

1. 生育率偏低与劳动力人口流失并存

一般而言，人口聚集度、人口流向流量、生育热情等是经济景气的风向标。辽宁省生育率偏低，2017 年辽宁常住人口生育率仅为 6.49‰，不仅远低于人口生育率较高的山东（17.54‰）、广西（15.14‰）和福建（15‰），甚至低于北京（9.06‰）和上海（8.1‰）等地区，辽宁成为常住人口负增长的地区，2017

年末常住人口4368.9万，比上年的4378万约减少了10万。生育率极低，人口增长趋于停滞，加上人口外流，制约了辽宁经济可持续发展。

2. 产业结构失衡明显与调整难度加大并存

辽宁省制造业以重化工业为主，且重化工业比重有扩大的趋势。2017年底，辽宁省装备、石化、冶金三个行业增加值占工业的73.0%，比2016年底提高5.6个百分点，比2015年底提高8.8个百分点。传统高耗能行业占比较大，全省石油加工、炼焦及核燃料加工业，化学原料和化学制品制造业，非金属矿物制品业，黑色金属冶炼和压延加工业，有色金属冶炼和压延加工业，电力、热力生产和供应业等六大高耗能行业增加值比上年增长3.2%，占规模以上工业增加值的比重为48.1%。重化工业是辽宁经济的主力军，在新技术革命出现的时候，不调整不行，而调整对辽宁经济的稳定又有很大的冲击，辽宁面临二难选择，目前改革难度加大。

3. 市场化程度低与改革力度不足并存

近年来，辽宁传统优势产业竞争力逐步下降，一些资源垄断型国有企业依赖国家政策托底，改革动力不足；民营经济发展空间受限、要素市场发育不健全、营商环境需要持续改善，经济发展的短板问题仍旧突出。《中国分省份市场化指数报告（2016）》中“政府与市场关系”评分中辽宁仅为5.66，远低于对口合作省份江苏的8.45，甚至低于吉林的6.01和黑龙江的6.28。

**表2　东北三省与对口合作省份的市场化指数对比**

| 省份 | A | B | C | D | E | F |
|---|---|---|---|---|---|---|
| 辽　宁 | 7.00 | 5.66 | 8.45 | 8.46 | 6.79 | 5.64 |
| 吉　林 | 6.42 | 6.01 | 7.45 | 8.32 | 5.43 | 4.87 |
| 黑龙江 | 6.22 | 6.28 | 5.39 | 7.96 | 5.76 | 5.69 |
| 江　苏 | 9.63 | 8.45 | 10.34 | 8.25 | 7.61 | 13.52 |
| 浙　江 | 9.78 | 7.65 | 9.88 | 8.26 | 6.92 | 16.19 |
| 广　东 | 9.35 | 8.47 | 9.99 | 9.57 | 6.59 | 12.15 |

注：A代表市场化总指数评分；B代表政府与市场关系评分；C代表非国有经济的发展评分；D代表产品市场的发育程度评分；E代表要素市场的发育程度评分；F代表市场中介组织的发育和法律制度环境评分。

资料来源：王小鲁、樊纲、余静文著《中国分省份市场化指数报告（2016）》，经济科学出版社，2017。

## 三　2018年辽宁经济发展的环境和预测分析

### （一）发展环境

1. 国际形势向好和宏观环境趋稳

根据国际货币基金组织（IMF）发布的2018年《世界经济展望》预测，2018年全球经济有望增长3.9%，略高于2017年的3.7%，全球经济增长率可能温和反弹。宽松货币政策刺激效应的释放，消费者和投资者信心的改善，推动全球经济逐步回暖，在大宗商品价格上升的情况下，为推进结构调整、转型升级提供了宝贵时机。预计2018年我国经济增速仍会保持在6%~7%的区间，宏观经济政策预期将成为支持我国经济增长的动能。

国家统计局数据显示，2017年12月下旬，流通领域中6大类36种工业产品市场价格，与2016年12月下旬相比，19种产品市场价格上涨。其中，电解铜增长3.7%，铝锭增长2.2%，焦炭增长10.0%，复合硅酸盐水泥增长4.0%，普通硅酸盐水泥增长3.3%。2017年12月，辽宁工业生产者出厂价格指数（PPI）同比上涨4.9%，2017年各月均保持同比上涨；工业生产者购进价格指数（IPI）同比上涨5.9%，同样2017年各月均保持同比上涨。大宗商品价格以及辽宁省工业生产者价格总水平的回升，给经济尤其是工业带来了回暖的信号，有利于缓解工业企业的生产经营压力，将在一定程度上为民间资本带来更好的投资预期，从而拉动经济的增长。

辽宁省是工业投资比重较大的省份，现代制造业、石油化工、钢铁等基础性工业优势较为明显。随着全球经济一体化的深入推进以及国内宏观经济形势的不断向好，积极的财政货币政策持续发力，供给侧结构性改革日益深入，实体经济得到进一步发展壮大，辽宁省的工业产品需求将更加旺盛，国内大宗商品价格的持续提高也将为本省的原材料生产加工企业提供更好的发展环境，从而形成上游下游共同发展、相互促进的良好的发展格局，对于全省经济的总体发展、产业结构优化调整具有十分重要的促进作用。

2. 政策红利逐步显现

党的十九大开启了决胜全面建成小康社会、全面建设社会主义现代化国家的新征程，提出要深化改革、加快东北等老工业基地振兴；中央经济工作会议提出要加快东北等老工业基地振兴，优化营商环境，加大国有企业改革力度，发展民营经济。

国家相继出台的《中共中央国务院关于全面振兴东北地区等老工业基地的若干意见》、《国务院关于深入推进实施新一轮东北振兴战略加快推动东北地区经济企稳向好若干重要举措的意见》和《东北振兴“十三五”规划》等系列振兴东北经济政策措施，对东北全面振兴进行了顶层设计，打出一套政策“组合拳”。

在中央支持下，辽宁自由贸易试验区、沈大国家自主创新示范区、沈阳全面创新改革试验区、大连金普新区等重要平台加快建设，辽宁与江苏、沈阳与北京、大连与上海对口合作也取得显著成效。这些政策的效应必然会增强辽宁省的发展信心，调动各方面积极性，扩大有效投资，推进创新转型，培育发展动力，闯出一条新形势下老工业基地全面振兴的新路。

3. 营商环境有所优化

2017 年 2 月 1 日，辽宁省正式实施《辽宁省优化营商环境条例》，省委省政府决定在 2017 年开展优化营商环境建设年活动，围绕为企业提供优质的服务，坚持统筹协调、问题导向，聚焦社会最关心的热点难点问题，实施七批次专项整治行动以优化营商环境。截至 2017 年底，92 件典型案例，已经妥善解决 73 件，其余正在办理之中。通过进一步推进简政放权、放管结合、优化服务改革，市场活力充分释放，激发了内生动力。

取消调整 315 项省级行政职权，实现“双随机、一公开”监管全覆盖，推进工商登记全程电子化，全面实行“二十六证合一、一照一码”，工商登记前置审批事项由 226 项减至 32 项，实现在线申报、网上审批服务事项 323 项。通过不断改善营商环境，极大地减少审批事项，优化服务流程、转变工作作风、缩短办理时间、提高行政效能，有效地改善了投资营商创业的环境，实现了投资创业快捷化、民生服务便利化、政府治理简约化。给市场

“松绑”，就是给企业希望，投资营商环境呈现的积极变化，有利于激发企业和大众投资的热情。

4. 外贸快速增长还存在不确定因素

传统产品出口竞争优势进一步减弱。在实体经济经营改善、大宗商品价格上涨推高进口贸易额等多重因素作用下，2017 年全省外贸进出口实现了较快增长，但受全球制造业竞争加剧和贸易保护主义升温等不稳定因素影响，未来全省外贸进出口保持快速增长还存在不确定性。2017 年 12 月，全国外贸出口先导指数为 41.1，较上月回落 0.7；新增出口订单指数为 48.3，较上月回落 0.4；出口经理人指数为 44.2，较上月回落 0.6，短期内辽宁省外贸出口仍面临一定压力。

尽管当前全省出口竞争优势依然在一定范围内存在，但成本优势正在发生变化，受劳动力、融资等经营成本持续上升以及资源环境约束加大等因素影响，技术含量少、附加值相对低的传统劳动密集型产品竞争优势进一步减弱。2017 年，全省纺织品、服装、箱包、鞋类、玩具、家具和塑料制品七大类产品出口 340.4 亿元，占出口额的比重由上年的 12% 降至 11.2%。

## （二）预测分析

为准确预测宏观经济发展趋势，课题组根据十几年来的辽宁季度数据，建立了 GDP、GDP 可比增速、总投资及社会消费等主要指标的 ARIMA 组合模型。模型预测结果汇总见表 3。

**表 3　2018 年辽宁核心宏观经济指标增速预测值**

单位：%

| 指标 | 2017 年全年 | 2018 年预测值 |
|---|---|---|
| 地区生产总值 | 4.2 | 6.3 ~ 6.5 |
| 财政收入 | 8.6 | 6.2 |
| 固定资产投资 | 0.1 | 8.0 |
| 社会消费品零售总额 | 2.9 | 5.0 |
| 规模以上工业增加值 | 4.4 | 8.0 |

## 四　2018年以及今后辽宁经济健康发展的对策建议

### （一）营造良好的投资环境，扩大有效投资

1. 营造既公平又有效率的发展氛围

要深入落实《辽宁省优化营商环境条例》，建立企业投资项目管理权力清单制度，提升服务实体经济发展的能力。继续清理有关法规和规章制度，进一步取消和下放一批行政审批事项，把“放管服”作为打造良好营商环境的突破口。要切实抓好招商引资，提高开放招商水平。要抢抓东北全面振兴的战略机遇期，努力创新招商引资方式，打造专业的招商队伍，提高引资的精准性和有效性，强化招商引资的主动性。通过举办项目推介会、投资研讨会等方式宣传辽宁，多邀请企业来辽宁考察，对大型企业要主动招商、上门招商。

要进一步办好政府搭台的国内外各类投资贸易洽谈会或经贸活动，做好与央企项目的对接洽谈和与央企的战略合作等；要深化区域合作，加强辽宁与江苏、沈阳与北京、大连与上海的对口合作，重在项目对接、人才交流和先进经验复制。通过完善优化配套服务等措施，做好签约项目的跟踪服务落实工作，确保签约项目尽快落地、落地项目尽快开工建设。要有序推进产业园区整合创新建设。要对现有的产业园区进行分类梳理，进行必要的整合，统一规划，通过规划引导、产业导向、要素资源优化配置等经济和行政手段，引导项目、资金、人才、技术、能源、服务等优质产业资源向园区集中，全力构筑“创新型、高产型、生态型、融合型、服务型”的新模式，把各类产业园区建设成为现代产业集聚区、创业创新示范区和城市功能区。

2. 推进重大项目建设，全力以赴扩大有效投资

要充分利用东北振兴战略和牢牢把握辽宁所处的历史方位，在提升创新能力、促进结构优化、提升质量效益上下功夫，促进新旧动能加快转换，供给质量向中高端迈进。在深入实施“五大区域发展战略”上下功夫、花力

气。要紧紧围绕“五大区域发展战略”三年行动计划，根据五大区域各自发展战略定位，坚持五大区域整体化、联动发展协作化、产业发展集群化、项目建设规模化，构建多极发力、多点支撑的发展格局。

努力在“一带五基地”建设中当先锋、打头阵。要按照《辽宁省“一带五基地”建设框架实施方案》，不断完善配套政策，加大招商引资力度，谋划推进一批市场前景好、科技含量高、带动作用强的重点项目，为“一带五基地”建设提供项目支撑。切实在“一带一路”建设中想办法、谋发展。要紧紧抓牢“一带一路”、辽宁自贸区、大连东北亚国际航运中心建设等重大战略机遇，以设立辽宁港行集团为契机，加快推进港口资源整合，形成布局合理、功能完善的港口群体系；加快推进临港产业发展，推进重点产业升级整合，实现港口和产业的高效协同；加快推进城市深度融合发展，推动经济持续健康发展和城市适度规模化，为港口和产业发展打牢基础。

3. 抢抓辽宁振兴发展新机遇，全力扩大有效投资

深入贯彻落实中发〔2016〕7 号、国发〔2016〕62 号等文件及相关政策措施，按照落实五大发展理念和“四个着力”“三个推进”要求，把扩大有效投资作为实现经济平稳健康发展的关键，狠抓项目工作，加快形成新一波扩大有效投资和项目建设高潮。结合《东北振兴“十三五”规划》、省“十三五”规划和相关专项规划以及深化供给侧结构性改革，统筹推进事关辽宁长远发展的全局性、基础性、战略性重点项目工作。

要有针对性、前瞻性地研究谋划储备一批重大项目，创造条件提前开工建设一批已纳入国家中长期发展规划的重大项目；加强对结转项目投资的跟踪督促检查，推动在建项目加快建设进度，尽快竣工达产或产生效益；对于列入 2018 年开工的重大项目，要加快推进项目用地、环评、可研等前期工作，使项目尽快达到开工条件，抓紧开工建设。积极争取政策、项目和资金支持。要加强与国家各部委和央企的沟通、衔接和会商，力争使大型国有企业解困，棚户区、老工业区和独立工矿区搬迁改造及采煤沉陷区、工矿废弃地治理，重点产业集群，PPP 项目及央企的产业布局重大项目向辽宁省倾斜等，千方百计争取国家更大的支持。

大力支持民营经济的发展，充分发挥民营经济扩大有效投资的骨干作用。要加大政策支持力度，积极引导民间资本以独资、控股、参股等方式投资交通、能源、水利等重大基础设施建设；支持民间资本以各种方式参与土地整理开发及城市基础设施、政策性住房、电信等领域建设；鼓励和支持民间资本发展医疗、教育、养老等产业。切实做好项目融资协调服务。要加强金融机构的合作和项目金融对接，创造条件打通政府、金融机构、企业融资的对接渠道，鼓励支持企业充分运用企业债、短期融资券和中期票据等融资工具，支持上市公司通过主板、创业板等资本市场对符合条件的项目进行融资。

## （二）积极有效利用外资，持续提高对外开放水平

### 1. 主动融入“一带一路”建设

以推进“一带一路”建设统领对外开放，发挥辽宁省在中蒙俄经济走廊建设中的区位、交通和产业优势，大力实施通道建设和优进优出战略，提升与“一带一路”沿线国家的贸易合作水平。支持装备企业“走出去”，重点培育装备“走出去”旗舰企业，扩大自主品牌和高附加值产品的出口；推动企业与“一带一路”沿线国家开展投资合作，落实“千企出国门”行动，完善辽宁省国际产能和装备制造合作重点项目库，对合作项目实行动态、分类、分层管理；发挥辽宁省在中蒙俄欧亚大陆桥要道和面向日、韩、东盟的港口支点作用，加快全省对外贸易口岸建设和通关便利化，推动大连、营口两市设置多式联运海关监管中心，开展欧亚陆铁联运和海铁联运，增强物流企业国际竞争能力。

### 2. 加快培育外贸竞争优势

全省外贸发展既面临重要机遇，也面临严峻挑战。一部分国家凭借相对低廉的劳动力和生产成本，在中低端制造业等领域获得了较为明显的竞争优势，这就给辽宁省的传统制造业发展带来了一定的影响。一部分发达国家推行的“再工业化”以及“经济再平衡”战略也在客观上引发了全球高中端制造业的回流趋势，使辽宁省制造业成本优势进一步削弱。辽宁省要通过创

新驱动发展和加快产业升级，为外贸发展和结构调整增添新动能；通过加大科技创新投入，提升出口产品质量和技术含量，提高外贸核心竞争力；通过支持企业开展跨国并购，获取品牌、核心技术和营销渠道，提高国际化经营水平；通过发展外贸新业态，促进跨境电子商务健康快速发展。

3. 加快优化外贸结构

实践证明，通过不断提升对外贸易结构带动对外贸易增速提升是全面提升对外贸易质量的有效路径。在优化对外贸易结构的过程中，辽宁省要在充分保持传统市场优势的同时充分利用“一带一路”建设契机，不断拓展海外市场份额。在优化外贸商品结构的过程中，辽宁要在充分保持传统出口商品出口总量的同时强化品牌优势和提高技术含量；要不断提高外贸经营主体的竞争力和发展活力，坚持促进多种所有制经济实体的全面发展，培育一批具有较强竞争力的国际化企业；要优化对外贸易模式，一方面继续强化一般贸易，另一方面要大力发展多种贸易方式，将传统的以货物出口为主的模式转变为货物、服务、技术、资本等多种模式相结合的多元化出口模式，逐步将出口贸易过程中的竞争优势由价格优势转变为技术、品牌、质量、服务等综合优势。不断优化营商环境，强化制度、标准、法治建设。

## （三）破除经济振兴的体制机制障碍

1. 深入推动政府改革

进一步加强服务型政府建设，将政府的主要任务定位为规范市场秩序和营造良好竞争环境，逐步转变国内外对辽宁省投资环境的认知。将政府对企业的支持方式由政策、资金、项目支持转变为通过营造公平、公正、规范的市场环境给予支持，让各类经济主体都能够平等参与市场竞争。进一步规范政府行为，减少行政干预，采取符合市场经济发展规律的宏观调控手段解决问题。进一步加强简政放权，激发企业活力和积极性，鼓励和引导中小企业健康发展。引导企业完善内部管理制度和经营机制，培育企业的内部发展活力。加强舆论宣传和引导，加强公民素质培养，在全社会树立公平正义理念，激发全体社会公民的聪明才智，实现人尽其才的目标。

2. 全面推进科技体制改革

不断优化发展环境，切实落实科技企业、科研单位和高等院校的自主权利，为科技创新团队和领军人才提供良好的权利保障。落实科研项目中的人员费用比例政策，让科技从业者和创新人才有更强的获得感和认同感。引导企业不断提升技术人才的待遇水平，完善激励机制和奖励政策。创建一批省级的“双创”示范平台，为创新创业提供更加全面、高质量的服务，培育一批高水平的创业带头人。继续落实普惠制的创业扶持政策，鼓励引导应届大学毕业生在本省就业创业，奉献聪明才智，实现人生价值。

### （四）坚持创新发展，为振兴发展提供内生动力

1. 提升创新体系建设水平

进一步提高企业的市场主体地位，引导和支持大型企业实施重大科技创新，加强科研单位、高校与企业之间的沟通和联系，加速知识成果转化。发展产学研一体化的新型产业联盟和机构，加强知识产权应用和保护，建设120家省级产业技术创新战略联盟，力争每万人有效专利数量达到7.8件，促进2000项科技成果落地实施，实现技术合同成交额增长15%的目标。

2. 进一步提升高新区发展水平

落实沈大国家级自主创新示范区三年行动计划的各项任务，采取先试先行的方式并将经验在全省范围内进行推广。实现新增高新技术企业500家、科技型中小企业2000家的目标。创建省级高新区3个、农业科技园区6个，探索推动丹东、盘锦、朝阳等市创建国家高新区。

### （五）实施乡村振兴战略，推进农业农村现代化

1. 加快推动农业供给侧结构性改革

坚持发展绿色、生态和高质量农业，不断培育优势和特色农业产业。实施农业“三区三园”建设，推动区域性特色农业发展。不断丰富“互联网+农业”业态，带动农业与旅游业、服务业、文化产业、康养产业的深度融合，实施现代农业示范带建设战略。

2. 全面深化农村改革

深入推进农村土地“三权”改革，将闲置土地资源和宅基地资源盘活用好，激发资源优势。持续推动农村集体产权、国有林场、供销社等经营改革，实施海洋渔业资源的总量控制管理。加强职业农民培养，提高小农户社会化服务总体水平，完善农业信贷担保体系，提升农业防灾抗灾能力和发展保障能力。

## 参考文献

《中共中央国务院关于全面振兴东北地区等老工业基地的若干意见》（中发〔2016〕7号），东北新闻网，2016。

唐一军：《辽宁省政府工作报告》，东北新闻网，2018年1月27日。

张天维：《资源型地区战略性新兴产业发展研究》，社会科学文献出版社，2017。

倪军等：《从大数据到智能制造》，上海交通大学出版社，2016。

林毅夫：《繁荣与求索》，北京大学出版社，2013。

黄树东：《2034中国的可能》，商务印书馆，2012。

# B.2
# 2017 ~2018年辽宁省社会形势分析与预测

王 磊　杨成波*

**摘　要：** 2017 年辽宁省社会运行态势良好，收入分配、就业、养老服务、精准扶贫领域发展取得积极进步，医疗、教育领域改革全面深化，社会治理格局日臻完善。但是，在社会发展中辽宁省还存在城乡收入分配差距加大，劳动力供需出现双降趋势，脱贫攻坚任务艰巨，人才服务体系发展滞后，部分职工生活困难等问题。展望未来，辽宁省应该在保持经济稳增长的同时，持续深化社会事业改革，加强民生投入，强化社会治理，让广大城乡居民在经济社会发展中获得更多福祉。

**关键词：** 社会发展　民生改善　深化改革　辽宁省

## 一　辽宁省社会发展的总体形势

2017 年辽宁省经济下行压力虽然存在，但已呈现出“运行企稳、走势向好”的发展态势。在经济发展向好的同时，辽宁省社会运行和发展态势良好，城乡居民收入不断增长，各项民生事业不断进步，城乡居民有了更多的获得感。

* 王磊，辽宁社会科学院社会学研究所研究员，主要研究方向为社会保障、社会政策；杨成波，辽宁社会科学院社会学研究所副研究员，主要研究方向为社会学基础理论和社会保障。

### （一）城乡居民收入持续增长，生活水平进一步提高

尽管自2011年以后，辽宁经济发展呈现明显下滑趋势，但辽宁城乡居民收入却一直呈现增长态势。研究发现，2012年城镇居民人均可支配收入为23222.67元，农村居民人均可支配收入为9383.7元；2016年城镇居民人均可支配收入增长为32876.1元，农村居民人均可支配收入增长为12880.7元。与2015年相比，2016年辽宁城镇居民人均可支配收入增长5.6%，农村居民人均可支配收入增长6.8%。

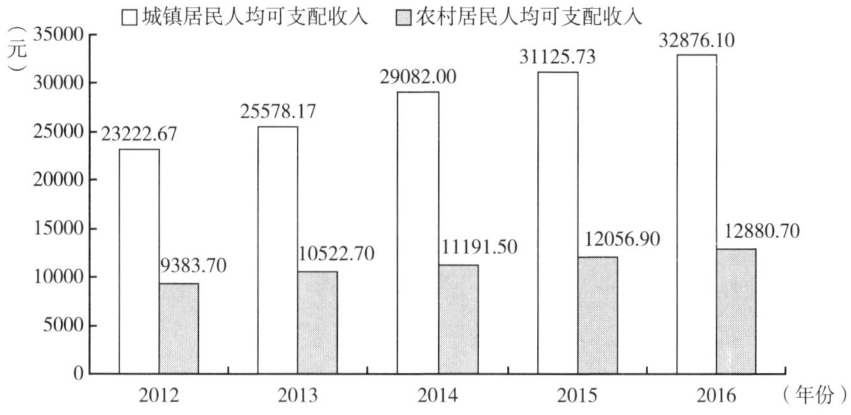


**图1　2012～2016年城乡居民人均收入情况**

资料来源：2013～2017年《辽宁统计年鉴》。

随着收入水平的持续增长，辽宁城乡居民的生活质量逐年提高。恩格尔系数是衡量一个家庭或一个国家富裕程度的主要标准之一。一般来说，一个国家平均家庭恩格尔系数大于60%为贫穷；50%～60%为温饱；40%～50%为小康；30%～40%属于相对富裕；20%～30%为富足；20%以下为极其富裕。研究发现，辽宁省城乡居民家庭恩格尔系数呈逐年下降趋势，2012年城镇居民家庭恩格尔系数为35.5%，农村居民家庭恩格尔系数为39.1%；2014年，城乡居民家庭恩格尔系数均下降到30%以下。截至2015年，辽宁城镇与农村居民家庭恩格尔系数分别下降到28.3%、28.2%。而且，值得

关注的是，农村居民家庭恩格尔系数下降的速度相对较快，2014 年已经与城镇持平，均为 28.3%，2015 年农村居民家庭恩格尔系数为 28.2%，比城镇低 0.1 个百分点。可见，近年来，辽宁省农村居民的生活水平显著提高，城乡居民的生活差距正在缩小，全面建成小康社会的基础持续夯实。

### （二）新增就业保持稳定

就业是最大的民生。近年来，辽宁省实施了就业优先战略和更加积极的就业政策。特别是 2015 年以来，辽宁省政府坚持稳中求进的工作总基调，通过就业援助、公益性岗位托底安置、“就业创业工程”等措施，深入实施就业优先战略，把促进就业放在经济社会发展的优先位置上，通过加快完善更加积极的就业政策体系，保障辽宁就业形势向好的态势。辽宁省以“双创”战略的深入实施和新动能的加快培育，将创业创新作为促进经济转型、带动就业的主要力量。辽宁省通过着力深化“放管服”改革，不断降低市场准入门槛和制度性交易成本，营造有利于创业的政策环境和营商环境，各类创业孵化基地、众创空间蓬勃发展；通过多种措施促进创业、不断扩大创业参与率、提高创业成功率，增强了创业带动就业的能力。在创造多样化需求带动就业方面，辽宁采用了保护传统的制造业和服务业等传统动能的措施，对于稳定就业、促进就业具有重要作用。近年来，辽宁就业总量虽然呈现逐步下降的趋势，但新增就业却保持稳定。从新增就业情况来看，2015 年辽宁省城镇新增就业 42 万人；2016 年，全省城镇新增就业 42.1 万人；2017 年全省城镇新增就业 44.8 万人，城镇登记失业率为 3.82%，高校毕业生省内就业率为 80.6%，新增就业保持稳定。

### （三）养老服务设施日臻完备

辽宁省是全国人口老龄化最为严重的地区之一。截至 2016 年底，辽宁省有 60 岁以上老年人 925.3 万，占总人口的 21.7%，高于全国平均水平 5 个百分点，预计到 2020 年，辽宁老年人口将超过 1000 万。辽宁省积极应对人口老龄化，不断提高养老服务质量和水平，全力实现“老有所养”。党的十八大以来，辽宁省先后制定和下发关于加快推进养老服务业发展、推进医养结合、发放民办养老机构运营补贴等多项制度。2016 年出台了《辽宁省人民政府办公厅关于推进医疗卫生与养老服务结合发展的实施意见》，2017 年出台了《关于全面放开养老服务市场提升养老服务质量的实施意见》。2017 年辽宁省还专门下发《提高养老院服务质量四年滚动计划》，全面推进养老服务业发展。“十二五”期间，辽宁省累计筹措中央预算内投资 33500 万元，支持 130 个城乡居家和社区养老服务设施建设项目，安排省本级基本建设投资 2074 万元，支持 18 个建设项目，有力推动了养老服务体系建设。截至 2016 年底，全省有各类养老机构 1797 家，社会养老床位 26.39 万张，每千名老人拥有社会养老床位 30.02 张。目前，全省有日间照料室、托老所等各类社区养老服务设施 8906 个，其中，城市社区养老服务设施 2769 个，农村社区养老服务设施 6137 个。2017 年，辽宁省健全以居家为基础、社区为依托、机构为补充、医养相结合的多层次养老服务体系，取得明显成效。4 家公办养老机构被确定为全国第二批公办养老机构改革试点单位。全省已有 50% 以上的养老机构能够以不同形式为入住老年人提供医疗卫生服务。目前，辽宁省以居家为基础、社区为依托、机构为补充、医养相结合的社会养老服务体系框架基本形成。

### （四）启动公立医院综合改革，健康辽宁建设成效显著

2017 年辽宁省围绕国家确定的医疗改革重点任务和工作目标，加强组织领导，强化部门协调，不断完善制度设计和政策衔接，取得了显著成绩。全民医疗保障制度不断完善，公立医院改革全面推进，药品加成全部取消。药占比从 40% 下降到 32%，预计到 2018 年底降到 30% 以下；医疗费用增长幅度从 11% 下降到 6%。医院的医疗收入占比从 20% 提高到 26%；百元医疗收入中卫生材料费用消耗降到 20 元以下；参保率始终保持在 96% 以上，政府补助标准人均达到 465 元。重特大疾病保障机制不断完善，救治重大疾病患者 14 万人次。新农合财政补助标准提高到 480 元；采取多种措施保障药品供应，成效显著。推进药品耗材的阳光采购，各级公立医疗机构全面实

施“两票制”。建立了短缺药品监测预警和联动保障机制；落实了一大批医改惠民实事。人均基本公共卫生服务经费补助标准提高到 50 元，免费为城乡居民提供 14 项基本公共卫生服务。在二级甲等以上医疗机构可以预约诊疗服务。组织开展全民健康干预服务项目，主要内容包括儿童口腔健康和合理膳食等。在全部农村县实施妇女“两癌”筛查项目。在社区卫生服务中心、乡镇卫生院和村卫生室实施中医药服务项目。发放居民健康卡 1861 万张，健康产业发展迅猛。全省医养结合机构 236 家，床位总数近 3 万张，超过 90% 的医疗机构开通老年人就医绿色通道，人民健康水平持续提升。城乡居民人均期望寿命提高到 78.86 岁，孕产妇死亡率降低到 13.2/10 万，婴儿死亡率下降到 4.5‰。

家庭医生签约服务和医联体建设推进顺利。全省建立各类医联体 226 个，涵盖医疗机构 3198 家，共组建家庭医生团队 1.1 万个，县域内就诊率达到 83.2%。制定了医联体考核评价体系，完成了对全省各市 28 个医联体医疗机构的督导考评。“大病到医院，康复回基层”的就医理念正逐步深入人心。

### （五）全面深化教育改革，促进教育协调发展

2017 年是全面深化改革向纵深推进的关键一年。2017 年辽宁省教育事业在省委、省政府的领导下，全面深化改革，各项工作扎实推进，基础教育、职业教育和高等教育都取得了长足的进步，办学规模不断扩大，办学条件逐步改善，师资水平逐年提高，教育质量稳步提升，普及水平迈上了新台阶。进一步推进教育供给侧结构性改革，落实《辽宁省人民政府关于推进高中等学校供给侧结构性改革的实施意见》，全力推进校企联盟和职教集团建设，搭建联盟对接信息共享平台。推进高校人才培养模式改革，积极探索高校新的用人管理政策措施，健全教师成长机制，优化人才成长软环境。推进基础教育课程改革，贯彻落实《辽宁省全面深化义务教育课程改革的指导意见》和地方课程实施方案，开展义务教育课程改革先进学校创建工作。加强和改进大中小学德育工作，扎实推进社会主义核心价值观培育和践行，开展中华优秀传统文化教育。推进义务教育均衡发展，推进县域内城乡义务

教育一体化改革发展，全面改善贫困地区义务教育薄弱学校基本办学条件。促进普通高中多样化有特色发展。加快发展现代职业教育，发展农村职业教育，制定推进县级职教中心转型发展的指导意见。提升高等教育水平，进一步完善一流学科建设工作考核评估办法，加大学科绩效考核力度。继续实施研究生教育创新计划。保障进城务工人员子女公平接受义务教育。

2017 年，全省独立设置的幼儿园 10195 所，在园幼儿 95.4 万人，与 2016 年持平。全省小学 3634 所，比 2016 年减少 320 所，招生 30.1 万人，比 2016 年下降 4.1%。全省义务教育在校生总规模为 290.9 万人，比 2016 年减少 5.8 万人。全省共有特殊教育学校 75 所，毕业生 989 人，招生 1654 人，在校生 11226 人。全省高中阶段教育共有各类学校 814 所，其中普通高中 418 所，比 2016 年增加 6 所。中等职业学校 396 所，比 2016 年减少 3 所。全省高中阶段共计招生 33.9 万人，其中普通高中招生 21.4 万人，比 2016 年增长 0.8%；中等职业教育招生 12.6 万人，比 2016 年下降 5.8%。全省高中阶段教育在校生总规模达到 100.6 万人，其中普通高中在校生为 63.0 万人，比 2016 年增加 0.5 万人，增长 0.8%，高中阶段教育毛入学率达到 99.0%，与 2016 年持平；中等职业教育在校生为 37.7 万人，比 2016 年减少 0.5 万人，下降 1.3%。全省共有普通高等学校 115 所（含独立学院 10 所），有研究生培养机构 45 个，中央部委属 5 所，省属 58 所，市属 19 所，民办 33 所。按办学层次分，本科院校 64 所，高职专科学校 51 所，独立设置的成人高校 19 所。全省共招收研究生 3.9 万人，比 2016 年增加 0.6 万人，增长 18.2%。普通本科招生 17.2 万人，高职专科招生 8.9 万人。全省在学研究生达到 10.8 万人，比 2016 年增加 0.8 万人，增长 8.0%。普通本专科在校生 98.1 万人，比 2016 年减少 1.8 万人，下降 1.8%。

### （六）保障性住房建设稳步推进，贫困群体住房条件不断改善

近年来，虽然辽宁经济有所下滑，但是辽宁省委省政府始终高度重视保障性安居工程建设，并将其纳入各级政府绩效考核体系。2017 年辽宁通过签订责任状的形式将保障性安居工程分解到全省各市。继续按照“分散化、

货币化、市场化”的要求，采取“市场解决安置房源、政府搭建平台、开发企业让利、动迁居民自主购买”的货币化安置形式，不仅满足了居民住房的要求，而且有助于房地产去库存。截至2017年9月底，全省实际完成棚改新开工101070套，基本建成109064套，争取国家棚改补助资金39.46亿元，提前3个月超额完成了全年的棚改任务。棚改住房在1万套以上的有沈阳、鞍山、辽阳和朝阳四个市。全省货币化安置比例高达97.5%，拉动630万平方米的商品房销售，促进了房地产市场的健康发展。辽宁省过去5年改造棚户区住房和农村危房106万户。2017年沈阳市新增租赁住房补贴5000户。其中廉租住房租赁补贴500户，公共租赁住房租赁补贴4500户。公共租赁住房基本建成10000套（户）；新增公租房分配总套数7499套。沈阳棚改货币化安置率达到100%，连续多年高于全国、全省平均水平，2018年沈阳市计划改造棚户区住房16348套。

2018年辽宁省进一步加强保障性住房建设。一是大力发展住房租赁市场。沈阳和大连租赁住房供应占比要达到5%以上，其他城市要达到3%以上。二是继续推进棚户区改造。优先改造城市危房，三年内基本消灭城市危房。对于城中村，建成年代久远、居住条件恶劣、群众改造愿望强烈，或者存在严重安全隐患和突出环境问题的，也要按照轻重缓急，统筹安排改造，确保完成国家确定的棚改三年攻坚计划。三是全力做好公租房保障工作。加快公租房建设，制定合理分配机制，提升保障能力，创新保障模式，实施精准保障。四是完善住房公积金制度。扩大住房公积金制度覆盖范围，发挥公积金支持住房消费的作用，强化政策执行情况审查。

### （七）精准扶贫见成效，贫困群体生活状况持续改善

近年来，辽宁省根据国务院扶贫办统一部署要求，对建档立卡贫困人口重新进行了筛查和精准识别，通过落实扶持对象精准、项目安排精准、资金使用精准、措施到户精准、因村派人精准、脱贫成效精准的“六个精准”做到精准扶贫和精准脱贫。辽宁省大力实施产业带动精准扶贫脱贫方式，促进农民增收脱贫。比如建昌县开创了“金融+产业”扶贫模式。2016年，

建昌县从扶贫专项资金中列支500万元，撬动银行信贷资金1亿元，帮助3000户贫困户发展了经济林果项目、养殖项目。目前，建昌县已经通过这种模式，发展了以食用菌、果蔬为主的设施农业及核桃加工、万亩桃园、山楂栽植等多个产业扶贫项目基地。又如兴城市通过发展庭院经济、推广农业优良品种、给予金融贴息贷款等方式，发展种植、养殖、棚菜、精品果园等农业产业，增强了贫困户的"造血功能"。再如桓仁县立足于生态立县这一根本，帮助贫困户投入生态产业，使得有耕地资源的参加合作社种植有机农产品，有旅游资源的发展农家乐生态旅游，没有这些资源的就利用复垦山地发展林果经济，成功帮助1.2万户农户脱贫。

针对辽宁省内各地区贫困水平差异情况，2015年辽宁省出台《辽宁省支持深度贫困地区脱贫攻坚行动方案》，加大对阜新、朝阳、铁岭、葫芦岛等辽西北地区以及抚顺、本溪等辽东山区深度贫困县、深度贫困村和因病致贫贫困户的支持力度；加强省（中）直单位定点扶贫，加大省内地区间对口帮扶力度。近年来，辽宁省扶贫效果日益显现。特别是，党的十八大以来，辽宁省每年减贫25万人以上。2014年至2016年底，辽宁省三年共减贫77万人，贫困发生率从5.4%下降到2.3%。2017年，辽宁省再脱贫25万人。而随着精准扶贫工作的有效开展，辽宁省贫困群体的生活状况明显改善，其获得感、幸福感和安全感进一步增强。

### （八）社会治理体系更加完善，社会大局保持稳定

"打造共建共治共享的社会治理格局，提高社会治理社会化、法治化、智能化、专业化水平"，党的十九大报告的这一重要论断为新时代加强和创新社会治理指明了方向。2017年，辽宁省委省政府认真贯彻落实党中央关于社会治理的决策部署，充分发挥政府职能，稳步推进平安辽宁建设，取得了显著成效。不断增强责任感和使命感，加快平安辽宁建设步伐，准确把握辽宁实际，积极应对新时代平安辽宁建设的新任务和新挑战。以辽宁的改革发展稳定为前提，进一步强化"四个意识"，提升政治站位，坚持以人民为中心的发展思想，结合"五大区域发展战略"，努力提升社会治理社会化、

法治化、智能化、专业化水平，不断促进社会公平正义，形成有效的社会治理格局。为了使人民获得感、幸福感、安全感更加充实和更有保障，不断增强平安辽宁建设能力，为辽宁振兴营造安全稳定的社会环境。搭建社会治理信息共享平台，包括纵横两个方面，纵向搭建省、市、区（县）、街道（乡镇）、社区（村）、网格六级工作平台，横向整合政法、综治、维稳、公安、信访、民政、人社等多部门的社会治理资源。

2016 年，沈阳市提出开展“幸福沈阳共同缔造”行动，积极探索沈阳市社会转型路径。2017 年沈阳市创新了“纵向到底、横向到边、协商共治”的社会治理体系。各级基层组织紧紧围绕百姓身边实事、房前屋后的小事，发动群众共谋、共建、共管、共评、共享，最终形成了“纵向到底、横向到边、协商共治”的社会治理体系。简言之，纵向到底是指将党的领导和政府服务贯穿到最基层，要让党的领导和政府服务在基层组织中得到贯彻和落实，不打折扣，使每个党员积极参与到社会治理中。同时，还要让政府的服务下放基层，走进社区，让基层组织有能力为群众服务。横向到边是指把每位居民纳入社会组织中，同时，推动社会组织自觉参与社会治理。协商共治是指让政府治理与群众自治在社区有效结合，决策共谋、发展共建、建设共管、效果共评、成果共享。

## 二　辽宁省社会发展面临的主要问题

### （一）收入分配差距加大趋势仍未得到有效遏制

近年来，辽宁省收入分配差距拉大的趋势仍未得到有效遏制。研究发现，辽宁收入分配差距拉大突出体现在三个方面。一是地区间收入差距持续拉大。2012 年城镇居民人均可支配收入水平最高的大连市和盘锦市分别为 27539 元、27533 元，城镇居民人均可支配收入水平最低的朝阳市和阜新市分别为 17112 元和 17123 元，其差距分别为 10427 元和 10410 元，而截至 2016 年，城镇居民人均可支配收入水平最高的沈阳市和大连市分别为 38995

元和38050元，城镇居民人均可支配收入水平最低的铁岭市和朝阳市分别为21788元和22381元，其绝对差距分别扩大为17207元和15669元。可以说，近年来，辽宁各个城市的城镇居民人均可支配收入水平都有所提高，但各地区的增幅是不同的，特别是经济较发达和欠发达地区的居民收入差距不仅没有缩小，反而有持续扩大的趋势。二是行业收入差距持续拉大。2012年金融业与信息传输、软件和信息技术服务业的职工平均工资居首位，为67171元，农、林、牧、渔业从业者的收入水平最低，为12213元，二者相差54958元。而到了2016年，金融业的职工平均工资仍居首位，为80511.6元，农、林、牧、渔业从业者平均工资仍是最低，为13619.2元，二者差距扩大到66892.4元。可以看到，2012~2016年行业最高工资与最低工资的差距扩大了11934.4元。三是城乡收入差距持续拉大。从城乡的角度来看，2012年，辽宁城镇居民的人均可支配收入为23222.67元，农村居民的人均可支配收入为9383.7元，二者之间相差13838.97元。而到2016年城镇居民人均可支配收入达到32676.1元，农村居民人均可支配收入为12880.7元，二者之间相差19795.4元。城乡居民人均可支配收入差距正在逐渐扩大。

### （二）劳动力供需出现双降趋势

辽宁省作为装备制造业大省，从产业需求上来说，对各级各类的技能人才，尤其是高技能人才的需求强劲。但由于各方面因素和条件的影响和制约，辽宁省技能人才数量和质量比较有限，高技能人才短缺，长期存在着“技工荒”问题。而且由于辽宁省经济形势下滑和产业结构不断调整，产能过剩逐步凸显，能源、钢铁和传统装备制造业等传统工业部门受到了一定冲击，多数企业经济效益明显降低。受产业结构调整影响，辽宁淘汰部分产能过剩、技术落后、缺乏竞争力的企业，制造业用工需求下降，并呈缩减趋势，就业形势相对严峻。

相关统计数据显示，在2007~2015年的9年间，辽宁省劳动力市场的求人倍率基本保持在0.95左右，同时呈现出一种波动变化的趋势。其中，2011年全省人力资源市场提供的岗位供给总数大于求职人数，求人倍率达到1.11，创近年来新高，即市场中每位求职者所对应的岗位需求数约为1.11个，是近年来唯一出现劳动力供过于求情况的年份。在这之后，2012年的劳动力市场供求总量趋于平衡，求人倍率接近1。

根据全省人力资源市场供求总量数据，2016年就业需求人数减少56735人，同比下降了3%，而就业求职人数增加32496人，同比增幅为1.7%，就业需求人数减少而求职人数增加。从劳动力供求缺口来看，缺口为175010人，同比增加89231人，劳动人口供求缺口有所扩大，求人倍率为0.91，同比下降0.05。进入2017年，人力资源市场供需人数和求人倍率均有所下降。与2017年3月相比，2017年4月全省人力资源市场人力资源需求人数减少44707人，求职人数减少42665人，求人倍率下降0.01。根据全省14个市人力资源和社会保障部门通过各级人力资源市场及辽宁省就业网采集的有效数据，2017年4月用人单位招聘各类人员258195人，求职者为263297人，求人倍率约为0.98。

**表1　2007～2016年全省人力资源市场供求状况**

| 年份 | 需求人数(人) | 求职人数(人) | 求人倍率 | 供求缺口(人) |
|---|---|---|---|---|
| 2007 | 1693724 | 1842294 | 0.92 | -148570 |
| 2008 | 1458022 | 1639921 | 0.89 | -181899 |
| 2009 | 1574367 | 1885747 | 0.83 | -311380 |
| 2010 | 2374491 | 2631848 | 0.9 | -257357 |
| 2011 | 2152909 | 1940447 | 1.11 | 212462 |
| 2012 | 2046269 | 2051427 | 1 | -4998 |
| 2013 | 1930427 | 1965875 | 0.98 | -35448 |
| 2014 | 1997769 | 2037720 | 0.98 | -39951 |
| 2015 | 1876104 | 1961883 | 0.96 | -85779 |
| 2016 | — | — | 0.91 | -175010 |

资料来源：辽宁省就业网。

根据2012～2016年辽宁省人力资源市场供求状况的数据变化情况，2016年第一、二、三产业市场需求人数所占比重分别为2.47%、32.4%和65.14%。从产业需求比重变化看，与2015年同期相比，第一、二产业的需求比重分别下降了0.53个和0.15个百分点，需求人数分别减少11369人和

21202 人，第三产业的需求比重上升了 0.69 个百分点。[①] 从人力资源供求状况来看，五年间（2012～2016 年）全省人力资源市场呈现需求小于求职的供求状况，求人倍率呈下降趋势，与 2016 年相比下降 0.05。从供需总量上来看，全省人力资源市场供求状况基本保持稳定，劳动力就业结构性矛盾愈加突出，主要表现为求职者素质与就业岗位不相适应。尤其是在产业结构调整速度加快的形势下，新兴产业以及技术性职业所需要的高素质和高技能劳动力短缺。而且伴随着人力资源市场供求结构出现失衡现象，这种职业之间的供求差异越发明显。从职业分组供求情况看，商业和服务业人员供求状况较好，从所占比重情况看，商业和服务业人员如生产类、服务类等岗位市场缺口较大，结构性矛盾凸显。在供需人数总量下降的同时，就业总体基数依然较大，特别是以高校毕业生为重点的青年群体就业压力很大。根据辽宁省就业网提供的数据，2017 年高校毕业生就业压力将进一步加大。辽宁省社会需求和就业岗位总量明显减少，进校招聘的用人单位数量与上年同期相比下降 10% 左右，需求岗位数量下降 15% 左右。而劳动者尤其是青年劳动者对于薪酬待遇和职业发展的预期不断提高，对用人单位劳动力成本控制和创造更多就业岗位带来更大压力。

### （三）人才服务体系发展滞后

作为东北老工业基地的重要省份，辽宁省近年来人才服务体系建设取得了一定成绩，但其中也存在一些明显不足，带来了一些负面影响：一是人才集聚效应不高。辽宁现有两院院士 57 人，总量排在第 7 位，但是辽宁省两院院士年龄老化问题突出，其中 80 岁以上的资深院士多达 23 人，占两院院士总数的 40.4%。截至 2015 年 5 月底，国家“千人计划”已分十批共引进海外高层次人才 4180 人，辽宁省累计 70 人入选国家“千人计划”，不及江苏省（480 人）的 1/6，不及湖北（175 人）的 1/2。二是人才流失严重问题没有得到根本性遏制。以大学生群体为例，2016 年，沈阳市高校毕业生

① 数据来源：辽宁省就业网。

总量约为 11.4 万人，留在沈阳市的约为 6.3 万人，流出约 5.1 万人；2012 年沈阳市高考录取本地户籍人数约为 3.5 万人，2016 年沈阳市接收沈阳户籍毕业生总数为 2.4 万人，流失约 1.1 万人。而根据辽宁省就业和人才服务局 2014 年就辽宁全省涉及机械装备、电子信息、石油化工等近 20 个行业的 652 家企业的调查数据，企业中高级人才占职工总数的 3.5%，高级人才需求与现有高级人才数量之比为 1.8∶1。可见，辽宁技能型人才严重短缺。三是科技成果的转化水平并不高，科技成果数量总体呈下降趋势。辽宁省作为东北地区中心省份拥有较为雄厚的科研力量，但本地科技成果转化率不高。仍以沈阳市为例，沈阳本地科技成果转化率不足 5%，仅相当于全国平均水平的一半。而且，“十二五”期间沈阳登记认定的科技成果数量始终处于较低水平，且呈下降趋势，应用技术成果中达到国际水平的成果数量虽略有上升，但达到国内水平的成果数量却有所下降（见图 2）。

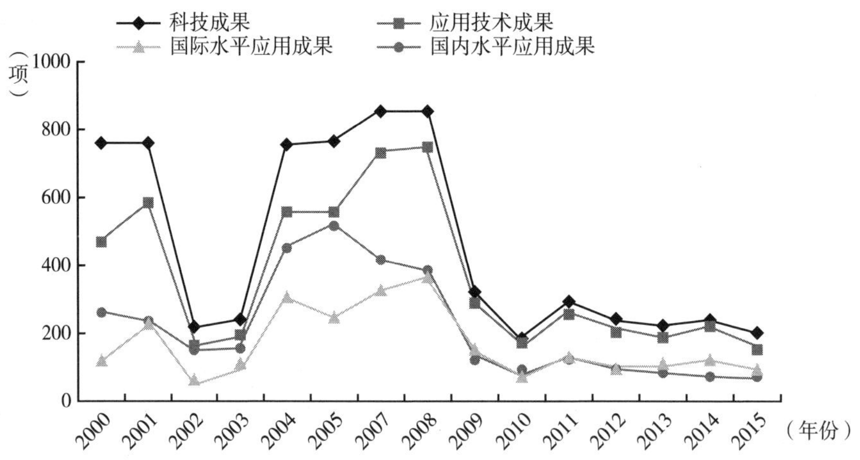


**图 2　2000～2015 年沈阳市登记认定的科技成果数**

资料来源：2000～2015 年《沈阳市国民经济和社会发展统计公报》。

可以说，迄今为止，辽宁省与形成具有国际竞争力的人才高地还有较大差距。各类型人才对辽宁的经济结构调整，增长方式转变以及竞争力提高未形成强大的智力支撑。

### （四）脱贫攻坚任务依然艰巨

辽宁省精准扶贫工作取得了显著成绩，但是农村贫困人口的脱贫攻坚任务仍很艰巨。在精准扶贫过程中做到扶真贫、真脱贫还存在着一些不可忽视的问题。一是农民家庭实际人均纯收入难以准确确定。农村居民收入有其自身特点：①收入难以货币化。由于农村居民收入中粮食等实物收入占相当比重，在价值转化过程中，存在较大的随意性。②收入具有不稳定性。除农作物收成的季节性及受自然灾害的影响较大等因素外，外出务工人员的增加，也增大了收入的不稳定性。③核算有劳动能力的保障对象的临时性收入和隐性收入有困难。这些特点使得如何准确界定农村贫困家庭的收入成为一个难题，事实上根本无法做到“准确”二字。精准扶贫过程中，出现一些所谓“关系保”“人情保”现象。二是贫困户发展动力不足。多数贫困人口文化素质低、思想观念陈旧落后，依然停留在自给自足的自然经济时期，安于现状，没有发展动力；加之受自然条件限制和农产品、畜产品市场价格波动大等因素影响，部分贫困户主动发展产业的积极性不高。部分贫困户不想谋求发展，一心想吃低保，享受国家救助，“等、靠、要”依赖思想严重。三是产业扶贫成效不明显。有的贫困村产业发展缓慢，缺少能够支撑长效增收、脱贫致富的特色效益产业，有的贫困村虽然已发展一批产业，但也仅处于起步阶段，特色效益尚未凸显，带动长效致富的能力不强；在精准扶贫到户实施过程中，由于各户的情况和产业发展需求不同，乡村在一户一策，因户制宜、因地制宜的引导上做得不到位，造成个别农户对扶持项目不感兴趣，参与的积极性不高。

### （五）“厂办大集体”企业改革进展缓慢，职工生活困难

“厂办大集体”改革又被称为“国企改革攻坚最后一块硬骨头”。辽宁省是全国“厂办大集体”最集中的地区，也是“厂办大集体”改革难度最大、成本最高的地区。尽管国家在2005年出台《东北地区“厂办大集体”改革试点工作指导意见》之后，在2011年又出台了《关于在全国范围内开

展“厂办大集体”改革工作的指导意见》，试图破解“厂办大集体”难题，但从实际来看，辽宁“厂办大集体”的改革进展较为缓慢，“厂办大集体”职工补偿安置较为困难。“厂办大集体”职工是城市中的弱势群体。大量“厂办大集体”职工离岗失业后，生活、社会保障和再就业问题难以解决，生活陷入困顿之中。数据显示，截至2010年底，抚顺矿区集体企业职工总数约6.7万人，其中在岗职工仅3300多人，下岗3.3万人，已退休3万多人。40多个二级公司的166个厂点中，仍有经营活动的仅十来个。抚顺矿区集体企业累计欠缴社会保险费逾17亿元，欠职工医药费、取暖费、工伤职工工资等各种债务9亿多元。鞍钢附属企业拖欠下岗职工医药费、采暖费等超过8亿元。辽宁“厂办大集体”职工是城市的贫困弱势群体，也是全面建成小康社会决胜阶段需要重点关注的群体之一。

## 三　促进辽宁省社会发展的对策建议

### （一）优化收入分配格局，构建合理的社会结构

党的十九大报告明确指出未来五年收入分配改革攻坚的三项最核心任务中，首要的就是更精准地“提低、限高”。在“提低”方面，要做好辽宁省的精准扶贫工作，着力提高低收入者的收入水平，改善贫困群体的生活状况。要逐步提高最低工资标准。从2018年1月1日起，辽宁省将执行调整后的最低工资标准，其中一档月最低工资标准为1620元，一档小时最低工资标准为16元。在此基础上要根据经济形势发展变化及时对其进行合理调整。要逐步提高劳动者报酬在初次分配中的比重。在“限高”方面，要加大对非法收入和灰色收入的监察力度，深化辽宁国企薪酬制度改革，对于垄断行业的高收入者，要规范垄断经营企业的收入分配行为，对工资水平进行相应调控。在“提低、限高”的同时还要进行“扩中”，壮大辽宁中等收入群体规模，形成“橄榄形”收入分配格局，构建合理的社会阶层结构。

### （二）优化产业结构，扩大第三产业就业规模

从产业演进规律看，经济发展就是产业结构从低级到高级不断演进的工业化过程，劳动力也随着结构变化依次从第一产业（农业）向第二、第三产业转移。而与第一、第二产业相比，第三产业是吸纳劳动力就业最强的产业。从占比经济发展过程看，第三产业占整个经济的比重，无论是产值占比还是劳动力占比都有不断提高的趋势。辽宁重化工业的产业结构特征显著，产业结构失衡，导致就业问题十分突出。辽宁第三产业的经济规模和就业规模明显不足。在总量不足的同时，辽宁第三产业的内部结构也不尽合理，金融、保险、信息服务和社区服务等行业还处于起步阶段，多数行业都有较大的发展空间。因此，缓解经济下行的就业压力，扩大就业需求规模，首先要从优化升级产业结构，发展第三产业，积极探寻并培育新的就业增长点入手。

要注重发展现代服务业和创新产业，吸引高新技术人才，改善高层次人才严重短缺状况。现代服务业和创新产业的快速发展能够吸引大量的高技术人才，这在无形中也推动了产业结构和就业结构的优化升级。要加快生活性服务业发展，在利民便民的同时增加劳动就业。结合辽宁省情，大力发展现代物流业，重点推进云计算、物联网、北斗导航机地理信息等技术在物流领域的应用；引导传统商业企业、商品市场创新经营模式，向“线上线下”融合发展转型升级；整合物流资源，促进物流与制造业、批发和零售业融合发展；加快建设现代商品流通体系；培育建设大型农产品现代流通综合平台，大力发展农产品冷链物流，完善零售终端网络。通过这些措施实现辽宁城乡居民生活质量和就业质量的不断提高。

而面对人口自然增长率下降与人口老龄化加深可能造成的劳动力短缺问题，辽宁省应未雨绸缪，积极提高人口素质，充分发挥高素质人口对经济发展的贡献，逐步用人口素质优势取代现有的人口数量优势。建议传承辽宁工匠精神，通过大力扶持企业新型学徒制培养高技能人才；加大人力资源开发力度，弥补产业人才短缺问题；提高国企改革失业人员技能水平；建立与国际接轨的人才培养和使用机制，吸引优秀人才为辽宁振兴服务。

### （三）建立多层次养老服务体系，满足多样化养老需求

在建立多层次养老服务体系中，发挥家庭的养老作用举足轻重。建议采取买房时降低贷款利率等政策优惠措施鼓励子女和父母同住。要深入推进社区养老模式。借助“互联网+”引导社区养老服务迈向高质量发展时代。建议创建智慧社区养老服务平台，如通过建立手机软件App，将老年人饮食起居、健康检查等数据上传到云平台系统，以便子女随时查看数据，掌握老人的生活情况和健康状态。要大力发展与扶持养老机构。辽宁省城市中的公立养老机构条件相对较好，但养老服务仍需进一步细化。对于能够自理和不能自理的老人要进行甄别，并提供差别化的养老服务。对于半失能老人要增加康复运动等服务，对于完全失能老人则要提供完全护理看护服务。

从2018年开始，我国全面放开养老服务市场。这将有力促进社会力量介入养老服务领域，特别是推动民办养老机构养老服务发展。建议政府加大对民办养老机构发展的支持力度，对于民办养老机构，在给予其用地用房政策支持基础上，注重引导民办养老机构与金融机构进行合作，促进养老产品和养老服务的升级创新。此外，建议依靠民间资本发展小型家庭式养老院。这类养老院符合我国国情和辽宁省情，是一种能让失能（半失能）老人住得起又能使得老人及其子女比较满意的养老机构，有着广阔的发展空间与社会需求。目前，辽宁省内的大连等地已经进行了由小型家庭式养老院提供养老服务的探索，取得了一定经验，值得省内其他地区借鉴。

### （四）以改革创新为动力　深化医疗卫生制度改革

坚持以人民健康为中心，以改革创新为动力，深化医疗、医保、医药三医联动，完善机制体制，深化医疗卫生制度改革，注重政策落实。加快推进分级诊疗制度建设，继续加大对基层卫生组织建设的支持力度，打造让群众信任、放心和满意的基层医疗卫生服务体系。加快医联体建设，促进优质资源下沉和工作重心下移，通过医联体建设，让医院真正“联起来”，让医疗真正“跑起来”，让医保真正“动起来”。加快建立现代医院管理制度，强

化维护公益性、调动积极性、保障可持续的公立医院运行新机制，细化并落实价格调整、医保支付、药品采购、编制管理、人事薪酬等方面的改革措施，为深化改革公立医院提供政策支持和制度保障。深化各级各类医院内部管理改革，建立以质量为核心、公益性为导向的医院考评机制，控制公立医院医疗费用不合理增长。坚持技术创新、机制创新和管理创新，改革公立医院发展的模式。完善全民医疗保障制度，健全重特大医疗保障机制，提高基本医疗保障能力，加强医保基金预算管理的科学化。

建立结余留用、合理超值分担的激励约束机制，要求医疗机构规范自身行为，有效控制成本、合理收治和转诊患者，引导医疗资源合理配置和患者有序就医。降低城乡居民大病保险的起付线，提高城乡居民报销比例，合理确定合规医疗费用范围，推动基本医保、大病保险、医疗救助、疾病应急救助和商业健康保险有效衔接。健全药品供应保障制度，改变以药补医现状，加强公立医院药事管理，转变服务方式，促进合理用药。做好基层社区医院、卫生服务中心和公立医院之间的药品采购工作，推动医药耗材、检验检测试剂、大型医疗设备等集中采购。完善短缺药品监测预警和分级应对机制。

加强监管，注重事中和事后监管，提升监管效能，整治行业突出问题，加快形成政府主导监管、第三方广泛参与、医疗卫生机构自我管理和社会监督互为补充的多元化综合监管体系。加强政府相关部门的联动，加大监管力度，减少损害群众健康权益的违法违规行为。健全和完善人才培养机制，制定激励评价机制，优化医疗卫生政策和社会环境，鼓励社会力量参与办医。积极发展基于“互联网＋”的健康服务，充分利用云计算、大数据、移动互联网和物联网等信息技术手段，促进健康服务的快速发展。加快推进健康旅游产业和中医药健康服务发展。推进公共卫生服务体系建设，深入开展爱国和爱城卫生运动，积极倡导健康文明的生活方式。

### （五）深化教育制度改革，完善现代教育体系

深化人才培养模式改革，构建多层次、多类型、多领域的高校人才培养体系，深入推进协同育人。深化产教融合改革，创新教育组织形态，促进教

育和产业联动发展，促进教育供给和需求要素全方位融合。深化民办教育管理改革，支持和规范民办教育发展，积极破解民办教育改革发展难题和障碍，着力解决在教师发展、项目申报、评优评先等方面存在的实际问题。提高职业教育质量水平，深化校企合作，支持校企合作共建实训基地。提高义务教育质量水平，建立以城带乡、整体推进、城乡一体、均衡发展的义务教育发展机制。全力做好高校毕业生就业创业工作，规范和完善高校就业责任体系，狠抓主体责任落实，着力提高高校毕业生在辽宁的就业比例。全面加强教师队伍建设，培养高素质教师队伍，加强师德师风建设，把提高教师思想政治素养和职业道德水平摆在首要位置，把社会主义核心价值观贯穿教育的全过程，加强农村教师队伍建设，继续实施特岗教师计划，建立师范生到农村学校实习制度，落实乡村教师支持计划，提高乡村教师工资、晋升机会、住房和子女教育等方面的综合待遇水平。提高教育经费投入，完善教育拨款制度和投入机制，保障各级学校办学经费稳定增长。提升教育信息化应用水平，积极利用信息技术、人工智能和教育大数据，促进教育理念、教学形态和学习方式的系统性改革。全面推进依法治教，推动各级各类学校依法办学。优化职业教育布局结构，加快推进各地中职学校布局结构调整，引导中等职业学校错位发展，集中力量办好特色优势专业，形成学校间优势互补、区域间科学合理的专业结构布局。

### （六）建立人本化服务模式，强化政策监督与问责

人才在经济社会发展中发挥着举足轻重的作用，这已经成为全社会的共识。随着人口红利的不断衰减，全国各地更是先后掀起了一轮轮的“抢人大战”。毋庸置疑，集聚大批高素质人才是辽宁省实现全面振兴的关键，为此，辽宁省要在人才聚集过程中建立人本化服务模式，并加强对人才服务政策执行的监督与问责。

一是加快建设一体化人才综合服务平台，提高人才服务效率。运用“互联网 +”，构建一体化的综合服务平台，为各类人才提供便利快捷的服务，实现“让信息多跑路，让人才少跑腿”。首先，建设集项目申评、信息

发布等功能为一体的信息化服务平台和手机客户端App，实现在手机上就可以一键查询政策、一键申报项目、一键查询进度等，实现“一键式”服务。其次，简化人才服务流程。建立“一窗受理、一站联办、一网运行”服务流程，要加强人才服务网站的服务功能，增加人才服务端口，提升其服务功能，要配备服务专员，为高层次人才提供点对点的“上门服务”。推行人才服务“一卡通”，向高层次人才发放人才“绿卡”，人才可以优先办理出入境、落户、社保、住房保障等业务。此外，还可以通过建立沈阳高端智库，发展产业人才协会，建立全国性高端产业人才联盟等措施，健全市场化、社会化人才服务体系，使人才获得专业化优质服务。

二是积极构建来辽宁的高端创新人才创新创业服务网络。构建来辽宁的高端创新人才创新创业服务网络就是建设创新创业者与其他主体之间合作交流的渠道，目的是编织来辽宁的高端创新人才人脉资源网络，增加其社会资本，为来辽宁的高端创新人才搭建事业发展平台，拓展发展空间。要建立来辽宁的高端创新人才与其他企业或高层管理者之间的联系；建立来辽宁的高端创新人才与各级政府官员、银行及其他行政管理机构人员之间的联系；建立来辽宁的高端创新人才与高校和科研机构的行业技术专家以及技术中介机构人员之间的联系。

三是强化人才服务政策监督与问责。人才服务政策要落到实处，不仅需要做到“有法可依”，更需要加强监督与问责，做到“违法必究”。监督与问责可以纠正与弥补人才服务政策在执行过程中出现的偏差与纰漏，最大限度地实现人才服务目标。要强化人才服务政策执行监督。这种监督既要有相关监察机构的监督，也要有来自拥有更多知情权、参与权与监督权的群众的监督。在监督基础上还要强化问责机制，对于人才服务政策落实不力，服务不主动、不作为、慢作为的，应及时问责处理，确保各项政策得到及时全面的落实。

### （七）深化住房制度改革，完善保障住房机制

深化住房制度改革和长效机制建设，加快建立多主体供给、多渠道保

障、租购并举的住房制度。一是建立风险管控机制。防范化解棚改政府性债务风险，加强棚改债务管理，盘活棚改资产，腾空棚改未利用的土地，科学制定土地出让计划，解决房地产去库存问题，有序偿还旧债。把棚改放到保障和改善民生中统筹考虑，充分利用棚改解决房地产库存问题，强化对棚户区改造的督促检查，通过约谈的方式问责。二是强化资金投入。积极吸收社会资本的投入，以政策倾斜的方式鼓励社会资本参与保障性住房建设，但是对于社会资本要进行资质审查，优先考虑有社会责任和社会价值的企业；个人资金在一定条件下也可以参与保障性住房建设；加大政府资金投入，争取国家开发银行在保障性住房上的资金支持。三是完善准入与退出机制。在准入方面，加大对受保对象的审查力度，社区、街道以及区民政部门层层把关，层层监督，并以公示的形式保证其公平性。公开保障房申请条件，让符合条件的住房困难群体能够得到保障性住房，申请条件主要包括在住房困难、住房面积、家庭收入等方面的相应规定，并定期向社会公布；完善监督机制，接受群众的监督举报。在退出机制方面，要进行动态的监督管理，采取定期和不定期的方式进行监督，一旦发现问题就要及时收回保障房。四是注重配套设施建设。保障性住房要让群众住得方便，因此，要在商品房中搭建保障性住房，避免保障性住房位置太偏远，或者建设质量有差别。要让群众住得舒心，就必须在供水、供电、供气、供热、通信、道路、绿化等方面给住房群众提供便利。五是强化分配公平。完善保障房分配政策，在保障范围、准入条件、实施程序、后续管理、责任承担等方面逐步细化明确，并通过条件公开、程序公正、结果公平等方式完善保障房的分配。

### （八）增强贫困群体资本积累能力，实现贫困群体生计可持续

贫困群体从根本上摆脱贫困需要实现其生计可持续，而实现贫困群体生计可持续的关键是积累生计资本。为此，应该从自然资本、物质资本、人力资本、金融资本和社会资本等方面做好辽宁省贫困群体的生计资本积累工作。从提高辽宁农村贫困群体自然资本存量的层面来看，要做好生态环境的保护，对生态特别重要和脆弱的地区实行生态保护扶贫。从提高辽宁贫困群

体物质资本存量层面来看，一方面要以救助方式把相关资源输送给农村贫困人口，确保其基本生活需要得以满足；另一方面对于辽宁西北集中连片贫困地区，要扩大基础设施覆盖面，解决通水、通网络等问题。从提高辽宁农村贫困群体人力资本存量层面来看，应加大各级政府对贫困地区教育经费的转移支付力度，缩小城乡基础教育资源配置差距，让贫困家庭学生免费接受学前教育、基础教育及中高等职业教育，阻止贫困的代际传递。还要做好贫困人口的甄别与分类，加强对于有劳动能力的贫困人口的技能培训，增强其在就业领域的竞争力。从提高辽宁贫困群体金融资本存量的层面来看，当前要逐步改善扶贫性小额信贷，积极推进商业性小额信贷改革。要采取多种措施构建农村金融体系，发展农村金融市场，消除贫困农户生计持续发展过程中资金瓶颈的制约。从提高辽宁贫困群体社会资本存量的层面来看，可以鼓励农村贫困人口根据自身情况加入各种类型的农民组织，增加自身社会资本，改善自己的弱势处境。

### （九）多渠道筹集资金，妥善安置“厂办大集体”职工

资金问题是“厂办大集体”改革成败的关键点。国务院出台的《关于在全国范围内开展“厂办大集体”改革工作的指导意见》（国办发〔2011〕18号）曾提出对“厂办大集体”改革进度快、实施效果好的城市，中央财政将按照“奖补结合”的原则，提高对地方国有企业兴办的“厂办大集体”改革的补助比例。在2011年底前完成“厂办大集体”改革的，中央财政补助80%；2012年底前完成改革的，中央财政补助70%；2013年底前完成改革的，中央财政补助60%；2014年及以后完成改革的不予奖励。由于各种原因辽宁省的“厂办大集体”改革进展迟缓，未能获得中央财政的有关补贴。对于辽宁“厂办大集体”改制的巨额资金需求，建议省委省政府有关部门多渠道筹集“厂办大集体”改制资金，并采取一些创新性措施。例如有计划地对地处城市黄金地段的集体企业进行搬迁，利用国有资产经营公司的平台进行收储；借鉴国企化解金融债务的经验，对“厂办大集体”企业金融债务进行打包回购；采取向银行借款的办法，弥补改革成本缺口；尽最

大努力提供财政支持等。产权交易市场作为资产流转的一个渠道，能有效避免暗箱操作和腐败行为。因此，“厂办大集体”企业在资产变现时，应充分利用产权交易市场，以获得尽可能多的收入，弥补改革资金的不足。对地处黄金地段的大集体企业地产，可充分利用城市扩张所产生的级差地租，采取“退二进三”等措施，以增值收益弥补改制成本缺口，妥善安置职工，解决职工社会保险费垫付、断缴等棘手问题。

### （十）创新社会治理体制，提高社会治理水平

创新社会治理体制，优化社会治理模式。改革基层社会治理体制，构建新型社区（村）治理体制，加强城市和农村基层社会治理平台建设，健全社区（村）社会治理的组织架构，推进基层管理网格化，调动社会组织参与社会治理的积极性，完善更具包容性的社会治理体系，规范社会组织的发展，提高社会组织自我管理的水平，发挥乡规民约、行业规章和团体章程等社会规范约束作用，实现政府、社会和居民共同参与、良性互动的社会治理格局，提升社会治理社会化水平。严格依法办事，提升社会治理法治化水平，党政机关要严格依法办事和依法行政，广泛开展普法教育，健全普法宣传机制，健全法律体系，搭建普法平台，强化法律意识，培育法治文化。要建立调处化解矛盾综合机制，依靠法治在源头上预防化解矛盾，通过调解、仲裁、行政裁决、行政复议和诉讼等方式化解矛盾，建立多元化的矛盾解决机制，引导群众以法治手段化解矛盾纠纷。积极推进社会治理的信息化平台建设，最大限度发挥大数据效能，提升社会治理智能化水平。要加强专业化人才队伍建设，夯实社会治理基础。

# 经济发展篇

Economy Articles

## B.3
## 2017年辽宁省经济运行情况

魏红江*

**摘　要：** 2017年是深化供给侧结构性改革的重要之年，是决胜全面建成小康社会的关键之年。尽管经济下行压力依然存在，但辽宁呈现出经济筑底趋稳、结构稳中有进、效益逐步提升和民生不断改善等一系列积极变化。从经济运行环境看，2018年全省经济保持持续健康发展虽然面临一些不利因素，但更具有许多有利条件和机遇。因此，辽宁要在保持经济稳增长基础上，全面促进经济的高质量发展；要进一步加强营商环境建设，大力振兴实体经济；要统筹推进“五大区域发展战略”和“一带五基地”建设；要持续提升民生福祉，不断满足人民日益增长的美好生活需要。

* 魏红江，辽宁省统计局党组书记、局长，高级统计师，主要研究方向为经济统计。

**关键词：** 辽宁　筑底趋稳　高质量发展

2017年，在党中央、国务院和省委、省政府的坚强领导下，全省各地区、各部门深入学习贯彻习近平新时代中国特色社会主义思想，坚持稳中求进工作总基调，持之以恒落实新发展理念和“四个着力”“三个推进”，努力破解发展难题，积极应对风险挑战，呈现经济筑底趋稳、结构稳中有进、效益逐步提升和民生不断改善的发展态势。初步核算，全年实现地区生产总值23942.0亿元，按可比价格计算，比上年增长4.2%，增速比上年提高6.7个百分点。其中，第一产业增加值2182.1亿元，增长3.6%；第二产业增加值9397.8亿元，增长3.2%；第三产业增加值12362.1亿元，增长5.0%。

## 一　辽宁省经济运行的基本情况

### （一）从三次产业看，农业生产稳定，工业生产增速提高，服务业平稳增长

1. 农业

一是从粮食产量看，全年粮食总产量2136.7万吨，比上年增加36.1万吨。二是从林业看，全年造林作业面积144.2千公顷，森林抚育面积94.0千公顷，育苗面积27.5千公顷，义务植树0.6亿株。三是从畜牧业看，全年猪、牛、羊、禽肉产量420.3万吨，比上年增长2.9%。其中，猪肉产量220.9万吨，牛肉产量25.1万吨，羊肉产量9.5万吨，禽肉产量164.8万吨。四是从渔业看，全年水产品产量（不含远洋捕捞）520.9万吨，比上年下降0.1%。

2. 工业

全年规模以上工业增加值比上年增长4.4%，增速同比提高19.6个百分点。其中，国有控股企业增加值增长5.0%，外商及港澳台商投资企业增加值增长7.4%，股份制企业增加值增长3.1%，私营企业增加值下降

3.8%。一是从企业规模看，规模以上大型企业增加值增长4.4%，中型企业增加值增长5.0%，小型企业增加值增长4.5%。二是从大类行业看，在41个工业行业中，有30个行业增加值比上年增长，其中29个行业增速比上年提高。三是从主要行业看，规模以上装备制造业增加值比上年增长7.4%，石化工业增加值增长1.7%，冶金工业增加值增长5.9%，农产品加工业增加值增长0.5%。四是从产品产量看，在重点跟踪的68种主要工业产品中，有29种产品产量比上年增长；在39种产量下降的产品中，有18种产品产量降幅比上年收窄。

3. 服务业

一是从货运量看，全年货运量21.6亿吨，比上年增长4.4%。其中，铁路货运量1.8亿吨，增长9.3%；公路货运量18.4亿吨，增长3.9%。港口货物吞吐量11.3亿吨，增长3.2%。二是从金融看，年末金融机构（含外资）本外币各项贷款余额41278.7亿元，比上年末增长6.7%；金融机构（含外资）本外币各项存款余额54249.0亿元，增长4.9%。三是从房地产销售情况看，全年商品房销售面积4148.5万平方米，比上年增长11.8%；商品房销售额2771.7亿元，增长22.8%。四是从重点服务业看，全年国家规模以上服务业企业营业收入2978.9亿元，比上年增长6.8%。

### （二）从三大需求看，固定资产投资增速由负转正，消费品市场增速提高，外贸持续增长

1. 固定资产投资

全年完成固定资产投资6444.7亿元，比上年增长0.1%。其中，国有控股完成投资1933.6亿元，增长14.1%；民间投资3940.4亿元，下降7.4%。一是从三次产业看，第一产业完成投资113.0亿元，下降2.0%。第二产业完成投资2242.0亿元，增长2.0%。其中，通信设备、计算机及其他电子设备制造业投资211.4亿元，增长60.8%；金属冶炼及压延加工业投资178.0亿元，增长32.5%。第三产业完成投资4089.8亿元，下降0.8%。二是从基础设施投资看，全年基础设施投资1543.4亿元，增长

14.5%。其中，电力、热力生产和供应业投资478.2亿元，增长96.1%；管道运输业投资34.6亿元，增长3.4倍；装卸搬运和运输代理业投资29.2亿元，增长1.1倍；航空运输业投资14.7亿元，增长19.7%；互联网和相关服务业投资3.3亿元，增长57.3%。

2. 消费品市场

全年社会消费品零售总额13807.2亿元，比上年增长2.9%。从限额以上批发零售业商品零售类值看，通信器材类零售额增长28.4%，化妆品类零售额增长19.2%，家具类零售额增长17.6%，石油及制品类零售额增长12.8%，粮油食品类零售额增长8.9%，金银珠宝类零售额增长8.6%，家用电器和音像器材类零售额增长5.5%，中西药品类零售额增长3.4%，汽车类零售额增长4.2%，服装、鞋帽、针纺织品类零售额下降0.6%。

3. 对外贸易

据海关统计，全年进出口总额6737.4亿元，比上年增长17.9%，增速比上年提高22.0个百分点。其中，出口总额3041.7亿元，增长7.1%；进口总额3695.7亿元，增长28.6%。一是从出口贸易方式看，一般贸易出口1638.2亿元，增长12.0%；加工贸易出口1175.6亿元，增长1.7%。二是从出口产品看，机电产品出口1214.9亿元，增长5.4%，其中，电器及电子产品出口445.4亿元，增长20.0%；钢材出口381.2亿元，增长21.0%。农产品出口332.0亿元，增长10.5%；船舶出口120.9亿元，增长6.3%。

### （三）从用电量和价格看，用电量保持增长，价格稳定

1. 从用电量看

全年全社会用电量2135.5亿千瓦时，比上年增长4.8%，增速比上年提高2.1个百分点。其中，工业用电量1509.1亿千瓦时，增长4.5%，增速比上年提高3.1个百分点。

2. 从居民消费价格看

全年居民消费价格（CPI）比上年上涨1.4%。其中，城市上涨1.4%，农村上涨1.1%。分类别看，食品烟酒价格下降0.6%，衣着价格上涨

1.2%，居住价格上涨1.3%，生活用品及服务价格上涨0.8%，交通和通信价格上涨0.1%，教育文化和娱乐价格上涨3.5%，医疗保健价格上涨7.5%，其他用品和服务价格上涨1.8%。

3. 从工业生产者价格看

全年工业生产者出厂价格（PPI）上涨8.1%，增速比上年提高9.3个百分点；工业生产者购进价格（IPI）上涨8.0%，增速比上年提高10.1个百分点。

## 二　辽宁省经济运行的积极变化

### （一）经济筑底趋稳

1. 三次产业企稳向好

一是第一产业由负转正，增长比较稳定。第一产业增加值增速由2016年的下降4.6%转变为2017年一季度的增长0.6%，前三季度增速达到3.1%，全年达到3.6%。二是第二产业生产逐步向好。第二产业增加值降幅由2016年的7.9%逐步收窄为2017年前三季度的0.9%，全年实现增长3.2%。从规模以上工业增加值看，2017年8月当月增速结束2014年9月以来的负增长，10月累计增速结束2015年以来的负增长。三是第三产业运行平稳，对稳增长起到支撑作用。第三产业增加值增幅由2016年的2.4%扩大到2017年的5.0%，主要得益于商务服务业、互联网和相关服务业等规模以上营利性服务业营业收入增速提高，电信业务收入较快增长，商品房销售面积持续增长以及财政支出增速提高。

2. 三大需求逐步回升

一是固定资产投资实现正增长。固定资产投资降幅由2016年的63.5%收窄为2017年前三季度的15.4%，全年增速由负转变为正增长0.1%，固定资产投资自2014年10月以来首次实现正增长。二是市场消费总体平稳。社会消费品零售总额增幅由2017年一季度的1.6%扩大到前三季度的1.8%，全年增长2.9%。三是出口总额增速由负转正。出口总额增速由2016年的下降9.7%转变为2017年前三季度的增长8.5%，全年增长7.1%。

## （二）结构稳中有进

1. 新产品、新商业模式发展较好

一是工业新产品实现较快增长。全年光缆产量比上年增长45.5%，太阳能电池（光伏电池）产量增长18.3%，工业机器人产量增长16.5%，城市轨道车辆产量增长12.6%。二是网上消费等新商业模式增速较快。全年限额以上单位通过公共网络实现零售额298.7亿元，比上年增长50.0%。三是高新技术产品出口增长较快。全年高新技术产品出口375.8亿元，比上年增长18.2%，快于出口增速11.1个百分点。其中，电子技术产品出口154.3亿元，增长45.5%。

2. 高技术、转型升级类行业增长较快

一是工业高技术行业较快增长。全年规模以上铁路、船舶、航空航天和其他运输设备制造业增加值比上年增长24.8%，计算机、通信和其他电子设备制造业增加值增长24.6%。二是契合转型升级方向的重点行业投资增长较快。全年改建和技术改造项目投资387.1亿元，比上年增长40.2%。高技术制造业投资276.1亿元，增长42.0%。其中，电子及通信设备制造业投资223.1亿元，增长64.2%；医药制造业投资34.9亿元，增长5.9%；航空航天器及设备制造业投资7亿元，增长1.4倍。

3. 国有企业增加值、投资和出口占比提高

全年规模以上国有控股企业增加值占规模以上工业企业的比重为50.0%，比上年提高了6.2个百分点；国有控股投资占固定资产投资额的比重为30.0%，提高了3.7个百分点；国有企业出口占出口总额的比重为23.9%，提高了1.5个百分点。

## （三）效益逐步提升

1. 财政收入稳步增长

一般公共预算收入增幅由2016年的3.4%扩大为2017年前三季度的8.3%。全年一般公共预算收入达2390.2亿元，比上年增长8.6%。其中，税收收入1812.0亿元，增长7.4%。

2. 规模以上工业企业效益改善

全年规模以上工业企业实现利润 1001.4 亿元，由上年的下降 31.8% 转变为增长 93.7%；实现利税 2380.0 亿元，由上年的下降 22.1% 转变为增长 28.2%。

### （四）民生不断改善

1. 民生保障支出稳定增长

在一般公共预算支出中，全年社会保障和就业支出 1346.5 亿元，比上年增长 17.5%；医疗卫生与计划生育支出 334.5 亿元，增长 8.9%；节能环保支出 104.9 亿元，增长 20.3%。

2. 民生领域投资力度不断加大

在固定资产投资中，全年卫生和社会工作投资 91.7 亿元，比上年增长 39.0%；教育业投资 79.9 亿元，增长 38.1%；文化、体育和娱乐业投资 96.0 亿元，增长 14.8%。

3. 城乡居民收入持续增长

全年城镇常住居民人均可支配收入 34993 元，比上年增长 6.4%，扣除价格因素，实际增长 5.0%；农村常住居民人均可支配收入 13747 元，增长 6.7%，扣除价格因素，实际增长 5.6%。

## 三　辽宁省经济运行中需要关注的问题

### （一）从生产看，工业生产下行压力仍然较大

1. 重点行业影响较大

全年占规模以上工业增加值 3.3% 的农副食品加工业增加值比上年下降 5.3%，占 2.2% 的电气机械和器材制造业增加值下降 1.6%，占 1.7% 的煤炭开采和洗选业增加值下降 2.9%，占 1.5% 的橡胶和塑料制品业增加值下降 4.1%，占 1.1% 的专用设备制造业增加值下降 21.6%。

2. 部分重点企业下拉明显

全年工业总产值在5亿元以上的企业中，有89户企业的工业总产值降幅在5%以上，其工业总产值之和比上年下降27.3%，下拉全年规模以上工业总产值增速3.4个百分点。

## （二）从需求看，投资项目不足，需求不断外流

1. 投资项目不足，影响未来经济增量

全年建设项目6311个，比上年减少424个，完成投资4155.1亿元，比上年下降4.3%。其中，新开工项目3810个，比上年减少341个，完成投资1718.1亿元，比上年下降3.6%。

2. 传统商贸企业受到冲击，购买力外流现象严重

一方面，以网络购物等“互联网+”为代表的新型消费模式迅速发展，造成了对传统商品贸易的冲击，目前在库的限额以上单位8412家，比上年减少了2865家；另一方面，辽宁省网上零售虽然增速较快，但与发达省份相比规模较小，本省居民在外省网上零售平台购物额远大于本省商家通过网络销售的零售额。根据国家统计局对全国主要网上零售平台的统计，全年线上与线下交易额相差1009.3亿元，比上年增长20.8%，分流了辽宁省居民购买力。

3. 外贸依存度较低,并且流入大于流出

全年对外贸易依存度（进出口总额/GDP）为28.1%，低于33.6%的全国水平。值得关注的是，全年出口总额比进口总额少654.0亿元，连续两年出现贸易逆差。

## （三）从结构看，传统产业所占份额大，新兴产业支撑力不足

高技术产业和新兴产业虽然增速较快，但占比较小，短期内难以弥补传统产业增速放慢或下降所造成的缺口。全年规模以上高技术产业增加值比上年增长26.7%，但占规模以上工业增加值的比重仅为8.0%。同时，改建和技术改造投资仅占固定资产投资的6.0%，高技术制造业投资仅占8.0%；通过公共网络实现的商品零售额仅占限额以上批发和零售企业零售额的8.0%。

## 四　2018年辽宁省经济发展环境分析

### （一）不利因素

1. 营商环境有待进一步改善

相对于东部沿海发达地区，辽宁省营商环境欠佳，民营经济发展不足，有效投资需求不足，吸引和留住人才不易。突出反映为民间投资意愿不强，全年民间投资尽管降幅有所收窄，但仍比上年下降7.4%。

2. 科技创新能力不强

辽宁省整体科技创新投入不足，科技与经济发展融合不够。大多数企业在中高端制造上优势不明显，关键基础零部件的核心技术尚未突破，核心竞争力有限。

3. 三次产业发展存在一些不足

从农业看，农业向第二产业、第三产业延伸融合发展不足；从工业看，稳增长压力仍然较大；从服务业看，传统行业占比较高、增长较慢，生产性服务业等新型业态发展不足。

### （二）有利条件

1. 大宗商品价格整体呈上涨趋势，有利于缓解经济下行压力

中国国际电子商务中心监测数据显示，截至2018年2月第二周（2月5～11日）中国大宗商品价格指数（CCPI）为140.3，年初以来一直维持在140以上的高位，比上年同期上升12.4。其中，能源类、钢铁类价格比上年低点分别上升32.1和24.0。

2. 全球经济预期较乐观，我国经济稳中向好，给辽宁稳增长提供相对宽松的环境

世界银行预计2018年全球经济增长可能会达到过去7年来的最高水平；高盛的最新研究预计，2018年全球经济的增长率可能会达到4%，企业的资

本支出加速很可能是经济增长的驱动力；《世界经济展望》最新预测对2018年和2019年世界经济增长的预测上调到3.9%，对这两年的预测均比上年10月的预测高出0.2个百分点。党的十九大以后，全国启动了新一轮高质量发展，从阶段性变化来看，中国经济已经从高速增长阶段逐步转向高质量发展阶段。

3. 国家政策性支持为辽宁经济发展创造更多有利条件

中央7号文件、国务院28号文件和62号文件各项任务得到分解落实，红沿河核电、辽西北供水工程、恒力石化炼化一体化、英特尔非易失性存储器等一批重大项目顺利开展；沈大国家自主创新示范区、中国（辽宁）自贸试验区、大连金普新区、沈阳全面创新改革试验区等一批重大战略平台批准实施。国家支持东北振兴的各项政策措施逐步落地，为辽宁振兴发展创造了更多有利条件。

4. 全省经济运行的积极因素不断增多

新产品、新业态、新商业模式进展较好，供给侧结构性改革取得新成效，经济运行效益逐步提升，民生有所改善。

## 五　关于促进辽宁省经济高质量发展的建议

### （一）在保持经济稳增长基础上，全面促进经济高质量发展

1. 逐步加快新旧动能转换步伐

通过新产品、新技术、新模式、新业态等方式创造新需求和新价值，加快引导生产要素从供给老化、处于供给成熟阶段的产业转移到新供给形成和处于供给扩张阶段的产业。重点培育信息技术、智能制造技术和新能源技术等新生产要素，培育各种新的融资形式和渠道。着力扶持科技成果转移转化，支持共性技术研发，为前沿创新中最有活力的企业特别是中小企业提供技术服务。加快培育创新型企业、个人、区域、科研院所和国家级平台等创新型主体。

2. 继续深化供给侧结构性改革

继续抓好“三去一降一补”五大任务，继续推动钢铁、煤炭等行业化解过剩产能，重点解决部分地区房地产库存仍然较多的问题，重点降低企业杠杆率，全面落实各项减税降费政策，扩大电力直接交易规模，继续加大降成本工作力度。

3. 积极打造供需协调结合点

投资向战略性新兴产业、高技术产业、新服务业、新业态、新模式、生态环保、民生改善等重点领域倾斜，加大改建和技术改造投资力度，通过优化投资增量，改善未来产业结构。促进传统消费转型升级，从温饱型向享受型转变；促进以汽车、智能家居为代表的升级型消费增长，积极培育教育、文化、娱乐、旅游等新消费需求。加快高附加值产品的出口，引导出口企业由全球价值链的低端环节向高端环节逐步转移升级，依托“一带一路”“自贸区”等，不断开拓新兴出口市场。

4. 高质量推进绿色发展

围绕落实国家气、水、土污染防治三个“十条”，扎实推进《辽宁省推进清洁取暖三年滚动计划（2018～2020年）》，加快发展天然气供暖，加快煤改电步伐。加快城镇污水处理设施建设，对重点工业企业实施专项整治，强化工业污染防治，全面加强水源地保护，进一步保障百姓饮水安全。

## （二）进一步加强营商环境建设，大力振兴实体经济

1. 继续改善营商环境

继续深化“放管服”改革，全面推进政务公开，扩大公众知情权、参与权和监督权。全面对标国际标准优化营商环境，构建“亲”“清”新型政商关系。加强社会监督，畅通社会投诉渠道。深入推进商事制度改革，进一步放开放活市场，真正确立企业市场主体地位。进一步加强诚信辽宁建设，完善黑名单制度和市场退出机制。

2. 切实发挥国有企业的保障性、引导性和带动性作用

有序推进省属国有企业改革，进一步筛选、壮大、提升主业，培育核心

竞争力，对同质化的辅业进行有效整合，实现瘦身强体。进一步优化国有资本布局，落实国有资产保值增值责任，防止国有资产流失和重大风险事件发生。

3. 不断激发民营经济活力

借鉴发达地区支持民营中小企业发展的成功经验，贯彻落实促进民营经济加快发展的各项政策措施，放宽民间资本准入行业和领域，消除阻碍民营经济公平参与竞争的各种壁垒，创新对民营中小企业的管理方式。

## （三）统筹推进“五大区域发展战略”和“一带五基地”建设

1. 统筹推进“五大区域发展战略”

继续加强与招商集团合作，加快港口资源整合，以临港产业带动港产城融合发展，加快沿海经济带开发开放。优化整合沿海重点产业园区，协调推进沈阳经济区一体化发展。加快辽西北传统产业升级，加强沈抚新区体制机制创新和特色产业先导区、示范区建设，做好与沈阳经济区新型工业化示范区产业的对接和配套。围绕区域发展定位，统筹培育县域产业集群，实现一县一业、一县一品，突出产业特色。

2. 加快推进“一带五基地”建设

重视农业的基础性作用，大力发展新兴农业和新型农业业态，建设现代农业生产基地。统筹建设具有国际竞争力的先进装备制造业基地、重大技术装备战略基地和重要技术创新与研发基地、国家新型原材料基地，基地产业互为补充相互促进，加快形成全国重要经济支撑带。

## （四）持续提升民生福祉，不断满足人民日益增长的美好生活需要

1. 继续拓宽就业、鼓励创业

实施更加积极的就业政策，在贯彻落实现有就业政策的基础上，开发更多就业岗位。重点抓好高校毕业生、去产能下岗职工等重点群体创业就业工作，以创新带动创业，以创业带动就业。

2. 促进城乡居民收入稳定增长

健全科学的工资水平调整机制，分类有序提高各群体收入水平，创造条件增加居民的财产性收入，通过培育农业新型经营主体和农村新型业态等多渠道促进农民增收。

3. 不断健全社会保障体系

切实提高教育、医疗、住房和社会保障等基本公共服务水平，不断增进人民群众福祉。不断完善包括社会救助体系、社会保险、补充保险在内的多层次、多元化的城乡社会保障体系，继续扩大社会保障覆盖范围。

4. 加大扶贫攻坚工作力度

继续开展精准扶贫，一对一帮扶，逐步减少贫困人口和贫困乡镇数量。严格规范和监督扶贫资金使用过程，确保资金到位。继续壮大贫困地区基层组织力量，加大对选派到贫困地区对口帮扶干部的培训和支持力度。

# B.4
# 2017 ~2018年辽宁经济形势分析及展望

于晓琳　姜健力*

**摘　要：** 2017年以来，辽宁经济运行总体保持平稳，呈现出“运行企稳、走势向好”的发展态势。展望2018年，辽宁经济将继续呈现“稳中向好”的走势，随着工业、投资等主要经济指标的回升，辽宁经济运行质量和效益将进一步改善，全年经济增速将有望回升至5.0%以上。2018年，辽宁经济工作应深入学习贯彻党的十九大精神和习近平总书记关于辽宁振兴发展的重要指示精神，全面落实新发展理念和“四个着力”“三个推进”，坚持稳中求进工作总基调，积极推动经济高质量发展，坚决打好振兴发展和全面建成小康社会的攻坚战，为加快实现老工业基地振兴发展奠定坚实的基础。

**关键词：** 经济形势　经济结构　辽宁省

## 一　2017年辽宁经济形势的基本特征

2017年以来，在世界经济稳步复苏和国内经济继续保持中高速增长的

* 于晓琳，辽宁省信息中心经济预测处处长、高级经济师，研究方向为区域宏观经济；姜健力，辽宁省政协委员、辽宁省委省政府决策咨询委员会委员、辽宁省信息中心副主任、研究员，研究方向为区域宏观经济。

环境下，辽宁经济运行总体平稳，在经历“筑底”过程之后，开始呈现“运行企稳、走势向好”的基本特征，经济保持平稳发展的有利条件不断增多。

## （一）辽宁经济运行速度企稳

2017 年以来，辽宁经济运行总体平稳，先行指标陆续好转，稳定释放积极信号，工业、投资等主要经济指标下滑趋势得到遏制并开始扭转，筑底企稳态势进一步巩固，经济增速缓慢回升，经济运行企稳的条件不断增多。2017 年全省地区生产总值同比增长 4.2%，比上年提高 6.7 个百分点，增幅在全国各地中名列首位。其中，第三季度经济增速已回升到 3.0% 左右的低中速增长区间，辽宁经济重新走上增长的轨道。

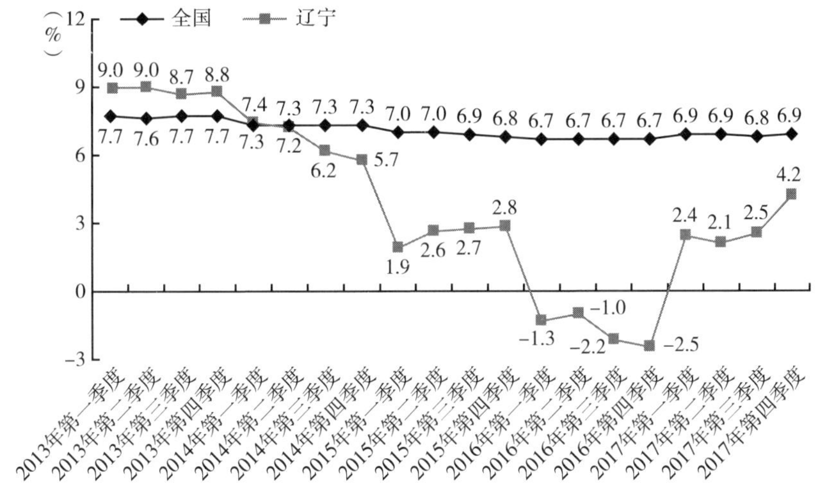


**图 1　2013～2017 年辽宁地区生产总值季度累计增长率与全国对比**

1. 生产供给形势稳中向好

一是农业生产形势平稳。粮食生产再获丰收，全年粮食总产量 2136.7 万吨，比上年增加 36.1 万吨，2017 年成为辽宁历史上粮食第二高产年。辽宁加快推进农业供给侧结构性改革，调整优化了种植结构。二是工业生产持续好转。2017 年以来，全省规模以上工业增加值增速持续保持回升势头，全年增速已回升至 4.4%，其中 12 月增长 9.8%。三是服务业运行平稳。2017 年第三产业增加值同比增长 5.0%，比上年提高 2.5 个百分点，规模以上服务业企业营业收入、营业税金及附加、营业利润分别增长 6.8%、43.4%、45.9%。

2. 需求走势出现积极变化

一是固定资产投资恢复正增长。2017 年增长 0.1%，结束了自 2014 年 10 月以来的负增长态势。二是消费需求低速缓升。2017 年全省社会消费品零售总额同比增长 2.9%，增速比前三季度提高 1.1 个百分点，乡村消费和网上消费增长较快。三是出口继续保持较快增长。外贸出口摆脱上年的负增长态势，全年出口额按人民币计算增长 7.1%，与全国增速的差距缩小至 2.9 个百分点。

### （二）辽宁经济运行质量向好

随着全省经济增长速度逐步企稳，经济运行质量也逐渐改善，结构优化，动力趋新，效率提高，经济发展的积极因素和有利条件不断积聚，“向好”的特征更加明显。

1. 经济结构不断优化，发展的协调性有所增强

从产业结构来看，第三产业比重逐年提高，工业内部高新技术行业等转型升级重点行业增长较快。从需求结构来看，投资结构进一步优化。2017 年高技术制造业投资额占制造业投资额的比重达到 18.1%，比上年提高 7.1 个百分点。消费结构进一步改善。网上消费等新商业模式持续快速发展，2017 年限额以上单位通过公共网络实现零售额增长 50.0%；部分消费升级类商品销售持续增长。外贸进出口结构进一步改善。2017 年进出口保持较快增长，尤其是进口增速高达 28.6%；高新技术产品出口增长 18.2%，高于同期全省出口增速 11.1 个百分点。

2. 供给侧结构性改革取得新进展

去产能方面，2017 年全省淘汰水泥落后产能 421.5 万吨，淘汰炼铁落

后产能129万吨，清理“地条钢”企业66户，关闭退出煤矿185处、淘汰产能1020万吨。2017年全省原煤、水泥产量分别比上年下降14.9%、6.2%。去库存方面，2017年全省商品房销售面积增长11.8%，销售额增长22.8%。到11月末，全省商品房去化周期比上年同期缩短6个月。去杠杆方面，截至12月末，全省规模以上工业企业负债增长1.1%，增速比上年末降低3.1个百分点。降成本方面，2017年全省规模以上工业企业百元主营业务收入中的成本为83.4元，比上年下降0.56元，比全国平均水平多下降0.31元，低于全国平均水平1.52元。全省“营改增”改革减轻税收负担225.3亿元。补短板方面，全省脱贫攻坚态势良好，实现25万贫困人口脱贫、500个贫困村销号、4个省级贫困县摘帽。基础设施固定资产投资增速加快。2017年基础设施投资额由前三季度的同比下降4.3%转变为增长14.5%，占固定资产投资的比重为23.9%。创新驱动、城乡建设、生态环境等关键领域和薄弱环节加快发展。

3. 新旧动能加快转换，发展的活力潜力进一步释放

一是改革动能进一步强化，营商环境不断优化。“放管服”改革深入推进，商事制度改革成效明显，政务环境不断优化。构建事中事后监管新机制，“营改增”改革等结构性减税和普遍性降费政策得到落实，市场环境不断规范。二是市场动能进一步激发，市场主体加快成长。2017年新登记各类市场主体数量增长30.6%，注册资本（金）增长148.9%。辽宁自贸试验区新增注册企业数和注册外资额均走在全国7个新设自贸区前列，上海等自贸试验区的99项改革措施在辽宁落地，落地率达90.8%。三是创新动能进一步积聚，攀“高”创“新”取得成效。新一代信息通信技术与经济社会各领域、各行业跨界融合不断深化。以光缆、机器人、轨道交通、光伏电池、核能核电站、数控机床等为代表的一批有技术含量的新产业蓬勃发展，共享经济覆盖范围不断拓展。四是开放动能进一步增强，引资、外资恢复增长。2017年外商直接投资增长77.9%，引进国内资金增长43.0%。吸引外资质量不断提升。

4. 质量效益稳步提升，发展的可持续性有所增强

在经济增速回升的形势下，全省经济运行质量和效益也有所提高，社会

民生领域保持稳定。一是就业形势保持稳定。2017 年城镇新增就业 44.8 万人，城镇登记失业率 3.8%，均完成年度控制目标。二是居民收入平稳增长。2017 年城镇和农村常住居民人均可支配收入分别实际增长 5.0% 和 5.6%，继续超过经济增速。三是企业效益有所改善。2017 年规模以上工业企业主营业务收入、利润总额、亏损企业亏损总额增速分别由 2016 年的下降 27.0%、下降 31.8%、增长 5.3% 转为增长 8.9%、增长 93.7%、下降 30.0%，主营业务收入利润率为 4.5%，比上年提高 2.0 个百分点。四是财政保持平稳运行。2017 年全省一般公共预算收入增长 8.6%，自 2016 年 10 月以来保持加速态势。财政收入质量持续改善，税收比重继续提高。五是金融形势基本稳定。金融市场规模持续扩大，对经济增长贡献显著提升。截至 2017 年末，全省金融机构（含外资）本外币各项存款、贷款余额分别增长 4.9%、6.7%，分别比 2017 年初增加 2533.4 亿元、2593.1 亿元。

## 二　2018年辽宁经济发展趋势展望

展望 2018 年，辽宁经济发展的积极因素和新的动力正在加速积聚，但是内外部环境仍然错综复杂，发展面临的困难和挑战依然较多。

### （一）2018年辽宁经济发展的有利因素

1. 全球经济复苏态势强劲

2018 年，随着全球经济的进一步复苏，尤其是发达经济体增长前景的改善，IMF 预测全球经济增速将上升至 3.9%，是近年来的最高水平，企业和消费者信心有所提升，全球经济将延续回暖态势。

2. 全国经济形势继续保持稳中向好的发展趋势

2017 年以来，全国经济发展的韧性明显增强，经济运行呈现增长平稳、就业扩大、物价稳定、国际收支改善的良好格局，经济稳中有进、稳中向好的态势持续。

预计 2018 年，全国经济仍将继续保持总体平稳发展态势。国内外多家机构预计2018年中国经济运行将呈现“前稳后降”的走势，全年经济增速在6.5%～6.7%。

3. 全省迎来重大发展机遇

第一，外部宏观政策利好因素增多。习近平新时代中国特色社会主义思想和基本方略，为辽宁新一轮全面振兴指明前进方向。尤其是党的十九大报告在实施区域协调发展战略中提出要“深化改革加快东北等老工业基地振兴”，意味着辽宁将进入以深化改革为根本路径的振兴发展新阶段，辽宁经济增长的外部动力将持续增强。

第二，省内发展环境和条件明显改善。政策红利增多，改革红利显现，“双创”红利增强，结构调整红利初现，发展共享红利增加，这些红利都有助于加快形成全省经济增长的内生动力。此外，经过近三年的调整，经济数据“誊清见底”，也为反映辽宁经济发展状况、分析发展趋势提供了客观基础。

这些内外有利因素将使辽宁供给侧结构性改革效果进一步显现，结构调整力度进一步加大，经济运行的质量和效益进一步提升，增长的新动能进一步增强，新的增长点加快形成；同时，生态环境逐步改善，各项风险总体可控，社会民生保持平稳，支撑全省经济加快发展。

## （二）2018年辽宁经济发展的不利因素

1. 全球经济复苏尚未完成

世界经济的不确定因素增加，全球金融环境收紧。美国税改法案、美国等发达经济体紧缩货币政策带来的外溢性，影响国际资本流动、制造业转移。反全球化倾向加剧，贸易保护主义抬头。特别是美国对华贸易政策收紧，中美贸易摩擦和纠纷有增无减。此外，地缘政治紧张、极端天气事件、恐怖主义和安全问题等非经济领域的不确定因素会冲击全球经济增长。

2. 全国经济“稳中有变”

当前，支撑我国经济发展的各种条件已经发生深刻变化，我国经济已由高速增长阶段转向高质量发展阶段，面临一些新问题新挑战，经济增速小幅下行的压力依然不小。一是固定资产投资增速放缓势头明显，出口增长面临挑战；二是行业亏损面持续扩大，部分企业效益状况有继续恶化的风险；三是金融风险有加剧的趋势。

3. 全省经济形势依然严峻

当前，辽宁经济增长已经度过最低迷的阶段，呈现企稳向好的发展势头，但当前经济增长的基础还不稳固，增长的周期性、恢复性特征明显，受大宗商品价格持续走高的影响较大，经济增长更多依靠的还是传统产业，经济发展中的不平衡不充分的问题还比较突出，经济运行的不稳定和不确定性依然较大，有些在经济下行压力加大的过程中显现的问题和长期积累的风险可能被当前“好数据”所掩盖，提升整体经济创新力、竞争力依然任重道远，经济真正步入可持续和平稳发展的轨道尚需时日。

第一，体制机制问题是根本。市场化进展滞后，国企内部体制僵化，民营经济活力不足，金融改革步伐缓慢，人才流失日渐严重，软环境难以尽如人意等，长期阻碍辽宁经济发展。

第二，结构性矛盾依然突出。要素结构调整缓慢，经济增长仍以要素驱动为主，创新能力还不强，全要素生产率长期处于较低水平。产业结构不协调，工业增长乏力，服务业发展缓慢，结构调整升级任务繁重。特别是工业经济面临较多困难，部分实体企业仍存在资金链断裂、无法偿付债务的困难。需求不旺，需求结构不协调，对经济增长的拉动力不足。特别是民营企业投资意愿不强，有牵动性的大项目少，项目质量不高，重大项目储备不足。

第三，新旧动能转换艰难。传统发展动力正在衰弱，新的发展动力虽然快速成长但整体还很弱小，不足以弥补旧动能的衰弱。实体经济发展面临较多困难。

第四，老龄化加剧。老龄人口持续较快增加，劳动力资源减少，成为辽宁调整需求结构、产业结构和分配结构时不可忽视的不利因素。

第五，辽宁经济运行面临一定风险。随着经济下行压力的减小，辽宁经济运行面临的风险有所降低，总体可控。但是仍有一些局部风险，需要长期关注和特别警惕。一是地方债务风险依然存在。全省政府性债务风险总体可控，但仍面临较大压力，偿债压力主要集中在市县。财政收支矛盾突出，特别是县级财政运转困难，保工资、保运转、保民生支出面临较大压力；除沈阳、大连外，其他12市企业职工养老金均存在较大支付缺口。政府性债务对土地出让收入依赖程度较高。融资平台风险隐患严重，隐性债务风险不容忽视。二是潜在金融风险有增无减。随着实体经济压力进一步向金融体系传递，与产能过剩行业、房地产业和地方融资平台相关联的金融风险在增多，银行不良贷款率有所提高。东北特钢、辉山乳业、大连机床以及丹东港等一系列债务违约事件的不利影响逐渐扩散，对全省金融环境的不良影响愈发明显。

## （三）2018年辽宁经济增长的情景分析预测

综合上述分析，初步预计，2018年辽宁经济将继续保持稳中向好的发展态势。随着工业、投资等主要经济指标的回升，经济运行的质量和效益将进一步改善，经济增长速度将继续回升。

情景一：2018年辽宁经济发展延续2017年的走势，内外部环境没有明显变化。工业生产继续恢复性增长，增速小幅提升，增长5.0%左右；固定资产投资继续缓慢增长，增长7.0%左右；社会消费品零售总额继续低速增长，增长3.0%左右；2018年全省经济增速有望达到4.5%左右。

情景二：若国际经济加快复苏，国内经济平稳增长，全省深入贯彻落实党的十九大精神，加快贯彻发展新理念，加速实施“四个着力”“三个推进”，各项改革措施取得较好成效，经济增长质量和效益较快提升，新旧动力转换取得明显进展。工业生产恢复中高速增长，增长7.0%左右；固定资产投资有较快增长，增长10.0%左右；社会消费品零售总额增长5.0%左右；2018年全省经济增速有望达到5.5%左右。

情景三：如果将2018年全省经济增长目标设定为全国预期增长水平（6.5%左右），则工业生产需要有较快增长，增长8.0%左右；固定资产投资需要有明显增加，增长15.0%以上；社会消费品零售总额需要恢复到

8.0%左右的增长速度；地方公共财政预算收入也需要增长12.0%左右。

综合各种因素，预计2018年经济增速将有望回升至5.0%以上。2018年以后，全省经济有可能重新步入6.0%以上的中高速增长轨道，或将不低于全国平均水平。

## 三　对2018年辽宁经济工作的建议

2018年是实现全面建成小康社会目标的攻坚之年，全省上下应继续深入学习贯彻党的十九大精神和习近平总书记关于辽宁振兴发展的重要指示精神，全面贯彻新发展理念和“四个着力”“三个推进”，将辽宁振兴发展与全面建成小康社会、建设社会主义现代化紧密结合起来，将结构调整与构建具有辽宁特色的现代化经济体系紧密结合起来，坚持稳中求进工作总基调，以供给侧结构性改革为主线，提高全要素生产率，全面实施“三大区域发展战略”、“一带五基地”三年攻坚计划，将着力点放在发展实体经济上，不断增强辽宁经济的活跃度、创新力和竞争力，为加快实现老工业基地振兴发展奠定坚实的基础。

### 1. 坚持稳中求进工作总基调，着重提质增效，打好振兴发展的持久战

“稳”是稳住当前经济增长企稳、运行质量和效益向好的发展态势，进一步巩固经济社会各领域已经取得的成果。保持战略定力，不在“数”上纠结，注重稳住经济向好的发展态势、巩固经济社会领域已经取得的成果，稳就业、稳金融、稳外贸、稳外资、稳投资、稳预期，为全面深化改革、结构调整、动能转换、提高质量效益创造宽松环境，实现实实在在的、行稳致远的经济增长。坚持以进促稳，着力提升经济运行的质量和效益，不断积累推动经济增长的动力，从而实现经济可持续增长。

因此，2018年辽宁经济增长6.0%左右，将有利于进一步夯实经济企稳向好的基础，巩固政治生态的修复成果，也有利于贯彻落实各项改革和政策举措，深入实施供给侧结构性改革，大力调整经济结构，为全省进一步提高经济增长质量和效益创造有利条件，实现实实在在的、行稳致远的经济增长。

2. 以深化供给侧结构性改革为主线，着重补短板，打好结构调整的攻坚战

补短板是扩大有效供给的重要手段。把提高供给体系质量作为主攻方向，双侧发力，增强后劲，加快经济结构调整和产业转型升级。一是补供给体系质量的短板。加快发展战略性新兴产业和现代服务业，促进战略性新兴产业在重点领域和关键环节取得技术性突破。做强装备制造等传统优势产业，注重以传统产业转型升级拉动新兴产业发展，在传统产业中培育新的增长点和新的动力。二是补有效需求的短板。注重发挥投资对优化供给结构的关键性作用，充分发挥政府投资的导向作用，吸引更多的社会资金投向技术装备升级换代、投向战略性新兴产业，以消费升级促进供给质量提升，以消费升级引领产业升级，培育形成新供给、新动力。

3. 着力完善体制机制，着重强化市场配置资源的决定性作用，打好优化营商环境的攻坚战

把优化营商环境作为完善体制机制的突破口，统筹协调、标本兼治、综合施策，形成一个同市场完全对接、充满内在活力的体制机制，使营商环境"软实力"转化为振兴发展"硬动力"。一是健全政务工作体制机制，着力打造廉洁高效的政务环境。进一步转变政府职能，围绕打造服务型政府，积极构建"亲""清"新型政商关系。促进政府行政的法治化、规范化、透明化，进一步提高政府行政效率。二是强化市场配置资源的决定性作用，着力打造公平规范的市场环境。进一步放宽市场准入，创新市场监管制度，减轻企业成本负担。积极培育企业创新主体。加快金融改革创新，打造良好的人才发展环境。三是进一步提高法治化水平，着力打造公平公正的法治环境。深入推进法治政府建设，完善地方立法机制，坚持依法决策，严格公正执法。

4. 不断提高人民群众生活水平，着重精准扶贫，打好保障和改善民生的攻坚战

满足人民群众日益增长的美好生活需要是辽宁实现全面建成小康社会和新一轮振兴发展的出发点和落脚点。应贯彻"共享"和"以人为本"的发展理念，着力保障和改善民生，解决好人民群众关心的突出问题，不断提高

人民群众收入水平和生活质量，让人民群众共享振兴发展成果。坚决打好精准扶贫的攻坚战，为全面建成小康社会打下坚实基础。将扶贫脱贫工作摆到更加重要的位置，加大扶贫投入，创新扶贫方式，因地制宜、分类施策、精准扶贫、精准脱贫。

5. 多措并举防风险，着重防范化解企业金融风险，打好防范化解重大风险的攻坚战

应多措并举防范各类风险，强化风险预警和评估，提前拟定应对预案，加强金融生态环境建设，防止发生区域系统性金融风险。一是警惕防范地方债务风险的扩大和蔓延。加强基层政府债务风险防范，严控债务规模。加强政府融资平台管理，防范隐性债务风险。严格管理政府投资项目，加快推进政府和社会资本合作（PPP）机制，从根本上解决地方政府举债建设问题。二是防范化解养老金发放的风险。抓住国家加强社会保障体系建设的机会，理顺养老保险的责任关系，妥善处理好一般公共预算和社保基金预算的关系，探索有效的发放方式，防止化解养老金发放风险和拖垮地方公共财政预算的风险。三是加强对潜在金融风险的管理和控制。实体企业风险增加成为诱发全省金融风险的主要原因。一方面，应加强金融监管，开展全面风险排查、梳理和评估工作，多部门建立协同防范机制，实现企业债务信息实时共享，重点防范，及时化解；另一方面，要从根本上解决企业过于依赖成本较高的银行贷款问题，优化金融生态环境，加快发展资本市场，拓宽不良资产处置渠道。

6. 持续推进干部作风转变，着重完善干部管理机制，打好全面从严治党的攻坚战

在全省经济工作中，应把建立健全干部管理机制作为各级党政机关的重要任务，早抓、抓实、抓好。一是完善干部考核评价机制。科学合理地确定考核目标和内容，制定切实可行、适用的考核标准。充分利用信息化手段、应用大数据和新媒体，建立一套内部评议、服务对象评议与第三方评估相结合的系统完善的考核评价机制。不能简单地追求量化考核，也不能简单地层层分解指标。二是建立健全激励机制。加大对干部的正向激励，调动干部担

当有为的积极性和主动性，使干部想干事、愿干事、肯干事。三是建立健全容错纠错机制。落实习近平总书记提出的“三个区分开来”原则，使公务人员敢干事、放心干、放手干。四是完善干部培养机制。培养造就一支政治过硬、本领高强的干部队伍。加强公务人员的思想政治学习教育，强化专业能力与专业精神的培养，促进干部素质和能力的全面提升，使其能干事、会干事、干成事。

# B.5

# 2017年辽宁省工业经济运行的总体回顾分析及2018年发展趋势预测

李佳薇　王璐宁　曹颖杰*

**摘　要：**　2017年辽宁工业经济呈现总体向好态势，工业转型升级不断推进，经济效益有所提升，投资结构调整成效初显，出口加快增长，但仍然存在初级工业品投资及利润比重过高，民营企业活力不足等突出问题。2018年，在国际市场回暖和国内新旧动能转换的背景下，辽宁工业经济将稳中有升，新兴产业不断壮大。因此，应当围绕区域产业特色，构建现代化产业体系；提升产业创新水平，增强工业整体竞争力；推进供给侧结构性改革，加快工业转型升级；切实服务企业，解决工业发展难题。

**关键词：**　辽宁　工业经济　供给侧结构性改革　区域产业

## 一　2017年辽宁工业经济运行分析

### （一）2017年辽宁工业经济运行的总体情况

1. 工业生产呈现向好态势

在供给侧结构性改革和工业转型升级的政策推动下，2017年辽宁省规模以上工业企业增加值增速为4.4%，增速超过河北、内蒙古、黑龙江、天

---

* 李佳薇，辽宁社会科学院产业经济研究所副研究员，主要研究方向为产业经济；王璐宁，辽宁社会科学院产业经济研究所副研究员，主要研究方向为产业经济；曹颖杰，辽宁社会科学院产业经济研究所助理研究员，主要研究方向为产业经济。

津、海南、甘肃等6个省份，较2016年提升19.6个百分点，恢复正增长，呈现向好态势（见图1）。从两年内的月度值变化情况看，辽宁省规模以上工业企业增加值从2017年8月开始呈现正增长态势，于12月当月增速达到两年来月度增速的最高值（9.8%）（见图2）。

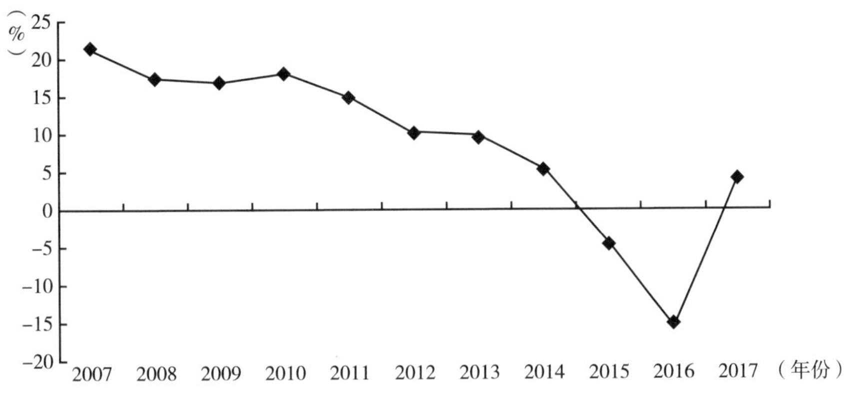


**图1　2007～2017年辽宁省规模以上工业企业增加值增速**

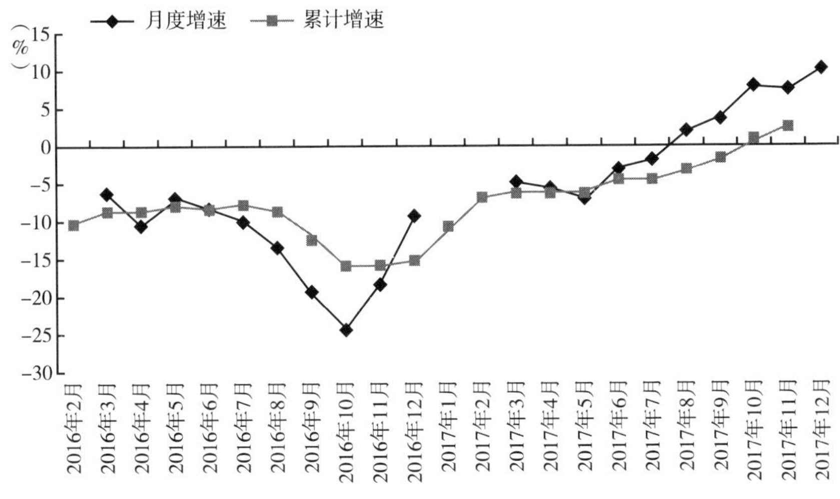


**图2　2016年以来辽宁规模以上工业企业增加值月度增速和累计增速**

从其他主要经济指标看，2017年辽宁省工业用电量1509.1亿千瓦时，较上年增长4.5%，增速比2016年提升了3.1个百分点。分轻重工业看，轻工业用电 133.73 亿千瓦时，增长 7.0%；重工业用电 1375.40 亿千瓦时，增长 4.2%。12 月日均用电量 4.9 亿千瓦时，达到 2016 年以来的最高水平。市场需求趋于活跃，物流总量明显回升，2017 年辽宁省交通货物运输量达到 216143.7 万吨，同比增长 4.4%，由前两年的负增长转为正增长（见图 3）。辽宁省全部工业企业达到 12.35 万户，同比增长 5.6%；全年新增工业企业 1.22 万户，同比增长 26.2%；规模以上工业企业达到 7160 户。

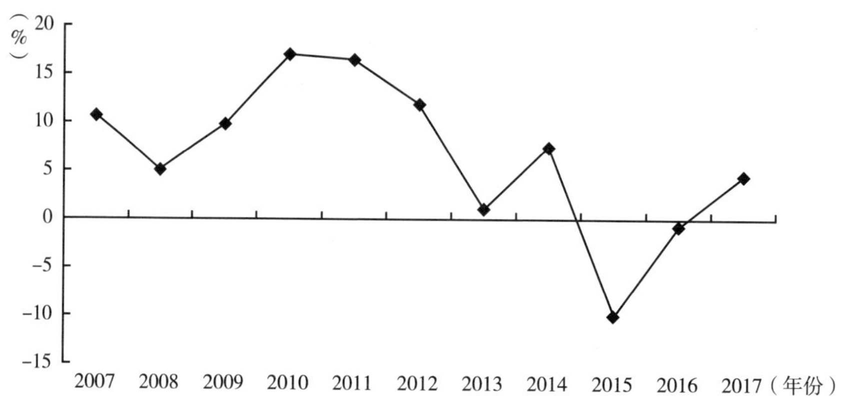


**图 3　2007～2017 年辽宁省交通货物运输量增速**

2. 工业转型升级不断推进

转型升级加快推进，工业结构不断调整，经济发展的新动能进一步增强。与 2016 年相比，2017 年辽宁省高技术产业增加值增长 26.7%，高于全省工业 22.3 个百分点。全年规模以上采矿业、制造业和电力、热力、燃气及水的生产和供应业的增加值分别增长 3.2%、4.8% 和 2.3%。

从行业门类看，2017 年规模以上装备制造、石化、冶金和农产品加工业的增加值分别增长 7.4%、1.7%、5.9% 和 0.5%，均由前两年的负增长转为正增长（见图 4），所占规模以上工业增加值比重分别为 32%、26.8%、14.2% 和 10%。2017 年，辽宁省 41 个大类行业中有 30 个行业增加值保持同比增长。其中，计算机、通信和其他电子设备制造业同比增长 24.6%，铁路、船舶、航空航天和其他运输设备制造业增长 24.8%，汽车制造业增长3.1%，黑色金属冶炼和压延加工业增长5.0%，通用设备制造业增长5.9%，电力、热力、燃气及水的生产和供应业增长1.7%，石油加工、炼焦及核燃料加工业增长2.6%，医药制造业增长3.4%，农副食品加工业下降5.3%，专用设备制造业下降21.6%，烟草制品业下降3.2%。规模以上六大高耗能行业增加值增长3.2%，占规模以上工业增加值的比重为48.1%。从近两年的月度增速看，四大支柱产业规模以上工业增加值从2017年8月开始由负增长转向正增长，其中农产品加工业增加值增速较快，装备制造、石化和冶金工业增加值增速仍上下波动（见图5）。

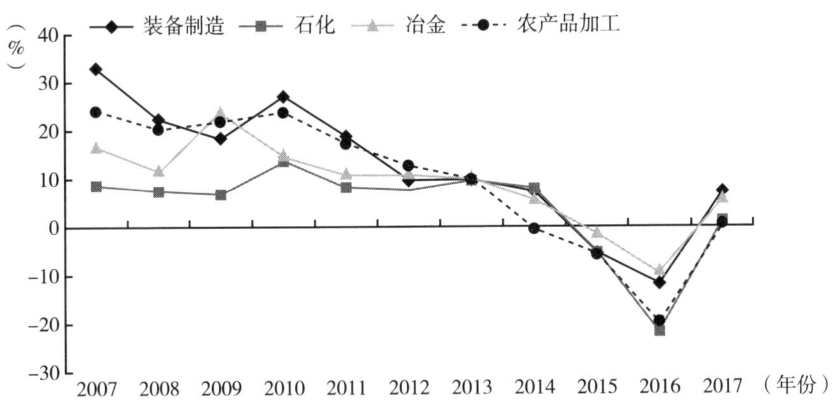


**图4　2007~2017年辽宁省四大支柱产业增加值增速**

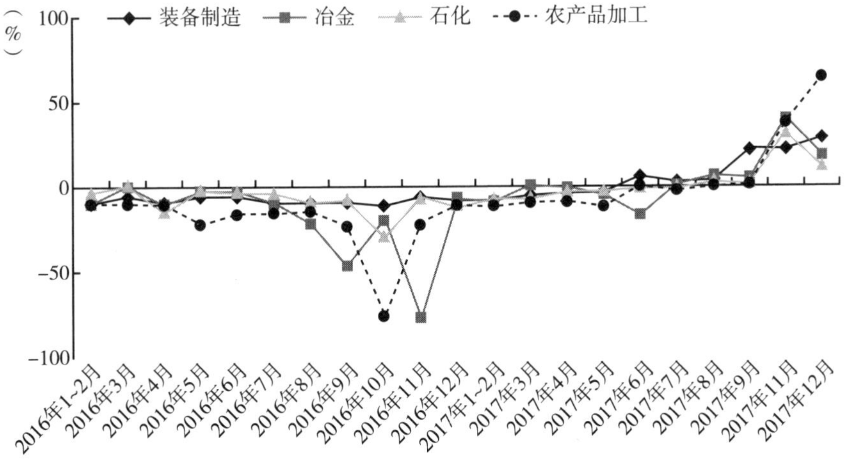


**图5　2016年以来辽宁省四大支柱产业规模以上工业增加值月度增速**

从产品产量看，2017 年，辽宁 68 种主要工业产品中有 29 种产品同比增长，且增长的产品以精深加工产品居多，下降的以初级产品居多（见表 1）。此外，2017 年辽宁规模以上工业企业发电量 1805.7 亿千瓦时，增长 2.5%，其中核能发电量 236.0 亿千瓦时，增长 18.1%。清洁能源发电量占发电量的比重达到 22.0%，比上年提高 1.8 个百分点。

**表 1　2017 年辽宁省四大支柱产业规模以上工业产品产量及增速**

| 行业 | 主要产品 | 产量 | 单位 | 增速(%) |
|---|---|---|---|---|
| 装备制造 | 光缆 | 3326721.5 | 芯千米 | 45.5 |
| | 民用钢质船舶 | 264.0 | 万载重吨 | 35.9 |
| | 工业机器人 | 5146 | 套 | 16.5 |
| | 金属冶炼设备 | 6.9 | 万吨 | 6.1 |
| | 移动通信手持机 | 259.5 | 万台 | -7.5 |
| | 汽车 | 97.1 | 万辆 | -14.3 |
| | 数字激光音、视盘机 | 188.4 | 万台 | -23.2 |
| | 发动机 | 10039.7 | 万千瓦 | -41.3 |
| 冶金 | 铁合金 | 53.5 | 万吨 | 26.4 |
| | 钢材 | 6393.0 | 万吨 | 7.6 |
| | 十种有色金属 | 98.9 | 万吨 | 6.9 |
| | 粗钢 | 6422.8 | 万吨 | 6.3 |
| | 铁矿石原矿 | 12194.0 | 万吨 | 5.0 |
| | 用外购钢材再加工生产钢材 | 161.0 | 万吨 | 3.6 |
| | 硫铁矿石(折含硫 35%) | 62.5 | 万吨 | -0.4 |
| | 生铁 | 6121.9 | 万吨 | -0.6 |
| 石化 | 平板玻璃 | 2900.5 | 万重量箱 | 110.7 |
| | 瓷质砖 | 23970 | 万平方米 | 85 |
| | 石蜡 | 155.2 | 万吨 | 64.7 |
| | 石油焦 | 281.7 | 万吨 | 17.4 |
| | 合成纤维单体 | 1258.2 | 万吨 | 13.5 |
| | 水泥 | 3719.4 | 万吨 | -4.3 |
| | 初级形态塑料 | 319.2 | 万吨 | -9.4 |
| | 原煤 | 3611.0 | 万吨 | -14.9 |

续表

| 行业 | 主要产品 | 产量 | 单位 | 增速(%) |
|---|---|---|---|---|
| 农产品加工 | 白酒(折65度,商品量) | 26959 | 千升 | 35.5 |
| | 家具 | 2419.5 | 万件 | 25.1 |
| | 人造板表面装饰板 | 170.5 | 万平方米 | 24.4 |
| | 机制纸及纸板(外购原纸加工除外) | 106.9 | 万吨 | 14.5 |
| | 饲料 | 1163.5 | 万吨 | 10.7 |
| | 冷冻水产品 | 65.6 | 万吨 | 10.6 |
| | 卷烟 | 269.1 | 亿支 | -3.5 |
| | 皮革服装 | 88 | 万件 | -32.9 |

3. 工业经济效益有所提升

随着供给侧结构性改革持续深化，辽宁省工业企业经济效益持续改善，2017 年全省规模以上工业企业实现主营业务收入 22480.2 亿元，增长 8.9%，总量居全国第 16 位。实现利税 2380 亿元，增长 28.2%。实现利润 1001.4 亿元，增长 93.7%，利润增速居全国第 7 位。增速达到自 2010 年以来的最高值（见图 6）。从月度累计增速看，自 2017 年开始辽宁省规模以上工业企业利润总额由负增长转为正增长，且增速普遍偏高，仅有两个月份累计增速低于 45%，但均超过了 20%（见图 7）。辽宁省规模以上工业企业利润实现较快增长的原因主要有以下三方面。

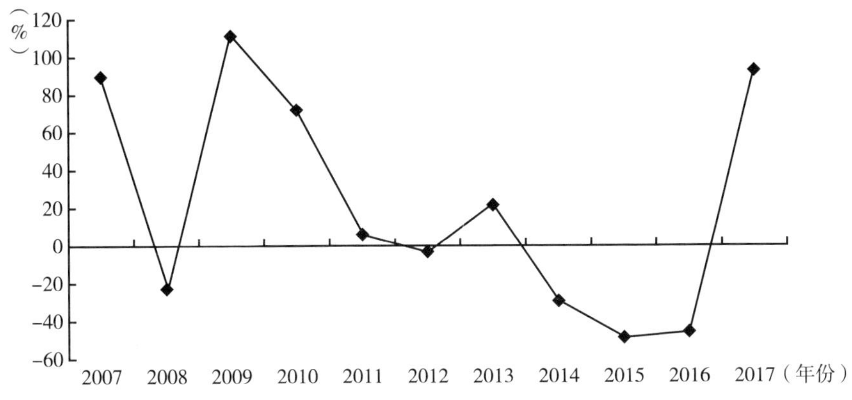


**图 6　2007～2017 年辽宁省规模以上工业企业利润总额年度增速**

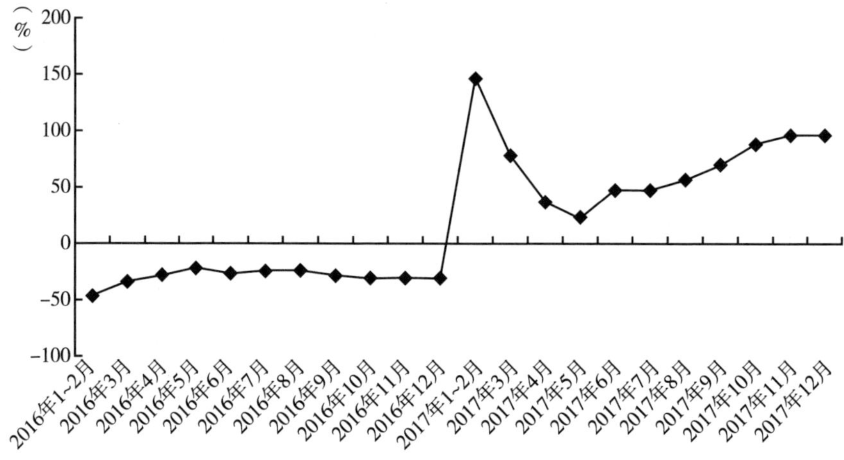


**图7　2016年以来辽宁省规模以上工业企业利润总额月度累计增速**

其一，在去产能和环保治理的共同发力之下，工业产品价格明显回升。2017年辽宁省工业生产者出厂价格指数（PPI）由2016年的下降1.2%转为上涨8.1%，结束了自2012年以来的连续下降态势（见图8）。从工业产品部类看，PPI上升的主要原因是生产资料价格上涨幅度较大，达到了10%，其主要推动因素是采掘工业产品价格上涨了19%，原材料工业产品价格上涨12.9%。2017年辽宁省钢铁价格出现恢复性上涨，企业经营状况大幅改善，全年规模以上黑色金属冶炼和压延加工业利润总额151.9亿元，较2016年增长10.3倍。

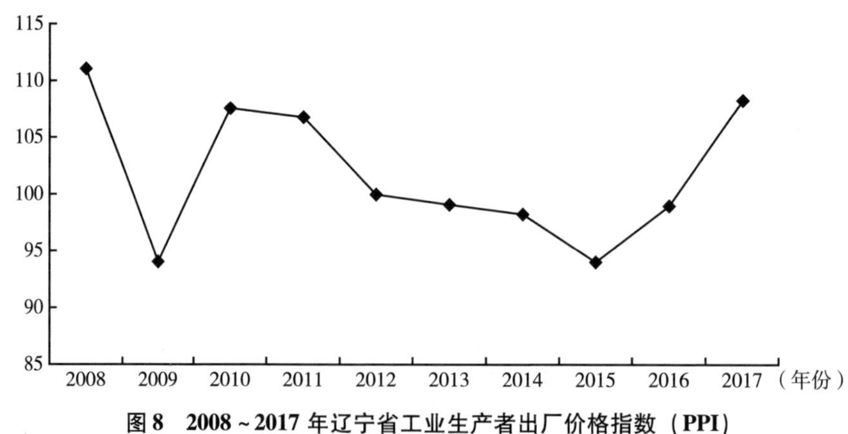


**图8　2008~2017年辽宁省工业生产者出厂价格指数（PPI）年度变化情况（上年=100）**

其二，结构转型升级增加了工业的经济效益。在41个工业大类行业中，23个行业利润总额同比增长。其中，汽车制造业实现利润总额281.9亿元，同比增长44.6%；石油加工、炼焦和核燃料加工业实现利润总额160.5亿元，同比增长28.2%；医药制造业实现利润总额70.4亿元，同比增长8.3%；计算机、通信和其他电子设备制造业实现利润总额82.9亿元，同比增长42.2%。

其三，成本费用下降，利润率上升。2017年辽宁省规模以上工业企业每百元主营业务收入中成本为83.40元，较上半年减少0.85元，较2016年减少1.48元。企业三项费用累计下降2.9%，其中销售费用增长0.9%、管理费用下降1.3%、财务费用下降11.4%。全省规模以上工业企业主营业务收入利润率为4.45%，同比提高1.84个百分点。

4. 工业投资结构调整成效渐显

2017年，辽宁省工业投资2218.2亿元，比上年增长1.5%，占全部固定资产投资的34.4%，遏制了前两年的高速下滑（见图9）和近33个月连续下降的态势（见图10）。2017年，辽宁省高技术制造业完成投资276.1亿元，比上年增长42%，占制造业投资比重为18.1%，比上年提高7.1个百分点。其中，电子及通信设备制造业完成投资223.1亿元，增长64.2%；医药制造业完成投资34.9亿元，增长5.9%；航空航天器及设备制造业完成投资7亿元，增长1.4倍。

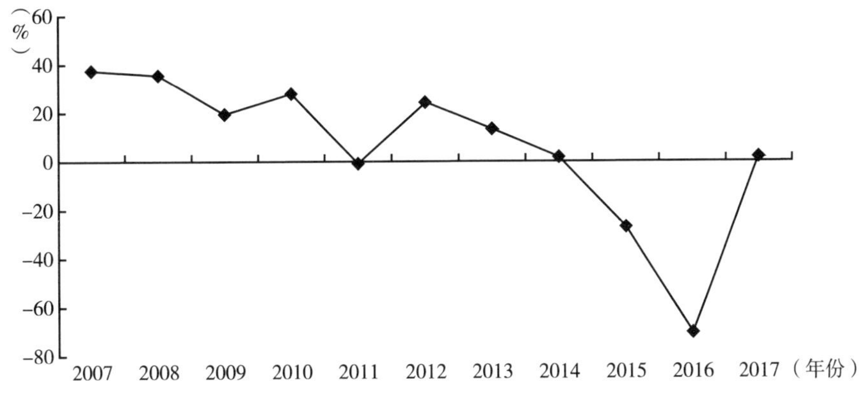


**图9　2007~2017年辽宁省工业投资额年度增速变化情况**

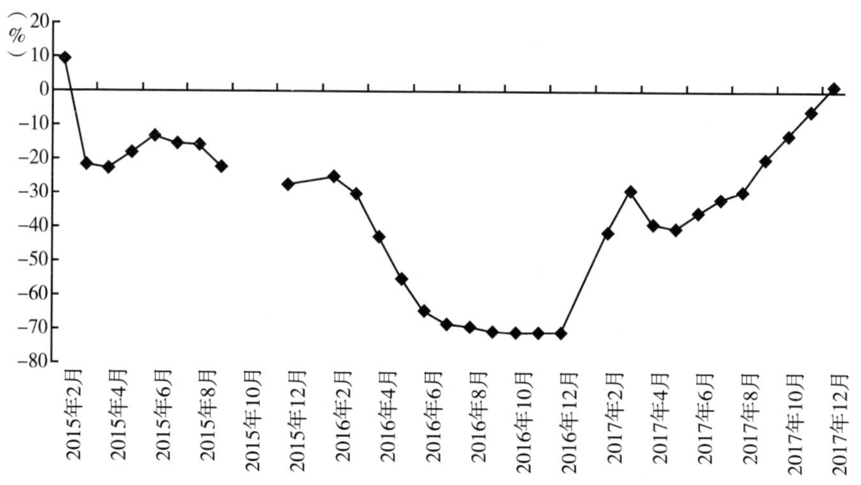


**图 10　2015 年 2 月至 2017 年 12 月辽宁省工业投资额月度累计增速变化情况**

5. 工业出口加快增长

随着国际市场需求回暖，工业出口增长明显加快。2017 年，辽宁省规模以上工业企业累计实现出口交货值 2583.6 亿元，同比增长 26.5%，达到了自 2007 年以来增速最高值（见图 11）。工业出口实现较快增长的主要原因有两方面。

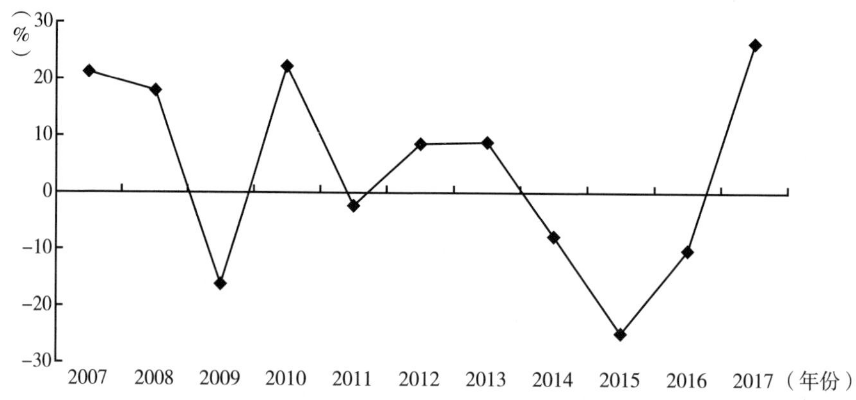


**图 11　2007 ~ 2017 年辽宁省规模以上工业企业出口交货值年度增速变化情况**

其一，世界经济复苏好于预期，国际市场需求回暖。发达经济体复苏程度好于预期，新兴经济体和发展中国家经济增长加快，"一带一路"倡议稳步推进，新兴市场开拓有力，全球约75%的国家经济实现正增长。世界货物贸易额保持两位数增长，彻底扭转2016年同期负增长局面，国际市场需求持续回暖。

其二，工业出口结构升级，高技术产品出口增加，出口产品的附加价值明显提升。2017年辽宁省机电产品出口1215.0亿元，较上年增长5.4%，其中电器及电子产品出口增长20.0%；钢材出口381.2亿元，增长21.0%；高新技术产品出口375.8亿元，增长18.2%；船舶出口120.9亿元，增长6.3%。

## （二）工业经济运行存在的问题

### 1. 初级产品投资及利润比重过高

2017年，辽宁省工业投资中，采矿业完成投资145.3亿元，同比增长16.9%，占工业投资总量的6.6%，比上年提高了0.9个百分点；电力、热力、燃气及水的生产和供应业完成投资543.6亿元，比上年增长83.3%，占工业投资总量的24.5%，比上年提高了10.9个百分点；而制造业完成投资1529.3亿元，比上年下降了13.4%，仅占工业投资总量的68.9%，比上年减少了11.8个百分点。工业投资结构仍需深度调整。2017年辽宁省规模以上工业企业新增利润中，冶金、石化、装备制造行业新增利润贡献率分别达到39.4%、35.6%和22.0%，利润贡献率最大的仍然是以冶金和石化为主的原材料工业，装备制造业的利润贡献仍有待提升。

### 2. 民营企业活力尚显不足

2017年，辽宁省574户国有及国有控股企业增加值同比增长5.0%，总量占全省的50.0%，比重仍然较大。工业领域的国有企业改革仍需加速推进，民营企业活力尚有巨大的激发空间。辽宁省是我国重要的老工业基地，国有经济一直占据主导地位，民营企业虽然也快速发展，对辽宁经济社会发展做出了积极贡献，但在发展规模、质量、速度等方面与浙江、江苏、广东等沿海省份相比差距巨大。目前辽宁工业要快速发展，应尽快摆脱民营企业发展缓慢的现状，此乃辽宁的当务之急。应该说，辽宁民营企业发展滞后这一现象背后，必然有其深层次的原因，这种现象应引起关注。解放思想，尊重企业家，保护私人产权，改善营商环境等应该是辽宁目前应该加强的工作。

3. 企业创新能力不足

经验证明，一个区域创新能力与经费投入水平成正比。据统计，2016 年辽宁省 R&D 经费支出为 242.1 亿元，与广东（1676.3 亿元）、江苏（1657.5 亿元）相比差距巨大。辽宁工业创新能力不足还表现在工业化和信息化融合深度不够，军民融合有待进一步发展，国内外创新合作空间尚需扩展，产学研合作力度还不足以支撑工业研发创新，高端人才的有效引进仍满足不了创新需求等方面。

4. 产业内部结构发展不平衡

辽宁省工业结构中长期以来一直以重化工业为主，且重化工产业比重有扩大的趋势。据统计，2017 年底，辽宁省装备、石化、冶金三个行业的增加值占工业增加值的 73.0%，比 2016 年底提高 5.6 个百分点，比 2015 年底提高 8.8 个百分点。辽宁要调整产业结构，政府大力支持新兴产业发展也是当务之急。为此，政府宜多制定支持发展新兴产业的政策，改变政府在扶持产业时对新兴产业重视不够的弊端，善于从整体上打造有利于新兴产业的成长和产业结构优化升级的良好环境。

5. 生产性服务业滞后

纵观世界各国的产业演进历程，服务业特别是生产性服务业的壮大发展是一个国家或地区产业结构高级化的标志。辽宁省服务业特别是生产性服务业的滞后发展，是制约辽宁工业发展的一个重要因素。为此，辽宁要结合自身工业的产业基础、比较优势，结合自己深厚的工业文化底蕴，大力发展现代服务业，特别是应重点发展与辽宁老工业基地振兴密切相关的生产性服务业，如金融、保险、咨询信息服务、技术服务、物流、交通运输、邮电通信、物资供销等。

## 二 2018年辽宁省工业经济发展形势预测

### （一）辽宁省工业经济未来走势判断

1. 从国际来看

2017 年以来，全球经济逐步复苏，发达经济体实现超预期复苏，新兴经济体稳中向好，全球大宗商品价格呈现先跌后涨的态势，市场整体升温，为辽宁省工业经济发展提供较为稳定的外部环境。在此背景下辽宁省工业经济整体增长速度、主要产品价格处于高位运行态势。根据2017年1~12月辽宁省工业经济运行总体情况，全省工业增速实现小幅度回升。随着政府政策的积极引领，宏观经济的持续向好，预计2018年辽宁省生产结构将持续优化，对能源、化工产业等与实体经济关系密切的大宗商品品种形成较强的需求，对价格上涨形成一定的支撑；供给侧结构性改革的不断深入，将会促进市场供需状况的改善；大宗商品价格回升推动经济、能源、工业结构的转型调整，工业经济将会延续企稳向好的态势，生产增速将保持在合理的区间。

但是，随着国际大宗商品市场的升温，市场结构分化趋势日益严重，全球货币政策分化虽有所缓解，但是主要经济体通胀水平仍低于目标水平，薪资增速相对疲软，结构性强劲增长并未出现，金融、财税等政策仍存在变数，全球经济形势仍存在不稳定性、不确定性。2017年辽宁省工业经济增速虽实现小幅增长，但仍面临较大的下行压力和诸多不确定因素，经济运行平稳性不足，回稳趋势尚未确立，增长乏力局面依然存在，预计2018年辽宁省工业经济增长仍将持续放缓。

2. 从国内来看

目前，我国整体的发展从高速增长时期进入高质量增长阶段，2017年我国工业生产超预期回升，产业结构进一步优化，工业新旧动能转换成效初显。全国制造业采购经理指数总体走势稳中有升，高于上年1.3，经济稳中向好发展态势明显。我国加快产业结构调整，加快实施“中国制造2025”、驱动创新发展、“一带一路”等，新产业、新技术、新产品、新业态不断发展壮大，为辽宁省工业经济转型发展提供了良好的支撑基础和有利的发展机遇。辽宁省贯彻落实发展理念和“四个着力”“三个推进”，“五大区域发展战略”和建设“一带五基地”的大力推进，深入推进两化融合，不断加大创新投入和转方式调结构力度，工业经济实现回暖，一些重要的先行指标表现较好，价格总水平回升，产量、利润、出口、投资等相关指标支撑工业稳定增长，工业经济平稳运行态势进一步巩固，经济增长的稳定性进一步增强，为辽宁省工业经济发展奠定了坚实的基础。2018年是全面贯彻党的十九大精神、决胜全面建设小康社会的第一年，国家加大供给侧结构性改革，强化科技创新，培育新动能，扩大对外开放。在此背景下辽宁省会继续深入实施工业强省战略，将会对辽宁省工业经济平稳发展产生积极的拉动作用。

但是，受到全国经济增速持续放缓、结构性矛盾突出、生产成本上升、投资低迷等因素影响，实体经济运行困难、产业整体创新能力不足等问题开始显现，2018 年国家将继续深入加快工业的供给侧结构性改革，去产能任务加重，对部分行业投资将产生直接影响，工业运行仍将面临需求偏弱的局面。辽宁省工业经济虽呈现回升态势，但是工业存量过小、增量不足、产业结构不优等问题依然存在，发展后劲仍显不足，预计 2018 年辽宁省工业经济要保持平稳快速发展仍面临较大压力。

## （二）对辽宁省工业经济运行的基本判断

### 1. 工业增速将小幅提升

2011 年以来，辽宁省工业经济呈现出由高到低、起底回升的态势，波动非常明显。辽宁省工业经济增速走势一直与 GDP 增速趋于一致，2011 年辽宁省规模以上工业增加值增速高于 GDP 增速 2. 8 个百分点；自 2014 年起辽宁省规模以上工业增加值增速持续下滑，且均低于 GDP 增速，特别是 2015 年和 2016 年，规模以上工业增加值实现负增长，与 GDP 增速差距不断拉大，远远低于全国平均水平。2017 年辽宁省规模以上工业增加值增速实现正增长，高于 GDP 增速 0. 2 个百分点（见图 12）。从工业需求来看，辽宁省 2017 年工业生产者出厂价格指数同比增长 8. 1%，购进价格指数同比增长 8. 0%，2 ~6 月工业生产者购进价格指数一直高于工业生产者出厂价格指数，自 7 月开始工业生产者购进价格指数逐步低于工业生产者出厂价格指数，且差距逐步拉大，反映出辽宁省企业生产成本逐步下降，工业经济市场需求逐步增加，经济活跃度在逐步提升，由于需求变化具有一定的延续性，影响企业的生产经营，2018 年辽宁省工业需求仍具有一定的上升空间（见图 13）。

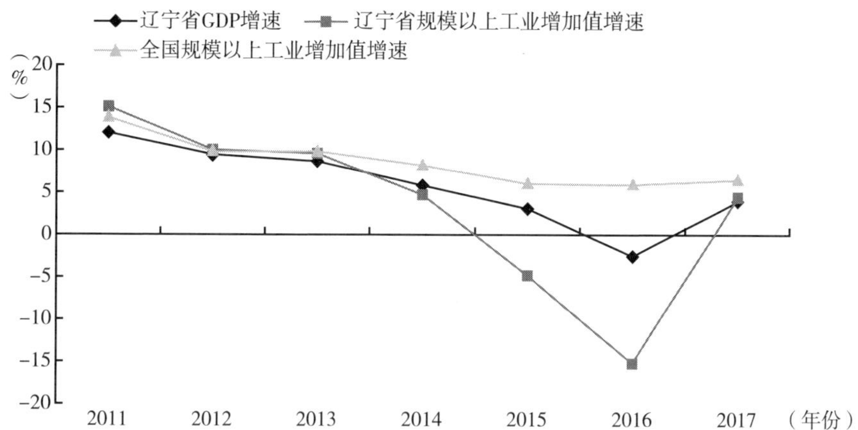


**图 12　2011～2017 年辽宁省 GDP 增速及规模以上工业增加值增速变化与全国对比**

资料来源：根据统计公报数据整理。

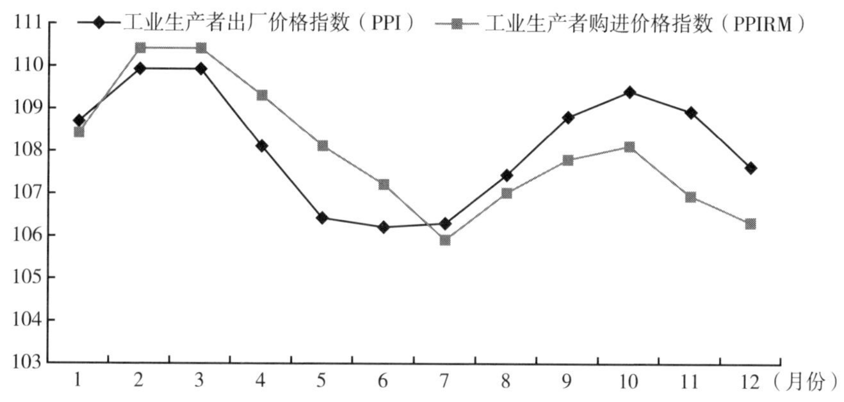


**图 13　辽宁省 2017 年 1～12 月工业生产者出厂价格指数和购进价格指数变化**

资料来源：根据统计公报数据整理。

从辽宁省工业经济发展态势来看，辽宁省工业运行各项先行指标好于预期，回升趋势明朗。2017 年 1～12 月，辽宁省工业经济总体运行平稳、稳中有进，全年呈现提速态势，综合近年来辽宁省工业增长的波动情况以及工业中反映需求、投资的重要指标走势，初步判断，2018 年辽宁省工业增长速度将小幅度提升，预计规模以上工业增加值同比增长 6.8% 左右。

2. 工业投资趋稳

2017 年随着国家新一轮振兴东北老工业基地政策的全面贯彻落实，辽宁省全力落实“四个着力”“三个推进”，积极推进八大门类产业发展，计划投资总计 8021 亿元的重大工业项目。随着全省环境的改善，以及招商引资力度的加大，随着 2018 年《中国制造 2025 辽宁行动纲要》、“一带五基地”、辽宁“一带一路”建设综合实验区和中国—中东欧“16 +1”经贸合作示范区等的贯彻落实和大力推进，工业产业项目建设将大力开展，为辽宁工业经济的提质增速注入动力，产业项目建设效应会逐渐显现，有望形成一定增量。特别是华晨宝马大东新工厂、华晨宝马发动机二期、大连恒利石化 2000 万吨/年炼化一体化、辽阳石化俄油加工等一些大型重点工业项目开复工或建成投产后将逐步释放产能，对全省工业经济增长必将形成一定的支撑，助推工业经济逐步趋稳，预计 2018 年辽宁省固定资产投资将实现稳步增长，工业投资将延续 2017 年企稳回升的态势，保持 3. 5% ~4. 5% 的合理增长。

3. 重点行业回暖趋势明朗

总体来看，预计 2018 年辽宁省工业经济产业结构将持续优化，传统支柱产业增速处于不断放缓的态势，占比降低；以新能源汽车、新一代信息技术等为代表的战略性新兴产业发展态势良好，增长较快，占比增加，科技创新对产业发展的拉动作用逐步显现，但短期内难以形成支撑作用。辽宁省工业经济仍面临较大的下行压力，工业经济发展转型升级任务艰巨。

具体从行业来看，辽宁省先进装备制造业占装备制造业比重由 2012 年的 12% 提高到 2017 年的 18%，先进装备制造业已成为支撑辽宁省工业经济的支柱产业。随着“中国制造 2025”的实施、供给侧结构性改革的深入，预计 2018 年辽宁省智能装备与机器人、汽车及零部件、船舶和海洋工程装备、航空航天装备、轨道交通装备、3D 打印装备等方面将加快发展，先进装备制造业产业布局进一步合理，产业结构进一步优化，创新能力进一步提升，将进一步实现智能化、高端化、成套化发展。

随着我国工业化进程的加快，经济整体保持稳定增长，对原材料工业将产生积极的拉动效应。2017 年全球钢铁价格大幅度回升，钢铁行业形势出现好转，石化行业2017年虽实现扭亏为盈，但主营业务收入利润率不高。预计2018年，随着东北振兴战略加速推进，宏观经济形势回暖向好，在“一带一路”和基础设施建设的大力拉动下，化工、钢铁等产品市场需求将有所提升，钢铁、冶金、石化等原材料产业会持续回暖。供给侧结构性改革的有效推进，将使市场秩序得以改善，供大于求的矛盾将进一步缓解，原材料市场需求和价格有望保持相对稳定。但是受投资增速回落、需求不足、产能过剩、产品处于产业链前端等因素影响，2018年辽宁省原材料工业仍面临较大的压力，化解过剩产能仍是原材料工业的重点任务。

目前，辽宁省正加大力度进行体制机制创新，继续落实新兴产业三年行动计划，对战略性新兴产业给予多方面的政策扶持，运用新技术、新业态、新模式改造提升传统产业，加快转型升级步伐，预计2018年辽宁省高端装备制造业、电子信息产业、汽车工业仍将保持稳定增长，工业机器人、集成电路、太阳能电池、新能源汽车等高新技术产品仍具有一定的增长空间，沈大高技术产业带、机器人技术创新中心、军民融合高技术产业基地等将不断创新发展，但由于战略性新兴产业规模较小，所占比重较低，不会呈现明显的经济拉动态势。

## 三　辽宁省工业经济健康发展的对策建议

### （一）打造区域产业特色，构建现代化工业体系

#### 1. 加快推进“一带五基地”建设

以智能化、高端化、成套化为目标，加快先进装备制造业基地建设。提升制造业智能化水平，推动高端智能装备的研制和推广应用，积极推进高端设备成套化发展。对接国家战略建设重大技术装备战略基地，提升重大技术装备的自主研发、设计、制造及系统集成能力。加快国家新型原材料基地建设，推动先进基础材料和关键战略材料的研发和产业化，提高其在原材料工业中的比重，大力发展先进钢铁材料、高强铝合金、高强韧钛合金等产品。

推动传统原材料产业的结构和质量优化升级，向高端和先进材料领域转型升级。围绕疾病防控需求，加快推进生物医药产业自主创新，突破关键核心技术。

2. 营造有利的民营经济发展环境

依法保护民营企业的合法权益，营造有利的服务环境，积极培育中小企业公共服务平台。全面实施市场准入负面清单制度，放宽民间资本准入行业和领域。提升中小微企业融资能力，推荐符合条件的企业纳入“辽宁省中小微企业信用培育池”，鼓励金融机构对“中小微企业信用培育池”企业给予重点支持。

## （二）提升产业创新水平，增强工业整体竞争力

1. 推进工业化和信息化进一步深度融合

落实《中国制造 2025》和《中国制造 2025 辽宁行动纲要》，全力推动沈阳市创建“中国制造 2025”国家级示范区，加快推进数控机床、高技术船舶、先进轨道交通装备等领域智能制造的发展。推进沈阳、大连、本溪国家级信息消费试点城市建设。

2. 推进军民融合深度发展

充分发挥军工科技优势，支持军工科研院所与地方企事业单位组建军民产业技术创新联盟，促进军民两用技术成果双向转移和应用。兼顾军民双方需求，大力发展核能、卫星应用、高技术船舶、海洋工程装备等军民融合产业，加快推进自主燃气轮机应用、海洋核动力平台等一批军民融合示范工程，以沈阳、大连、葫芦岛等为重点，培育军民融合特色产业基地。组织推荐地方优势产品与技术申报国家“军转民”和“民参军”产品与技术推广目录。依托国家军民融合公共服务平台，组织企业开展用户注册、技术产品信息发布及需求对接工作。

3. 不断加强国内外合作

为辽宁工业发展寻求全球化合作机会，引进海外先进技术。建设完善的市场机制和制度，创造良好的招商引资环境。以获取核心技术、管理经验、

知名品牌效应和国际营销渠道为目标实施海内外并购。积极拓展“一带一路”沿线国家市场，推动辽宁工业产品、装备、技术、标准和服务“走出去”，推动工业企业开展国际产能合作。鼓励辽宁企业吸引国际国内风险投资，不断拓宽融资渠道。

4. 加大支持产业研发创新力度

围绕八大门类产业发展，积极组织企业与研发机构进行科技需求侧与供给侧对接，打通科技成果转化通道。推动智能装备、集成电路装备、信息安全等重点行业的创新中心建设。开发具有国际先进水平的关键核心技术，依托沈阳自动化研究所，推进国家机器人创新中心建设，开展机器人行业共性关键技术和跨行业融合性技术研发。引导技术创新和人才培育，对企业研发的资金投入和科技人员报酬给予补助。对接辽宁工业发展的人才需求，有针对性地引进和培育高技术研发和企业管理的高端人才。

### （三）推进工业供给侧结构性改革，加快工业转型升级

1. 不断提高工业发展质量和效益

一是要大力发展高端装备制造、电子信息、生物医药、新材料、新能源、节能环保等战略性新兴产业，使其成为工业经济发展的主要力量。二是推动产业链向具有高附加值和盈利能力的上下游两端延伸，推动产业链整合，加快产业集聚。提高石油开采及加工、机械装备制造等主导产业的附加值和技术含量，实现产业链由一般加工向研发和国际营销等高端环节升级，增强工业企业设计、生产、组装和项目管理等一体化生产流程服务能力，鼓励产业链前后端的中小企业发展。三是促进工业与生产性服务业的协调发展。鼓励制造业企业将重心从产品制造转向客户服务，从而促进第二、三产业协调发展和融合发展。支持与战略性新兴产业密切相关的生产性服务业的发展。鼓励企业创新服务模式，开展个性化定制服务，加强品牌建设，提高产品质量。四是深入实施绿色制造工程，推进工业能源的清洁高效利用，全面推行清洁生产，从源头提高节能减排能力，促进工业文明和生态文明和谐发展。

2. 政府要引导产业有序发展

充分运用法律手段、经济手段和市场机制，坚决淘汰落后产能，通过多种途径化解过剩产能，杜绝新增过剩产能。严格执行环保法律法规和产业政策，使不达标的产能依法依规退出。对产能严重过剩行业新增产能项目不得备案，不得办理土地（海域）供应、能评、环评审批和新增授信支持等相关业务。2018 年对无生产许可证的水泥企业开展专项清理整顿，组织实施水泥熟料企业冬季错峰生产，压减水泥熟料产量。以化解钢铁、煤炭等行业过剩产能为重点，完善激励政策，鼓励企业通过主动压减、兼并重组、转型转产、搬迁改造、国际产能合作等途径，主动退出过剩产能。在符合国家产业政策前提下，对主动退出产能的企业，要通过完善不良贷款核销政策、减免相关环节税费、放宽不良贷款转让要求等措施给予支持。支持省内钢铁、有色金属、建材、煤炭等企业，以“一带一路”沿线资源条件好、配套能力强、市场潜力大的国家为重点，有力有序推动过剩产能走出去。

## （四）切实服务企业，解决工业发展难题

1. 科学监测和分析工业运行态势

密切关注和科学分析预测工业运行态势，注重对工业结构、质量和效益的全面分析，完善对经济运行的总体把握和调控。制定科学的产业发展规划，防止对过热产业的集中、盲目、重复性的投资和建设，协同推进工业产业布局和建设。提升工业企业整体素质，积极稳妥处理“僵尸企业”问题。从实质上进一步推进国有企业改革，健全公司治理机制，提高企业核心竞争力，建立有利于各类企业创新发展和公平竞争的体制机制。

2. 政府切实有效制定和实施企业帮扶措施

继续帮助产值下降幅度较大的企业补足生产要素短板，进一步开拓市场。围绕沈阳机床、辽宁宝来、东北特钢、电机集团等重点企业和重大项目，成立专项服务工作小组，制定和实施专项帮扶措施。根据《2018 年全省重点工业产品推广应用目录》，通过组织大型产需对接、技术对接、服务对接活动，促进产业链上下游、大中小企业协作配套，进一步推广辽宁重点

工业产品。在"一带一路"建设和承接长三角、京津冀地区产业转移领域，组织高端装备制造、电子信息、消费品等专题招商推介、招才引智活动。对照国家的项目扶持要求，做好项目储备，为工业企业争取更多的国家政策支持。

3. 进一步助力企业降低成本

编制辽宁省惠企减负政策汇编，汇总公布辽宁省涉企收费清单，降低税费等企业生产和交易成本。研究落实对种子期、初创期企业创新活动投资的税收支持政策，认真落实国家降低社会保险费率、征收基准等政策。切实降低企业用电成本，制定2018年辽宁省电力市场化交易方案和电力电量保障方案，深入推进电力市场化改革，切实降低企业用电成本。

4. 拓宽企业融资渠道

完善信贷支持和引导政策，鼓励银行业金融机构开展金融业务和产品创新，引导金融机构加大对战略性新兴产业和创新研发阶段的重点工业企业的支持。积极支持工业企业扩大直接融资规模，有效防范融资风险。建立产融合作对接协调机制，研究设立融资租赁产业基金，更好解决小微企业融资难的问题。政府要善于改变社会资本对工业直接投资热情不高的弊端，从而使那些产品有广阔市场，但因资金短缺，不能迅速扩大生产规模，而坐失良机的企业便利地获得资金。

## 参考文献

辽宁省工业和信息化委员会：《创新驱动转型发展　辽宁工业振兴迈出新步伐》，《中国电子报》2017年10月17日。

张允强：《振兴实体经济再创工业辉煌》，《经济日报》2017年3月21日。

戴玥：《供给侧结构性改革助力辽宁工业转型升级》，《经济研究参考》2017年第13期。

何庆：《做优做强传统产业　发展壮大新兴产业》，《中国电子报》2017年7月21日。

谭成旭：《打赢工业振兴这场硬仗》，《中国工业报》2017年1月26日。

**B**.6

# 深入推进辽宁国有企业改革对策建议

陈亚文*

**摘　要：** 国企改革是世界公认难题，辽宁老工业基地国企众多，国企改革任务艰巨繁重，科学把握辽宁国企当前面临的问题和发展瓶颈，以及众多生产性企业处于完全竞争领域的特点，在深入贯彻中央关于国企改革重大决策的同时，科学分析、注重实效，加快以产业创新为导向的全面改革，是辽宁乃至东北老工业基地国企在新一轮振兴中实现彻底转型的重要路径。

**关键词：** 辽宁　国企改革　改制重组

国企改革是世界公认的难题，辽宁老工业基地国企众多，所有制结构中公有比例较高，国企改革任务繁重。随着国企改革进入深水区，面对国内经济新常态、结构调整和产能过剩等宏观形势，辽宁重化工业领域的冶金、石化、装备制造等传统产业竞争优势日益弱化，体制机制问题尚未得到根本解决。“十三五”期间，辽宁只有在习近平新时代中国特色社会主义思想指导下，奋力搏击攻坚克难，将国企改革与新一轮东北振兴、小康社会建设紧密结合，抓住以改革促产业振兴这一核心问题不放，在国家、省、市和企业多方协同下，才能推动国企改革取得重大突破，为国家经济建设、产业经济繁荣发展和东北新一轮振兴做出新的贡献。

---

* 陈亚文，辽宁社会科学院经济研究所研究员。

## 一　辽宁国有企业整体状况与改革最新进展

2017 年，辽宁国有企业延续上一年发展势头，实现营业收入和净利润“双增长”，中央和省属国有企业经营效益及增长水平好于上年同期和市属国有企业，其中，省属国有企业利润总额同比增长 10 倍多，为辽宁省工业经济筑底企稳发挥了重要作用。

### （一）辽宁大型国有企业整体发展状况

截至 2017 年 7 月底，全省纳入财务快报统计口径的省属及各市重点国有企业共 181 户，资产总额 16957.2 亿元、同比增长 2.8%，实现营业收入 2279.2 亿元、同比增长 14.7%，实现利润总额 80.1 亿元、同比增长 77.1 亿元，上缴税费 226.4 亿元、同比增长 15.6%，地方重点国有企业对全省经济发展的稳定和拉动作用进一步增强。钢铁、煤炭去产能效果明显，工业品价格显著回升，带动钢铁、煤炭企业经营效益大幅提升。从总体上看，部分重点领域规模以上国企逐步回到扩张发展道路，随着三项费用压减，企业营销能力不断恢复，在 2016 年同期较小基数影响下，2017 年国企利润总额增幅远好于预期。

### （二）积极组织实施国有企业兼并重组

2017 年，在省政府精心组织领导下，省本级率先组建了 7 家国企集团，并完成省担保集团、联合资产公司资产划转等工作，省内 14 个市相继组建企业集团 71 户。大力推进混合所有制经济发展，加快国有资本与各类资本融合发展，落地引资项目达 215 个，安排组织 20 户重点企业推进混合所有制改革，10 户重点企业实施员工持股试点。加快企业改制重组。实施辽展集团与中国电子、投资集团与国开投等一批重组项目，国内机床行业龙头企业——沈阳机床集团综合改革试点方案上报国务院。辽宁从管企业向管资本转变，开展了国有资本投资公司改革试点工作，华晨集团和省交投集团分别

开展综合改革试点、国有资本投资公司试点工作，并探索集团总部职能转变、产业业态整合、国有资产授权经营等方面的经验。

## （三）推进供给侧结构性改革与公司治理

按照党和国家战略部署稳妥推进供给侧结构性改革，深入落实“三去一降一补”任务，促使大中型企业根据市场需求调整产品结构，落后产能得到有效治理，产业生态不断改善。辽宁国资委财务快报显示，2017 年国企利润增长与企业调整产品结构、抢抓市场热点密不可分。以本钢集团为例，本钢集团积极调整优化布局、创新营销模式，开发直供及品种钢用户，提升增利产品比例。省内共有 6 户省属国有煤炭企业实现同比扭亏为盈，企业从前两年的大幅亏损，已经恢复到正常经营状态。以创新驱动战略为引领，2017 年省属企业 5 个项目纳入全省首批智能制造试点示范项目，后续 100 个项目陆续启动。加快创新平台建设，建成国家级技术研发中心 13 个，省级技术研发中心 28 个。广泛开展企业治理能力提升工程，组织开展学习抚顺石化公司和朝阳钢铁公司管理经验活动，提高公司管理水平和效率，压缩管理层级。规范国有企业董事会设置方式，落实省属国企董事会年度工作报告制度。深化企业内部三项制度改革，推行中层管理人员全员竞争上岗和市场化用工机制，实行工资总额预算管理，建立以激励机制为导向的体现岗位价值和业绩导向的薪酬体系。

## （四）加快简政放权、转变职能和化解风险

以完善省国资委权责清单为重点，逐步取消、下放、授权 13 项监管事项，沈阳、大连等市制定或完善了国资监管权责清单，提高了国资监管效率，国资国企管理逐步去行政化。强化大型国企债务风险和投资风险防控，出台了省属企业债务风险应对措施和对违规经营投资的追究办法。强化监督稽查和监事会监督制度，实现省属企业外派监事全覆盖，形成良好的反馈机制。通过开展监督检查，及时掌握企业经营管理等方面的问题 91 个，提出监事会建议 85 条，并责令相关企业落实整改。此外，推动部分国有企业签

订“债转股”任务书，全面完善《全省厂办大集体改革实施方案》及社会稳定风险评估预案，积极化解矛盾和风险。省有关部门印发了《全省处置国有“僵尸企业”实施意见》，2017 年完成处置全部任务的 1/3，为彻底解决僵尸企业问题铺平道路。

## 二 辽宁国企改革面临的主要矛盾和问题

辽宁国企改革近年来取得较大进展，但是随着国企改革不断深入，国企面临的深层次矛盾和问题仍待破解。目前辽宁规模以上国企资产总额达 16957.2 亿元，负债总额高达 10432.4 亿元，利润总额相对较低，可持续发展动能不足，与国内其他区域相比竞争优势日益缩小，大型企业国资占比较高问题长期存在，混合所有制改革进展不快，体制机制问题仍需积极化解。

### （一）辽宁国企面临国内不断崛起的重化工业的强竞争

截至 2017 年末，辽宁全省规模以上国企拥有在职职工 28 万多人，众多国企集中在冶金、石化、煤炭和装备制造等重化工领域，随着国家工业领域全国布局和“四基”产业化项目深入推进（例如沿海大型石化产业基地建设），加之民营经济向产业上游跃升（例如三一等高端装备制造企业、恒逸等百强民营企业崛起），新一轮工业化浪潮一方面夯实了我国重化工业基础，另一方面也削弱了东北等老工业基地的基础工业影响力。目前，辽宁在装备制造业、原材料工业的关键领域已经丧失垄断地位，全部国企产值占工业总产值比重下降到 1/40，重化工业竞争力不断弱化，规模竞争和效率驱动难以为继，创新驱动发展成为大趋势，辽宁只有加快推动大型国企融入全球价值链、参与全球治理，提高国企综合竞争力，才能在我国工业布局调整中占有一席之地。

### （二）辽宁部分大型国企面临艰难再创业抉择

辽宁省现有规模以上大型国企 113 家，其中，央企 28 家，地方国企 85

家，处于经营状态的大型国企普遍具有较强市场适应力，市场份额趋于稳定，体制机制健全，但是多数国企仅在生产环节优势突出，技术研发能力相对薄弱，智能制造和高加工度新材料工业在同业竞争中优势不突出，配套产业不健全，支柱产业转型升级步伐缓慢，许多国企内部关系复杂，在日益白热化的市场竞争中难以占据优势，亟待推进获取国内竞争优势的二次创业和获取国际竞争优势的三次创业，产业经济转型应向知识和技术创造、金融资本驱动的发展模式突进，机床、机器人等领先、优秀的生产企业亟待向具有国际竞争力的跨国公司转变，在全球范围内配置资源、运作，开启新一轮创业序幕。

## （三）大中型国企面临体制封闭、路径依赖严重问题

辽宁大中型国有企业为国家经济建设、重大装备制造和重点工程项目建设发挥着重要作用。比如，辽宁船舶制造、航空航天、数控机床等领域对国民经济发展支撑作用较强。在新一轮东北经济振兴中，为将辽宁打造成东北亚创新中心、国家级技术中心、大科学中心，辽宁亟待通过体制机制变革引领国企转型、创新发展，完成供给侧结构性改革和混合所有制改革任务，全面提高产业竞争力。目前，辽宁国企体制封闭、思维定式、路径依赖和内生动力不足等问题，源于国企权力制衡机制、人员选拔任用机制等内在积弊，以董事会建设为重点的法人治理结构亟待健全，企业自身需要打破依赖政府解决问题的思维定式。国企转型应突破过分依赖生产环节微利现象，抢占技术制高点、深入开拓国际市场。部分企业对卓越经营管理与技术创新认识不足，责任意识模糊，内生增长能力十分薄弱，面对国内日趋激烈的竞争已然步履维艰，如不进行重大战略调整，就难以适应未来发展和开拓国际市场需要。

## （四）支柱企业面临产能过剩、债务沉重等现实难题

随着国内工业化浪潮迅速推进，以要素驱动、效率驱动为主的发展阶段已经结束，按照钱纳里的观点创新是新时期的主要特征，国家为适应经济新常态也提出加快供给侧结构性改革、“中国制造 2025”战略、“互联网 +”行动方案等，国内产业经济正在发生深刻转变，新技术、新产业、新业态和

新模式不断出现，新经济大门已经开启。辽宁国企在融入新经济方面面临大量难题，其中，传统产业产能过剩、企业债务沉重、历史包袱过重等问题制约着企业转型发展，而厂办大集体、“僵尸企业”、离退休人员负担重等历史遗留问题短期内难以彻底解决。“三去一降一补”措施短期看成效显著，但从长期发展来看，寻找出路问题突出，供给侧结构性改革需要技术和金融资本支持。东北老工业基地部分国企“等靠要”僵化思维还存在，债转股不能解决所有问题，面对遗留下来的国有企业人员负担重、组织臃肿等现实难题，需要针对每个企业精准施策，需要国家、省、市采取更加系统科学的方法，实现国企真正转型升级。

## 三　2018年国企改革核心任务是落实国家政策

2017 年习近平总书记到辽宁代表团参加审议提出了“三个推进”的总体要求，习近平总书记重要讲话为老工业基地发展实体经济，深化国企国资改革，推动国有企业做强做优做大指明了方向，辽宁省应加快落实中央关于国企改革的文件精神，抢抓发展时机。

### （一）积极落实国企改革“1 + N”政策措施

“1 + N”政策是中央国企改革的总体设计方案，是国企改革一系列配套文件的统称。其中，“1”是指《关于深化国有企业改革的指导意见》，即加快推进国资国企改革的纲领性文件。“N”则指与指导意见配套的指导国资国企改革各专项领域的政策文件，已出台的配套文件除了最新发布的 54 号文件外，还包括之前发布的《关于合理确定并严格规范中央企业负责人履职待遇、业务支出的意见》、《中央管理企业负责人薪酬制度改革方案》、《关于在深化国有企业改革中坚持党的领导加强党的建设的若干意见》与《关于加强和改进企业国有资产监督防止国有资产流失的意见》等文件。有关国企在未来经济发展中功能界定与分类、国有资本运营公司设立、混合所有制企业员工持股等专项领域的政策文件正在研究制定中。

### （二）贯彻深化国有企业改革22号文件精神

国务院出台的22号文件是新一轮国资国企改革的综合性政策，从国企分类改革、现代企业制度、国资管理体制、混合所有制、防止国有资产流失、加强党的领导、创造改革条件等方面系统阐述了中央政府对新时期国资国企改革的方针政策。

1. 加快推进市场化改革

充分发挥市场在经济中的支配地位，22号文件强调国有企业改革要遵循市场经济规律和企业经营规律，该政策与党的十八大提出的让市场在资源配置中起决定性作用的政策一脉相承。“市场”两字在22号文件中出现多达35次，从另一个侧面揭示了中央政府对坚持国有企业市场化改革的坚定态度，新一轮国企改革目标是建立依法自主经营、自负盈亏、自担风险、自我约束、自我发展的市场主体。

2. 增强企业活力和严格监管相结合

增强企业活力的主要做法是切实推进简政放权，扩大企业自主权，各省市应积极将保障企业经营自主权落到实处。在放权的同时强化监管表明新一轮国企改革不是单向放权，在这一方面，中央在坚持党的领导和防止国有资产流失两个方面已经率先出台相关政策文件。放权与监管两手抓、两手都要硬有其合理性，辽宁省应积极出台相关文件科学把握“放”与“管”之间的尺度，重点建立监管权力清单和责任清单。

3. 强化从管企业向管资本转变

22号文件对政企分开、政资分开有深刻阐述，分别从推进国有资产监管机构重要职能转变、组建国有资本运营公司和推动国有资本合理流动优化配置等几个方面细化了以管资本为主的国有资产管理体制，各省市国资委面临新一轮自我再定位、再改革的压力。辽宁省在以管资本为主的监管思路下，应重点强调最终落实效果。

4. 完善公司法人治理结构

22号文件的关键着力点是推进董事会建设，文件要求积极落实和维护董事会依法行使重大决策、选人用人、薪酬分配等权利，确保职业经理人经营自主权，监管清单外事项任何政府部门和机构不得干预，同时，积极落实一人一票表决制度和董事对董事会决议承担责任制。中央文件还就建立国企领导层分类管理制度、职业经理人制度提出了具体意见。该文件把加强党的领导和完善公司治理统一起来，坚持党管干部与企业依法行使选人、用人权相结合。

5. 稳妥推进混合所有制改革

遵循党的十八届三中全会积极发展混合所有制经济的要求，22 号文件提出了稳妥推动混合所有制经济，强调要充分发挥市场导向作用，因地施策、因业施策、因企施策，宜独则独、宜控则控、宜参则参，不搞全覆盖，不设具体时间表，条件成熟后推进。该政策是对多省市出台的国企改革量化目标、时间表的修正，标志着国企改革将进入更加理性和稳妥的轨道，有序推进、试点先行。同时，探索企业员工持股“坚持试点先行，在取得经验基础上稳妥有序推进”，对持股人员范围、入股方式、操作流程等严格规定，反映了政策制定者对员工持股持谨慎态度。

## 四　对策建议

### （一）坚持分类施策全面深化国企改革

1. 对涉及战略安全的重要工业资产需要研究保全

辽宁大型国企中涉及国家、地区重大战略安全和关系国计民生的基础工业，如船舶、航空航天、特钢等产业，高加工度新材料、先进数控机床和机器人等，需要国家和省层面出台政策，保障相关企业正常运转。一些传统产业由于受行业发展和激烈竞争影响，整体利润滑坡，如不积极推进兼并重组和关停并转，有“劣币驱逐良币”风险，应积极建议国家继续采取相关措施化解风险。大型军工企业一方面应加快推进军民融合发展、激发活力提高绩效；另一方面应跟上发展潮流、加快科技创新和管理创新，仿照国外扶助军工企业发展的成功经验，确保这类企业能够快速发展，为经济发展提供新支撑。

2. 积极应对周期性行业短期风险

当前我国经济正处于重要调整期、转型期，产业经济规模扩张结束，部分周期性行业，如原材料、装备制造等，处于发展低潮期，政府应尽一切努力帮助企业渡过危机。当前装备制造等支柱产业利润率大幅下降，产业处于风险期，应积极推进产业升级，推进 1000 家中等以上企业搞智能工厂、智能生产，为抢占国际市场做准备。冶金工业应利用河北等小钢厂关停并转有利时机加快产业技术升级，重拾竞争优势，利用高附加值产品抢占市场。化工企业利用这几年油价较低带来的丰厚利润，积极布局抢占 40% 的高端进口份额，加快进口替代。

3. 完善僵尸企业清理整顿破产清算程序

全面深化国企改革的重要一环是对那些已经处于停产、半停产的企业尽快研究退出办法。在具体操作环节上，对由管理混乱、债务负担重等原因导致半停产的企业，加快引入社会资本进行混合所有制改革、债转股改革，并在政府采购、贴息等方面给予一定支持，特定类型企业可采取 PPP 模式募集资金。对无法组织生产、历史遗留问题多的僵尸企业，加快破产清算，并做好员工安置工作，破产清算和审计要一企一议，特别是工业用地要作为重要资产进行严格审计。积极做好厂办大集体等历史遗留问题解决工作，同时，积极开展僵尸企业破产试点程序，充分发挥市场机制作用解决问题。

### （二）实施优秀国企卓越发展工程激发产业活力

1. 加快实施国企打造一流跨国企业工程

当前，辽宁经济整体疲软、工业提质增效进展缓慢与缺少跨国公司密切相关，应引导优秀国有企业进行全球布局，打造大跨国公司，按照国务院有关文件要求下放权力，发挥国有企业抗风险能力强等特长参与全球招标、重大装备供应，由传统国有企业收购国外企业，向融入全球产业链、改变治理结构转变。重点参考发达国家企业国际化战略，鼓励部分有能力的国有企业构建全产业链企业，鼓励建立更加有效的产业生态，打造一些全产业链企业集团，充分发挥比较优势，推动辽宁传统重工业向价值链高端跃升转型，代表我国抢占全球装备制造业制高点。鼓励经营好、收益好的“独角兽”类型国企开放供应链，通过园中园建设衍生新的产业集群，加快以企业为核心的公共研发平台、“双创示范”平台建设，促进辽宁经济向服务型经济、智慧型经济转型。推动石油石化企业加快设备升级改造，延伸产业链建立耦合发展关系，率先在国内打造“零”污染石化强省。鼓励大型装备制造业向中国制造2025、工业4.0和智能制造、绿色制造转型，加快推进智能工厂、智能生产试点，推动有条件的企业参与国际竞标、国际竞争，积极抢占高端制造业市场份额。

2. 积极实施国有企业管理和技术提质工程

加快转变依靠消耗物质资源、土地和劳动力等要素的驱动发展模式，通过管理和技术创新扭转产能过剩和利润微薄状况，适应全球化、数字化、网络化、智能化和个性化时代需要。彻底改变部分国有企业重生产、管理粗放、技术换代慢状况，逐步形成尊重知识、尊重人才氛围，将对科技人员的重视程度上升到攸关企业经营成败的高度，推动全部省属国有企业打造专业化技术和管理团队，全面完善治理结构，并根据产业链构筑创新链，建立起强大的产业竞争力。与此同时，进一步完善大型国有企业党建、企业文化、创新平台建设和市场营销。推动全部规模以上国有企业向精细管理、卓越品质、专业服务、网络模式和国际化发展转变，推动开放协同创新，加快新技术、新产业、新业态和新模式与国企改革有机结合，推动国企积极发展服务经济、数字经济、共享经济等新经济形态。

3. 实施国企混合所有制有形实体改革工程

加快解决国企责权不明问题，推动国企向利益攸关方有形实体管理的方向转变。借鉴葫芦岛锌业股份混改经验，在混合所有制改革中在董事会引入关键第三方，利用社会资本完善治理结构，发挥“鲶鱼效应”，带动国有企业实现真正转型。重点引入有管理经验、产业发展经验、金融运作经验的第三方，在源头上提高国企竞争力、发展活力。混合所有制改革仍从全局性、战略性高度谋划推进，重点保障国有资本保值增值，坚持科学有序推进混合所有制改革，成熟一个引入一个，使其在董事会中发挥关键作用，制衡政府任命的管理者可能存在的治理水平、自律、效率等方面的问题。推动由省市层面精选富有经验的管理、技术、优秀企业家发起成立国企综合评估委员会，对现存大型国企发展进行严密监管、有效扶持和引导。全面推进国有企业集团母公司深化改革，将发展良好的、具备条件的母公司改组为国有资本投资运营公司，充分挖掘潜力。

4. 实施金融资本带动国企重大改革创新工程

加快向管资本转变，重视金融资本作用，按照中央政府新一轮国企改革方案，加快推动省属市属国有企业资本化运营，将 85 家重点国企产业资本和省市财政扶持资金有效对接，成立几个规模较大的金融资本集团，由金融资本集团管理有关企业。金融资本集团核心目标是实现高增值，将出售国企股权带来的主要收益投入金融资本集团。将金融资本运作作为推动国企改革重要着力点，为改革持续推进和产业经济繁荣发展提供支撑，全方位深化改革。

5. 实施全程国企营商环境改善工程

高度重视大中型国有企业对经济社会发展、民生改善的作用，千方百计改善国企发展环境，提供全方位、高效、精准的政府服务，近期目标是在政府工作下沉、精细化服务等方面达到东南沿海发达地区水平。辽宁省应精心组织专家组，深入每一家规上国有企业了解实际情况，对政府重点问题实施全程政府代办计划，重点解决企业周边环境和基础设施问题，实施国企用工政府免费培训计划，对新增重点工业项目给予土地资源优先和优惠政策，政府采购要向支持国企发展倾斜，全面优化面向企业的营商环境。

### （三）建立管理专家、科研机构和国企对接、服务机制

新一轮深化国有企业改革目标应立足打造一批跨国公司、行业领先企业，带动辽宁经济跃上新台阶。要针对国企姓“公”政府能够有效管理的特点，组织一批科学家、管理专家与地方国企建立紧密合作对接关系，利用

外脑、创新模式，加强对国企管理团队的培训、指导，参与国企重大决策，提高国有企业核心竞争力，积极抢占国内外市场，帮助国企构建高效组织、新管理文化。同时，建立治理者与企业共同成长激励机制，建立企业可持续发展考核指标体系，对相关企业评价打分，对亏损企业限期整改。

### （四）支持开展协同创新、跨界创新和生态圈构建

充分发挥新科技革命带来的发展机遇，推动装备制造企业以“中国制造2025”、工业4.0以及“互联网+”等新技术、新模式为核心的技术创新，推动鞍本钢、辽化、沈阳机床等冶金、石化、装备制造业与高技术产业、新兴产业融合发展。加快大型企业供应链开放，鼓励产业界进行协同创新，建立基于全球供应链的新产业体系。同时，通过跨界融合创新寻求新的技术突破点，将新技术整合进工业设计、工业工程中，用垂直创新扩大市场份额。积极解决配套薄弱问题，围绕大型国企建设“生态圈”，加强基础研究和重大应用研究发展，搭建重点实验室、工程中心等创新平台，这些资源要充分为国企转型服务，尽快将辽宁打造成世界产业技术创新中心、国家大科学中心。

## 参考文献

李锦：《国企改革的纲领与行动指南——习近平总书记关于国有企业改革重要论述的解读》，2015。

辽宁省政府政策研究室：《辽宁经济发展问题研究报告》，2013。

于洪强：《在深化完善公司法人治理结构进程中深化国有企业改革》，《中外企业家》2008年第5期。

杜德印：《完善国有企业法人制度的几个问题》，《人民日报》2007年2月5日。

# B.7
# 辽宁民营经济发展现状及对策研究

刘佳杰*

**摘　要：** 民营经济是辽宁老工业基地振兴的重要力量，是辽宁经济发展、社会稳定、改善民生、促进就业的重要保障。为推动民营经济发展，辽宁省出台一系列相关政策措施，进一步优化营商环境，加大对民营企业信贷支持力度。为有效解决民营企业整体实力弱、经营压力大、发展空间小等问题，辽宁应进一步加大对民企的扶持力度，在减轻民企经营负担的同时构建新型政商关系，民营企业自身也要抓住发展机遇，乘势而上。

**关键词：** 辽宁　民营经济　东北振兴

民营经济是新一轮东北振兴的重要支撑和重点突破口。一直以来，民营经济都是辽宁经济发展、社会稳定、改善民生、促进就业的重要保障。2017 年以来，辽宁省全面贯彻落实习近平总书记系列重要讲话精神，进一步优化发展环境、完善服务体系，依靠实体经济促进新一轮老工业基地振兴，继续探索适合辽宁实际的民营经济发展新路径。同时也应看到，由于国内外经济形势异常复杂，省内经济因素和非经济因素交织，辽宁依然存在企业融资难融资贵、技术人才流失、用工成本增加等问题，民营经济依然是辽宁经济发展的“短板”。民营经济作为全省经

* 刘佳杰，辽宁省社会科学院经济研究所副研究员，主要研究领域为公共经济。

济和社会发展的重要支撑，政府加大对民营经济扶持力度、全面活跃民营经济已成为促进民营经济加快发展的重要举措。

## 一 辽宁促进民营经济发展的举措

民营经济是辽宁经济发展的活力所在，也是辽宁老工业基地振兴的重要力量。2016 年，辽宁民营经济生产总值、固定资产投资、出口总额、城镇就业所占的比重分别为 50.2%、69.1%、49.9% 和 58.5%，是辽宁老工业基地发展的重要支撑。2017 年，辽宁省保持与加大对民营经济的扶持力度，着重通过以下重点工作推动民营经济加快发展。

### （一）出台推动民营经济加快发展的措施

2017 年，辽宁省依托《辽宁省产业（创业）投资引导基金管理办法（试行）》《关于大力推进中小微企业创业基地建设的指导意见》等政策措施，继续推进中小微企业创业基地建设。重点发展六种创业基地，启动实施民营工业企业培育计划，全省 650 户企业达到规模以上标准，促进企业提升了发展质量与效益。政府通过完善小微企业服务体系，开展线上线下综合服务，支持中小微企业发展；通过评选示范企业、推广成功经验，提高管理水平，推进中小企业管理创新，推动企业建立现代企业制度。

各市也频出促进地区民营经济发展新举措。鞍山市通过拓宽融资渠道、强化政策支持等具体举措，增强民营经济发展新动力，打造东北地区民营经济发展改革示范城市。2017 年，鞍山民营经济占全市经济比重达到 68%，民营经济实力显著增强。丹东市规模以上工业企业中 80% 以上是民营企业，该市围绕工业增加值、工业投资等主要目标任务，依托区位及轻工业优势，先后出台实施《推进新材料产业发展三年滚动计划》等举措，抓好工业项目建设和招商引资工作，深入实施创新驱动发展战略，抓好“小升规”，积极推动民营经济大发展。锦州市通过《大众创业万众创新实施意见》《关于鼓励全民创业促进民营经济发展的意见》《锦州市推动大众创业万众创新工作实施细则》《锦州市促进民营经济发展扶持政策》等“锦州版黄金10条”促进民营企业做大做强，形成发展新动力、新优势。葫芦岛实施促进民营经济发展新举措，政策效应于2017年一季度迅速显现：截至2017年4月30日，全市新登记各类市场主体9124户，同比增长22.6%；一季度民间投资15.9亿元，同比增长16.6%。民营经济直接拉动全市经济快速发展，2017年第一季度，葫芦岛地区生产总值增长5.6%，列全省第3位；规模以上工业总产值和增加值分别增长27.8%、25.8%；前四个月固定资产投资增长13.5%，列全省第2位。

数据显示，2017年1~8月，辽宁省累计新登记企业10.55万户，同比增长34.1%。其中，新登记私营企业9.94万户，同比增长36.5%；新登记各类市场主体40.36万户，同比增长32.1%；注册资本（金）10100.8亿元，同比增长51.1%。辽宁民营经济总量规模不断扩大，质量与效益不断提升，已经成为全省经济和社会发展的重要支撑。

## （二）进一步优化营商环境

2017年辽宁省《政府工作报告》提出“抓好关键性改革，优化投资营商环境”，辽宁围绕优化营商环境建设年要求，以《辽宁省优化营商环境条例》为根本遵循，深入贯彻落实“八个凡是”要求，着力构建开放包容、互利合作、重信守诺、亲商重商、尊商护商的营商环境。2017年，辽宁省营商局废止1件、修改6件地方性法规，修改8件省政府规章；清理25项规范行政审批中介服务事项；推进在线申报、网上审批服务，复制推广国内先进经验做法，深入推进简政放权；组织开展法律维权服务，为企业提供法律援助服务，实现省市联动、互动；部分地区探索试行市场准入负面清单制度，平等对待各类市场主体，实行清单之外皆可依法准入；确保民营企业、外地企业公平平等进入市场，激发市场活力。2017年，葫芦岛通过“放管服”改革，行政效能明显提高。行政审批事项由394项调整到178项，审批时限压缩50%；市本级208个抽查事项全部公开；制定涉企税费清单，全年减费0.8亿元。市场主体对营商环境的满意度逐年提升。2015年7月至

2017 年 1 月，辽宁开展 4 次软环境监测调查，满意度分别为 82.9%、89.4%、90.2%和 91.7%，呈逐年上升态势，2017 年比 2015 年提升 8.8 个百分点，营商环境进一步优化。

通过建立营商环境组织架构、开展优化营商环境建设年活动，辽宁省委、省政府向社会传递了优化营商环境的决心和信心。各地市场主体有所增加，促进了民间投资，市场主体对营商环境满意度明显提高。仅在减轻纳税人负担方面，全省全年就减轻企业负担 33.5 亿元。

### （三）切实缓解中小企业融资困难

2017 年，辽宁省联合金融机构进一步完善“中小微企业信用培育池”，签订《推进辽宁省中小微企业信用体系建设合作协议》，加大对中小微企业的银行信贷支持力度。截至 2017 年上半年，全省投入政府资金 6.29 亿元，239 户企业获得贷款 7.73 亿元。前三季度，全省 18 户“入池”企业实现融资 5.3 亿元，有效缓解了中小企业融资难的问题。与此同时，辽宁省加强对中小企业的信用担保体系建设，帮助企业拓宽融资渠道。2016 年以来，全省（不含大连）为中小微企业提供融资担保的机构有 109 家，注册资金 169.3 亿元，期末在保企业 11401 户，期末担保责任余额 362.36 亿元，累计担保代偿 19.56 亿元。

各市也纷纷出台补贴政策，缓解企业资金紧张问题，鼓励企业融资上市。2016 年以来，为引导金融资源向中小企业倾斜，鞍山制定并下发《鞍山市产业（创业）投资引导基金管理暂行办法》，综合运用各种财政政策工具，建立小企业贷款风险补偿基金，全市 81 家民营企业申请“助保贷”，64 家进入了重点企业池。鞍山市政府在设立股权投资母基金并以此为依托的同时，还建立了战略性新兴产业等股权投资基金，通过专业化、市场化运作解决发展期民营企业融资难问题。经各方努力，鞍山福鞍股份等 6 家企业已实现主板上市。辽阳市委、市政府积极推进银企对接，全力协调金融机构支持民营企业发展。2017 年，市政府设立 30 亿元的 PPP 引导资金，5 亿元产业引导基金和 5 亿元产业投资基金，同时，设立贷款“过桥”资金 3 亿元，设立 1.2 亿元助保贷风险补偿金，有效缓解了企业的资金压力。

### （四）培育壮大民营资本主导的产业集群

依托产业优势，辽宁省进一步调整产业布局，形成多个以中心城市、特色城镇和块状特色经济为主导的民营资本产业集群，民营经济已成为拉动地区经济发展的引擎。

鞍山市以股权投资母基金为依托，围绕以休闲农业、观光农业为代表的现代农业以及钢铁、菱镁、装备制造、轻纺等传统产业领域转型升级的项目引入社会资本投入。辽阳市培育发展忠旺集团、奥克集团、新风集团、三三工业等一大批旗舰型民营企业。同时，围绕国家现代农业示范区建设，涌现出忠信集团、三禾集团等一批农产品深加工龙头企业。在转变政府职能、减轻企业负担的基础上，辽阳市把民营经济作为大众创业的主战场，大力培育新的增长点。一方面，佟二堡皮装裘皮产业实现了由单一加工皮装向生产裘皮的转型，成为东北亚地区重要的皮装裘皮集散地；另一方面，将弓长岭区温泉旅游产业提升到全市战略的高度，规划建设了省级温泉旅游服务业集聚区，弓长岭温泉滑雪场、汤河温泉假日酒店等一批民营项目。目前，沈阳铁西装备制造业集聚区、大连软件园、鞍山柔性输配电、丹东仪器仪表、锦州光伏、营口精品钢材、盘锦石油装备制造、铁岭改装车、朝阳新能源电器、葫芦岛数字技术等省内知名民营产业集群加速崛起。由于民营企业的引领及资源、产业的集聚，企业自身的生存空间大为扩展，愈发引领及带动当地产业集群发展，大规模的特色产业集聚直接拉动当地人才、政策、资源的集聚。

### （五）大力提升中小企业创业创新能力

通过下发《关于发展众创空间推进大众创新创业的实施意见》，辽宁省进一步落实大众创业、万众创新各项政策，营造创新创业环境，打造经济发展新引擎。通过鼓励企业自主创新、产学研联合创新、引进消化国内外先进技术，辽宁推动中小企业发展“专精特新”产品技术，截至目前共认定省级“专精特新”产品和技术 2307 项。

在大力推进中小企业创新的环境下，鞍山对从事先进制造业、现代服务业、现代农业等战略性新兴产业的民营企业实施补贴，促进创新、创业发展；特别是对地区经济发展和产业转型升级有重大牵动作用的项目，采取一事一议的方式给予补贴。通过建立产学研互动机制，鞍山市政府先后与清华大学、大连理工大学多家知名学府建立合作共赢关系，积极促成与东北大学、华中科技大学等学校的产业研究合作，有效地为民营企业发展创新提供了科技及理论支撑。为探索技术创新和制度创新，加快民营经济发展，辽阳先后与东北大学、大连理工大学等 50 家科研院校建立了紧密型合作关系。成立了中科院沈阳国家技术转移中心辽阳分中心，建成国家和地方联合工程研究中心 3 家，国家级企业技术中心 2 家，拥有国家级高新技术企业 29 户，中国驰名商标 8 个，企业创新能力得到极大增强。

### （六）助力民企开拓市场

2017 年，辽宁省继续拓展区域发展空间、释放发展潜力，通过“借方舟出海，助民企走出去”中国方舟系列推介活动，引导企业协同境外布局，推动辽宁民营企业抱团“走出去”。政府通过多种渠道帮助企业拓展市场，比如鼓励民营企业利用 2018 年第十届 APEC 技展会开拓国内外市场。鼓励大企业发挥龙头作用，积极协助中小企业建立生产、研发等协作配套关系，推动产业链协作配套，支持中小企业提高配套能力水平，提高企业市场竞争力。

## 二　辽宁民营经济存在的问题

当前，辽宁民营经济一些新兴产业发展势头良好，而一些传统产业却负担沉重、步履维艰。除融资难、用工成本增加等固有问题外，辽宁的民营经济就整体发展水平而言仍然比较低。特别是近几年，辽宁民营经济发展存在政策落实不够、缺乏体制机制创新等突出问题，民营企业营商环境问题导致民间投资增速放缓，引发各界关注。

### （一）经营压力很大

不难发现，当前经济回升主要还是周期性的，更多依靠基础设施建设、房地产投资等拉动，辽宁经济增长内生动力仍然不足。部分行业企业反弹源于大宗商品价格上涨和国际市场需求增加，而不是实体经济真正走出了困境。当前，实体经济发展面临着税高、费重等负担，民营企业面临的这些问题更加突出。涉及民企生产运营的检验评审和资格认证等成本居高不下。另外，民营企业生产运营交易和市场准入等成本及风险较高，各项降成本的对策难以落地，“最后一公里”没有彻底打通。同时，民企的综合生产要素成本依然过高，其增速明显快于产品附加值增加等方面带来的效益提升，使民企经营困难，民营企业的经营压力依然很大。

### （二）融资成本高

民营企业比较突出的问题依然是融资难、融资贵的问题。从辽宁中小微企业融资现状来看，大部分民营中小微企业信用等级不够，很难通过银行贷款，也很难通过资本市场实现直接融资。同时，民企贷款存在手续繁杂、审批时间长、附加条款多的问题。金融机构通常会在规定利率基础上上浮50%左右，再加上房产土地抵押登记费、工商查询费、抵押物评估费、担保费、会计审计等中间费用占贷款成本20%左右，因此中小微企业融资成本还是高得离谱。另外，大量社会资金流入国企和政府平台，民营企业获得的很少。国有企业杠杆率高，很多民营实体企业并不高，但现在一些降杠杆措施“一刀切”，造成民营企业“陪着吃药”，企业债利率大幅攀升，给本来就处于融资困境中的民营企业又添了压力。

### （三）发展空间小

辽宁的央企、国企数量较多，比重过大，多年来，面对市场经济环境，国有企业不仅发展困难，而且产生了对民资民企的挤出效应。一方面，央企、国企及其子公司渗透到市场的各个领域，凭借其地位和资金优势，与民企民资争夺市场。经统计，辽宁私企和个体从业人员只占全部人口的14%，而北京、浙江分别为25%、20%。另一方面，辽宁国有企业中的“僵尸企业”体量比较大，占据资源比较多，造成民营经济发展缓慢，发展空间受到挤压，市场份额进一步下降。

### （四）经营环境差

外部环境对民营企业投资与发展起着至关重要的作用。近年来，辽宁民营企业数量减少，投资下降，主要是因为政府存在缺失疏漏、管理服务水平低、守信意识差等问题。一是政府在管理服务中存在诚信不足、司法公信力差、不严格执行合同规定、不兑现与项目有关的承诺等问题。二是作为促进民间投资的政府相关部门，“权大于法”现象时有发生，民企不敢投资。三是政府在尊商、重商、亲商、爱商意识上与发达地区存在明显差距，特别是促进民企发展政策落实不到位。

### （五）整体实力弱

全国工商联合会发布的《2017中国民营企业500强榜单》显示，2017年，辽宁省的大连万达集团股份有限公司、环嘉集团、盘锦北方沥青燃料有限公司、大连金码商城、兴隆大家庭、锦联控股集团六家公司进入中国民营企业500强榜单。其中，大连万达集团股份有限公司以营收2549.8亿元位列榜单第九名，辽宁省第一名；环嘉集团、盘锦北方沥青燃料有限公司、大连金码商城、兴隆大家庭、锦联控股集团分列榜单的第147名、158名、351名、452名、457名。榜单清晰对比了各省份民营经济的整体实力：浙江省以绝对实力遥遥领先，上榜企业达到120家，江苏省上榜82家，广东省上榜60家，山东省上榜57家；华为投资控股有限公司、苏宁控股集团、山东魏桥创业集团有限公司蝉联三强，与其他省份相比无论是入围企业数量还是营业收入，辽宁省都依然较为落后。

## 三　发展预测

2018年是贯彻党的十九大精神的开局之年，是实施“十三五”规划承上启下的一年，更是推进供给侧结构性改革的深化之年。目前，国内外经济形势依然复杂，区域突发状况频现，但经济发展的基本趋势依然是机遇大于挑战。

从国际上看，伴随制造业的整体回暖、投资缓慢恢复及全球贸易稳步增长，世界经济复苏步伐逐渐加快，特别是欧元区的经济预期增长明显快于美国、日本等地区，世界主要经济体复苏趋势更加明显。但是，受全球债务水平上升、金融市场动荡、原材料价格风险及全球劳动生产率下降等不利因素影响，区域经济或将分化，但不会改变全球经济缓慢复苏的大趋势。对民营企业而言，由于贸易保护势力频频抬头，海外贸易争端频发，贸易战会引发两败俱伤的危险。同时，美联储年内预计会有4～5次加息，一旦所得税降低，民营企业还要面对海外并购和投资的风险。

从国内看，2017年经济转型发展态势逐渐稳固并在高质量发展上迈出一大步。根据党的十九大精神要求，推动高质量发展是当前和今后一个时期确定发展思路、制定经济政策、实施宏观调控的根本要求。也就是说，我国社会主要矛盾转化为未来经济发展孕育了足够的空间，经济保持稳中有进为迈向高质量发展阶段提供了良好的基础条件。企业盈利水平不断提高，消费对经济增长发挥着主要拉动作用，医疗、教育、文化、娱乐等领域供给改善空间大，将成为重要增长动力。民营经济要抓住这一历史机遇，在国家陆续推进“放管服”、“营改增”、投融资等改革，实施减税降费、推动“双创”等新举措，出台一系列促进非公有制经济发展的政策措施，不断改善民营企业的营商环境的形势下，激发了自身发展活力，推动新兴产业蓬勃发展。特别是随着新一轮东北振兴带来政策、产业结构调整，民营企业将会面临深化国企改革、区域体制机制创新、拓展区域发展新空间等良好发展机遇。辽宁省民营企业必须发挥主观能动性，结合自身优势及能力，抓住政策红利，积极参与重大工程与重大项目建设、重大政策制定、重要改革任务以谋划发展。但同时也应看到，过去五年特别是近两年来，辽宁规模以上工业主要生产指标下行压力加大，经济因素和非经济因素交织，新动能不足。广大民营企业面临融资难、融资贵，技术人才流失、用工成本增加等问题，重点行业研发能力不强，产业核心竞争力不强，整体实力依然较弱，民营经济发展壮大对辽宁而言依然是一个长期缓慢的过程。

## 四 促进辽宁民营经济发展的对策建议

“大力支持民营经济发展”已取得国内上下一致共识。当前，在新一轮老工业基地振兴中，要以党的十九大精神为指引，把民营经济发展作为一个主导方向，支持民营经济做大做强，使民营企业成为推动辽宁经济发展的重要力量。

### （一）扩大民营经济规模和总量

积极引入各类社会资本参与国有企业混合所有制改革，加快释放“僵尸企业”占据的市场资源，给民营经济腾出更大的发展空间。做大做强一批优势龙头企业，辐射和带动其他民营企业加快发展。鼓励营业收入亿元以上企业通过技术改造、兼并重组，走集团化发展道路，多培育龙头企业。重点扶持中小微科技型企业，加大“小升规”企业培育力度，加快推动其进入规上企业行列。同时，鼓励个体工商户转型升级为小微企业，并使其逐步做大做强。开展省级中小企业公共服务示范平台、中小微企业创业创新示范基地认定工作，择优向国家推荐。保证中小企业公共服务平台网络运行，发挥网络服务功能，满足中小企业的多元化、多层次需求。

### （二）破解民企融资贵和融资难问题

进一步创新银行业务模式，加快落实贷款政策，对于专注于民营企业特别是中小微企业贷款的地方商业银行，要给予政策优惠和鼓励。一是积极争取国家在辽宁设立民营银行，通过成立专业机构、拓展多种途径、依托各种优惠政策有效助力中小企业解决融资难、融资贵的问题。二是针对中小微企业，银行机构要提高金融产品创新、服务创新和渠道创新能力，稳步扩大贷款规模。进一步完善中小企业信用担保体系建设，组建专业融资顾问团队提供各种专业融资服务，推进助保贷、税融通、小微快贷等金融产品的推广应用。

### （三）减轻民企经营负担

持续深入开展减轻民企经营负担工作，帮助民企解难题、办实事、促发展。一是要在落实和完善已出台政策基础上，进一步出台实施导向更明确、受益更精准的减税降费措施。取缔违规设立的收费项目，特别是对擅自提高征收标准、扩大征收范围的，一律停止执行。二是采取积极有效措施切实减轻企业负担。同时，对政府定价的经营服务性收费，实行收费目录清单管理，及时对外公布，接受社会监督。三是加快水、电、气等资源价格改革，积极推进生产资源的直接交易，降低民企经营成本。

### （四）构建新型政商关系

政府要切实履行主体责任，有效解决民企反映的突出问题。一是加快转变政府职能，建设透明、规范、高效的政务服务环境。把国有民营企业平等对待、一视同仁的政策落到实处，而不要逼着民营企业“戴红帽”。二是构建公平的市场准入环境。继续放宽市场准入条件，实行统一的市场准入制度，按照“非禁即入”和“非禁即准”原则，拓宽基础设施和公用事业特许经营领域，消除各种阻碍民营经济公平参与竞争的壁垒，有效降低市场准入门槛和企业运营成本。三是进一步完善省、市、县三级信用数据交换平台系统，建立健全守信联合激励和失信联合惩戒机制，提升民营企业自身诚信建设水平。

## 参考文献

张鹏、陈洪超、金彦海：《辽宁民营经济运行及发展态势研究》，《辽宁省社会主义学院学报》2013 年第 6 期。

《鞍山这几招让民营经济壮实了》，《辽宁日报》2018 年 1 月 30 日。

《把握东北振兴机遇，积极助推辽宁振兴》，《中华工商时报》2017 年 7 月 21 日。

施东宁：《构建新型政商关系　推动辽宁民营经济转型升级》，《科技经济导刊》2017 年第 35 期。

# B.8

# 辽宁省生产性服务业发展现状、问题及对策研究*

兰晓红**

**摘　要：** 生产性服务业是经济发展新常态下稳增长的关键领域，是产业结构调整、加快动力转换的主攻方向之一，生产性服务业与制造业的融合发展是装备制造业实现产业结构优化升级和提高自主创新能力的必然途径。近年来，辽宁服务业逐步成为拉动经济增长的主导力量，但与先进地区相比，辽宁省服务业特别是生产性服务业发展规模仍然较小，产业能级不高，商务服务、科学研究和技术服务业的占比明显偏低，缺乏新增长点，对制造业的“推力”不够。辽宁需要注重对研发、创新设计、咨询等服务业的支持，引导其与实体经济协调发展。重点发展科创服务、信息服务、现代金融、高端物流等产业，有序推动服务与制造的双向融合。

**关键词：** 服务业　生产性服务业　互动融合

---

* 本研究为辽宁省社科基金项目“围绕‘四个着力’促进辽宁老工业基地动力转换研究”的（L17WTB019）阶段性成果。

** 兰晓红，辽宁社会科学院经济研究所副研究员，主要研究方向为农村经济、区域经济。

## 一　辽宁省生产性服务业发展现状

依据《国务院关于加快发展服务业的若干意见》《生产性服务业分类（2015）》对生产性服务业①的相关说明，本研究选用中间需求率对投入产出表中服务业的各细分行业进行分类，按照中间需求率均值 > 50% 的标准确定生产性服务业领域。为了便于统计分析，本研究将生产性服务业归纳为交通运输、仓储及邮政业，信息传输、计算机服务和软件业，金融业，科学研究和综合技术服务业，租赁和商务服务业，批发和零售业。

### （一）服务业成为新常态下拉动辽宁经济增长新动力

辽宁作为典型的老工业基地，长期以来三次产业结构以第二产业为主，特别是 2003 年东北老工业基地振兴战略实施以来，第二产业增加值占比最高达到 54.3%。然而随着经济社会发展对重化工业产品需求的大幅下降，传统产业增长动力不断衰减，为此，辽宁将推动服务业，特别是生产性服务业快速发展作为产业结构优化升级的战略重点，制定实施了《辽宁省人民政府关于加快发展生产性服务业促进产业结构优化升级的实施意见》（辽政发〔2015〕82 号）等一系列扶持政策措施。在各项政策措施的推动下，全省服务业发展总体规模、发展速度和行业实力呈现良好态势，特别是经济新常态时期，服务业成为拉动全省经济增长的主要力量。2017 年全省服务业增加值 12362.1 亿元，占地区生产总值比重为 51.63%，比 2008 年提高 13.53 个百分点，产业贡献率和拉动率两项指标均远高于工业。

① 生产性服务业主要包括为生产活动提供的研发设计与其他技术服务、货物运输仓储和邮政快递服务、信息服务、金融服务、节能与环保服务、生产性租赁服务、商务服务、人力资源管理与培训服务、批发经纪代理服务、生产性支持服务。

**表1　2008～2017年辽宁三次产业结构对比**

单位：亿元，%

| 年份 | 地区生产总值 | 第一产业增加值 | 第二产业增加值 | 第二产业增加值占比 | 第三产业增加值 | 第三产业增加值占比 |
|---|---|---|---|---|---|---|
| 2008 | 13668.58 | 1302.02 | 7158.84 | 52.37 | 5207.72 | 38.10 |
| 2009 | 15212.49 | 1414.9 | 7906.34 | 51.97 | 5891.25 | 38.73 |
| 2010 | 18457.27 | 1631.08 | 9976.82 | 54.05 | 6849.37 | 37.11 |
| 2011 | 22226.7 | 1915.57 | 12152.15 | 54.67 | 8158.98 | 36.71 |
| 2012 | 24846.43 | 2155.82 | 13230.49 | 53.25 | 9460.12 | 38.07 |
| 2013 | 27213.22 | 2216.15 | 13963.95 | 51.31 | 11033.12 | 40.54 |
| 2014 | 28626.58 | 2285.75 | 14384.64 | 50.25 | 11956.19 | 41.77 |
| 2015 | 28669.02 | 2384.03 | 13041.97 | 45.49 | 13243.02 | 46.19 |
| 2016 | 22246.9 | 2173.06 | 8606.54 | 38.69 | 11467.3 | 51.55 |
| 2017 | 23942 | 2182.1 | 9397.8 | 39.25 | 12362.1 | 51.63 |

资料来源：2017年《中国统计年鉴》、2018年《辽宁省国民经济和社会发展统计公报》。

## （二）生产性服务业以交通运输、仓储和邮政业及金融业为主

随着发展环境的不断优化，生产性服务业产业内部结构不断优化。首先，批发和零售业，交通运输、仓储和邮政业两大产业占比较大，但呈下降趋势，电子商务、现代物流等新业态发展迅速。批发和零售业，交通运输、仓储和邮政业两大产业增加值占第三产业比重为30.16%，比2005年下降3.22个百分点。物流业实现较快发展，物流业已从传统仓储、运输等功能向整合运输、仓储、配送、信息平台等物流资源的聚合性产业发展，沈阳市获批国家现代物流创新发展试点城市，国际物流港成为国家首批示范物流园区之一。其次，金融业成为全省发展潜力巨大的支柱产业之一。产业占比显著上升，金融业增加值占GDP比重达到6.5%，十年间提升了3.6个百分点。沈阳市获准开展跨境人民币创新业务试点，银行贷款余额、上市公司数量、证券交易规模等指标均居东北地区首位，东北区域金融中心建设成效显著。再次，信息传输、软件和信息技术服务业，租赁和商务服务业，科学研究和技术服务业等生产性服务业发展平稳，全省科

学研究与试验发展（R&D）经费支出占 GDP 比重为 1.56%，人均专利拥有量逐年增加。

### （三）装备制造业“主辅分离”推动生产性服务业快速发展

沈阳市铁西区是国家级生产性服务业综合改革试点，2013 年率先开始推进“主辅分离”改革，在财政资金补贴的推动下，沈阳机床集团、沈鼓集团、北方重工等骨干制造业企业通过设立专业的生产性服务业企业，将物流、计量检测、后勤服务等具有社会公共性的生产服务业务剥离出去，提升了企业的主营业务水平和核心竞争力。沈阳机床集团通过并购、重组与搬迁整合，逐渐形成从产品设计、采购供应到生产物流、营销服务一套完整的数控机床产业链，并且加大 R&D 投入，自主研发高端产品，开创了“4S”店的独特运营模式。沈阳远大集团通过整合玻璃幕墙、机电、环保和电梯等科技研发部门，形成 9 个专业研究院，组建了远大科技创业园。与此同时，铁西区通过构建公共研发、中小企业孵化信息、现代物流以及人才培养等公共服务平台，加快装备制造企业“主辅分离”，推动生产性服务业发展。

### （四）生产性服务业集聚发展

为推动生产性服务业集聚发展，辽宁率先在规划中提出了“省—市—区（县）—集聚区”的产业布局，通过实施“七个一工程”规范服务业集聚区的建设，科技、信息技术等新兴业态集聚区占比不断提升，省级服务业集聚区营业收入占全部集聚区营业收入的 70% 以上。以沈阳为例，沈阳市为引导生产性服务业集聚发展，重点布局了“浑南高新”“铁西金谷”“沈河金融”三大生产性服务业集聚区，在一系列扶持政策的推动下，集聚区建设步伐明显加快，现代金融、总部经济、商务会展咨询等生产性服务业加速向新兴产业区集聚，和平区和沈河区第三产业占全市的比重达到 43.52%，其中和平区和沈河区信息传输、软件和信息技术服务业，金融业，科学研究和技术服务业三类生产性服务业占全市的比重超过 60%。“铁西金谷”经过规划建设，金谷科技园内总部型、平台型项目入驻率达70%以上，形成了工业设计平台、检验检测平台等8大平台。

## 二　生产性服务业发展存在的主要问题

### （一）产业发展规模与先进地区存在较大差距

近年来，辽宁出台诸多扶持政策措施，服务业逐步成为拉动经济增长的主导力量，但与先进地区相比，辽宁省服务业特别是生产性服务业发展规模仍然较小。以省会城市沈阳为例，从地区经济总量、第三产业增加值和生产性服务业发展规模的对比来看，北京、广州、上海、深圳、杭州五地区GDP分别是沈阳的3.16倍、2.49倍、3.45倍、2.41倍和1.38倍，上述地区第三产业增加值分别是沈阳的5.30倍、3.51倍、4.92倍、2.98倍和1.69倍，生产性服务业规模分别是沈阳的6.04倍、3.66倍、5.79倍、3.26倍和1.78倍（见图1）。从第三产业占比排序来看（见表2），沈阳市，第三产业增加值占比在全国各省会城市及副省级城市的排名中列第29位，而且第三产业增加值占比的排名比2011年下移了4个位次，与排名第一位的北京相

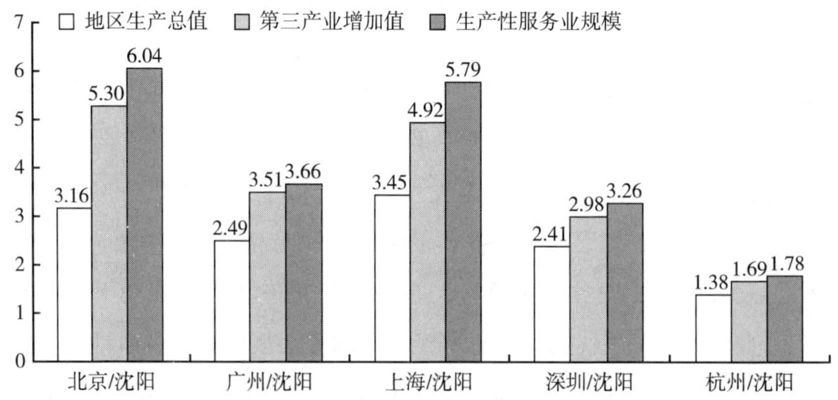


**图1　北京、广州等发达地区生产总值和第三产业增加值及生产性服务业规模与沈阳的比值对比**

**表 2　全国各省会城市及副省级城市第三产业增加值占比情况**

单位：%

| 城市 | 第三产业增加值占比 | 排名 | 城市 | 第三产业增加值占比 | 排名 |
|---|---|---|---|---|---|
| 北京 | 79.65 | 1 | 成都 | 52.81 | 19 |
| 海口 | 75.84 | 2 | 青岛 | 52.79 | 20 |
| 乌鲁木齐 | 68.88 | 3 | 天津 | 52.15 | 21 |
| 呼和浩特 | 67.86 | 4 | 武汉 | 51.02 | 22 |
| 上海 | 67.76 | 5 | 大连 | 50.83 | 23 |
| 广州 | 67.11 | 6 | 南宁 | 49.68 | 24 |
| 太原 | 61.34 | 7 | 福州 | 48.66 | 25 |
| 兰州 | 59.98 | 8 | 西宁 | 48.66 | 26 |
| 西安 | 59.55 | 9 | 郑州 | 48.64 | 27 |
| 拉萨 | 58.92 | 10 | 重庆 | 47.7 | 28 |
| 深圳 | 58.78 | 11 | 沈阳 | 47.53 | 29 |
| 杭州 | 58.24 | 12 | 石家庄 | 45.84 | 30 |
| 南京 | 57.32 | 13 | 宁波 | 45.24 | 31 |
| 济南 | 57.18 | 14 | 长沙 | 45.06 | 32 |
| 贵阳 | 57.17 | 15 | 银川 | 43.81 | 33 |
| 哈尔滨 | 55.92 | 16 | 长春 | 43.69 | 34 |
| 厦门 | 55.71 | 17 | 合肥 | 42.75 | 35 |
| 昆明 | 55.28 | 18 | 南昌 | 41.22 | 36 |

资料来源：2016 年《中国统计年鉴》。

差 32.12 个百分点。从生产性服务业占比来看，沈阳市生产性服务业增加值占全市 GDP 的比重为 30.11%，同期北京、广州、上海、深圳、杭州分别达到 57.5%、44.25%、50.49%、40.79% 和 38.81%，沈阳与北京相差 27.39 个百分点。从上述数据可以看出，其一，与发达地区相比，沈阳市第三产业发展水平差距大于地区经济总量的差距，而且这种差距在继续扩大；其二，生产性服务业发展差距大于服务业整体发展差距。

## （二）生产性服务业内部结构亟待优化

与先进地区相比，辽宁省生产性服务业仍以批发和零售业，交通运输、仓储和邮政业等传统生产性服务业为主，信息传输、软件和信息技术服务业，租赁和商务服务业，科学研究和技术服务业等行业还比较薄弱。对照先进省份以及杭州、南京、成都、武汉等所谓的“新一线”城市，辽宁各市普遍缺乏电子商务、软件信息、高端物流、现代金融、技术服务等行业的强劲增长点。沈阳市批发和零售业，交通运输、仓储和邮政业，信息传输、软件和信息技术服务业，金融业，租赁和商务服务业，科学研究和技术服务业六大生产性服务业分别占 GDP 的 9.52%、4.81%、4.01%、6.98%、3.30% 和 1.49%，同期北京上述六大产业增加值占 GDP 比重分别为 10.22%、4.27%、10.36%、17.06%、7.68% 和 7.91%（见表3）；北京生产性服务业增加值是沈阳的 6.04 倍，其中信息传输、软件和信息技术服务业，金融业，租赁和商务服务业，科学研究和技术服务业四大产业增加值分别为沈阳的 8.18 倍、7.73 倍、7.37 倍和 16.83 倍（见表4）。由此可见，与发达地区相比，辽宁生产性服务业的差距主要体现在信息传输、软件和信息技术服务业，金融业，租赁和商务服务业，科学研究和技术服务业上，这四大产业发展相对滞后，辽宁在新技术、新产业、新业态、新模式方面虽然发展也较快，但尚未形成对经济增长有重大牵引作用的新驱动力。

**表3 沈阳与发达地区第三产业及六大生产性服务业增加值占 GDP 比重的对比**

单位：%

| 城市 | 沈阳 | 北京 | 南京 | 广州 | 上海 | 深圳 | 杭州 |
|---|---|---|---|---|---|---|---|
| 第三产业增加值占 GDP 比重 | 47.53 | 79.65 | 57.32 | 67.11 | 67.76 | 58.78 | 58.24 |
| 生产性服务业占 GDP 比重 | 30.11 | 57.5 | — | 44.25 | 50.49 | 40.79 | 38.81 |
| 批发和零售业 | 9.52 | 10.22 | 10.93 | 14.90 | 15.22 | 11.56 | 8.14 |
| 交通运输、仓储和邮政业 | 4.81 | 4.27 | 3.17 | 6.93 | 4.51 | 3.09 | 2.96 |
| 信息传输、软件和信息技术服务业 | 4.01 | 10.36 | 0.00 | 3.22 | 5.48 | 6.24 | 12.72 |
| 金融业 | 6.98 | 17.06 | 11.54 | 9.00 | 16.57 | 14.29 | 9.37 |
| 租赁和商务服务业 | 3.30 | 7.68 | — | 7.63 | 5.87 | 2.83 | 3.12 |
| 科学研究和技术服务业 | 1.49 | 7.91 | — | 2.57 | 2.84 | 2.78 | 2.50 |

资料来源：2016 年《沈阳统计年鉴》、2016 年《南京统计年鉴》、2016 年《广州统计年鉴》、2016 年《上海统计年鉴》、2016 年《深圳统计年鉴》、2016 年《杭州统计年鉴》。

**表 4 沈阳与发达地区 GDP、第三产业及六大生产性服务业增加值的比值**

| | 北京/沈阳 | 南京/沈阳 | 广州/沈阳 | 上海/沈阳 | 深圳/沈阳 | 杭州/沈阳 |
|---|---|---|---|---|---|---|
| 地区生产总值 | 3.16 | 1.34 | 2.49 | 3.45 | 2.41 | 1.38 |
| 第三产业 | 5.3 | 1.61 | 3.51 | 4.92 | 2.98 | 1.69 |
| 生产性服务业 | 6.04 | — | 3.66 | 5.79 | 3.26 | 1.78 |
| 批发和零售业 | 3.4 | 1.53 | 3.89 | 5.52 | 2.92 | 1.18 |
| 交通运输、仓储和邮政业 | 2.81 | 0.88 | 3.59 | 3.24 | 1.55 | 0.85 |
| 信息传输、软件和信息技术服务业 | 8.18 | — | 2 | 4.73 | 3.75 | 4.39 |
| 金融业 | 7.73 | 2.21 | 3.21 | 8.2 | 4.93 | 1.85 |
| 租赁和商务服务业 | 7.37 | — | 5.76 | 6.15 | 2.06 | 1.31 |
| 科学研究和技术服务业 | 16.83 | — | 4.3 | 6.6 | 4.49 | 2.33 |

资料来源：2016 年《沈阳统计年鉴》、2016 年《南京统计年鉴》、2016 年《广州统计年鉴》、2016 年《上海统计年鉴》、2016 年《深圳统计年鉴》、2016 年《杭州统计年鉴》。

## （三）产业关联上的“两业互动”有待增强

促进制造业与生产性服务业有效融合的关键在于增强其直接前向关联和间接后向关联。增强直接前向关联的关键在于以制造业的转型升级带动对生产性服务业的需求扩张，即发挥制造业升级转型发展的驱动器作用，增强生产性服务业发展的需求动力；而增强间接后向关联的关键在于优先发展知识密集型生产性服务业，以生产性服务业的结构变迁推动制造业的结构调整。

制造业对生产性服务业的需求拉动不足。全省装备制造业以传统的通用设备制造、交通运输设备制造和电气机械及器材制造业为主，三大产业的增加值占装备制造业总增加值的 60% 以上，具备高科技含量的通信、计算机及其他电子设备制造业所占份额仅为 6%，第三次经济普查数据显示，在第二产业和第三产业企业法人单位中，战略性新兴产业企业法人单位占比仅为 1.5%。而且装备制造业特别是重大成套技术装备主要依靠国外提供相应技术，本地企业在制造、加工、装配阶段占比较大。制造业大而不强，多数处于价值链低端，难以形成对生产性服务业的需求推动。

生产性服务业发展相对滞后无法直接满足制造业尤其是高技术制造业转

型升级的发展要求。辽宁生产性服务业产业层次比较低，仍以传统商贸流通服务业为主，与先进省份相比，辽宁缺乏电子商务、软件信息、高端物流、现代金融、技术服务等行业的强劲增长点。杭州市以电子商务、移动互联网为主体的信息经济增长速度达到 22.8%，对地区经济增长的贡献率超过50%；南京市以“一谷两园”为代表的软件和信息服务业收入近 5 年平均增速超过 22%，2016 年收入达到 4737 亿元；成都市软件和信息服务业收入 2016 年超过 3000 亿元。而沈阳软件业务收入只是南京的 30%、杭州的 34%，信息服务业分别是南京的 31.5% 和杭州的 30%，与深圳相比差距更大。技术服务业也与先进城市差距较大，与之相对应的是，沈阳本地科技成果转化率不足 5%，低于全国平均水平的 10%，远低于深圳市的 80%，沈阳 90% 以上的科研成果未能实现产业化。

## 三 发展形势展望及发展重点

### （一）发展形势分析

经济新常态背景下，以量取胜的粗放型发展模式已经不可持续，加快生产性服务业创新发展，鼓励制造业向产业链两端延伸，推动生产性服务业与制造业相互促进融合发展，支撑引领带动经济转型升级，已成为辽宁促进经济稳定增长、提高自主创新能力的必然途径。辽宁打造“中国制造 2025”先行区，建设具有国际竞争力的先进装备制造业基地，将为生产性服务业发展释放更大服务需求和广阔发展空间。《国务院关于强化实施创新驱动发展战略进一步推进大众创业万众创新深入发展的意见》《国务院办公厅关于进一步推进物流降本增效促进实体经济发展的意见》等政策措施的深入落实，也必将推进科技研发、现代物流等生产性服务业的快速发展。人才战略、优化营商环境等战略措施的持续推进，有利于聚集生产性服务业发展所需的人才、资金、技术等要素，为生产性服务业加快发展提供重要保障和强劲推力。

### （二）重点发展科创服务、信息服务、金融服务、商务服务、现代物流等产业，有序推动服务与制造的双向融合

与先进省份相比，辽宁生产性服务业在第三产业中的占比并没有明显的差距，但从产业内部结构看，辽宁生产性服务业产业能级不高，租赁和商务服务业、科学研究和技术服务业的占比明显偏低。未来需要注重对研发、创新设计、咨询等服务业的支持，引导其与实体经济协调发展。

交通运输、仓储物流和邮政业与批发零售业在推动全省制造业升级上发挥了显著的作用，因此要保持此类生产性服务业的平稳发展。大力发展第三方物流，发展多式联运，做到公路、铁路、航空和海运的无缝对接。加快推进城乡配送体系和快递业务发展，推进电子商务快递配送信息平台和社会化仓储设施网络建设。

做大做强金融服务业。继续推进金融创新，推动传统金融机构改变经营模式，改进担保方式，创新与新动能相适应的金融服务和金融产品。大力发展直接融资、优化融资结构，满足高技术产业和战略性新兴产业的融资需求。完善股权交易中心在拓宽企业融资渠道、加快企业培育孵化等方面的服务体系，增强金融服务对实体经济的推动作用。设立普惠金融专营部门和科技支行，探索利用产业链信息等资源解决传统产业融资难题。

大力发展科技信息服务业。围绕 IC 装备、输变电、汽车及零部件、光电信息等重点领域，重点发展检验检测、创业孵化、科技咨询、云计算、大数据等科技研发和信息服务。推动检验检测认证服务市场化，争创国家级质检中心。

## 四　加快辽宁生产性服务业发展的对策建议

### （一）对标京沪穗，促进全省楼宇经济升级，打造楼宇经济、总部经济的升级版

楼宇经济是生产性服务业的重要载体，是立起来的开发区，是催生、耦

合、引领其他产业高品质发展的重要动力。近几年辽宁楼宇经济发展减缓，闲置资源增加，一个原因是行业规范化发展不足，楼宇经济发展进入瓶颈阶段，并成为制约其他产业发展的短板。建议辽宁对标京沪穗，推进楼宇标准化分级，通过立标准、树标杆、提品质、去库存推动楼宇经济融合发展，创新“楼宇+专业市场”“楼宇+特色街区”“楼宇+产业园区”等融合发展模式。通过推进楼宇经济的供给侧改革，缩小与京沪穗的差距，加快提升产业能级，满足高端服务业需求，并与优化营商环境、促进招商引资、提升城市品质结合起来。总部经济是楼宇经济升级的重要方向，充分发挥总部经济的“产业链乘数效应”，通过先进的管理理念和创新思维带动形成高端的产业组织形式，带动全省上下游产业发展，同时辐射东北乃至更大区域，使楼宇经济成为产业发展的新引擎、经济发展的新动能。

### （二）改善需求结构，以制造业升级带动生产性服务业升级

加快传统资源型产业的战略重组和促进战略性新兴产业发展，以制造业升级带动生产性服务业升级。首先，鼓励制造业企业自主研发与创新。其次，继续推进企业主辅分离工作，推广远大等企业的成功经验，促进研发、物流、检验检测等环节独立出来，实现市场化运营、社会化发展、专业化服务，加快做大做强，形成新增长点。同时，以产业转型升级需求为导向，支持企业外包非核心业务，提升产业效率。再次，促进制造业将产业链向具有高附加值的上下游两端服务环节延伸，在最终产品中增加更多的服务元素，实现产业链服务化，增强为用户提供整体解决方案的能力。比如促进大型骨干企业为海内外用户提供设计、制造、安装以及调试的“全套服务”，改变辽宁在价值链上被“低端锁定”的现状，构建产业价值链的组合优势。最后，针对生产性服务业短板，着力引进和培育高端企业。尽管辽宁装备制造企业众多，但真正能为企业提供零部件整体采购方案、仓储配送无缝衔接等高端服务的物流企业还基本是空白，应着力引进固安捷（全球500强的工业品分销商）、怡亚通（一站式供应链管理模式的物流企业）等高端生产性服务业企业投资，并促进本地企业高端化发展。

### （三）充分发挥财政性资金引领性作用，加大政策支持力度

相对依靠市场自发供给的生活性服务业而言，生产性服务业应该充分发挥政府政策引导作用，综观杭州、广州、成都等城市新兴产业的发展，无不有政府强大产业政策的支持。其一，设立支持生产性服务业发展的财政专项资金，重点向平台搭建、公共服务完善、人才培训等关键环节倾斜。推动设立政府产业发展投资基金，以帮助生产性服务企业做大做强为目标，选择区域内投资风险小、成长性高、急需资本的企业投资入股。政府产业投资基金应保值微利运行，不应以高赢利为目的。作为股权投资的政府基金，在企业发展到一定程度之后，可考虑退出。鼓励各种社会资本、大企业、商业银行组建和参与组建针对生产性服务业的产业发展基金，促进产融结合。其二，加大对生产性服务业财税等政策的支持力度。其三，推动新一轮自下而上的简政放权。全省营商环境的改善与微观主体的期望还有很大差距，优化营商环境还有很长的路要走。建议推动新一轮自下而上的简政放权改革，即从基层企业入手，查找每个办事流程存在的问题，寻求优化和解决问题的方案。最后，生产性服务业作为其他产业的中间投入，是典型的需求拉动型产业，应根据发展阶段和产业定位，选择合理的发展路径。

## 参考文献

晁钢令等：《突破体制机制和政策障碍，加快发展现代服务业和培育服务业新增长点研究》，上海市发改委“十二五”规划前期重大问题研究项目。

钱书法、贺建、程海狮：《社会分工制度下生产性服务业与制造业关系新探——以江苏省为例》，《经济理论与经济管理》2010 年第 3 期。

陈松洲：《我国发展生产性服务业的战略选择》，《经济纵横》2010 年第 2 期。

唐志良、刘建江：《现代生产性服务业嵌入制造业机制研究》，《商业研究》2010 年第 4 期。

江静、刘志彪：《世界工厂的定位能促进中国生产性服务业发展吗》，《经济理论与经济管理》2010 年第 3 期。

卫颖：《生产性服务业与制造业产业关联的动态异质性》，《江汉论坛》2016 年第 8 期。

徐索菲：《东北地区生产性服务业与制造业互动发展探析——基于长三角经验的启示》，《当代经济研究》2014 年第 6 期。

乔均、施建军：《生产性服务业与制造业互动发展研究评述》，《经济学动态》2014 年第 8 期。

张志彬：《生产性服务业集聚的区际差异、驱动因素与政策选择——基于京津冀、长三角和珠三角城市群的比较分析》，《经济问题探索》2017 年第 2 期。

曾丽华、王健：《生产性服务业、制造业与经济增长的动态关系——基于中美两国数据的实证分析》，《技术经济》2017 年第 2 期。

杜露萍：《上海生产性服务业与制造业产业关联性研究》，上海师范大学硕士学位论文，2011。

## B.9

# 辽宁省对外贸易发展现状及对策研究*

陈 岩 禹颖子**

**摘 要：** 2017年辽宁省对外贸易进出口额、三次产业外商直接投资、对主要地区出口均呈现增长态势，对外贸易结构有所优化，自贸区建设创新成果显著。但辽宁对外贸易发展仍存在着对外开放程度低、出口产品附加值不高、服务贸易有待进一步提升等问题。针对这些问题，本文在优化商品结构、改善对外贸易结构方式，大力发展服务贸易，扩大港口经济，打造辽宁多元化的外贸格局等方面提出了相应的对策建议。

**关键词：** 对外贸易 贸易结构 自贸区

## 一 辽宁省对外贸易发展的基本情况

### （一）进出口额呈现增长态势

2017年辽宁进出口总额6737.4亿元，比上年增长17.9%，位列全国第9。① 其

---

* 本文系2018年度辽宁省社科规划基金一般项目："'一带一路'倡议下辽宁构建开放型经济策略研究"（项目编号：L18BJL004）的阶段性研究成果之一。

** 陈岩，辽宁社会科学院产业经济研究所副研究员，主要研究方向为对外经济、比较研究；禹颖子，辽宁社会科学院外事办公室主任，副研究员，主要研究方向为世界经济。

① 本文使用数据资料根据《辽宁统计年鉴》、国家统计局网站、辽宁统计信息网、商务部网站资料整理。

中，辽宁对外贸易出口总额3041.7亿元，增长7.1%；进口总额3695.7亿元，增长28.6%，[①] 高于全国增幅10.1个百分点，创历史新高，列全国第9位，列沿海省份第二名。从2013～2017年辽宁省商品进出口额的变化情况来看（见图1），2013～2016年辽宁省进出口总额、进口总额、出口总额均呈下降态势，2017年受大宗商品价格持续上涨等因素影响，辽宁对外贸易开始出现回升，进出口额实现了两位数增长。

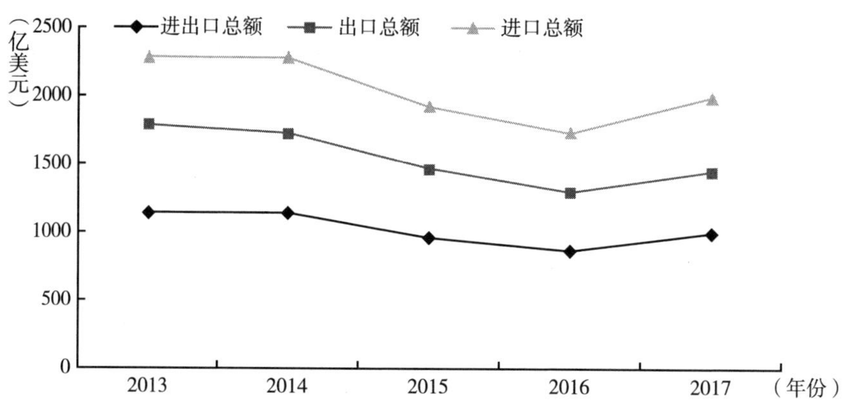


**图1　2013～2017年辽宁省商品进出口额变化情况**

## （二）对外贸易结构有所优化

从贸易方式看，辽宁省对外贸易进出口以一般贸易为主，所占比例均在50%左右，居于主导地位（见表1、表2）。2017年辽宁一般贸易进出口总额3664.8亿元，比上年增长20.3%；加工贸易进出口总额1801.8亿元，增长2.4%，对外贸易结构有所优化。从出口产品看，2017年机电产品出口1215.0亿元，比上年增长5.4%，其中电器及电子产品增长20.0%；钢材出口381.2亿元，增长21.0%；高新技术产品出口375.8亿元，增长18.2%；农产品出口332.0亿元，增长10.5%；船舶出口120.9亿元，增长

① 《2017年辽宁省国民经济和社会发展统计公报》，辽宁省统计局，2018年2月11日。

6.3%。在进口总额中，2017年机电产品进口938.0亿元，比上年增长7.6%；原油进口929.6亿元，增长46.5%；高新技术产品进口371.2亿元，增长16.6%；农产品进口369.2亿元，增长3.0%。①

**表1　2012～2016年辽宁省不同贸易方式的出口结构**

单位：%

| 年份 | 一般贸易 | 加工贸易 | | |
|---|---|---|---|---|
| | | 来料加工装配贸易 | 进料加工贸易 | 出料加工贸易 |
| 2012 | 51 | 8.3 | 31.6 | 0 |
| 2013 | 56.5 | 9.4 | 25.9 | 0 |
| 2014 | 55 | 10.1 | 26.5 | 0 |
| 2015 | 52.8 | 9.8 | 25.7 | 0 |
| 2016 | 51.5 | 10.4 | 30.3 | 0 |

**表2　2012～2016年辽宁省不同贸易方式的进口结构**

单位：%

| 年份 | 一般贸易 | 加工贸易 | | | | |
|---|---|---|---|---|---|---|
| | | 来料加工装配贸易 | 进料加工贸易 | 来料加工装配进口的设备 | 外商投资企业作为投资进口的设备、物品 | 出料加工贸易 |
| 2012 | 56.5 | 10.6 | 17.1 | 0 | 1 | 0 |
| 2013 | 57 | 11.9 | 16.2 | 0 | 0.7 | 0 |
| 2014 | 56.6 | 10 | 17.6 | 0 | 0.6 | 0 |
| 2015 | 54.9 | 10.4 | 13.4 | 0 | 0.5 | 0 |
| 2016 | 55 | 9.4 | 11.6 | 0 | 0.2 | 0.1 |

### （三）三次产业外商直接投资呈增长态势

截至2017年底，辽宁省累计批准外商投资企业4.6万家，累计实际利用外资额2220亿美元。世界500强企业有200多个投资项目落户辽宁。2017年辽宁省外商直接投资达53.4亿美元，同比增长77.9%；省内新设立

① 《2017年辽宁省国民经济和社会发展统计公报》，辽宁省统计局，2018年2月11日。

外商投资企业512家，同比增长20.8%。实际利用外资额和新设立外资企业数远远高于全国平均水平。其中，第一产业外商直接投资0.3亿美元，较上年增加0.28亿美元；第二产业外商直接投资30.9亿美元，较上年增加20.6亿美元，同比增长约200%，占外商直接投资的比重为57.9%，比上年提高23.6个百分点；第三产业外商直接投资22.2亿美元，较上年增加2.53亿美元，同比增长12.9%，占外商直接投资的比重为41.6%。根据2015～2017年辽宁省三次产业外商直接投资情况分析，2017年辽宁第二产业引进外商直接投资呈大幅上升趋势，第三产业引进外资有增长态势（见图2）。

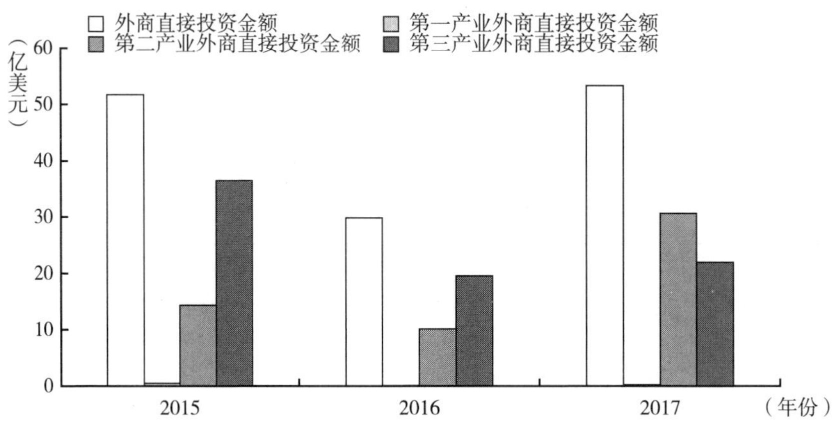


**图2　2015～2017年辽宁省三次产业外商直接投资变化情况**

## （四）对主要地区出口呈小幅增长

2017年辽宁对亚洲出口1896.7亿元，比2016年增长4.3%。其中，对东盟出口426.7亿元，下降21.5%；对日本出口600.0亿元，增长16.2%；对韩国出口342.6亿元，增长28.7%。全年对欧洲出口475.6亿元，比上年增长8.0%。其中，对欧盟出口401.6亿元，增长6.4%；对俄罗斯出口62.6亿元，增长19.4%。2017年对北美洲出口403.4亿元，比上年增长14.9%，其中，对美国出口355.4亿元，增长14.7%。2017年对拉丁美洲出口153.1亿元，比2016年增长16.4%。2017年对非洲出口59.8亿元，比2016年增长12.1%。

2017 年对大洋洲出口 53.0 亿元，比 2016 年增长 17.8%。可见，2017 年辽宁对外贸易主要出口地区除东盟呈持续下降趋势以外，对日本、韩国、美国和欧盟等国家和地区的出口均呈增长态势（见图 3）。

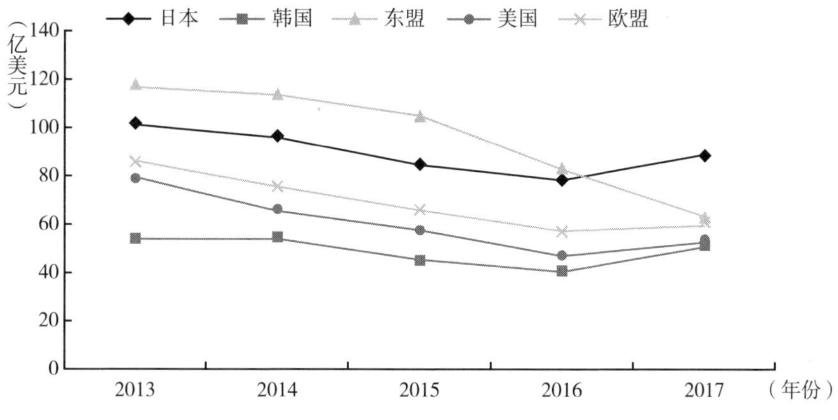


**图 3　2013～2017 年辽宁对主要出口地区出口值变化情况**

## （五）自贸区建设创新成果显著

自 2017 年 4 月 10 日挂牌成立以来，辽宁自贸区充分发挥先行先试作用，不断地在体制改革和制度创新方面取得新的突破，极大地促进了省内贸易和投资的发展。

截至 2017 年 12 月底，辽宁自贸区沈阳片区新注册企业 1.4 万户，其中外资企业 127 户，注册资金近 1500 亿元；[①] 大连片区新注册企业 5456 家，注册资本 697 亿元，其中外资企业 90 户，注册资金超过 5 亿美元；[②] 营口片区新增注册企业 2123 户，注册资本金合计 1012.63 亿元，其中，外资企业 57 户，注册资本金 35.89 亿美元。[③] 此外，沈阳片区在全市范围内实现了包括率先开通

① 《辽宁自贸区沈阳片区今年将推进“国际贸易单一窗口”建设》，东北新闻网，2018 年 1 月 24 日。

② 《辽宁自贸区大连片区 20 项创新成果中 5 项在全国推广》，人民网，2018 年 1 月 13 日。

③ 《辽宁自贸区营口片区制度创新结硕果》，新华网，2018 年 1 月 5 日。

企业网上注册登记等在内的6个“率先”；大连片区推出了20项创新成果，其中5项在全国范围内推广；营口片区形成制度创新可复制推广案例25项。

## 二 辽宁省对外贸易发展存在的主要问题

### （一）对外开放程度低，外贸规模低于全国平均水平

近年来，辽宁对外贸易规模不断扩大，但辽宁进出口总额占国内生产总值的比重大大低于全国平均水平。2017年全国外贸依存度为33.6%，辽宁仅为28.1%，低于全国总体水平5.5个百分点（见图4），位列全国第8。辽宁与沿海发达地区省份外贸规模相比，差距较大，2017年广东外贸依存度为75.8%、浙江为49.5%、江苏为46.6%。2017年辽宁外贸进出口总额为6737.4亿元，仅占全国进出口总量的2.4%，列全国第9位。列全国第1位的广东省，2017年外贸进出口总额为68156亿元，占全国的24.5%；列第2位的江苏省进出口总额为40021亿元，占全国的14.4%，列第4位的浙江省进出口总额为25604亿元，占全国的9.2%。相比之下，辽宁省进出口总额不足广东的1/10。辽宁外贸对经济增长的促进作用有待进一步加强。

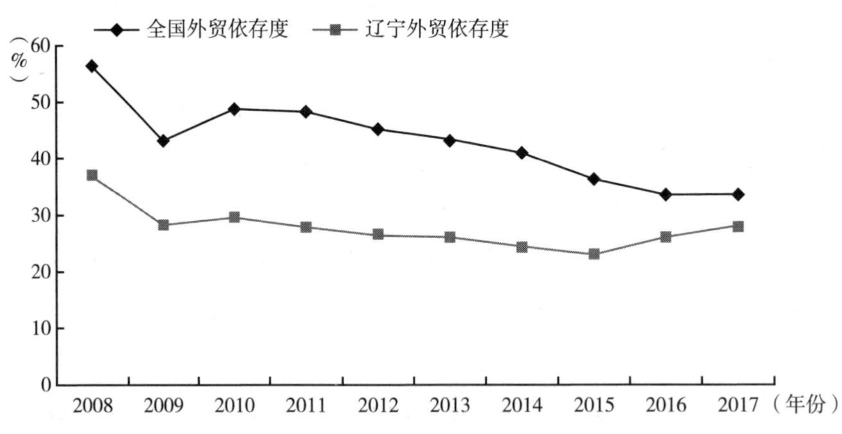


**图4 2008~2017年辽宁与全国外贸依存度对比分析**

### （二）外贸商品结构单一，附加值不高

辽宁外贸出口产品结构单一，主要是初级产品和附加值不高的机电产品和高新技术产品。据辽宁海关统计，2017 年辽宁高新技术产品出口 375.8 亿元，增长 18.2%；机电产品出口 1215.0 亿元，比上年增长 5.4%。2017 年辽宁出口总额 3041.7 亿元，其中机电产品占 39.9%。辽宁出口的高新技术产品多数为劳动密集型产品，主要通过简单的组装将国外进口的商品零部件、半成品加工成制成品出口，产业链条较短，产品附加值不高。辽宁省内大部分加工贸易企业属于中小型企业，企业实力弱、规模小，缺乏自主研发的核心技术，处于国际产业链的中低端位置，因此在国际高新技术产业链中，产业竞争力不强，经济辐射作用不大，亟须进行产业结构调整和技术升级改造。

### （三）经济增长贡献率低，服务贸易有待进一步发展

长期以来，辽宁省服务业的经济增长贡献率一直低于工业和建筑业。传统服务业比如住宿、餐饮、仓储、交通运输等一直在辽宁服务贸易中居重要地位，现代服务业与国内发达地区相比，差距较大。省内外贸新业态，比如跨境电商、外贸综合服务企业等起步较晚，还处于发展的初级阶段。2017 年，辽宁省跨境网络零售交易额为 307.7 亿元，不足全国的 1%。省内没有知名的跨境电子商务平台，在行业影响力和服务专业度方面，不能满足市场需求。未来辽宁第三产业还有较大的增长空间，特别是在金融保险业、租赁和商务服务业、文化体育等方面。推动辽宁服务贸易发展，加快服务外包产业发展，有助于进一步提高辽宁对外贸易的水平。

### （四）出口市场相对集中，抗风险能力弱

辽宁省凭借地缘优势，商品出口的国家和地区主要为日本、东盟、韩国、欧盟等。出口市场对象集中，容易与特定贸易对象国产生贸易摩擦，加

大出口的市场风险。[①] 比如国际金融危机、中日关系低迷、萨德事件、朝核问题等，都对辽宁对外贸易产生了严重的影响，相关产业发展放缓。随着中国“一带一路”倡议的实施发展，中国积极与沿线国家开展国际产能合作和贸易往来，鼓励辽宁企业“走出去”，不断拓展新的贸易合作领域，开辟新的国际市场成为辽宁未来对外贸易发展的重要方向。

## 三 辽宁省对外贸易发展面临的形势

### （一）面临的挑战

从国际环境看，未来几年全球经济增长在一定时期内仍会在低水平上波动，各国经济政策自顾性和竞争性将明显增强，全球商品流动性过剩、反全球化、贸易保护主义、地缘政治紧张等问题都将成为影响各国经济发展的不稳定因素。2018 年以来，中美经贸摩擦持续升温，3 月美国总统特朗普宣布将对进口钢铁和铝产品全面征税；4 月美国公布了对中国 500 亿美元商品加征关税清单；同时，美国政府寻求将对华贸易赤字削减 1000 亿美元。国内传统的劳动密集型产业与产品面临着发展中国家的激烈竞争与挑战，原有的劳动力、资源、环境等要素优势逐步弱化，并且日益制约经济模式的发展。

从国内环境看，随着中央鼓励支持扩大开放相关政策的出台，全国各省份都在抢抓新一轮开放机遇，提出制定参与“一带一路”建设的行动计划。辽宁产业优势转化为国际国内市场的竞争优势尚需时日；对外经贸发展的结构性矛盾仍然比较突出，具有牵动作用的重大外资工业项目少，具有自主知识产权和自主品牌的出口商品比重小，企业跨国经营规模小、水平低；投资和贸易便利化水平还不高，投资环境的改善还需要下更大的力气等。

① 朱玉荣、杨东升：《优化辽宁出口贸易结构的对策研究》，《东北财经大学学报》2012 年第 3 期。

### （二）面临的机遇

“十三五”时期是全面落实党的十八届三中全会《中共中央关于全面深化改革若干重大问题的决定》各项措施的重要时期，是深化改革释放新增长潜力的关键时期。2018 年，辽宁对外贸易发展面临着参与“一带一路”倡议、对接京津冀协同发展战略、融入长江经济带发展战略的重要机遇期。辽宁将以沿海经济带开发开放为支撑，以大连东北亚国际航运中心和沈阳东北亚创新中心建设为龙头，以建设高水平自由贸易试验区和探索建设自由贸易港为引擎，以建设沈抚创新发展示范区为突破口，统筹推进“一带五基地”建设，深入实施“五大区域发展战略”。① 打造辽宁海陆经济互动发展的对外开放新格局，加快面向东北亚开放的步伐。

## 四 促进辽宁省对外贸易发展的对策建议

### （一）优化出口商品结构，增加产品附加值

在经济竞争日趋激烈的新时期，要转变辽宁依托劳动密集型产品的传统贸易出口优势，大力提升产品科技含量。其一，在机电产品、高新技术产品方面，加快企业自主创新进程，促进产业转型升级。装备制造业是辽宁工业的第一支柱产业，推进装备制造业改革是辽宁振兴的重中之重。为此，应加大用于核心技术和关键技术研发的资金投入，加快建设沈阳东北亚创新中心，增强企业自主创新能力，推动沈阳市“中国制造 2025”国家级示范区的创建，中德（沈阳）高端装备制造产业园的建设发展，以创新驱动产业转型升级，减少对进口产品和技术的依赖，提高企业的核心竞争力。其二，在农业方面，大力开展农业重大项目招商引资，推动农产品精深加工业发展，建立与国际先进标准体系接轨的农产品质量安全管理

① 《“辽宁开放 40 条”对外发布》，《沈阳日报》2018 年 5 月 11 日。

体系。扩大农产品行业化规模，加强农产品出口基地建设。通过深加工增加农产品附加值，打造辽宁绿色食品和有机食品区域品牌，比如瓦房店苹果、兴城花生、朝阳小米等，扩大产品出口等，推动辽宁特色优势农产品出口。

### （二）注重产业链的培育打造，促进加工贸易转型升级

其一，围绕《中国制造 2025 辽宁行动纲要》，加快引进先进装备制造业的重大项目，以带动相关产业和配套产业链的完善发展。围绕填补产业链空白、弥补产业链薄弱环节和延伸产业链做好招商引资工作，提升产业集约化水平，争取在省内打造形成一批千亿级产业集群。其二，组建行业联盟，通过企业合并、参股等多种形式，不断扩大产品的生产规模，共同打造产品，形成品牌效应，抵御风险。加快推进辽宁省内周边城镇同城化、产业园区一体化的发展。其三，加强上下游产业链的培育打造。建立产品研发、设计、零部件生产、产品组装、销售、物流与保险等上下游产业链，促进省内相关产业的互动发展，提高区域竞争综合实力。

### （三）大力发展服务贸易，促进第三产业体系发展

其一，优化升级服务贸易发展格局。建设以沈阳、大连为主，引领全省服务贸易发展的产业梯次发展格局。建设东北亚服务外包交易促进中心，扩大辽宁服务外包产业的集聚效应，同时推动辽宁服务外包产业向中高端产业链发展，努力将辽宁打造成东北亚地区服务贸易产业的中心。到 2020 年，争取使辽宁服务贸易年均增长率高于全国平均水平，服务贸易占辽宁对外贸易总量的比重得到不断提升。其二，创新服务贸易方式，提升服务贸易质量。在稳定辽宁计算机和信息服务、旅游、运输等优势服务贸易领域的基础上，重点培育和拓展金融保险、文化创意、通信等新兴服务产业，同时加强动漫制作、信息软件和服务外包等领域新优势的培养。其三，加强服务贸易出口基地的培育。依托辽宁现有经济开发区和高新技术产业园区，加强省级特色服务出口基地的规划建设。

### （四）优化通关环境，大力发展港口经济

以辽宁沿海经济带全面对外开放为契机，有效利用国际和国内两种资源和市场，进一步优化通关环境，大力发展港口经济，深化东北亚地区合作，推进辽宁对外贸易便利化。其一，推进口岸进一步对外开放。大力推进大连长兴岛港、大连太平港、大连庄河港、大连旅顺新港、丹东机场、锦州机场、大连周水子国际机场等口岸对外开放。积极发挥保税港区、大连综合保税区等海关特殊监管区和保税物流中心的聚集带动作用。其二，加强建设口岸基础设施。以建设大连东北亚国际航运中心为契机，加速省内口岸与港口、公路、铁路、机场等基础设施建设的同步发展，实现航运服务体系、综合运输体系、交通基础设施建设的互联互通。其三，优化整合港口资源。2018 年底前，整合沿海六市港口资源，成立辽宁港口集团。将省内布局不合理、效益水平低的部分二类口岸并入一类口岸或升级为一类口岸，统一规划，有效配置资源。大力推动口岸经济、海洋经济、临港产业集群和生态产业区发展，推进“港口、产业、城市”的融合发展。

### （五）完善出口区域结构，实施多元化发展战略

随着中国“一带一路”倡议的推广发展，辽宁在巩固发展日、韩传统市场的同时，大力开展与俄罗斯、印度、拉美、非洲、中东等“一带一路”沿线国家及地区的经贸往来，积极打造多元化的对外贸易格局。其一，利用地缘优势，加强与中蒙俄经济走廊沿线国家的经贸合作。通过“辽满欧”“辽蒙欧”“辽海欧”三大交通枢纽的建设，积极促进辽宁转口贸易发展，加速跨境物流的畅通。其二，凭借自身工业和产业优势，大力推进建设辽宁境外经贸合作园区。在“一带一路”沿线，加速辽宁境外装备工业园区的建设，进而带动辽宁电力、冶金、钢铁、建材、石化等行业的大型成套设备和技术的输出，促进辽宁相关产业的转移，实现由产品输出向产业输出的转变。其三，引导和鼓励辽宁企业“走出去”，承包沿线的境外工程。鼓励企业通过资源整合、优势互补的形式，开展集群式

“走出去”。鼓励和支持辽宁骨干企业开展高附加值、大型总承包总集成项目，以此带动省内相关工程企业小规模、低层次分包工程的开展，促进上下游产业链的共同发展。

## 参考文献

《辽宁省外经贸发展“十三五”规划》，辽宁省商务厅，2016 年 7 月 11 日。

葛晶：《产业结构优化升级视角下辽宁省对外贸易发展探析》，《改革与开放》2015 年第 19 期。

李晓梅：《辽宁对外贸易结构调整对策分析》，《现代商贸工业》2016 年第 27 期。

# B.10 辽宁省地方财政运行的基本状况及趋势预测*

郭　矜**

**摘　要：** 2017年辽宁省充分发挥财政职能，财政收入质量有所提高，支出结构进一步优化，民生等领域的重点支出保障有力，资金使用效益明显，特别是全年巩固做实了2016年财政成果，财政收入超额完成年初确定的增长目标。2018年辽宁省财政职能需要在稳增长、促改革、调结构、惠民生、防风险方面进一步发挥作用，继续深化财税体制改革、改善收支紧平衡，提高基层财政保障能力、防范基层财政运行风险，加强政府债务管理、缓解偿债压力等。

**关键词：** 财政收支　地方债　县级财政　财政供养人口

## 一　2017年辽宁省地方财政运行基本状况

### （一）预算收入

辽宁财政在经过2014年与2015年两年的持续下滑与2016年的筑底企

---

* 本文是2017年度辽宁省社会科学基金重点项目（课题编号：L17AJY010）阶段性研究成果。

** 郭矜，辽宁社会科学院财政金融研究所副研究员，经济学博士，主要研究方向为财税理论与实务。

稳态势之后，迎来了向好态势。2017 年辽宁省一般公共预算收入 2390.2 亿元，同比增长 190.9 亿元，完成年度预算的 103.5%，增长 8.6%，超收 80.9 亿元。其中，税收收入 1812 亿元，占一般公共预算收入的比重为 75.8%；同比增加 124.6 亿元，增长 7.4%。各项非税收入 578.2 亿元，同比增加66.3 亿元，增长 13.0%。省本级一般公共预算收入 88.2 亿元，完成年度预算的 108%，同比增加 10.1 亿元，增长 13%。其中，各项税收收入 15.5 亿元，同比减少 0.4 亿元，下滑 2.5%；各项非税收入 72.7 亿元，同比增加 10.5 亿元，增长 17%。

2017 年辽宁省财政收入超额完成年初预期目标，增幅为 2013 年以来最大，且全省 14 个市都实现了正增长，均超额完成了年初预算增长目标。一年里，全省各级财政部门紧紧围绕收入预算目标，加强分析调度，强化重点税源监控，巩固做实财政收入成果，确保依法征收，应收尽收，实现对财政收入均衡入库，避免财政收入大起大落，促进了财政收入稳定增长，为全省经济社会发展提供了财力保障（见表 1）。

**表 1　2013 ~ 2017 年辽宁省财政收入统计**

单位：亿元，%

| 年份 | 2013 | 2014 | 2015 | 2016 | 2017 |
|---|---|---|---|---|---|
| 公共财政收入 | 3341.8 | 3192.8 | 2125.6 | 2199.3 | 2390.2 |
| 税收收入 | 2519.8 | 2330.6 | 1650.5 | 1687.4 | 1812.0 |
| 公共财政收入占 GDP 比重 | 12.28 | 11.15 | 7.40 | 9.97 | 9.98 |
| 公共财政收入增速 | 7.61 | -4.46 | -33.42 | 3.4 | 8.6 |
| 政府性基金预算收入 | 2409.8 | 1580.3 | 909.3 | 722.9 | 711.5 |
| 国有资本经营预算收入（省本级） | 10.8 | 1.5 | 3.6 | 15.5 | 19.9 |

资料来源：2014 ~ 2016 年《中国统计年鉴》、辽宁省财政厅网站。

由表 1 可知，2017 年辽宁省公共财政收入占 GDP 比重及增速较前几年均有明显改善；税收收入在辽宁省全面推开“营改增”试点、落实各项结构性减税和普遍性降费政策的大环境下还有提高实属不易。2017 年全省政府性基金预算收入完成711.5 亿元，同比减少 11.4 亿元，下降 1.6%，原因主要是自2016年7月1日起辽宁不再将“车辆通行费”纳入基金管理，且2017年按国家要求将“新增建设用地土地有偿使用费收入”改列“一般公共预算收入”等。省本级国有资本经营预算收入完成19.9亿元，同比增加4.4亿元，增长28.4%。

在财政收入结构方面，2017年辽宁省税收收入1812.1亿元，同比增长7.4%，税收收入占一般公共预算收入的比重高达75.8%，税收收入占比连续三年维持在75%以上。在辽宁省14个城市中税收收入占比高于75%的有8个市，占比最高的市达84.4%。辽宁省税收收入水平与全国其他省份相比处于前9位，体现辽宁省税收比重居于全国前列、财政收入结构持续优化、收入质量呈现出总体较好的特征。省市共享税种收入完成1249.4亿元，同比增加76.5亿元，增长6.5%。其中，增值税781.0亿元，增长46.1%；营业税4.8亿元，下降98.0%；企业所得税278.0亿元，增长16.5%；个人所得税90.4亿元，增长17.9%；资源税42.3亿元，增长41.7%；房产税95.2亿元，增长13.2%（见图1）。

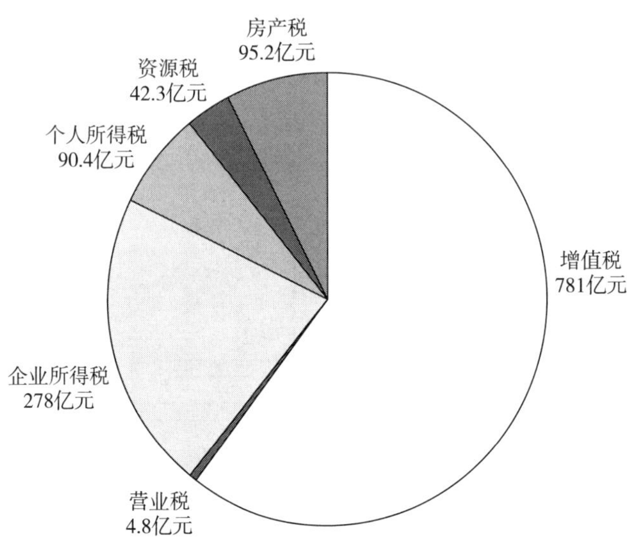


**图1　2017年辽宁省主要税种完成情况**

从非税收入占比来看，2017 年辽宁省非税收入 578.2 亿元，同比增加 66.3 亿元，增长 13.0%，占财政收入比重约为 24.1%，2016 年该比重为 23.27%，这一比重要远远超过同期全国其他省份。考虑到非税收入的不稳定性和对经济调节的局限性，过高的非税收入直接反映出辽宁省地方政府对微观经济干预过多的现象，直接影响经济效益的提高。此外，辽宁省国企较多，国有资本经营收入或国有资源（资产）有偿使用收入规模不断增加也是导致非税收入占财政收入比重偏高的原因之一。

从产业和行业税收贡献来看，2017 年全省第一、第二、第三产业税收占总税收的比重为 0.2%、48.4% 和 51.4%，分别增长 39%、12.7% 和 2.7%。如剔除增值税共享体制调整等因素影响，按照全口径核算，第一、第二、第三产业税收大约增长 3.2%、5.8%、11.2%，可见三次产业税收均实现了稳定增长；2017 年全省行业税收保持平稳增长，重点行业税收支撑作用增强。其中，装备制造业、采矿业、石油加工业、商业、冶金业税收增长率分别为 27.9%、49%、10%、28.0%、22.0%。房地产企业效益转好，税收增速四年来首次转正，实现 3.5% 的正增长。此外，受固定资产投资下滑等因素影响，2017 年全省建筑业含税收入减少较多，全省建筑业税收下降 40.9%（剔除营改增等政策性因素后仍下降 22.9%）。全省金融业受“营改增”影响税收下降 12.6%（见图 2）。

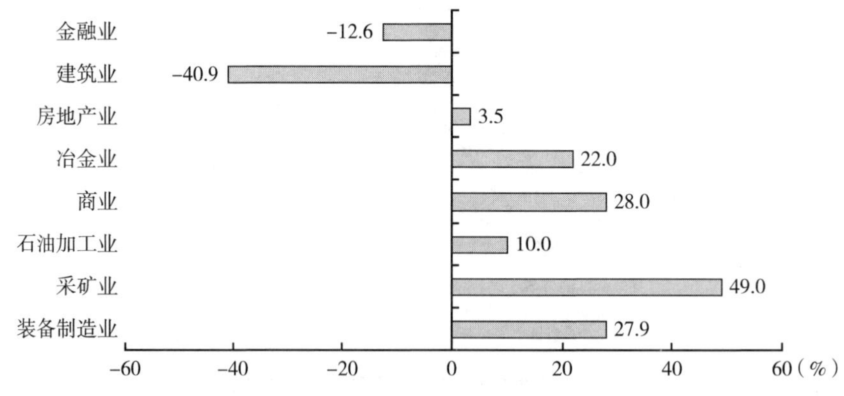


**图 2　2017 年辽宁省分行业税收变动比例**

## （二）预算支出

2017 年辽宁省一般公共预算支出完成 4842.9 亿元，同比增加 265.5 亿元，增长 5.8%。省本级一般公共预算支出完成 760.3 亿元，同比增加 96.4 亿元，增长 14.5%；政府性基金预算支出完成 682.9 亿元，同比减少 56.5 亿元，下降 7.6%，主要是受“车辆通行费”及“新增建设用地土地有偿使用费收入”不再纳入政府性基金管理，政府性基金支出相应减少等因素影响；省本级国有资本经营预算支出完成 26.8 亿元，同比增加 3.1 亿元，增长 13.08%。辽宁省公共预算支出具体变化情况见表 2。

**表 2　2017 年辽宁省一般公共预算支出分类情况**

单位：亿元，%

| 分类 | 支出额 | 增长率 |
|---|---|---|
| 社会保障和就业支出 | 1346.5 | 17.5 |
| 教育支出 | 643.9 | 1.6 |
| 农林水支出 | 453.0 | -5.8 |
| 医疗卫生与计划生育支出 | 334.5 | 8.9 |
| 交通运输支出 | 214.6 | 13.9 |
| 住房保障支出 | 124.2 | -19.5 |
| 节能环保支出 | 104.9 | 20.3 |
| 科学技术支出 | 57.7 | -6.3 |

资料来源：《中国统计年鉴 2014》、《中国统计年鉴 2015》及辽宁省财政厅网站。

2017 年，辽宁省各级财政部门坚持“先生活、后生产”的原则，加大民生领域资金投入，通过优化支出结构、盘活财政存量资金、动用预算稳定调节基金等方式，将资金用于养老金发放、工资保障、教育等基本民生支出方面。其中 2017 年全省重点民生支出 3735.8 亿元，占总支出的 77.1%。在扶贫方面，继续加大扶贫攻坚财政投入力度，省财政扶贫专项资金比上年增长 42%。

在筹集资金渠道方面，辽宁展开多举措多角度筹集资金方案，积极争取中央财政政策倾斜和资金支持，用于解决辽宁省现实中的困难和问题，2017 年中央下达辽宁省转移支付资金 1992.4 亿元，比上年增长 5.9%；对于新兴产业和高科技产业的发展，财政很好地发挥了引导作用与杠杆作用，安排100亿元省产业（创业）投资引导基金吸引和鼓励社会资本投入；在财税政策方面，积极落实各项减费降税政策，促进企业降本增效。2017年全年共有70万户纳税人纳入“营改增”试点范围，减轻纳税人负担225.3亿元，调整收费政策38项，减轻企业和社会负担42.7亿元；此外，在强化财政支出管理方面，辽宁大力压缩一般性公共支出。2017年全省财政拨款安排的“三公”经费实际支出同比下降21.7%。

在已知辽宁省2017年一般公共预算收入和一般公共预算支出的前提下，可以计算出辽宁省2017年的财政自给率，约为49.35%。正因为财政自给率可以较好地反映地方财政对于中央转移支付的依赖程度，同时反映出地方经济活动繁荣度，指标数值越大，地方财政“造血能力”就越强，对于中央财政转移性支付的依赖程度也就越低。通过比较全国某些省份的财政供给率指标，可以初步发现辽宁与其他省份相比财政自给率仍然较低，这意味着辽宁财政总体上仍较为拮据，“造血功能”较弱，收支矛盾尖锐（见表3）。

**表3　2017年全国部分省份财政供给情况**

单位：亿元，%

| 省份 | 一般公共预算收入 | 一般公共预算支出 | 财政自给率 |
|---|---|---|---|
| 上海 | 6642.3 | 7547.6 | 88.01 |
| 北京 | 5430.8 | 6540.5 | 83.03 |
| 浙江 | 5803.3 | 7530.2 | 77.07 |
| 江苏 | 8171.5 | 10622.1 | 76.93 |
| 广东 | 11315.2 | 15043.0 | 75.22 |
| 天津 | 2310.0 | 3282.0 | 70.38 |
| 山东 | 6099.0 | 9258.0 | 65.88 |
| 福建 | 2808.7 | 4719.2 | 59.52 |
| 重庆 | 2252.0 | 4337.0 | 51.93 |
| 山西 | 1866.7 | 3756.7 | 49.69 |
| 辽宁 | 2390.2 | 4842.9 | 49.35 |
| 河北 | 3233.3 | 6615.2 | 48.88 |
| 湖北 | 3248.0 | 6832.0 | 47.54 |

资料来源：各个省份财政厅网站。

总体上看，辽宁省现阶段的财政收入面临着制度性与非制度性的双缩压力，财政支出也面临着制度性和非制度性的双扩压力，两者相对直接拉大了财政缺口、加剧了收支矛盾。

### （三）地方政府债务与养老金缺口

据统计，2017 年全省通过盘活资产、组建企业集团等措施化解政府性债务 1482 亿元，全省发行置换债券 2305 亿元，按累计置换债券总额计算每年可节省利息支出 340 亿元以上。为了严格控制债务规模、化解政府债务风险，辽宁省印发了《政府性债务风险应急处置预案》和《政府债务化解三年行动工作方案》，有效缓解了各级财政还本付息压力；为了应对养老金缺口、确保养老金按时足额发放，省财政通过增加财政投入和国有资产变现投入等方式，投入 160 亿元用于补充养老保险风险基金，加大对养老保险基金的补助力度，并制定全省企业养老金保险发放预案。2017 年全省筹集企业养老保险财政补助资金 714.9 亿元，比上年增长 22%，其中安排补助养老保险风险基金 194.8 亿元，增长 9%。辽宁省的债务问题历来比较严重，虽然债务余额略有缩减，但全省较弱的综合财力也导致债务率始终居高不下。探究辽宁省债务风险较大的原因，可能有以下几方面：第一，政府投融资体制改革滞后，过去地方政府没有发债权，只能通过融资平台变相发债，造成地方政府债务风险处于隐蔽蔓延状态。第二，受 2008 年金融危机影响，我国实行积极财政政策，该时期依靠政府大规模投资保增长，导致地方政府债务迅速增加。第三，受地方官员片面追求 GDP 政绩考核影响，部分官员大规模举债搞建设，以高负债透支未来。

### （四）预算管理

近年来，辽宁省政府预算编制质量有较大提高、编制过程不断细化完善，预决算信息公开规范化水平步入全国先进行列，突出表现在部门预算公开到了“项”一级，辽宁省省本级政府预决算也公开至支出功能分类的“项”级科目；另外，辽宁省在准备试编滚动预算，逐步探索中长期预算管理，改变现有年度预算控制，通过调入预算稳定资金的方式尽量实现预算收支平衡。考虑到预算绩效管理是预算管理的重点之一，辽宁省将预算绩效管理作为重点工作来抓。绩效评价方式更加科学合理，绩效目标与部门预算和财政专项资金预算同时批复，预算绩效管理规范性不断提升，致力于建立“预算编制有目标、预算执行有监控、预算完成有评价、评价结果有反馈、反馈结果有应用”的全过程预算绩效管理机制。

当然，辽宁省预算编制的规范性仍然不足，代编预算规模有所扩大，预算间相互衔接制约的地方少，且仍然有一定量的政府收入和支出游离于预算编制之外，预算编制的精准性仍然有待提升。辽宁省内部分地区对绩效管理还存在等待观望思想，部分地区的预算绩效管理工作缺乏相应的政策指导，预算管理工作规范化、系统化程度不够，多数市（县）仍然围绕着“事后评价”来展开，没有达到全过程预算绩效管理的要求，绩效预算管理的层面不深、质量不高。而且当前的绩效管理主要集中在项目支出资金使用情况层面，既缺乏部门整体的绩效管理，也缺乏政策、制度与支出结构的绩效管理，评价结果和预算安排有机结合机制尚未建立。

出现预算管理问题的原因首先是预算法规不完善，相关领域和法律法规配套改革相对滞后，2015 年正式实施的新《预算法》是 20 年来首次修订；其次是部分政府部门预算管理意识薄弱，预算约束观念淡薄，社会公民对于“取之于民用之于民”的财政资金缺乏监督意识和绩效意识；再次是预算分配体制不健全，导致财政部分预算职能被部门分解，不利于财政对整体资源的调配和控制。

### （五）县级财政困境与财政供养人口

2017 年，全省 114 个县区一般公共预算收入 1653.7 亿元，完成年初预算收入目标的 103.2%，增长 10.1%，高于全省平均水平 1.5 个百分点。其中，41 个县完成预算的 106.6%，增长 12.7%；59 个城区完成预算的 101.9%，增长 9.1%；14 个开发区完成预算的 106%，增长 12.3%。从收入结构看，全省 114 个县区税收占比为 85.4%，高于全省平均水平 9.6 个百分点。41 个县、59 个城区、14 个开发区的税收占比分别为 71.5%、89.5%和 89.4%，可见 41 个县税收占比明显偏低，收入结构很不合理。据统计，辽宁 41 个县 2017 年政府直接债务 1041 亿元，为一般财政收入的 3.2 倍；一般预算支出 1192 亿元，为收入的 3.6 倍，财政供养人口 70 万人（未包括临时聘用人员），辽宁县域经济生产总值占全省的 29.6%，财政收入却仅占全省的不到 15%。辽宁地区县级财政困境已严重危及基层政权的运行，成为制约地区稳定和发展的“瓶颈”。

自我国实施分税制改革以来，虽然 2009 年、2013 年和 2015 年，辽宁省政府加快机构改革，使财政供养人口增速有少许的回落，但辽宁省财政供养人口规模总体上仍不断增加。据统计，在过去的十年间，我国各省份平均财政供养人口占各省份总人口的比重维持在 2.8% 左右，而辽宁省整体上高于国家平均水平 1 个百分点。辽宁作为重化工业大省，国有部门长期占据经济主体地位，由行政部门主要负责内部资源分配。在国有体系下，资源依靠关系分配，大量劳动人口在政府机关、国企事业单位工作或者间接依赖这些部门生存，使得财政供养人口比例很高，给财政带来极大负担。此外，地方财政供养人口规模还间接地体现在社会保障支出占财政支出的比例上，近五年来辽宁省社会保障支出占财政支出的比例一直明显高于全国其他省份，且有逐年上升趋势，2017 年该比例全国平均水平约为 15%，而辽宁却高达 27.8%。过高的就业和社会保障支出意味着财政支出中政府消费性支出占比较大，养人成本挤占了财政支出中用于经济增长与改善民生的份额。

## 二　2018年辽宁省财政改革发展预测

2017 年，辽宁省各级财政部门通过不懈努力为全省经济社会发展提供坚实保障，现代财政治理体系和能力建设不断取得新进展，也为辽宁省实施新一轮振兴战略提供了强劲动力和良好机遇。

2018 年是实施“十三五”规划承上启下的关键一年，也是贯彻党的十九大精神的开局之年，如何充分发挥财政资金的效用来改善民生，对深入推进全省经济社会发展和辽宁老工业基地全面振兴意义重大。

2018 年，辽宁省财政收入将在“稳增长、促改革、调结构、惠民生、防风险”中继续发挥财政职能作用，财政收入将继续保持稳定增长，财政支出也会有大幅度提高，整个财政收支状态总体平稳向好，财政政策精准性不断提升，财政支出结构进一步优化，对于涉及人民切身利益的重点民生支出将会加大倾斜力度，人民幸福感不断增强，财政管理水平有所提高。

同时也要看到，2018 年及未来一段时期内，辽宁财政工作面临的问题将增多，挑战将加大。具体表现在：基层财政困境仍较为严峻，部分县区基本民生兜底仍存在较大困难；地方政府债务和企业养老金收支缺口仍然较大，风险隐患不容忽视；财政收入的质量仍需要进一步提高，收支紧平衡特征凸显；预算编制的规范性仍然不足，建立有效机制仍是努力的方向。这些问题都需要引起足够的重视。

2018 年，辽宁省将继续推进供给侧结构性改革，努力实现经济供求关系的动态均衡，充分发挥财政杠杆作用，增强经济增长的内生动力；不断推进供给侧改革的财税定向精准调控措施，努力培植新的后续财源，扎实推进新经济增长点的财源建设；以市场为中心，优化税收政策；在财政支出方面，采取有保有压的原则，正确处理民生支出、经济建设支出、行政管理支出之间的资金分配关系；推动重点产业高端发展、融合发展，大力支持现代农业、服务业、信息产业等新兴产业发展；推进国资国企改革，推进新型城镇化建设；加强科技创新，设立科技风险投资基金，支持科技型中小微企业加快科技创新和成果转化；注重压缩对一般竞争性领域的投入；对行政管理费用支出继续进行压缩，严控机关车辆购置费和公务接待费、因公会议费及出国费支出。

## 三　2018年辽宁省财政改革的发展对策

### （一）深化财税体制改革，改善收支紧平衡

#### 1. 开源节流、增收节支

在落实各项结构性税费减免政策的基础上，应继续挖掘税收征管潜力，

整合各类资金。准确掌握重点税源企业情况，加强对税收收入和非税收入的管理，完善政府性基金管理，提高国有资本收益上缴比例。

2. 大力缩减三公经费等不必要的一般性支出

加大结余结转资金统筹使用力度，集中财力向辽宁地区经济社会发展的重点领域和关键环节倾斜。

### （二）提高基层财政保障能力，防范基层财政运行风险

1. 财政部门应该积极向下倾斜财力

县级地区一方面要贯彻落实中央决策部署及省委的具体要求，另一方面还要照顾最基层的百姓，缓解辽宁地区县级财政困境；不仅与解决好百姓就业、教育、收入、医疗等问题有关，而且对辽宁省塑造现代化经济体系、实现新一轮经济全面振兴具有推动作用。辽宁地区县级财政体系要建立起自己的区域特征。仅仅依靠“输血”提高县财政资金总量是没有出路的，还应考虑从税收政策改革角度改变县级财政困境。

2. 改进和完善县乡财政体制

应从经济规律出发，采取切实可行的激励措施，调动和保护乡镇（街道）发展经济、培育税源、组织收入的积极性，建立县乡财政收入稳定增长机制。制定全省县级基本财力保障范围和标准，出台财政支持县域经济加快发展的实施意见，制定县域一般公共预算收入增收和化解县级政府性债务三年行动计划，加快推动县域经济发展，提高基层财政保障能力，防范基层财政运行风险。

### （三）从长远战略角度考虑，有效控制财政供养人口规模

1. 积极构建适当的政府规模

从前文的分析可知，辽宁省财政供养人口确实存在着规模过大的问题。伴随着辽宁财政收支矛盾的尖锐化，如何控制财政供养人员的规模显得十分重要。从短期来看，辽宁地区财政供养人口过多的问题并不容易解决，因为目前辽宁的行政事业单位仍然很多，就业占比很高，且在 2016 年《中共中

央国务院关于全面振兴东北地区等老工业基地的若干意见》中，主要将东北（包括辽宁地区）经济发展动力不足的问题归因于国有企业活力不足和民营经济发展不充分等因素，对财政供养人口问题几乎没有提及。因此在如何有效控制财政供养人员的规模方面，应从实际情况出发，效率优先，不断推动机构整合，全面提高政府公共服务职能。

2. 精减财政供养人员的规模

应转变政府职能、加快人员精减。建立公共服务购买机制，引入市场竞争机制推进公共服务市场化进程。推进以行政审批为主导的政府规制改革，减少多头审批的发生，提高行政效率，降低行政成本。开展绩效预算，改变传统的预算编制规则，用以“办事”为依据的零基预算取而代之，将财政拨款和部门劳务挂钩，进一步提高工作人员的积极性，并提高行政效率。财权下移、注重基层参与性。财政上的分权和基层参与性的体制会有利于控制财政供养人员规模的增长，也必然带来更高水平的公共服务有效供给。加大人大监督力度，财政必须在有力的监督体制下运行，否则无论制度设计得多么完美，如果约束力较差也很难得到执行。

## （四）加强政府债务管理，缓解偿债过大的压力

1. 降低政府债务风险

按照省委省政府关于“十三五”期间确定的政府债务化解任务要求，进一步落实去杠杆政策，规范政府债务管理模式。严禁地方政府借用融资平台进行举债，加强对或有债务的管理，做好对现有存量债务的甄别和管理，对融资平台市场化转型分类推进，做好置换债券偿还工作，严格将置换债券资金用于偿还符合条件的政府债务。

2. 明确地方政府举债的用途和权限

各级政府债务规模要与各自的财政承受能力相匹配，要建立各级政府分级负责的政府性债务管理机制。进一步加强地方政府投资决策以及债务融资的制度化管理，避免投资融资决策主观随意，严格债务发行工作程序，明确债务相关责任，完善债券还本付息资金拨付管理，实现借、用、还与责、

权、利之间的统一，有序推进地方债发行，保障债务资金效益的有效发挥。

3. 加快推进企业集团组建，扩大市场准入，实现利益共享

大力推广公私合作（PPP）模式，引导社会资本流向公共服务领域，采用股权合作、财政补助、价格调整等政策，通过与社会资本共享收益和共担风险，不仅能够提高公共服务供给的质量和效率，更能有效缓解政府主导型项目的融资压力和债务负担。

4. 建立健全政府债务风险预警系统

通过科学、系统、完备的债务风险预警机制，加大对高风险地区和行业风险化解的监管和指导力度，逐步将政府性债务收支纳入预算管理，完善债务管理长效机制，从防风险逐步向抗风险转变。加强债务风险监管，建立涵盖显性和隐性债务的信息披露制度，形成地方政府债务限额及债务收支情况随同预算公开的常态机制，实现债务监管日常化、制度化和阳光化，防止各种形式的变相、违规举债，避免隐形债务风险。

## （五）建立透明规范、约束有力的预算管理制度

1. 硬化预算约束，加强预算执行管理

预算执行要严格，除出现国家重大政策措施调整、事业计划较大变动、救灾应急等状况外，经过审核和批复的预算不得随意变动或零星追加。严禁超预算和无预算安排支出。建立预算考核通报制度，将预算执行进度、结余结转资金与下一年度预算安排相挂钩。完善预算执行动态监控机制，有效发挥实时监控预算单位收支的约束控制作用，在预算执行中要始终坚持法治观念，杜绝违反制度违反规定的个人行为和不良社会风气。

2. 大力推行“全口径”预算管理

尤其加强县、乡一级的四本预算管理，明确四本预算的重点和收支范围，避免四本预算交叉重复。多渠道整合资金来源、从严编制预算。按照“实行零基预算、必保刚性支出、坚持量力而行”的原则进一步科学细化预算编制内容，使财政预算能够更加切合实际，同时，应当适度延长预算编制时间，提前编制预算草案，并通过立法确定有审查或审批预算议程的人大会

议自下而上逐级提前召开，以保证汇编预算所需时间，解决代编预算问题。政府预算的编制应当以明确的宏观经济框架和完整的支出任务规划作为起点，以政府计划引导政府预算，切勿将两者因果倒置。

3. 不断增强政府部门的绩效意识和责任意识

努力提高财政资金利用效率。积极发挥第三方作用，加强对重点支出和重大项目资金的使用效益评价，强化评价结果的应用。强化预算信息公开工作，提高财政透明度。扩大专项资金、部门项目支出与部门整体支出的绩效管理试点范围，强化绩效评价结果运用，建立有效的反馈机制。

## 参考文献

黄吉义：《乡镇财政运行困境与完善措施探讨》，《新经济》2015 年第 20 期。

广西财政厅课题组：《县级财政运行存在的问题与建议》，《经济研究参考》2016 年第 70 期。

黄前柏：《“供给侧结构性改革”深意》，《新理财》（政府理财）2016 年第 1 期。

刘尚希：《建言财政改革》，《清华金融评论》2016 年第 2 期。

王亚芬：《辽宁省地方政府债务问题成因与防范对策》，《北方经贸》2013 年第 1 期。

# B.11

# 辽宁省金融监管的现状、问题及对策研究

谭　静*

**摘　要：** 加强辽宁金融监管，防范发生区域性金融风险，是维护辽宁金融安全，构建和谐金融环境，保障辽宁经济平稳运行的关键。2017 年辽宁在金融监管方面存在诸如信贷风险增加、非法集资案件发展又有新趋向、现金贷呈现野蛮生长、金融科技发展带来监管新问题等难题，2018 年辽宁金融监管部门应加强对金融行为和金融业务的监管，加快建立适应快速金融创新的制度性安排，加强互联网金融企业合规运营的严格监管、加强信息披露制度建设、大力发展监管科技，采用适应金融创新趋势的智慧监管、加强风险源头管控，形成全省统一管理的金融风险防控格局。

**关键词：** 辽宁　金融　监管体系

健全地方金融监管体系，防范区域性金融风险的发生是维护辽宁金融安全，构建和谐金融环境，保障辽宁经济平稳运行的关键。2017 年，辉山乳业、东北特钢等几家企业债务违约风险发生，沈阳各大学四十多个在校大学生被欠款事件导致其分别欠下 8 万 ~40 万元不等的债务，酷骑单车辽宁押

---

* 谭静，辽宁社会科学院财政金融研究所研究员，主要研究方向为银行管理、现代金融理论等。

金违约退还事件等，都暴露了地方金融监管不到位的问题，不但使企业信用受损，而且不利于辽宁总体营商环境的建设。辽宁监管部门应加强对金融行为和金融业务的监管，加快建立适应快速金融创新的制度性安排，不但要严格接受“一行三会”的指导，还要加强相关职能部门各方面的监管协调，不断提高金融监管能力，不断增强监管合力，不留任何监管漏洞，形成全省统一管理的金融风险防控格局，优化金融生态环境，优化营商环境，保护金融消费者权益。

## 一　2017年辽宁金融运行基本情况

辽宁金融持续为实体经济提供有力支持，截至2017年末，辽宁省金融机构本外币各项贷款余额41278.7亿元、同比增长6.7%，人民币各项贷款余额40063.7亿元、同比增长7.44%，贷款增势稳健，但是增速显著低于全国平均水平，住户贷款增长比较快、企业贷款增速放缓，制造业、高新技术行业贷款持续增长，金融机构加大对基础设施建设领域支持，注重支持小微企业信贷；12月末，辽宁省金融机构本外币各项存款余额54249亿元、同比增长4.95%，人民币各项存款余额53227.2亿元、同比增长4.95%，存款增速趋缓，存款增速低于全国平均水平，存款结构持续调整，住户存款增势稳健、企业存款有所下降，企业投资意愿增强、存款使用增多；社会融资规模，特别是直接融资规模降幅较大。人民币贷款利率小幅上升。

1. 辽宁省首家民营银行——振兴银行正式开业

辽宁振兴银行于2016年12月19日获中国银监会批复筹建，并于2017年9月27日获得辽宁银监局开业批复。2017年11月24日，辽宁振兴银行举行省内战略合作伙伴签约仪式，这意味着辽宁振兴银行正式开业。该银行作为辽宁省首家民营银行，以“通存实贷、产业金融”为市场定位，以支持新兴产业发展为特定战略，坚持为辽宁经济振兴服务，以为实体经济特别是振兴东北经济提供更有针对性、更加便利的金融服务为首要的服务宗旨，面向中小微实体企业和个人提供全方位金融服务。辽宁振兴银行的设立，不仅是中国银监会对振兴东北老工业基地做出的重要举措，也体现了辽宁省政府对民营资本发展的高度关注。振兴银行承载了国家和省市区等各级政府部门对推进东北老工业基地新一轮振兴的殷切希望。目前，辽宁振兴银行已经与六十余家金融机构和合作企业达成战略合作意向；已经与工商银行辽宁省分行、兴业银行沈阳分行、锦州银行、辽东农商银行、网信证券、辽宁省供销合作社等签署战略合作协议。

2. 辽宁各类金融资产数量稳步增加

截至2017年末，辽宁上市公司数量达到135户。2012年以来，辽宁新增上市公司21户，上市公司数量达135户，新三板挂牌企业233户。2016年辽宁省仅沈阳兴齐眼药1家企业上市，2017年初以来，大连百傲化学、营口金辰机械股份有限公司等相继在上海证券交易所主板上市，大连万春布林医药在美国纳斯达克证券交易所上市。截至2017年末，辽宁金融总资产达到8.4万亿元，金融对经济增长的贡献度提升至9%，金融业税收占全部税收比重提升至15%。2012年以来，辽宁新增各类金融法人及区域总部机构600余户，新增本外币贷款1.45万亿元，新增非信贷融资2.5万亿元，发行债券1.2万亿元。截至2017年末，辽宁省实现金融业增加值1500亿元，新建、引进各类金融法人及总部机构近80户，其中法人机构50余户。

3. 引进金融领导人才并使其发挥重要作用

2015年以来，辽宁遭遇破坏的政治生态亟须修复、经济呈断崖式下跌，辽宁省政府性债务负担非常重，地方政府性债务偿还负担更重，发生了一些知名大企业债务违约事件，如果处置不当，就可能会演化为区域性金融风险。作为老工业基地，辽宁领导干部中金融领域的专业人才短缺，培养并引进金融领导人才，解决企业债务违约等金融领域的重点难点问题，对维护辽宁金融安全至关重要。此外，处理企业债务违约风险、处置各类非法集资案件、整治互联网金融和各类交易场所乱象也迫切需要金融人才。2015年末，辽宁迎来了来自中央以及上海金融机构的10位金融专

业领导人才，他们分别到省内各市指导金融工作，在他们分管的领域为解决辽宁金融问题做出了突出贡献，其中上海银行副行长李建国担任省财政厅副厅长，在2017年负责协调处理东北特钢事件时，通过了东北特钢破产重组方案。这些金融领导人才为辽宁经济走出低谷做出了重要贡献，2017年初以来，辽宁省经济出现明显的回暖迹象，企业信贷需求增强，金融机构贷款项目储备普遍有所增加。

4. 解决东北特钢重组问题

东北特钢是中国北方规模最大的提供军用特殊钢的重要企业，因连续债务违约，财务状况日益恶化，其债务违约事件，已经成为国内债券市场一个标志性事件。2015年和2016年这两年，东北特钢几次发生债务违约问题，财务状况堪忧并且呈恶化趋势，最终于2016年10月正式进入破产清算程序，经过整合于2017年9月完成重组，重组后的东北特钢，43%的股权由宁波梅山保税港区锦城沙洲股份投资有限公司持有，该有限公司成为东北特钢的控股股东，这是东北地区国企混改的破冰之举。至此，这个总债务高达数百亿元的企业走出债务违约阴霾，开始走上了重生之路，解决了数万人就业问题，维护了地方经济稳定，这也是我国债券打破刚性兑付、“债转股”第一案例。东北特钢重组还有另一层重大意义，即为东北地区国有企业混合制改革开了个头，从民营企业入主东北特钢我们可以看到民营企业的地方经济引领作用不可小觑。

5. 加强风险评估　规避金融风险

东北特钢、辉山乳业等几起债务违约事件的发生使政府高度关注区域金融风险隐患，为确保金融安全，2017年，辽宁省政府金融办高度重视金融风险预警机制，实施定期风险排查评估，前瞻性地预测高风险企业可能面临的金融风险，指导性地提出针对意见化解企业金融问题，确保辽宁省金融风险总体可控。建立金融风险防范与处置机制，促进形成金融和实体经济的良性循环，启动全省统一的金融风险防范处置工作体系建设，坚决打击违法违规金融活动，深入开展对地方非法金融活动的治理，高度重视地方金融监管的重要作用，强化对薄弱领域的关注，采用大数据云计算等新兴高端技术，加强对区域金融风险的监测预警，协调组织地方金融部门加强合作，排查重大隐患部位，把问题解决在萌芽状态，规避各种金融风险。

6. 多次化解债务危机

2017 年，在地方政府债券发行上，辽宁省政府给予高度重视，多次成功发行并置换了高成本债务，债务平均利率由原来的高于 8% 降低到 3.3% 左右，缓解了地方政府的偿债压力，延长了偿债时间，使债务成本得到大幅度降低。扩大债券承销机构规模，出台鼓励措施，使得很多大机构纷纷加入，机构数量从年初的 21 家扩展到年末的 29 家。截至 2017 年末，辽宁省地方政府债券信用评级均为 AAA 最高级评级。2017 年 8 月 9 日，在大连市中级人民法院，面对数百亿元的债务、错综复杂的债权债务关系，东北特钢破产重组方案得以通过，东北特钢等债券违约企业风险得到化解。

## 二　2017年辽宁金融监管过程中存在的问题

作为老工业基地，辽宁长久以来更注重抓工业、抓大工业和重工业，对金融工作重视程度有所欠缺，缺乏对资本市场的深层探究，不善于有效利用金融手段促进辽宁经济振兴，在防范和化解金融风险方面缺乏前瞻性，金融监管缺乏行之有效的手段。面对层出不穷的金融创新，辽宁存在注重发展而轻视监管的现象，同时，监管部门对金融创新问题与不可预测的风险缺乏及时的识别认定，相关监管规则不尽完善，地方政府不拥有对部分金融机构的监管权，对拥有的监管权力则更注重审批权，日常监管方面有所欠缺。我国金融业存在经营准入多头监管的问题，也导致地方金融监管标准不容易统一，从而给监管带来诸多问题。

1. 信贷投放受到制约

2017 年初，几起单体企业债务违约事件对整个辽宁地区企业的信用带来很大冲击，一些企业的融资渠道受阻，融资成本特别是发债成本提高。部分因素制约了信贷增长，信贷质量有进一步下滑趋势、负面事件影响了区域金融生态环境。辽宁省重化工业有效信贷需求不足，市场流动性趋紧、金融去杠杆制约商业银行信贷投放。2017 年初以来，辽宁省银行机构的逾期客户数量增多，不良贷款上升较快，隐性风险不断积聚，信贷违约风险压力较大。辽宁省重化工业比重大，顺周期性强，钢铁、煤炭等行业仍然面临全国性的产能过剩，石油价格低位徘徊，实体经济仍处于筑底回升阶段，有效信贷需求状况仍未改变，市场流动性趋紧，金融去杠杆政策进一步得到落实，商业银行信贷投放受到一定制约。

2. 非法集资案件发展又有新趋向

经济下行压力导致长期积累的一些潜在金融风险逐步显露，非法集资形势严峻，相关案件频繁发生，并且由传统领域不断向新兴领域蔓延，过去在房地产、矿产、林业、商品销售等领域经常出现的非法集资已经开始向理财产品、信息咨询、网络借贷和小额贷款、金融典当、人身保险等领域泛滥，并且进一步向民办教育、私立医院、养老机构、第三方支付、文化艺术品投资等新的领域蔓延，部分领域案件集中暴露，比如共享单车押金问题。特别是民间融资不规范、市场监管手段滞后等问题凸显，非法集资等违法金融活动进入高发期，手段不断翻新升级。酷奇单车在辽宁的押金返还问题就是典型的非法集资诈骗案件，此类案件发案区域也由单一区域，向跨地域、跨省乃至全国扩展。

3. 现金贷野蛮生长，违法违规行为积聚大量风险

现金贷源于美国发薪日贷款，2015 年进入中国，由于我国对该领域的监管曾一度为空白，两年多来现金贷规模已经发展到一万亿元左右，“现金贷”曾被视为互联网金融领域的最后一块投资宝地。研究数据显示，“现金贷”市场活跃用户量已经达到 1000 万 ~ 1500 万。国内趣店、信而富等多个现金贷公司成功赴美上市，但是高利贷、暴力催收、坏账风险等现象也时常在这些现金贷公司发生，违法违规行为积聚大量金融风险。由于多头管理的问题，行业各种不规范现象时有发生，由地方金融办发放牌照，在地方注册，但各地审批的标准又不统一，而且这种小贷公司经营的又是全国性业

务，地方监管部门对其进行全面监管难度非常大，因此现金贷野蛮生长，问题层出不穷。2017 年，发生在沈阳各大学的四十多个在校大学生被欠款事件即是现金贷骗局导致的，被欠款、强制借款、利滚利导致这些学生分别欠下 8 万～40 万元不等的债务，总额加起来超过 400 万元。

4. 金融科技发展带来监管新问题

金融科技以迅猛之势发展，金融监管手段革新难以跟上金融科技发展的节奏，因此当新兴业态出现时，相关监管部门只能遵循“先发展后规范、再集中整治”的监管思路，也就是允许“试错”，这也是不得已的办法。金融监管难以跟上金融科技的超速发展步伐毋庸置疑，从 P2P、ICO 直至现金贷，在其出现并发展的过程中，监管均没有做到前瞻性预见，均未对其进行有针对性的研究并跟踪监管。在互联网金融发展过程中，政府与市场的本位作用职能要充分体现，互相配合，互不干扰，各司其职，守住本位，政府要行使好其职能，市场要发挥好其“看不见的手”的作用。“先发展后监管”能够给予市场主体充分的发展时间和空间，但是也带来很多不安全隐患。伴随互联网金融的繁荣，金融科技飞速发展，P2P 网络借贷、众筹等都经历了一段野蛮生长的过程，其间恶意跑路事件、各种筹资骗局等时有发生，不法分子以此为由搞起的非法集资和诈骗活动也时有出现，进而不断带来金融监管的新问题。

5. 辉山乳业债务违约引发的区域金融风险

2017 年 3 月 24 日，港股辉山乳业暴跌，一天之内大跌 85%，创下港股历史上最大单日跌幅，这家有着 60 年辉煌历史的老牌企业上市仅仅四年时间，便由辉煌时的 400 亿港元市值跌到 56 亿港元市值。辉山乳业是辽宁省的知名企业，因债务问题牵涉出互保联保、民间借贷等问题，进而引发区域性金融风险。由于企业涉及就业人员多，又是政府重点扶持企业，所以政府试图尽力挽救，召集 23 家银行债权人，请求债权人保证贷款按照正常方式续贷，甚至决定花 9000 万元购置辉山乳业地皮，但是这种“输血式救助”只能治标，本质上还必须进行深层次治理。辽宁是以实体经济发展为主的大省，在经济发展过程中，必须高度重视信贷投放过度问题，不断完善区域风险监测体系，增强企业和审计机构的风险意识，加强区域金融监管，防范区域金融风险的发生。

## 三　加强辽宁金融监管的相关对策建议

加强地方金融监管既要防止通过监管干预微观主体的具体金融业务，事无巨细都要跟踪，避免其背离市场化发展的方向，也要防止干涉资金在地区间的流动，阻碍金融创新与发展。在监管过程中，要侧重监管地区的灵活性，严格把握监管尺度，对于公众存款数量界定，要灵活把握，有必要严格监管的不能松懈，对于不涉及破坏市场秩序和力量均衡的，没有必要进行特殊监管，要侧重地区的特色性和监管的灵活性。

1. 加强信息披露制度建设

充分利用互联网、大数据等先进的技术手段，建立全省统一的信用信息共享平台，加强信息披露，加强防范预警，坚决杜绝原发性非法集资及各类金融诈骗活动。省、市、县各级政府积极推动属地部门信息公示，力争做到工商市场主体信息公示、人民银行驻沈大区行征信信息公示、各种违法犯罪信息公示、法院各类判决案件执行情况信息公示等，做到信息共享，互通有无，建立健全一整套完整的立体化、社会化和信息化交叉管理的监测预警系统。对非法集资等各类金融诈骗活动主体建立经营异常记录和信用记录，并将其纳入信用信息共享交换平台，及时披露。金融机构要加强对各类交易账户中分散转入集中转出、定期批量小额转出等涉嫌非法集资活动的监管，加强对投资理财、非融资性担保、P2P 网络借贷等新领域的监管，加强对投资公司、民办教育机构、养老机构等新的非法集资领域的监管，并加强对担保类机构、经纪类机构、咨询类机构和交易类机构的信用分类管理，在官网上设立专栏对非法信息进行专门披露，密切关注中介服务机构及其从业人员信用记录，加强风险监控。

2. 加强风险源头管控

抓住风险源头进行风险防控是金融监管的首要任务，通过加强对金融机构风险防控责任落实的检查监督，并与金融机构的市场准入和监管评级挂钩，严格把控银行业金融机构顶层设计，不留漏洞和空白，把维护金融安全作为一项关系全局的战略性大事常抓不懈。加强金融监管协调，落实监管职能和监管责任、对责任主体实行问责制追究，明确防范化解金融风险的主体责任，强化监管主体的监管意识。不断优化金融机构布局，健全并完善金融市场体系建设，完善金融风险应急处置和问题机构退出机制，坚持对源头问题进行标本兼治并对症下药，杜绝金融风险在源头发生。坚定深化金融改革，统一思想，加强金融安全教育，防患于未然，增强忧患意识，建立健全地方金融法治体系，积极稳妥防范处置重点领域突出风险，整顿规范市场秩序，力争做到对问题能够提早识别，并进行早期干预，及早处置各类风险，避免风险蔓延，坚决守住不发生系统性金融风险的底线。

3. 加强对互联网金融企业合规运营的监管

辽宁的网贷企业，比如北方金融网、君融贷、汇财贷、贷财行和盛京金服等，供应链贷款和担保贷居多，它们帮助了更多的小微企业发展，但是野蛮生长的现金贷也带来很多问题，辽宁省地方监管部门应该针对网络小额贷款尽快出台相关整治细则，对于校园贷、首付贷、通过暴力恐吓催收贷款等行为应明确其属于违法违规行为，加强对金融企业合规运营的监管。合规运营是互联网金融企业的生命线，是各大互联网网贷平台发展的生命线。只有行业的规则健全了，做到公开透明，企业才能去创新，业务才能更好地发展。合规作为互联网金融企业生存的必要条件，一方面起着整治行业乱象的作用，另一方面也为行业发展指明了方向。互联网金融的本质是金融，核心是风控，与银行签署资金存管协议是互联网金融合规发展的前提，建立高风险控制系统是合规发展的保障，只有这样才能做到最大限度地保障投资者、消费者的合法权益，清除不合规的互联网金融企业。

4. 借鉴发达国家的智慧监管模式

借鉴发达国家的智慧监管模式，比如英国、新加坡等国家实行的“监管沙箱”机制，在微缩的真实市场和宽松的监管环境里，大胆操作创新的金融科技产品与服务，公开披露各种信息，保障消费者权益，让监管科技与超速发展的金融科技同步创新。强化风险提示和投资者干预，在传统金融监管的基础上进行创新和有益补充，能够有效防止金融创新产品在不成熟的情况下就大肆蔓延。

## 四 2018年辽宁金融监管分析预测

加强区域性金融监管，建设和谐的辽宁金融生态环境，是加快辽宁经济发展，建设良好营商环境的重要举措。2018 年辽宁在区域性金融监管方面必须要健全地方金融监管体系，守住不发生系统性区域金融风险的底线。

### 1. 与本省地方金融新业态配套的地方金融法规更完善

依据国家金融监管法律法规和政策规定，针对不断创新的辽宁地方金融业态发展，监管部门应研究制定出适应辽宁省金融新业态发展的组织监管制度，以保证地方金融新业态组织的合法合规经营。地方各类监管政策会不断出台，为各类新的金融业态保驾护航，做坚实后盾，不留政策漏洞；行业的金融监管政策将会更加明晰，其发展将更加规范，在条件成熟时，可按照程序提请制定地方金融法规，以适应金融新业态的发展。

### 2. 省际金融监管合作不断增强

大互联网金融的快速发展使得类金融之间的跨省联系越来越密切，各省以及省与省交界地区经济、金融运行中呈现的特殊性，迫切要求建立互联互动的金融监管机制。互联网技术尤其是大数据及智能技术，将重塑金融监管模式，以适应加强金融监管、创建金融安全区工作的需要。跨省金融监管合作将不断增强，防止类金融风险在省际蔓延，保护金融生态环境健康发展。

### 3. 地方金融监管能力越来越强

面对防控金融风险的重任，地方金融监管能力将越来越强，要前瞻性地预控可能发生的金融风险，加大地方金融监管力度，形成全省一盘棋的金融风险防控格局。坚决防止风险积聚到眼前才进行突击式的监管，金融监管协调力和监管合作力将会越来越强，不留任何监管漏洞。

## 参考文献

中国人民银行沈阳分行网，http：//shenyang. pbc. gov. cn/，2017 年 12 月金融数据。

# 民生改善篇

**Livelihood Improvement Articles**

## B.12 辽宁省收入分配现状、问题及对策研究*

闫琳琳　杜淑薇**

**摘　要：** 在经济新常态下，辽宁城乡居民收入保持较快增长，城乡居民收入来源多样化，扩大就业举措逐步显现成效。但还存在着省内地区间收入差距、行业间收入差距扩大，城乡居民收入差距绝对数仍在拉大等问题，实现城乡居民收入较快增长的目标面临经济增速换挡制约居民收入增长、经济转型对收入增长带来一定压力、就业形势不容乐观抑制居民收入提升、收入差异明

* 本报告是国家社会科学基金项目“基于收入再分配的养老保险全国统筹实现路径研究”（项目编号：15CRK001）的部分研究成果；沈阳市社科联课题“魅力沈阳评价指标体系构建及对策研究”（项目编号：SYSK2018－43－04）成果。

** 闫琳琳，辽宁社会科学院社会学研究所副研究员，经济学博士，主要研究方向为收入分配与社会保障；杜淑薇，沈阳师范大学硕士研究生。

显影响居民收入均衡增长等不利因素，最后本文提出产业富民、推进创新创业、发挥市场资源配置作用、深化体制机制改革、加快经济发展等改善辽宁收入分配状况的政策建议。

**关键词：** 城乡居民 收入分配 收入差距

党的十九大报告明确提出调整国民收入分配格局，着力解决收入分配差距较大的问题，使经济社会发展的成果更多更公平惠及全体人民。一直以来，辽宁省委、省政府始终重视收入分配问题，不断深化收入分配制度改革，采取措施改善居民收入水平，提高人民收入。2017 年全年辽宁地区生产总值 23942.0 亿元，比上年增长 4.2%。2017 年全年常住居民人均可支配收入 27835 元，比上年增长 6.9%，扣除价格因素，实际增长 5.4%。本报告通过回顾历年辽宁省居民收入分配的基本情况，从地区间、行业间、城乡间各角度分析辽宁省收入分配存在的问题，分析经济增速换挡、经济转型、严峻就业形势下实现城乡居民收入增长目标的难点，提出改善辽宁收入分配状况的对策。

## 一 辽宁省收入分配现状

2017 年，辽宁省委、省政府面对经济压力，采取优化收入分配的有效措施，使辽宁省城乡居民收入继续保持增长态势。农业农村经济实现稳中有进、稳中向优的良好发展态势，农业科技对农民增收的贡献率进一步提高，耕地地力保护、玉米生产者和结构调整补贴政策的落实有力保障了农民的增收水平，2017 年辽宁省农村常住居民人均可支配收入 13747 元，增长 6.7%，扣除价格因素，实际增长 5.6%。城镇常住居民人均可支配收入 34993 元，增长 6.4%，扣除价格因素，实际增长 5.0%。辽宁省常住居民人均可支配收入 27835 元，比上年增长 6.9%，扣除价格因素，实际增长 5.4%。从 2017 年城乡居民人均可支配收入的数据看，城镇常住居民人均可支配收入同比增长率低于农村常住居民，但在绝对数值上，仍然高于农村居民。

### （一）城乡居民都获得更多实惠

在城乡居民收入分配测量指标中本研究分别采用了辽宁省城镇居民人均可支配收入和农村居民人均可支配收入。2013～2017 年，辽宁省城镇居民人均可支配收入和农村居民人均可支配收入两个指标增长势头良好，呈现不断上升的趋势。2013 年城镇居民人均可支配收入为 26696.96 元，农村居民人均可支配收入为 10161.21 元。2017 年辽宁省城乡居民人均可支配收入为 27835 元，城镇常住居民人均可支配收入为 34993 元，农村居民人均可支配收入为 13747 元。城镇居民人均可支配收入和农村人均可支配收入均已超过国民经济增长速度，城乡居民更多地分享到了经济社会发展成果。

**表 1　2013～2017 年辽宁省城乡居民人均可支配收入基本情况**

单位：元

| 指标 | 2017 年 | 2016 年 | 2015 年 | 2014 年 | 2013 年 |
|---|---|---|---|---|---|
| 居民人均可支配收入 | 27835 | 26039.7 | 24575.58 | 22820.15 | 20817.84 |
| 城镇居民人均可支配收入 | 34993 | 32876.09 | 31125.73 | 29081.75 | 26696.96 |
| 农村居民人均可支配收入 | 13747 | 12880.71 | 12056.87 | 11191.49 | 10161.21 |

资料来源：国家统计局国家数据网。

### （二）城乡居民收入差距、收入增速均低于全国平均水平

2017 年全国居民人均可支配收入 25974 元，比上年增长 9.0%，扣除价格因素，实际增长 7.3%。城镇居民人均可支配收入 36396 元，比上年增长 8.3%，扣除价格因素，实际增长 6.5%。农村居民人均可支配收入 13432 元，比上年增长 8.6%，扣除价格因素，实际增长 7.3%。2017 年辽宁省城乡居民人均可支配收入 27835 元，城镇居民人均可支配收入 34993 元，农村

居民人均可支配收入 13747 元。从 2017 年辽宁省城乡收入分配差距与全国平均水平比较来看，辽宁省城镇居民人均可支配收入低于全国平均水平；农村居民人均可支配收入高于全国平均水平，城乡间收入差距明显低于全国平均水平，且城乡间收入差距有缩小趋势。但辽宁省城乡居民人均可支配收入实际增速皆低于全国平均水平。

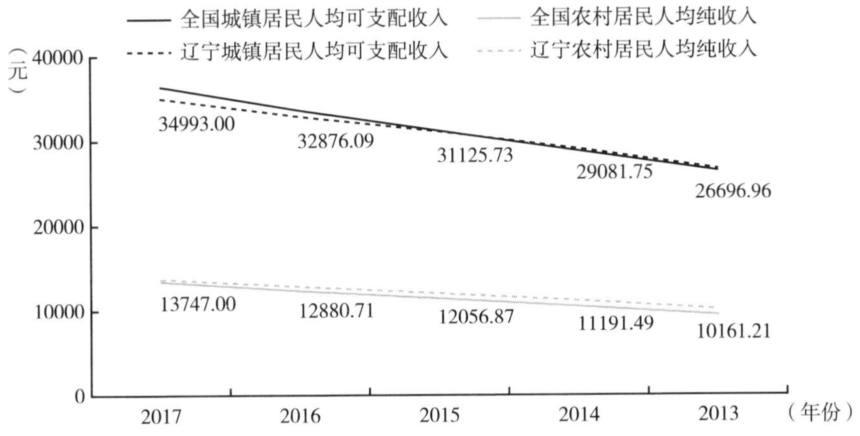


**图 1　辽宁省城乡居民收入差距与全国比较（2013～2017 年）**

资料来源：国家统计局国家数据网，2017 年数据来自全国统计公报和辽宁省人民政府统计公报。

## （三）城乡居民收入来源多样化

从辽宁省城镇居民收入构成来看，城镇居民收入来源逐步多样化。在城镇居民可支配收入构成中，工薪收入、转移净收入所占比重较大。从发展趋势来看，工资性收入是城镇居民家庭主要收入来源，但其所占比重呈缓慢下降趋势。其次是转移净收入，转移净收入主要包括养老保险金或离退休金、社会救济收入、失业保险金、提取的住房公积金等，其发展态势相对稳定。再次为经营净收入，占总收入的 10% 左右。总的来说，与 2012 年相比，2016 年城镇居民家庭收入结构中经营净收入、财产净收入增幅明显，呈现出多元化、合理化的发展趋势。

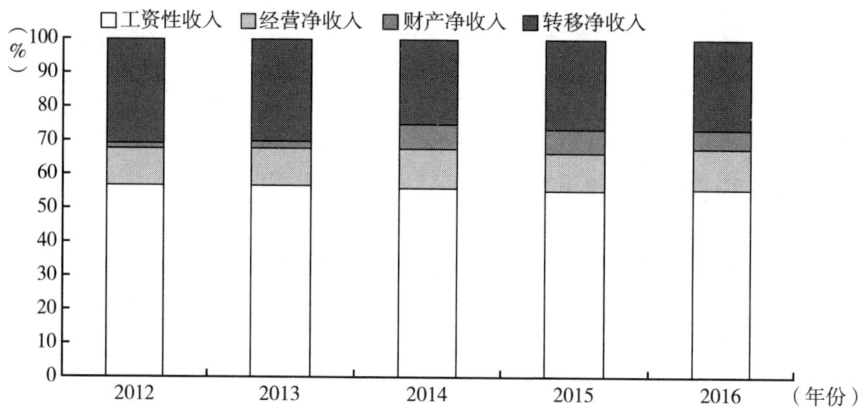


**图 2　2012～2016 年辽宁省城镇居民的收入来源**

与城镇居民相比，辽宁省农村居民收入来源构成存在新变化。2015 年之前，农村居民人均可支配收入的主要来源是工资性收入和经营净收入。2016 年，农村居民人均可支配收入的主要来源中工资性收入比例大幅下降。农村剩余劳动力向非农产业方向转移，从第二、三产业获取的经营净收入增长为农民收入的增长提供了动力。经营净收入和财产净收入占农村居民家庭总收入的比例逐年增大，成为近年来农民增收的新渠道。

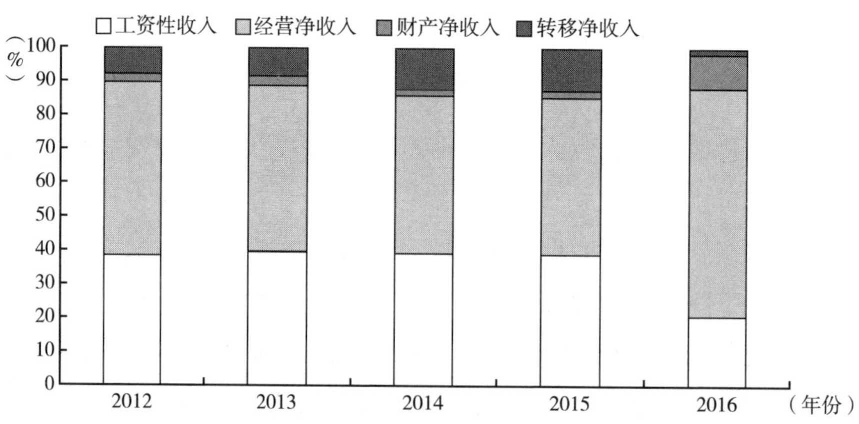


**图 3　2012～2016 年辽宁省农村居民的收入来源**

### （四）城乡居民家庭恩格尔系数呈下降趋势

从辽宁省城乡居民家庭恩格尔系数来看，总体呈现下降趋势。2011 年辽宁省城镇居民家庭恩格尔系数为 35.5%，农村居民家庭恩格尔系数为 39.1%，到 2015 年城镇与农村居民家庭恩格尔系数分别下降到 28.3%、28.2%。辽宁省城乡居民家庭恩格尔系数呈下降趋势，其中农村居民家庭恩格尔系数下降的速度相对更快，2014 年已经与城镇持平，均为 28.3%，2015 年农村居民家庭恩格尔系数甚至比城镇低 0.1 个百分点。这说明食品支出已不是城乡居民家庭支出最多的方面，城乡居民的消费结构已发生变化，在追求基本的生存需求外，更多地追求精神方面的需求。

**表 2　2011 ~ 2015 年城乡居民家庭恩格尔系数**

单位：%

| 年份 | 2011 | 2012 | 2013 | 2014 | 2015 |
|---|---|---|---|---|---|
| 城镇 | 35.5 | 35 | 32.2 | 28.3 | 28.3 |
| 农村 | 39.1 | 38.4 | 32.9 | 28.3 | 28.2 |

## 二　辽宁省收入分配问题分析

### （一）地区间收入差距扩大

从表 3 可以看出，2016 年沈阳、大连的城镇常住居民人均可支配收入占据省内的前两名，都接近 4 万元，营口、鞍山等市人均可支配收入也达到 3 万元以上。位于内陆的朝阳与铁岭两个城市是辽宁省内城镇常住居民人均可支配收入最低的两个城市，可支配收入分别为 22381 元和 21788 元。省内十四个城市城镇常住居民人均可支配收入存在着明显的差距，且地区间收入差距呈现扩大态势。

**表 3　2011～2016 年辽宁省各市城镇常住居民人均可支配收入**

单位：元

| 地区 | 2011 年 | 2012 年 | 2013 年 | 2014 年 | 2015 年 | 2016 年 |
|---|---|---|---|---|---|---|
| 全省平均 | 20467 | 23223 | 25578 | 29082 | 31126 | 32876 |
| 沈　阳 | 23326 | 26431 | 29074 | 34233 | 36643 | 38995 |
| 大　连 | 24276 | 27539 | 30238 | 33591 | 35889 | 38050 |
| 鞍　山 | 21297 | 24194 | 26662 | 27846 | 29943 | 31443 |
| 抚　顺 | 18069 | 20545 | 22702 | 25035 | 26818 | 28467 |
| 本　溪 | 19752 | 22466 | 24960 | 25972 | 27720 | 29137 |
| 丹　东 | 17123 | 19625 | 21745 | 22931 | 24724 | 26111 |
| 锦　州 | 20171 | 22995 | 25340 | 25214 | 27040 | 28484 |
| 营　口 | 20894 | 23986 | 26600 | 28222 | 30458 | 32318 |
| 阜　新 | 14994 | 17123 | 19058 | 21195 | 22662 | 23980 |
| 辽　阳 | 19469 | 22259 | 24619 | 24382 | 26389 | 28133 |
| 盘　锦 | 24266 | 27533 | 30148 | 30857 | 32465 | 34322 |
| 铁　岭 | 16203 | 18587 | 20576 | 19276 | 20689 | 21788 |
| 朝　阳 | 14598 | 17112 | 18891 | 19634 | 21211 | 22381 |
| 葫芦岛 | 20159 | 22941 | 25304 | 23010 | 24768 | 26338 |

## （二）行业间收入差距增大

影响行业工资差距的重要因素由劳动力市场因素（如人力资本外部性等）和非竞争因素（行业垄断、体制等）构成。一般来说，行业从业者平均受教育程度越高，行业收入溢出就越大；经济技术密集属性越高，收入溢出也越大。金融业的职工平均工资居所有行业首位，均值为 80511.6 元，农、林、牧、渔业职工平均工资最低，均值为 13619.2 元，金融业职工平均工资高出农、林、牧、渔业职工平均工资 66892.4 元。职工平均工资居第二、三位的是信息传输、软件和信息技术服务业，科学研究和技术服务业，均值分别为 79205 元、63380.6 元。

**表 4　2012～2016 年辽宁省分行业职工平均工资**

单位：元

| 年份 | 2012 | 2013 | 2014 | 2015 | 2016 | 均值 |
|---|---|---|---|---|---|---|
| 总计 | 42503 | 46310 | 49110 | 53458 | 57148 | 49705.8 |
| 农、林、牧、渔业 | 12213 | 13195 | 12962 | 14286 | 15440 | 13619.2 |
| 采矿业 | 54578 | 56807 | 58595 | 57084 | 55668 | 56546.4 |
| 制造业 | 39467 | 45372 | 49572 | 51678 | 56574 | 48532.6 |
| 电力、热力、燃气及水的生产和供应业 | 52372 | 56246 | 60510 | 66521 | 70119 | 61153.6 |
| 建筑业 | 34788 | 39621 | 41219 | 43183 | 44123 | 40586.8 |
| 批发和零售业 | 35950 | 41011 | 44207 | 46999 | 48694 | 43372.2 |
| 交通运输、仓储及邮政业 | 51433 | 56132 | 60420 | 65559 | 67233 | 60155.4 |
| 住宿和餐饮业 | 30743 | 33169 | 37410 | 37544 | 39170 | 35607.2 |
| 信息传输、软件和信息技术服务业 | 67171 | 74059 | 80021 | 85250 | 89524 | 79205 |
| 金融业 | 67171 | 74059 | 80021 | 85250 | 96057 | 80511.6 |
| 房地产业 | 36462 | 45946 | 47466 | 50990 | 54848 | 47142.4 |
| 租赁和商务服务业 | 33282 | 35564 | 38722 | 42873 | 45137 | 39115.6 |
| 科学研究和技术服务业 | 55775 | 60182 | 63178 | 66794 | 70974 | 63380.6 |
| 水利、环境和公共设施管理业 | 29896 | 31194 | 31208 | 34148 | 36166 | 32522.4 |
| 居民服务、修理和其他服务业 | 33021 | 34995 | 35128 | 37127 | 39261 | 35906.4 |
| 教育 | 48562 | 50771 | 51900 | 62116 | 68027 | 56275.2 |
| 卫生和社会工作 | 45675 | 49340 | 51107 | 57764 | 63556 | 53488.4 |
| 文化、体育和娱乐业 | 44102 | 47401 | 47733 | 50848 | 53260 | 48668.8 |
| 公共管理、社会保障和社会组织 | 42099 | 42985 | 43995 | 51314 | 56623 | 47403.2 |

## （三）城乡居民收入差距绝对数仍在拉大

从辽宁城乡居民收入增速来看，农村居民收入增速高于城镇居民。辽宁城乡居民收入差距呈现明显的改善趋势，收入分配的二次调节作用明显。但从城乡居民收入差距绝对值来看，2012 年，辽宁省城镇居民人均可支配收入为 23222.67 元，而农村居民人均可支配收入为 9383.7 元，不足 1 万元，二者之间相差 13838.97 元。而到 2016 年城镇居民人均可支配收入达到 32876.09 元，农村居民人均可支配收入为 12880.71 元，二者之间相差 19995.38 元。尽管城乡收入比不断下降，人均城镇居民可支配收入基数大于农村居民，城乡收入差距仍然呈现出扩大态势。统筹城乡发展，缩小城乡收入差距目前虽然已经取得一定成效，但城乡居民收入差距绝对值仍在拉大。

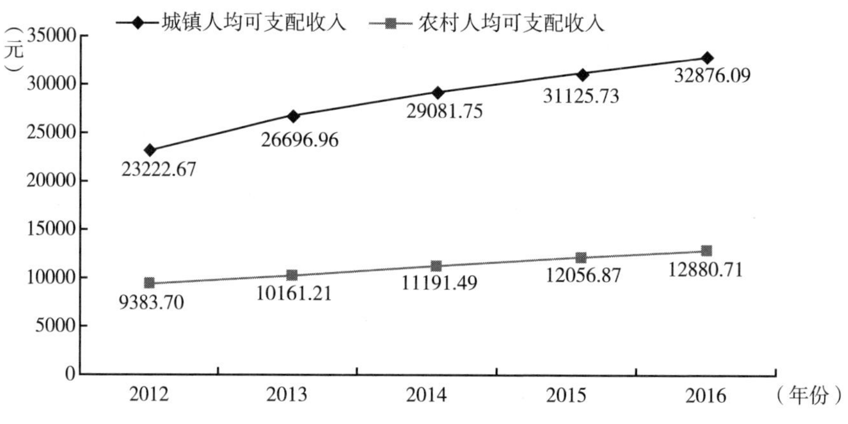


**图 4　2012～2016 年辽宁省城乡居民人均可支配收入**

## 三　实现城乡居民收入目标的难点

根据《辽宁省国民经济和社会发展第十三个五年规划纲要》设定的城乡居民收入目标：城乡困难群众最低生活保障持续应保尽保，城镇和农村常住居民人均可支配收入分别达到 42800 元和 16600 元，年均分别增长 8.1%、9.7%。但随着经济下行压力逐步向城乡居民收入传导，城乡居民收入增速不断走低。虽然未来城乡居民收入增长仍存在许多有利条件，但面对辽宁省经济发展阶段转变与产业结构调整的重大挑战，城乡居民收入增势趋缓将在所难免。

## （一）经济增速换挡制约居民收入增长

近年来辽宁省经济发展进入新常态，全省经济增速进入换挡期，外部环境、内在条件和阶段性要求都发生了深刻变化。2016 年全年，辽宁实现地区生产总值 22037.9 亿元，按可比价格计算，同比下降 2.5%，增速比 2015 年同期回落 5.5 个百分点。2017 年全年辽宁省实现地区生产总值 23942.0 亿元，比上年增长 4.2%，呈现出筑底企稳的特征。随着经济增速换挡，辽宁省居民收入增长亦呈现出动力不足、增速放缓的新特征，居民持续增收面临诸多压力和挑战。

**表 5　2008～2017 年辽苏浙粤 GDP 及增速比较**

| 年份 | 辽宁省 | | 江苏省 | | 浙江省 | | 广东省 | |
|---|---|---|---|---|---|---|---|---|
| | 总量（亿元） | 增速（%） | 总量（亿元） | 增速（%） | 总量（亿元） | 增速（%） | 总量（亿元） | 增速（%） |
| 2008 | 13668.6 | 13.4 | 30981.98 | 12.7 | 21462.69 | 10.1 | 36796.71 | 10.4 |
| 2009 | 15212.5 | 13.1 | 34457.3 | 12.4 | 22990.35 | 8.9 | 39482.56 | 9.7 |
| 2010 | 18457.3 | 14.2 | 41425.48 | 12.7 | 27722.31 | 11.9 | 46013.06 | 12.4 |
| 2011 | 22226.7 | 12.2 | 49110.27 | 11 | 32318.85 | 9 | 53210.28 | 10 |
| 2012 | 24846.4 | 9.5 | 54058.22 | 10.1 | 34665.33 | 8 | 57067.92 | 8.2 |
| 2013 | 27213.2 | 8.7 | 59753.37 | 9.6 | 37756.58 | 8.2 | 62474.79 | 8.5 |
| 2014 | 28626.6 | 5.8 | 65088.32 | 8.7 | 40173.03 | 7.6 | 67809.85 | 7.8 |
| 2015 | 28669 | 3 | 70116.38 | 8.5 | 42886.49 | 8 | 72812.55 | 8 |
| 2016 | 22037.9 | -2.5 | 76086.17 | 7.8 | 46484.98 | 7.5 | 79512.05 | 7.5 |
| 2017 | 23942.0 | 4.2 | 85900.9 | 7.2 | 51768 | 7.8 | 89879.23 | 7.5 |

资料来源：《中国统计年鉴 2016》、各省 2017 年统计公报。

## （二）经济转型对收入增长带来一定压力

目前辽宁省正处于发展模式转型的重大关口，传统的发展优势正在弱化，深层次矛盾逐步凸显，旧的发展模式尚未得到根本性转变。这些因素必然会影响城乡居民收入增长。产业结构调整过程中，对于人力资源素质要求更高，对传统低端劳动力的吸纳能力逐步减弱。而且辽宁实体经济在发展转型升级过程中，遇到产业竞争激烈、要素成本增加、总体成本上升等难题，企业经营压力倍增。特别是对于不少低端加工制造企业来说，由于产业利润较少，给人力资源提供收入增加的空间非常有限。再者，化解过剩产能导致很多的企业用工需求持续减弱，就业机会减少，劳动力转移减少，居民收入增幅有限。

### （三）就业形势不容乐观抑制居民收入提升

经济增速换挡，对就业的负面影响开始显现。虽然从统计数据上看辽宁省城镇失业率并不高，但受当前经济形势影响，在制造业、建筑业、餐饮业、住宿业等传统优势产业和劳动密集型产业中，员工间歇性、轮换式休假等隐性失业增多，并出现降薪欠保甚至裁员现象，农民工返乡现象持续加剧，高校毕业生就业压力突出。同时，随着经济结构调整、产业转型升级的不断深入，就业的结构性矛盾将更加突出。未来一段时间内，受经济下行影响，加上化解过剩产能、处置僵尸企业、推进厂办大集体改革等，失业人员数量还会上升，规模性裁员风险继续存在，就业形势依然严峻。

### （四）收入差距明显影响居民收入均衡增长

从辽宁省城乡居民人均可支配收入的数据来看，城镇居民人均可支配收入的绝对数值高于农村居民。虽然城乡居民收入的相对差距有所缩小，但绝对数值的差距还在不断扩大。而且，从不同社会群体的收入水平和增收潜力比较来看，企业职工、私营业主、农业生产者、机关事业单位人员、离退休人员等群体之间存在着明显的差异。从不同行业的收入水平和增收潜力来看，差异表现尤为明显。辽宁省行业收入水平高的有金融业，信息传输、软件和信息技术服务业，科学研究和技术服务业；行业收入水平低的有农、林、牧、渔、业，住宿和餐饮业，水利、环境和公共社会管理业。而且一些具有资本、技术或资源垄断性质的行业的收入水平较高，非垄断行业的收入水平相对较低。

## 四　改善辽宁收入分配状况的政策建议

### （一）把产业富民作为促进居民增收的重要渠道

辽宁省应通过技术改进，实现生产效率提升，着力构建现代产业新体系。加快提升传统产业，培育壮大发展先进制造业和现代服务业，促进生产性服务业向专业化和价值链高端延伸，积极发展具有比较优势的战略性新兴产业，推动生活性服务业向便利化、精细化、品质化方向提升。通过优化产业结构，辽宁把提高全要素生产率作为居民增收的重要源泉。以生产要素的重新组合实现配置效率的提高，创新引领发展现代产业体系，增强自主创新能力，加强产业结构优化升级，在提升经济发展质量的基础上，提升劳动生产率，实现经济增长与居民增收互促共进，确保居民收入稳定可持续增长。

### （二）借助群众勤劳之手，向创新创业要增收潜力

就业作为实现居民收入增长的重要因素，是提升城乡居民收入水平的关键要素。首先，要依托新经济体系、新产业结构、新兴业态和新的商业模式，创新创业和增加新的就业岗位，挖掘城乡居民收入的新增长点。抓住国家大力发展“互联网＋”的契机，激励群众勤劳致富，大力发展互联网电商、微商，扩大销售领域，鼓励创新创业，提高居民的经营收入。其次是优化就业结构，提升就业质量，发挥社会力量的作用，发展就业吸纳能力强的服务业、民营经济和小微企业。扩大就业、稳定增收要关注重点人群，把促进高校毕业生、高职大专毕业生与重点保障对象的就业放在突出位置。再次是落实相关优惠政策，将自主创业、返乡创业纳入本地招商引资范围。鼓励、引导全民创业，利用外省市的原料、市场、人力资源等兴办企业。最后创新劳动力培训机制，培养一批具有高技能高素质的劳动者。高素质的劳动力一般有较高水平的劳动报酬，因此培养高技能高素质劳动者可以作为稳步提高居民收入的一个重要途径。

### （三）充分发挥市场配置资源的决定性作用，增强民众增收活力

首先，充分发挥市场作用，发展实体经济，提升初次分配中企业对于工资的提供能力。推进企业转型升级，支持民间资本有序地进入垄断行业，加大企业降本减负力度，打开实体经济盈利空间，使企业有足够的利润为劳动者提高工资收入。其次，针对不同收入群体面临的市场环境，找准政策切入点，打破关键群体的增收瓶颈。在发挥重点群体的收入增长引领能力的基础上，扩大中等收入群体，实现全体居民增收。最后不断挖掘财产性收入潜力，拓展租金、股息、红利等增收渠道，扩大居民财产性收入。

### （四）提高中低收入者收入，控制垄断行业过高收入

提高中低收入者收入，实施积极的就业政策。根据具体情况适时调整最低工资标准，增加低收入者的社会保障支出。改善中低收入者的就业状况和收入水平，多渠道增加中低收入者的收入来源。规范垄断经营企业的收入分配行为，对工资水平进行相应调控。引入竞争机制，允许民间资本参与竞争，缩小垄断行业的范围，减少垄断行业与非垄断行业之间的收入差距。不断提高垄断行业资产管理的透明度和加大社会公众监督力度，使垄断行业利润、亏损和员工收入等信息透明化。

### （五）缩小城乡收入差距，提高农村居民收入

缩小城乡居民收入差距，发展农村经济，加快农业发展，优化农业结构，形成农业产业化经营。同时，根据各地区实际情况，大力发展乡镇企业，吸引农村剩余劳动力，解决农民就业问题，给农民带来额外的收益。同时，不断完善社会保障制度，为农村贫困群体提供基本生活保障，对失地农民和农民工等群体提供相应的社会保障，为农民工提供相应的工伤保险、医疗保险等社会保障。对于失地农民，主要是解决农民的就业问题，保证失地农民获得收入。

### （六）深化体制机制改革，推进收入分配创新

深化体制机制改革，推进简政放权、体制机制创新，配套财政税收改革，用制度创新为居民增收开辟新路，用政策创新为居民增收提供支撑，实现居民收入翻番目标。同时利用行政权力的减法换取市场活力和居民增收的加法，充分发挥改革的富民惠民效应，切实增强人民群众对改革的获得感。建立低保与就业联动机制，尝试建立低保就业过渡期制度，提升城乡居民的自我“造血”能力，确保困难群众脱贫。

### （七）加快经济发展，缩小地区间收入差距

缩小地区间收入差距，首先要发展低收入地区的经济。由于地形、交通、气候等原因，辽西地区经济发展不如沿海和省会城市。发展经济要采取适应当地情况的政策，结合当地实际优势促进经济发展。在促进经济发展的同时，要防止人才资源的流失并大量吸引优秀人才，注重对人才的培养，及时对优秀人才做出的贡献给予奖励。应加强教育，提高当地居民的生产力和配置能力，从多方位提高生产力，促进经济发展。

## 参考文献

李建伟：《普惠金融发展与城乡收入分配问题研究》，首都经济贸易大学硕士学位论文，2017。

北京师范大学中国收入分配研究院课题组：《“十三五”时期我国收入分配趋势》，《“十三五”时期收入分配格局变化及其对经济社会的影响》，2017。

姚昕男：《关于我国国民收入差距的现状分析与对策研究》，《荆楚学术》2016 年第二辑。

《中华人民共和国 2017 年国民经济和社会发展统计公报》。

《辽宁省 2017 年国民经济和社会发展统计公报》。

# B.13
# 辽宁教育事业发展现状及对策研究

董丽娟*

**摘　要：** 2017年，辽宁省教育事业在省委、省政府的领导下，坚持稳中求进，注重内涵发展，各项工作扎实推进，在基础教育、职业教育、高等教育等方面都取得了长足的进步和发展。但是，对照辽宁新一轮振兴发展和决胜全面建成小康社会的需要，对照全省人民群众对教育的新期盼，对照教育现代化的建设目标，辽宁教育还存在着不容忽视的发展不平衡、不充分的问题。2018年辽宁教育管理部门也必须认清严峻形势，增强忧患意识，坚持问题导向，保持战略定力，自觉遵循教育规律，明确目标任务，牢记使命担当。紧紧抓住发展机遇，以奋发有为的状态和求真务实的作风，以坚韧不拔的毅力和攻坚克难的勇气，切实解决教育发展面临的现实问题，加大辽宁教育改革的力度、实现辽宁教育发展迈上新台阶。

**关键词：** 教育事业　教育改革　教育民生

2017年，辽宁省紧紧围绕建设教育强省、实现教育现代化战略目标，着力推进教育供给侧结构性改革，着力解决教育发展不平衡、不充分问题，着力提高服务经济社会发展的能力，教育事业发展水平进一步提升，开创了

* 董丽娟，副研究员，主要研究方向为农村社会学。

辽宁教育事业改革发展的新局面，为辽宁扎实推进振兴发展、全面建成小康社会提供了有力的人才支撑和智力支持。

## 一　2017年辽宁省教育事业发展基本现状与成就

2017年，辽宁省教育事业在省委、省政府的领导下，坚持稳中求进，注重内涵发展，各项工作扎实推进，在基础教育、职业教育、高等教育等方面都取得了长足的进步和发展，办学条件持续改善，办学规模不断扩大，师资水平逐年提高，教学质量稳步提升，普及水平迈上了新台阶。

### （一）基础教育协调发展

**表1　2017年基础教育情况统计**

| 基础教育 | | 园/校数量（所） | 当年入园/校人数（万人） | 在园/校人数（万人） | 毛入园/学率（%） |
|---|---|---|---|---|---|
| 学前教育 | | 10195 | 32.5 | 95.4 | 93.4 |
| 义务教育 | 小学 | 3634 | 30.1 | 194.6 | 100.5 |
| | 初中 | 1522 | 34.1 | 96.3 | 102.4 |
| 高中阶段教育 | | 814 | 33.9 | 100.6 | 99.0 |
| 特殊教育 | | 75 | 0.1654 | 1.1226 | |

资料来源：辽宁省教育事业统计快讯，辽宁省教育厅网站，http：//www.lnen.cn/zwgk/tjgb/index.shtml。

分析表1的数据，对照2016年的统计资料，可以得到以下结论。

1. 学前教育蓬勃发展

辽宁省学前教育办学规模扩大，独立设置的幼儿园比上年增加62所，学前教育三年毛入园率为93.4%，与上年持平，“入园难、入园贵”问题得到了有效缓解；全省幼儿园校舍建筑面积731.0万平方米，比上年增加47.2万平方米，办学条件得到极大的改善；出台了《辽宁省学前教育条例》，完善相关制度；编制并实施第三期学前教育行动计划，大力发展普惠

性幼儿园；实施《幼儿园工作规程》和《3～6岁儿童学习与发展指南》，送教到县，提高保教质量。

2. 义务教育均衡发展

2017年，全省小学学校数比上年减少320所；全省义务教育在校生总规模为290.9万人，小学毛入学率和初中毛入学率比2016年分别提高0.1个和0.5个百分点，义务教育的普及成果得到巩固。

推进县域内城乡义务教育一体化改革发展，全面改善贫困地区义务教育薄弱学校基本办学条件。按照《辽宁省人民政府关于进一步完善城乡义务教育经费保障机制的实施意见》（辽政发〔2016〕21号）要求，从2017年春季学期开始，统一城乡义务教育学生“两免一补”政策。在进一步落实农村学生“两免一补”和城市学生免除学杂费政策的同时，向城市学生免费提供教科书，并开始推行部分教科书循环使用制度，同时对城市家庭经济困难的寄宿生给予一定的生活费补助。

为保障农民工子女公平接受义务教育，辽宁省各市开始推行以居住证为主要依据的进城务工人员随迁子女义务教育入学政策，落实进城务工人员随迁子女在当地的升学考试政策。

3. 普通高中多样化有特色发展

2017年，全省高中阶段教育共有各类学校814所，其中普通高中418所，比上年增加6所；中等职业学校396所（其中：技工学校采用2016年数据，为108所），比上年减少3所。2017年，全省共有390所普通高中建立了校园网，校园网覆盖率达到93.3%。2017年，全省高中阶段教育毛入学率与上年持平，普通高中与中等职业教育招生比例、在校生比例均为63∶37，结构合理。

为贯彻落实《教育部关于加强和改进普通高中学生综合素质评价的意见》，辽宁省在沈阳、大连、营口、辽阳市开展试点工作，制定了《辽宁省普通高中学生综合素质评价实施办法》《辽宁省普通高中学业水平考试实施办法》。

4. 特殊教育工作水平全面提高

2017 年，全省共有特殊教育学校 75 所，毕业生 989 人，招生 1654 人，在校生 11226 人（其中，小学随班就读 2300 人，普通初中随班就读 899 人），普通学校随班就读质量整体提高；教职工 2717 人，其中专任教师 2048 人，已初步建立起一支结构合理、素质优良、富有爱心的特教教师队伍。辽宁制定了第二期特殊教育提升计划实施方案，落实全纳教育。加大特殊教育学校资源中心、普通学校资源教室无障碍设施建设力度。

## （二）职业教育加快发展

当前世界正处在一个大发展大变革大调整的时代，许多国家都充分认识到职业教育的重要意义，把发展职业教育作为应对危机、促进就业、迎接新技术革命挑战的重要举措。

**表 2　全国职业院校示范专业名单（辽宁省）**

| 类别 | 学校 | 专业 |
| --- | --- | --- |
| 装备制造类 | 沈阳市装备制造工程学校 | 机电技术应用 |
| 旅游类 | 丹东市中等职业技术专业学校 | 高星级饭店运营与管理 |
| | 沈阳市外事服务学校 | 高星级饭店运营与管理 |
| | 沈阳市旅游学校 | 旅游服务与管理 |
| 交通运输类 | 沈阳现代制造服务学校 | 城市轨道交通运营管理 |

辽宁省职业教育以国家和省级示范校（见表 2）建设为龙头，实施“辽宁省高水平现代化高职院校和高水平特色专业群建设计划”，推行“产教融合、校企合作、内涵发展、服务育人”的办学机制，扎实开展以“现代学徒制”“新型学徒制”“双元现代学徒制”为试点的人才培养模式改革，加快发展现代职业教育体系建设，初步建立起“本科师范，高职引领，中职为基础”的现代职业教育人才培养的框架结构，以内涵建设为核心，以师资提升为主线，以特色创新为突破，不断提高人才培养质量，提升社会服务

能力，取得了一定的成效，为辽宁省经济社会发展培养了大批高素质劳动者和技术技能人才。

### （三）高等教育水平提升

截至2017年12月，辽宁省有研究生培养机构45个，其中包括8个科研机构和37所普通高校。共有普通高等学校115所（含独立学院10所），其中中央部委属5所，省属58所，市属19所，民办33所；按办学层次分，本科院校64所、高职专科学校51所。此外，另有独立设置的成人高校19所。

2017年，全省共招收研究生3.9万人，比上年增加0.6万人；全省在学研究生达10.8万人，比上年增加0.8万人；普通本专科在校生98.1万人，比上年减少1.8万人。

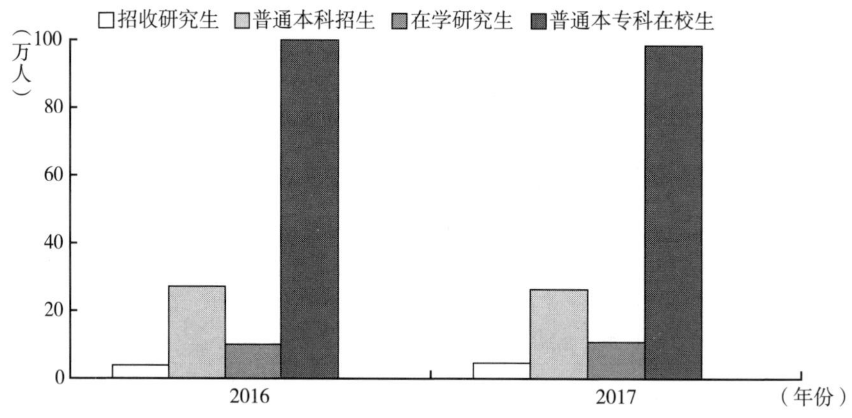


**图1　2016～2017年辽宁省高等教育招生规模比较**

2017年，全省研究生毕业生达3.0万人，比上年增加0.2万人，增长7.2%，其中博士毕业生0.2万人，硕士毕业生2.8万人。普通本专科毕业生26.9万人，比上年增加0.5万人，增长2.0%。

面对就业压力加大以及严峻的就业形势，辽宁省教育厅认真落实省委、省政府的部署，建立了高校毕业生就业责任机制，加强就业创业指导服务体系，全力推进校企联盟和职教集团建设，搭建联盟对接信息共享平台。开展人才、科技供需对接，广泛开展定向订单定制式培养，提高人才供给质量。

## 二　2017年辽宁教育事业发展中存在的问题

改革开放40年以来，辽宁省教育事业在不断的探索和发展中，为地方经济、社会发展做出了突出贡献。但是，对照辽宁新一轮振兴发展和决胜全面建成小康社会的需要，对照全省人民群众对教育的新期盼，对照教育现代化的建设目标，辽宁教育还存在着诸多不容忽视的发展不平衡、不充分的问题。

### （一）维护教育公平的压力仍很大

（1）近年来学前教育虽取得了明显发展，但仍然是教育体系中最薄弱的环节。学前教育普及程度仍有待提高，普惠性、有质量的学前教育资源明显不足，政府、家庭合理分担学前教育成本的长效机制尚未建立，百姓对“入园难”“入园贵”仍反映强烈。

（2）义务教育在城乡、区域和学校之间的差距仍然存在，农村教育相对薄弱。首先表现为以办学经费和师资力量问题最为凸显的办学条件上的差距。调查数据显示，以初中生均年度财政拨款为例，农村学校只有795元，而中心城区则为1317元。农村学校的办学水平总体上不如城市，基础教学仪器不足等硬件问题都严重影响了农村教育的发展。其次来自城乡、区域学校“软环境”的差距。从城乡学校阶层分隔状况来看，农村学生更多来自社会职业、教育程度及收入水平较低层次的家庭，农民收入水平低，导致农村对教育的有效需求降低，农村学生辍学率高；从校园氛围来看，农村学校在学习氛围上表现出更多的逃课、违纪现象，以及不良的班风、师生关系、同学关系，学生群体中也有更多不愿意学习和表现不良的学生。

（3）由于教育资源配置的不均衡，解决城市学校“择校热”“大班额”等影响教育公平和质量的问题仍需时日。

### （二）创新创业人才培养机制不健全

辽宁在教育方面的创新创业人才培养机制还不健全，还存在着如下问题：教育理念相对滞后，与教育专业化结合不够紧密；广大教师在开展创新创业教育方面的意识和能力还有待进一步提高；实践平台尚不能满足创新创业教育需要，创新创业教育体系有待进一步完善。从目前来看，创新人才的培养需要探索建立以下新机制：一是探索建立校校、校企、校地、校所以及国际合作的协同育人新机制。二是改变原有的基础课程，开设跨学科跨专业的交叉课程，探索建立多学科交叉培养创新创业人才的新机制。三是探索建立需求导向、创业就业导向的人才培养新机制，实施高校就业人才供需制度，完善高校学科专业预警机制，健全退出管理办法。

### （三）高校科技成果转化率不高，引领作用发挥不够

高等教育整体办学水平还不高，同质化倾向明显，服务经济社会发展、引领科技进步的能力还不强，一些优秀的科技成果还停留在专利、获奖层面，没有完成向现实生产力的转化。产教融合、科教融合的协同培养机制尚未形成；人才培养的类型、层次和学科专业结构与社会需求契合度不高。

### （四）现代教育治理体系的建设任务十分艰巨

依法治教、依法治校的水平有待进一步提高。协同推进管办评分离面临诸多障碍。考试招生评价制度改革亟待深化。鼓励社会力量参与举办教育的政策不够完善，民办教育还有待进一步加强和规范。一些市、县（市、区）政府教育投入能力不强，保障水平不高，促进创新创业的措施不多。

## 三　2018年教育事业改革与发展面临的形势及对策建议

习近平总书记在党的十九大报告“提高保障和改善民生水平，加强和创

新社会治理”部分指出：“优先发展教育事业。建设教育强国是中华民族伟大复兴的基础工程，必须把教育事业放在优先位置。”2018 年辽宁教育界也必须认清严峻形势，增强忧患意识，坚持问题导向，保持战略定力，自觉遵循教育规律，明确目标任务，牢记使命担当。紧紧抓住发展机遇，以奋发有为的状态和求真务实的作风，以坚韧不拔的毅力和攻坚克难的勇气，切实解决教育发展面临的现实问题，加大辽宁教育改革的力度、实现发展迈上新台阶。

### （一）以习近平新时代中国特色社会主义思想和党的十九大精神为引领，促进辽宁省教育事业可持续发展

紧紧围绕“四个全面”战略布局和“五位一体”总体布局，坚持四个自信，坚持党的领导，坚持社会主义办学方向，坚持教育为治国理政服务、为巩固和发展中国特色社会主义制度服务、为改革开放和社会主义现代化建设服务，全面贯彻党的教育方针，全面深化教育改革，着力发展素质教育、优化教育结构、提高教育质量、促进教育公平，加快推进教育现代化，为实现辽宁老工业基地新一轮全面振兴，决胜全面建成小康社会做出更大贡献。

### （二）以立德树人为教育根本，大力发展素质教育

加强社会主义核心价值观的引领作用，把思想政治工作贯穿教育教学全过程，实现全员育人、全过程育人、全方位育人，推进社会主义核心价值观内化于心、外化于行。落实《中小学德育工作指南》，常态开展养成教育，深度挖掘“东北抗联”“红医文化”“鲁艺精神”等文化资源，用好各种资源的育人功能。努力增强学生的社会责任担当。协同加强青少年社会公德、家庭美德教育，努力培养学生高尚品格和担当精神。强化学生的实践能力，将实践教学作为深化教学改革的关键环节，支持普通高校、职业院校和具备条件的企业，建立与教学相关的共享型实训培训基地。提高学生综合素质，塑造学生强健体魄，广泛开展普及性体育运动，增强学生体质；提高学生文化修养，鼓励高雅艺术进学校。广泛开展可持续发展教育，增强学生生态文明素养、综合国防素质、法治教育。

## （三）深化重点领域和关键环节改革，激发教育发展活力

（1）深化基础教育课程改革。推进义务教育课程改革，以强化德育和实践活动课程为重点，围绕学生发展的核心素养，发展素质教育；加强教学研究，规范教学秩序；丰富和完善评价方式，杜绝简单地以升学率和考试分数评价教育质量的现象和做法。制订普通高中课程改革实施方案，鼓励学校开发开设特色课程，构建多元课程体系，满足学生自主选择和差异化需求；根据新课程改革和高考综合改革要求，改善办学条件、调整师资结构，建立选课走班信息系统省级平台，全力推进选课走班、分层教学；出台普通高中学生生涯规划教育指导意见，加强学生生涯规划指导。

（2）深化考试招生制度改革。尽快出台辽宁省高考综合改革方案，进一步完善高中学业水平考试办法，全面实现普通高中学生综合素质评价制度。全面落实义务教育免试就近入学、规范划片入学、阳光监督入学政策；做好随迁子女、留守儿童、残疾儿童等特殊群体接受义务教育工作；加强对择校问题的综合治理，彻底取消各类特长生招生，严肃查处变相选择学生行为。

（3）深化人才培养模式改革。构建多层次、多类型、多领域的高校人才培养体系，深入推进协同育人，把创新创业教育贯穿人才培养全过程。根据本科专业类教学质量国家标准，进一步修订人才培养方案，及时将社会、企业需求融入人才培养环节，实现企业真实生产环境的任务式培养模式，进一步加强校企联合，健全学生到企业实习实训制度。

（4）深化科技创新机制改革。建立完善学术管理制度，深化科研管理体制改革，稳定基本科研队伍，完善对基础学科研究的长期稳定支持机制，开展基础研究差别化评价试点，营造宽松包容的科研环境。继续实行科技成果省内转化激励政策，加强成果转化机构和队伍建设，持续开展“千名专家进千家企业”等科技对接活动。

（5）深化产教融合组织模式改革。创新教育组织形态，促进教育和产业联动发展，促进教育供给侧和产业需求侧结构要素全方位融合。

（6）深化民办教育管理改革。支持和规范民办教育发展，积极破解民办教育改革发展难题和障碍，着力解决民办学校在教师发展、项目申报、评优评先等方面的实际问题。

## （四）优化教育布局结构，加快完善现代教育体系

（1）优化基础教育布局结构。充分利用闲置校园校舍等资源，解决普惠性学前教育资源和普通高中办学条件不足问题。合理布局农村义务教育学校，办好必要的教学点。

（2）优化职业教育布局结构。加快推进中职学校的布局结构调整，引导中等职业学校实现错位发展，集中力量办好特色优势专业，进一步形成优势互补、科学合理的区域间专业结构布局。构建“市县共建，两级共管”办学格局，积极推进县级职教中心转型发展。优化高职院校布局，通过合并重组，重点建设一批国内高水平高职院校，实现全省高等职业教育资源在区域、结构、类型等方面的合理布局。

（3）优化高等教育的布局结构。选择优势特色鲜明、办学水平高、办学实力强的省属本科高校，紧密结合辽宁全面振兴发展的需要，通过合并重组，集中优势力量打造高水平大学，向国内一流大学冲刺。建立专业设置与人才培养、招生计划、就业联动机制，推进高校构建与振兴发展需要相适应、与学校办学特色和办学定位相匹配的专业结构。

（4）优化终身教育体系结构。以学习者为中心，加快构建渠道更加畅通、方式更加灵活、资源更加丰富、学习更加便利的终身教育体系。支持成人高校和普通高校的成人（继续）教育学院深化改革，开展以职业培训为主的多类型、多形式的继续教育；推进高等学校、职业学校广泛参与社区教育，为社区居民提供特色化学习资源。落实老年教育发展规划，建设老年教育网络学习平台。办好开放大学。

## （五）着力提高教育质量水平，大力推进教育内涵式发展

（1）提高高等教育质量水平。支持部分高校建设“双一流”大学，继

续以重大标志性成果为抓手，突出人才培养核心任务，完善绩效考核评价机制，加速提升学科建设水平。

（2）提高职业教育质量水平。深化职业学校校企合作，支持校企共建生产型实训基地，探索建立相应的教育教学组织方式和管理制度。加快推进“双高计划”建设，打造一批具有辽宁特色、全国一流的高水平现代化职业院校和特色专业群，建设培养高素质技术技能人才基地和培育“大国工匠”的摇篮。

（3）提高普通高中教育质量水平。实施“高中阶段教育普及攻坚计划”，改善一般普通高中办学条件、提升办学质量。支持贫困地区、民族地区、边境地区普通高中建设。

（4）提高义务教育质量水平。建立以城带乡、整体推进、城乡均衡发展的义务教育发展机制。以市县为单位，探索集团化办学，组建城市学校与乡村学校联盟，推动优质学校辐射带动农村薄弱学校发展。实施乡村小规模学校和乡镇寄宿制学校建设底部攻坚战。

（5）提高学前教育质量水平。继续扩大优质普惠学前教育资源，着力提高公办幼儿园和星级幼儿园比例，继续面向普惠性幼儿园教师开展系列培训，继续组织学前教育专家赴农村和贫困县送教下乡，开展“菜单式”精准培训。

（6）提高民族教育水平。进一步加强民族团结教育，在中小学课堂开设民族团结教育专题课，实施少数民族双语师资专题培训。

（7）提高特殊教育质量水平。继续组织实施第二期的特殊教育提升计划，实现全省残疾儿童少年义务教育入学率95%以上。完善随班就读支持保障制度，实施特殊教育资源教室建设工程。

## （六）聚焦攻坚任务，着力保障和改善教育民生

大力推进教育脱贫攻坚。加强义务教育控辍保学，确保适龄儿童少年应学在学。加强就业帮扶，提升贫困家庭高校毕业生就业创业能力。推进职业院校面向贫困家庭劳动力大力开展有针对性的职业技能培训，有效增强脱贫致富能力。组织高校深入开展服务县域经济发展战略专项行动，助力贫困地

区特色产业发展。

全力做好高校毕业生就业创业工作。狠抓主体责任落实，着力提高高校毕业生在辽宁就业比例。建设一批具有较强行业背景、产业特色鲜明的创新创业孵化基地，组织学生或学生团队进入孵化基地进行创业孵化。利用“互联网+就业”模式建立精准推送就业服务的机制。大力宣传基层就业和自主创业典型，引导高校毕业生到基层就业。

### （七）加强教师队伍建设，培养高素质教师队伍

建设一支具有创新精神的教育管理队伍和教师队伍，是不断推进辽宁教育事业发展的基础。因此，要把社会主义核心价值观贯穿教育的全过程，把提高教师思想政治素养和职业道德水平摆在首要位置，进一步加强师德师风建设。实施教师教育振兴行动计划，建立以师范院校为主体、高水平非师范院校参与的教师教育体系，推进地方政府、高等学校、中小学“三位一体”协同育人，提升教师能力素质。创新和规范中小学编制配备，合理配置教师资源。加强农村教师队伍建设，继续实施特岗教师计划，建立师范生到农村学校实习实践制度。落实乡村教师支持计划，完善差别化补助政策。完善教师待遇保障机制。进一步推进中小学教师绩效工资改革，完善相关考核办法。落实特殊岗位津贴，对艰苦边远地区津贴、乡镇工资补贴以及艰苦边远地区乡村教师生活补助政策进行进一步落实。

### （八）提高保障能力，夯实教育可持续发展基础

切实提高教育投入和经费使用管理水平。完善教育拨款制度和投入机制，切实保障各级学校办学经费稳定增长。提升教育信息化应用水平。全面完成“三通两平台”建设，积极利用信息技术、人工智能和教育大数据，促进教育理念、教学形态和学习方式的系统性变革。全面推进依法治教。推动各级各类学校依法办学，规范幼儿园办园行为，着力解决无证园问题，统一规范幼儿园课程，扭转“小学化”倾向。坚决查处违规教学行为，开展校外培训机构专项治理行动。

## 参考文献

杨东平主编《教育蓝皮书：中国教育发展报告（2018）》，社会科学文献出版社，2018。

《辽宁省教育事业发展“十三五”规划》。

# B.14 辽宁基础教育公共服务均等化研究

姚明明　张 媛*

**摘　要：** 本报告以辽宁省教育事业发展的总体状况，特别是基础教育的发展现状为基础，通过分析14个地区教育经费投入、生均教育经费、校均学生规模和生师比等指标的地区性差异，总结了全省各地区教育服务的非均衡发展问题，并提出了加大教育经费投入，特别是经济欠发达地区教育经费投入，提高教育经费使用效率、促进教育公平和义务教育优质均衡发展等对策建议。

**关键词：** 辽宁　公共服务均等化　地区差异　教育

“十二五”期间，特别是党的十八大以来，辽宁省教育事业发展取得长足进步。立德树人导向更加明确，教育综合改革不断深化，教育现代化稳步推进，教育发展成果惠及更多百姓，为促进经济社会发展做出了应有贡献。2017年，全省教育系统深入学习贯彻党的十九大精神，以习近平新时代中国特色社会主义思想为指导，全面贯彻党的教育方针，教育公平取得新进展，政府主导、多元参与、运行高效、覆盖和惠及全省城乡居民的基本公共教育服务体系更加完善。教育服务经济社会发展能力明显增强，国民受教育

* 姚明明，辽宁社会科学院社会学研究所助理研究员，博士，主要研究方向为城镇化、宏观政策分析；张媛，辽宁社会科学院社会学研究所副研究员，管理学硕士，主要研究方向为社会保障水平与收入分配理论。

程度不断提高，教育质量和发展能力不断提升，教育国际化迈出新步伐，信息化取得新成效。

## 一 辽宁省基础教育公共服务现状

基础教育与义务教育并非完全一致，主要包括学前教育、小学教育、初中教育、高中教育（包括普通高中、职业高中、普通中等专业学校、成人中等专业学校、技工学校）、特殊教育。而义务教育是指小学六年教育和初中三年教育。

2017 年，辽宁省学前教育三年毛入园率为 93.4%，与上年持平；全省义务教育巩固率为 97.2%，与上年持平；全省高中阶段教育毛入学率达到 99.0%，与上年持平；普通高中与中等职业教育招生比、在校生比均为 63∶37。

### （一）学前教育

1. 学前教育入园率

2015 年辽宁省学前教育三年毛入园率仅为 77%，其中大连市最高，为 98.5%，其次是沈阳市，为 87.5%，朝阳市、辽阳市和营口市学前教育三年毛入园率在 61% 以下，处于全省末三位。2016 年、2017 年，辽宁全省学前教育三年毛入园率均为 93.4%，学前教育三年毛入园率明显提高。①

2. 幼儿园数量及办学条件

辽宁省幼儿园数量总体上呈现增加趋势，已经由 2008 年的 7492 所，增加到 2017 年的 10195 所，增加了 2703 所，增长率为 36.08%。

3. 幼儿园在校生规模

与全国大部分省份情况一样，自 2013 年 11 月党的十八届三中全会公布《中共中央关于全面深化改革若干重大问题的决定》，宣布启动“单

① 2015 年、2016 年和 2017 年《辽宁省教育事业发展统计公报》。

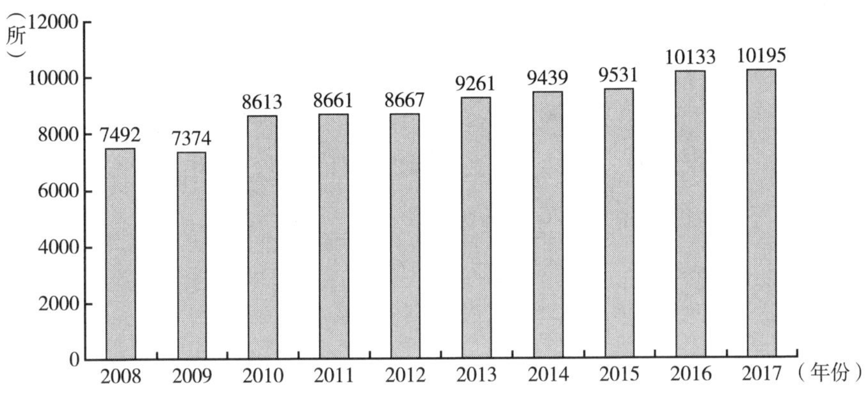


**图 1　2008～2017 年辽宁省幼儿园数量**

资料来源：《辽宁统计年鉴（2017）》。

独二孩”政策，到 2015 年 10 月党的十八届五中全会决定全面实施“二孩”政策，“二孩”生育政策开始对幼儿园入校生、在校生产生明显影响。从幼儿园招生人数看，2016 年和 2017 年变化不大，但从在校生规模看，有了显著变化，同比增长了 4.2 万人，2018 年正值二孩生育政策全面放开的第三年，估计全省入园幼儿规模会有大幅增加，并进一步扩大在校生规模。

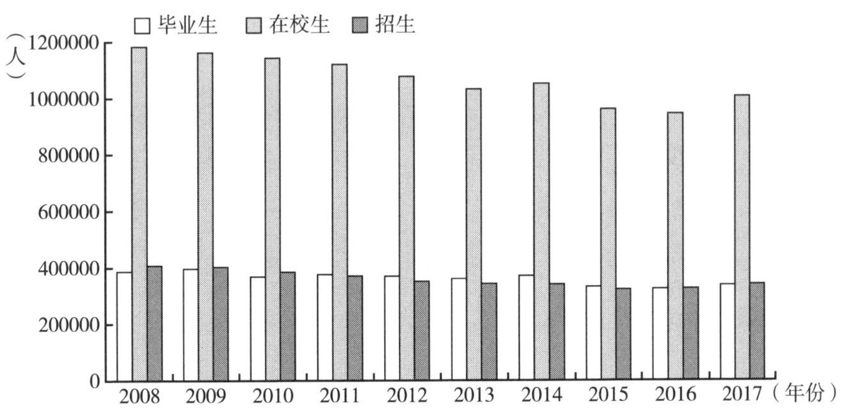


**图 2　2008～2017 年辽宁省幼儿园招生、在校生和毕业生规模**

资料来源：《辽宁统计年鉴（2017）》。

4. 师资力量

师资力量事关办学的质量和水平。2017 年，全省幼儿园教职工总数为 11.4 万人，其中专职教师 70021 人，占 61.4%；生师比为 13.7∶1，同比减少 0.1。从学历层次看，专科及以上学历的专任教师 5.3 万人，占专任教师总数的 76.8%，同比增长 1.6 个百分点。

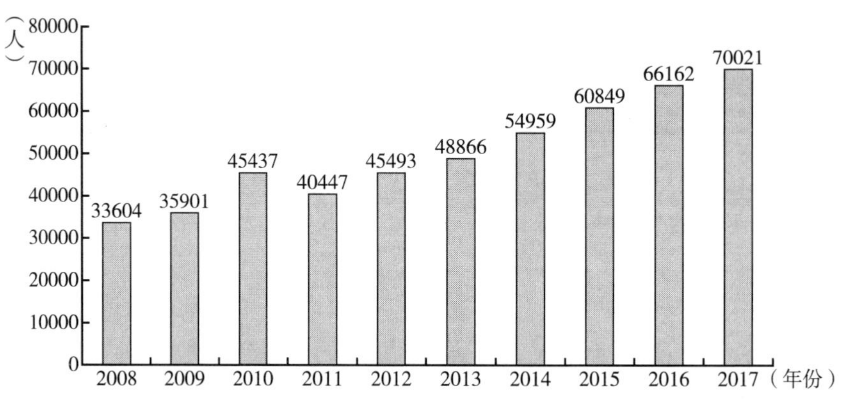


**图 3　2008～2017 年辽宁省幼儿园专职教师数量**

资料来源：《辽宁统计年鉴（2017）》、2017 年《辽宁省教育事业发展统计公报》。

## （二）义务教育现状

1. 学校数量及其他办学条件

从 2017 年公布的相关数据看，辽宁省义务教育在学校数量与办学条件方面，同比均有变化。从小学方面来看，小学学校合并现象在县、镇级较为突出，造成小学数量呈递减趋势。2017 年，全省小学学校数 3634 所，比上年减少 320 所。与此同时，教学点和校均学生规模出现了增长，2017 年全省教学点为 543 个，比上年增加 141 个；校均规模 464 人，比上年增加 23 人。

从普通初中教育看，初中学校的数量自 2014 年以来基本保持在 1520 所左右，没有明显的变化；校均规模为 599 人，比 2016 年减少 9 人，基本保持不变。其他办学条件方面，全省普通初中校舍建筑面积达 899.2 万平方米

（不含九年一贯制学校数据），生均校舍建筑面积为12.3平方米，比上年增加0.6平方米。全省普通初中学生与计算机之比为4.0∶1，同比减少0.3。

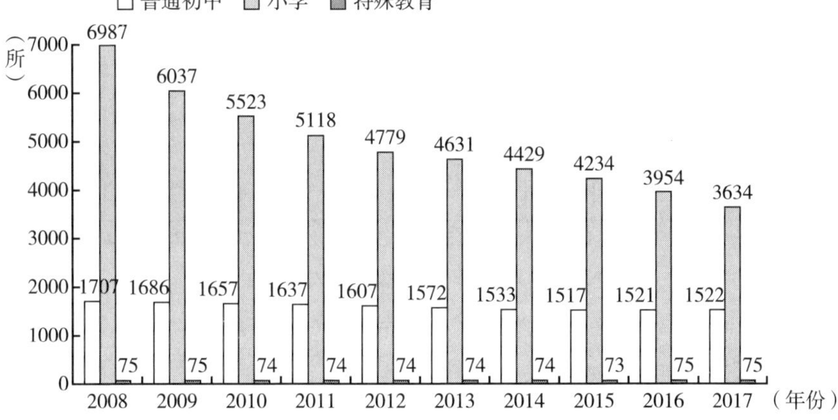


**图4　2008～2017年辽宁省义务教育学校规模**

资料来源：《辽宁统计年鉴（2017）》、2017年《辽宁省教育事业发展统计公报》。

2. 学生规模及师资力量

从历年辽宁省义务教育学生规模看，在校生规模有明显的下降趋势，已经从2008年的381.4万人下降到2017年的290.9万人；同时，毕业生从92.4万人下降到68.6万人；年度招生规模也从85.2万人降低到64.2万人。总体上各个层面的学生规模均出现萎缩。

从师资力量上看，专职教师的数量基本保持不变。2017年普通初中的专职教师规模9.9万人左右，比上年增加522人，初中生师比为9.7∶1，同比减少0.2；2017年初中教师学历达标率达到99.8%，初中教师中本科及以上学历的所占比例为88.4%，同比增长1.9个百分点。2017年小学专职教师14.0万人左右，比上年减少194人，小学生师比为13.9∶1，同比减少0.3；2017年小学教师学历达标率达到99.9%，小学教师中大专及以上学历的所占比例为96.5%，同比增长1.1个百分点。①

① 《辽宁统计年鉴（2017）》、2017年《辽宁省教育事业发展统计公报》。

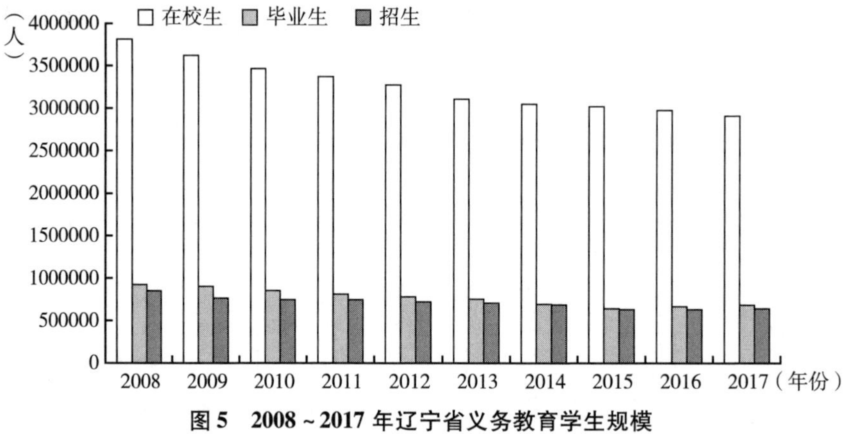


**图 5　2008～2017 年辽宁省义务教育学生规模**

资料来源:《辽宁统计年鉴(2017)》、2017 年《辽宁省教育事业发展统计公报》。

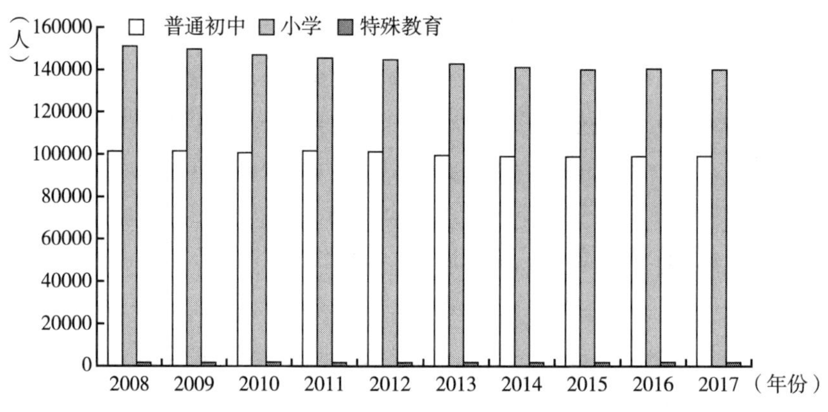


**图 6　2008～2017 年辽宁省义务教育专职教师规模**

资料来源:《辽宁统计年鉴(2017)》、2017 年《辽宁省教育事业发展统计公报》。

## (三)高中教育

### 1. 学校数量及其他办学条件

辽宁省高中阶段的学校数量在 2017 年为 814 所。校均规模 932 人,比上年增加 4 人。2017 年,全省普通高中校舍建筑总面积为 908.2 万平方米(不含完全中学和十二年一贯制学校数据),比上年增长 4.1%;生均校舍建筑面积为 16.2 平方米,比上年增加 0.5 平方米。

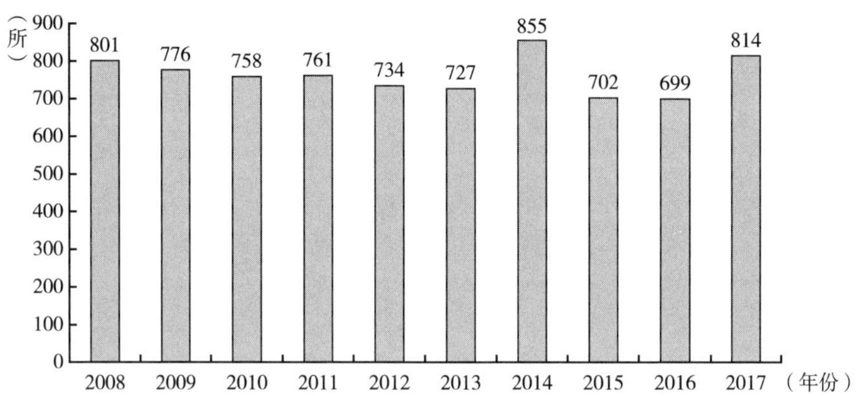


**图 7　2008～2017 年辽宁省高中教育学校数量**

资料来源：《辽宁统计年鉴（2017）》、2017 年《辽宁省教育事业发展统计公报》。

2. 学生规模及师资力量

从学生规模整体看，高中毕业生、在校生和年度招生都出现了下降趋势，受辽宁省人口年龄结构变化的影响较大。2017 年全省高中阶段教育在校生总规模达到 100. 6 万人。全省高中阶段教育毛入学率达 99. 0%，与上年持平。

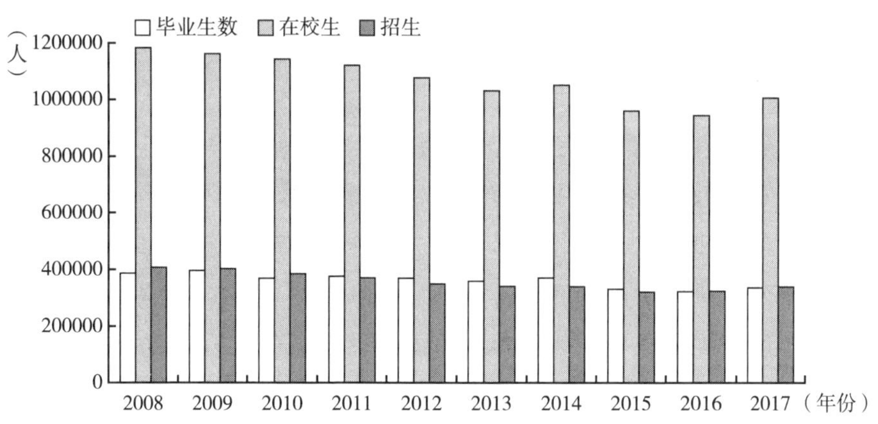


**图 8　2008～2017 年辽宁省高中教育学生规模**

资料来源：《辽宁统计年鉴（2017）》、2017 年《辽宁省教育事业发展统计公报》。

2017 年，辽宁省普通高中专任教师达到 5.1 万人，比上年增加 716 人；生师比为 12.3∶1，与上年持平；普通高中具有本科及以上学历的专任教师比例为 98.8%，与上年持平。中等职业教育拥有专任教师 2.1 万人（不含技工学校数据），比上年增加 16 人；生师比为 13.0∶1，与上年持平；中等职业学校具有本科及以上学历的专任教师比例为 93.8%，比上年提高 0.7 个百分点，其中普通中专为 95.7%，职业高中为 92.4%。

## 二　辽宁省基础教育区域非均衡状况

### （一）教育经费投入非均衡

教育经费投入作为各地区用于教育领域的各项支出的衡量指标，反映了各地区对教育的重视程度，包括教育基础设施建设、师资力量、教学器械及教材资料等方面的投入。在公私合作办学的模式下，教育经费投入可以由民间资本参与，而公立办学，财政预算内教育经费是基础，私人资助仅为补充。受到统计数据的限制，本部分分析采用了 2016 年和 2017 年的《辽宁统计年鉴》数据，对比分析辽宁省 2016 年和 2015 年的教育经费投入的差异。

#### 1. 教育经费投入总额差异

辽宁省 14 市的教育经费投入总额存在两极分化的态势，即以大连、沈阳为一极，教育经费年度投入均在 11 亿元左右，以其余 12 市为另一极，教育经费年度总投入均在 2 亿元上下，两极相差较大。其中，2015 年度教育经费投入总额最大的是大连，为 10.94 亿元，其次是沈阳，为 10.76 亿元；教育经费投入总额最低的是抚顺，仅为 1.66 亿元。到了 2016 年，沈阳超过大连，成为全省教育经费投入总额最大的市，为 11.52 亿元，而大连为 10.93 亿元；抚顺市仍然是教育经费投入总额最低的市，为 1.85 亿元，但是它却是同比增长额度和幅度最大的市，分别为 0.18 亿元和 11%。

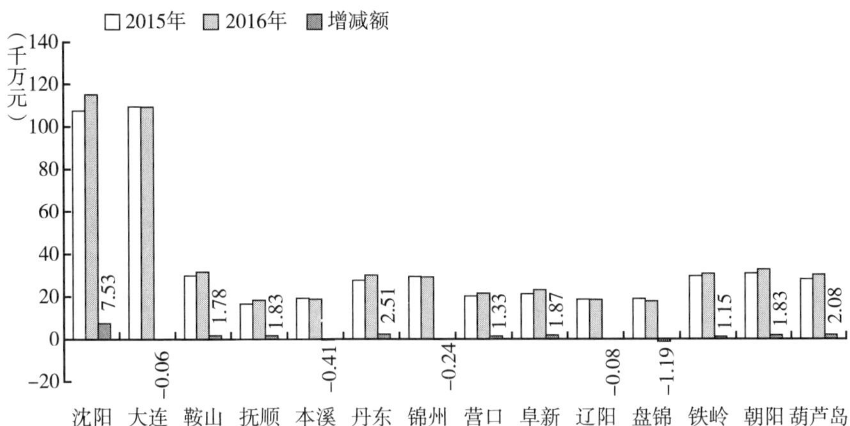


**图9　辽宁省各市教育经费投入情况**

资料来源：2017 年和 2016 年《辽宁统计年鉴》。

从辽宁省各市教育经费支出占一般公共服务支出的比重看，相对而言，2015 年葫芦岛市教育经费支出占比最高，为 17.08%，其次是阜新、朝阳，分别为 16.46%、15.98%；抚顺仅为 10.1%，处于末位。2016 年，阜新、铁岭和葫芦岛，教育经费支出总额占一般公共服务支出的比重高于其他市，分别为 16.86%、16.55% 和 16.28%；2016 年盘锦市教育经费支出占比比上年下降了 1.25 个百分点，为 9.81%，成为该年度教育经费支出占比最低的市。

**表1　辽宁省各市教育经费支出占一般公共服务支出的比重**

单位：%，个

| 城　市 | 2015 年占比 | 2016 年占比 | 增减百分点 |
|---|---|---|---|
| 沈　阳 | 13.31 | 13.95 | 0.64 |
| 大　连 | 12.01 | 12.56 | 0.55 |
| 鞍　山 | 12.23 | 12.68 | 0.45 |
| 抚　顺 | 10.10 | 10.54 | 0.44 |
| 本　溪 | 14.61 | 13.75 | -0.86 |
| 丹　东 | 15.36 | 16.07 | 0.71 |
| 锦　州 | 14.12 | 13.52 | -0.60 |
| 营　口 | 11.86 | 10.98 | -0.88 |
| 阜　新 | 16.46 | 16.86 | 0.40 |
| 辽　阳 | 12.68 | 13.12 | 0.44 |

续表

| 城　市 | 2015 年占比 | 2016 年占比 | 增减百分点 |
|---|---|---|---|
| 盘　锦 | 11.06 | 9.81 | -1.25 |
| 铁　岭 | 14.26 | 16.55 | 2.29 |
| 朝　阳 | 15.98 | 15.27 | -0.71 |
| 葫芦岛 | 17.08 | 16.28 | -0.80 |

总体而言，在基础教育经费投入方面，辽宁省 14 个市的地区差异两极分化严重，以沈阳、大连教育经费投入为最大，其余 12 市教育经费投入基本在一个水平上，而从教育经费支出占一般公共服务支出的比重看，14 个市的水平基本保持在 10% ~17% ，相对差距并不大。

2. 生均教育经费差异

从生均教育经费的差异看，在 2016 年辽宁省 14 个市中，本溪、丹东和大连生均教育经费均高于其余市，居前三位，分别为 15614.27 元、13145.5 元和 12550.94 元，而沈阳生均教育经费为 10254.8 元，居第八位；生均教育经费最低的为锦州，为 8664.62 元，其次是朝阳，为 8818.4 元。从年度生均教育经费增长幅度看，阜新、抚顺和丹东居辽宁省前三位，分别增长 14.39% 、13.87% 和 12.79% ；而唯一出现负增长的为盘锦，下降 4.22% 。从最大值和最小值的差值看，2015 年生均教育经费极差值为 7232.61 元，2016 年为 6949.65 元，差距有所缩小，但地区之间的较大差距仍然存在，说明教育服务在辽宁省 14 市之间的非均衡性是现实存在的，而且十分明显。

**表 2　2015 年、2016 年辽宁省各市生均教育经费情况**

| 城　市 | 2015 年 | | | 2016 年 | | | 生均教育经费增长（%） |
|---|---|---|---|---|---|---|---|
| | 在校生人数（人） | 教育经费总额（万元） | 生均教育经费（元） | 在校生人数（人） | 教育经费总额（万元） | 生均教育经费（元） | |
| 沈　阳 | 1115951 | 1075909 | 9641.18 | 1122651 | 1151256 | 10254.80 | 6.36 |
| 大　连 | 872198 | 1094058 | 12543.69 | 871177 | 1093409 | 12550.94 | 0.06 |
| 鞍　山 | 352088 | 299048 | 8493.56 | 343767 | 316868 | 9217.52 | 8.52 |
| 抚　顺 | 197630 | 166412 | 8420.38 | 192647 | 184715 | 9588.26 | 13.87 |

续表

| 城市 | 2015年 | | | 2016年 | | | 生均教育经费增长（%） |
|---|---|---|---|---|---|---|---|
| | 在校生人数（人） | 教育经费总额（万元） | 生均教育经费（元） | 在校生人数（人） | 教育经费总额（万元） | 生均教育经费（元） | |
| 本溪 | 124926 | 193262 | 15470.12 | 121168 | 189195 | 15614.27 | 0.93 |
| 丹东 | 237732 | 277084 | 11655.31 | 229855 | 302156 | 13145.50 | 12.79 |
| 锦州 | 348392 | 295806 | 8490.61 | 338644 | 293422 | 8664.62 | 2.05 |
| 营口 | 236807 | 203930 | 8611.65 | 233849 | 217182 | 9287.28 | 7.85 |
| 阜新 | 206578 | 213963 | 10357.49 | 196340 | 232631 | 11848.38 | 14.39 |
| 辽阳 | 173956 | 187956 | 10804.80 | 165643 | 187116 | 11296.34 | 4.55 |
| 盘锦 | 153375 | 191571 | 12490.37 | 150180 | 179672 | 11963.78 | -4.22 |
| 铁岭 | 271742 | 297144 | 10934.78 | 264661 | 308676 | 11663.07 | 6.66 |
| 朝阳 | 376563 | 310194 | 8237.51 | 372470 | 328459 | 8818.40 | 7.05 |
| 葫芦岛 | 310318 | 283185 | 9125.64 | 306597 | 303972 | 9914.38 | 8.64 |
| 极差 | — | — | 7232.61 | — | — | 6949.65 | 18.61 |

注：根据2017年和2016年《辽宁统计年鉴》数据整理所得。其中生均教育经费 = 教育经费总额/在校生人数。

## （二）校均学生规模非均衡

一般而言，校均学生规模只有处于相对适中的水平，才能保障教育资源既不浪费，也不存在短缺或供给不足的问题。根据图10，与2015年相比，2016年全省校均学生规模从758人小幅上升到781人。校均学生规模最大的前三个地区为沈阳、盘锦和阜新，最小的三个地区为丹东、鞍山、朝阳。大连校均学生规模处于全省第四位。而高于全省平均校均学生规模的有沈阳、大连、抚顺、本溪、营口、阜新、盘锦七个地区。整体而言，各级学校综合下的校均学生规模，地区差异不大。下文从小学、初中和高中三个教育层面分析校均学生规模在地区之间的差异。

1. 各地区小学校均学生规模差异

根据图11，全省小学校均学生规模，有小幅上升态势，2015年、2016年分别为472人和502人，2016年比2015年增加30人。2016年小学校均学生规模在全省平均水平之上的地区有7个：沈阳、大连、抚顺、本溪、营

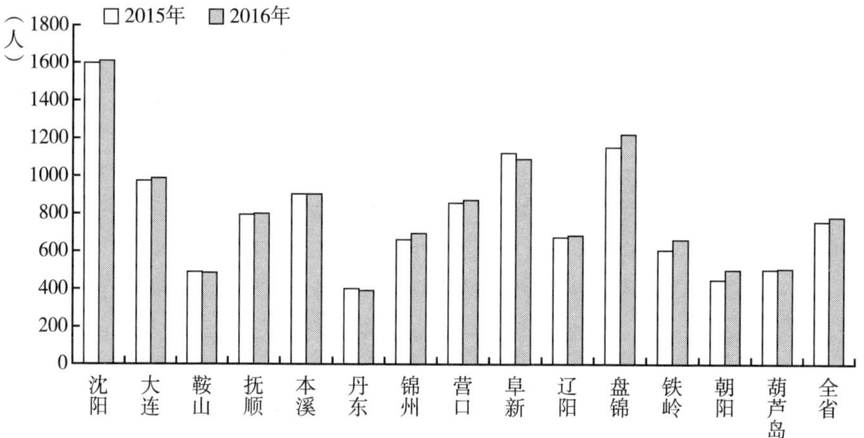


**图 10　2015 年、2016 年辽宁省各地区各类学校校均学生规模**

资料来源：根据 2017 年和 2016 年《辽宁统计年鉴》数据整理所得。

口、阜新和盘锦。其中，盘锦是小学校均学生规模最大的地区，从 2015 年的 1259 人增长到 2016 年的 1510 人，也是增长数量最多的地区，其次是沈阳地区；小学校均学生规模最小的地区是丹东，只有 200 人左右。小学校均学生规模地区之间的差距十分明显，最多的地区是最少的地区 7 倍以上。

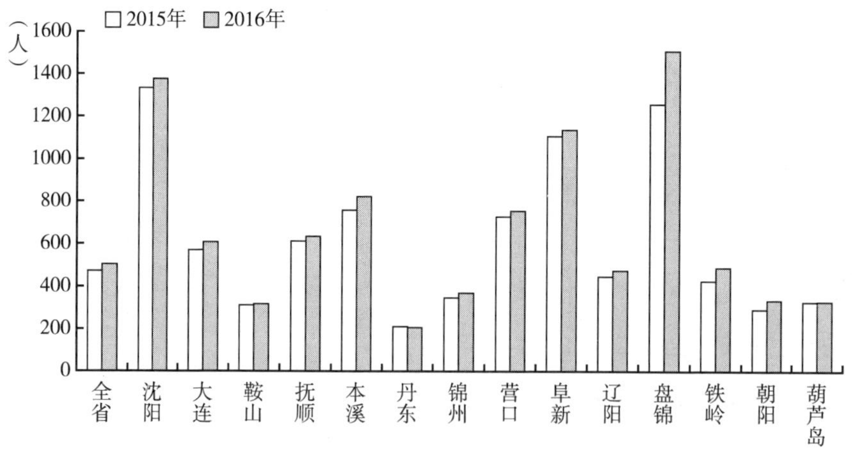


**图 11　2015 年、2016 年辽宁省各地区小学教育层面的校均学生规模**

资料来源：根据 2017 年和 2016 年《辽宁统计年鉴》数据整理所得。

2. 各地区初中校均学生规模差异

从辽宁省各地区初中校均学生规模分布看，地区差距并不大，基本保持在与全省平均水平持平的状态。其中，初中校均学生规模最大的地区是沈阳，高出全省平均水平100人左右；校均学生规模最小的地区是抚顺，低于全省平均水平200人左右。总体而言，初中阶段的校均学生规模在14个地区间的差异不明显，差距较小，基本实现了教育资源分配的均衡化。

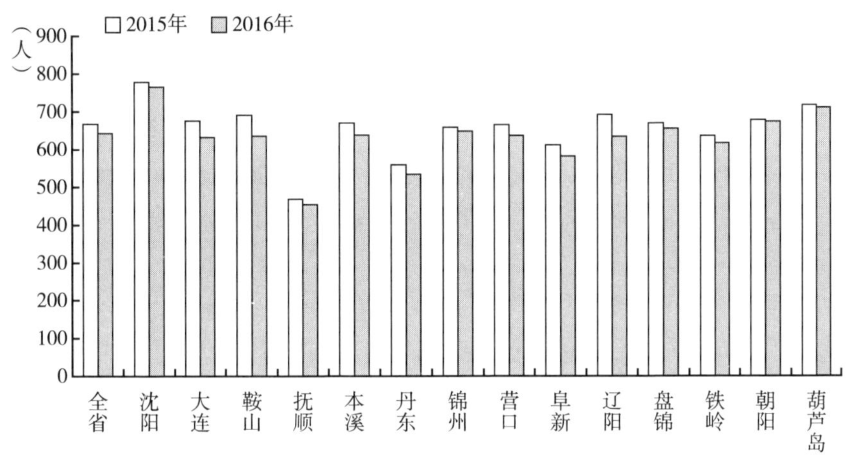


**图12　2015年、2016年辽宁省各地区初中教育层面的校均学生规模**

资料来源：根据2017年和2016年《辽宁统计年鉴》数据整理所得。

3. 各地区高中校均学生规模差异

从全省各地区高中阶段教育的校均学生规模看，地区差异比较明显。高于全省平均水平的地区有八个：丹东、锦州、营口、辽阳、盘锦、铁岭、朝阳和葫芦岛。而沈阳、大连、鞍山、抚顺、本溪等，均低于全省平均水平。从最大值与最小值的差值看，2015年这一差值为1549人，到2016年降到1439人，差距略微缩小。

综上所述，从校均学生规模指标看，全省14个地区在不同的教育层面，教育服务存在较大的非均衡性，地区差异较为明显。其中，在小学教育服务方面，地区差异最为明显，沈阳、盘锦、阜新小学教育资源相对匮乏，造成

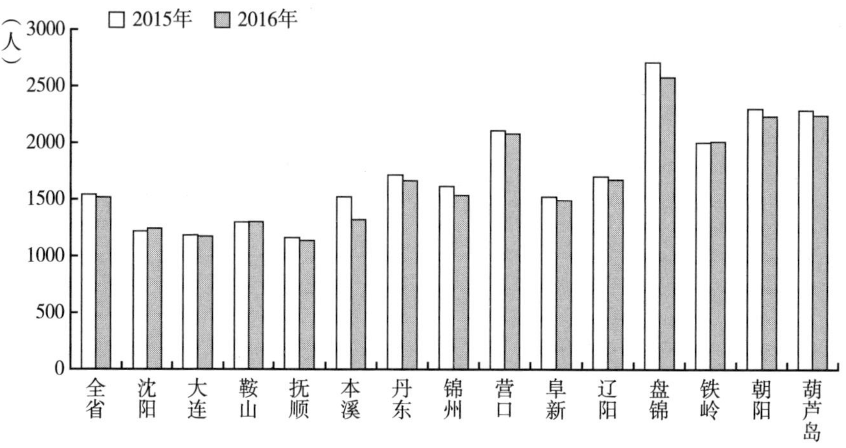


**图 13 2015 年、2016 年辽宁省各地区高中教育层面的校均学生规模**

资料来源：根据 2017 年和 2016 年《辽宁统计年鉴》数据整理所得。

校均学生规模较大，学校供给数量不足与在校生规模大之间的矛盾十分突出；在高中阶段的教育服务方面，盘锦地区的高中学校数量不足与在校生规模较大之间的矛盾最为突出，高中学校数量存在严重不足，而沈阳、大连、抚顺则相对充足；在初中教育阶段，各地区之间的差距并不大，学校数量和在校生规模之间的矛盾得到了很好缓解，相对而言，沈阳地区的校均学生规模问题较为突出。

## （三）生师比非均衡

生师比是在校学生与专任教师之间的比值，用来反映每位老师服务学生的数量，在一定程度上体现教师资源的利用效率，也可以作为学校办学质量的参考。从目前国家的规定看，只对高等教育明确了生师比的标准，在基础教育阶段没有非常硬性的规定，往往由各个地区根据实际情况把握。表 3 为 2015 年、2016 年辽宁省各地区各教育层面生师比的情况，从整体而言，两年的变动并不大，保持基本稳定。并且各地区之间的差异也不明显，最大值与最小值的差值 2015 年为 3.87，2016 年为 3.94，略微上升。但具体到高中、初中和小学教育层面，却有了较大的地区差距。

**表3　2015年、2016年辽宁省各地区各教育层面生师比情况**

| 地　区 | 2015年 | 2016年 | 变动 |
|---|---|---|---|
| 沈　阳 | 10.57 | 10.52 | -0.05 |
| 大　连 | 11.18 | 11.10 | -0.08 |
| 鞍　山 | 10.78 | 10.61 | -0.17 |
| 抚　顺 | 9.34 | 9.39 | 0.05 |
| 本　溪 | 8.40 | 8.34 | -0.06 |
| 丹　东 | 10.43 | 10.03 | -0.40 |
| 锦　州 | 11.32 | 11.03 | -0.29 |
| 营　口 | 11.82 | 11.97 | 0.15 |
| 阜　新 | 9.92 | 9.62 | -0.30 |
| 辽　阳 | 11.24 | 10.75 | -0.49 |
| 盘　锦 | 10.02 | 9.92 | -0.10 |
| 铁　岭 | 10.28 | 10.16 | -0.12 |
| 朝　阳 | 10.80 | 10.83 | 0.03 |
| 葫芦岛 | 12.27 | 12.28 | 0.01 |
| 全　省 | 10.73 | 10.62 | -0.11 |

注：生师比包含高等教育在校生及专任教师。

资料来源：根据2017年和2016年《辽宁统计年鉴》数据整理所得。

1. 小学教育层面的生师比

2015年、2016年辽宁省小学的生师比分别为14.28和14.16，呈现出比较稳定的状态。2016年，小学教育层面的生师比超过全省平均水平的地区包括沈阳、大连、鞍山、营口和葫芦岛，说明这些地区的小学师资力量相对短缺，存在较为明显的引进师资力量的压力；而抚顺、本溪、丹东、阜新等地明显低于全省平均水平，小学师资力量相对充裕。

2. 初中教育层面的生师比

从2017年和2016年《辽宁统计年鉴》整理得出的数据看，2015年和2016年辽宁省初中层面的生师比分别为10.25和9.89，整体而言，初中阶段的师资力量呈现稳步向好的态势。2016年，初中教育层面的生师比超过全省平均水平的地区有沈阳、锦州、朝阳和葫芦岛，说明这些地区在初中教育师资力量配备上相对缺乏，有必要进一步加大师资力量引进力度；而抚顺、本溪、铁岭等地区明显低于全省平均水平，师资力量相对充裕。

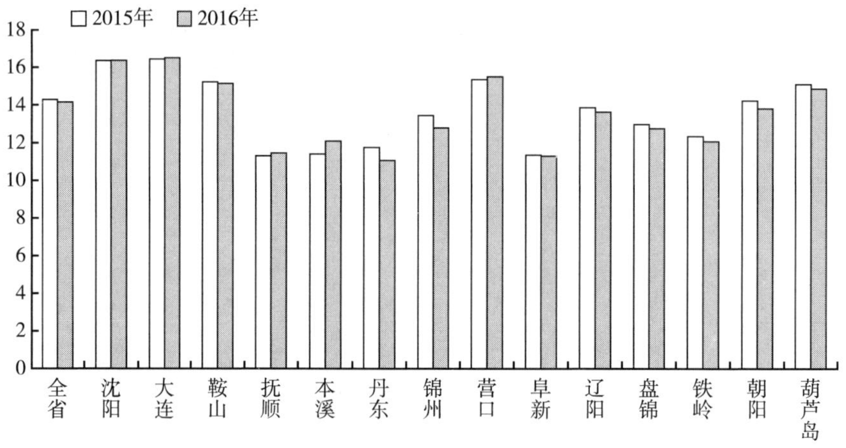


**图 14　2015 年、2016 年辽宁省各地区小学教育层面的生师比**

资料来源：根据 2017 年和 2016 年《辽宁统计年鉴》数据整理所得。

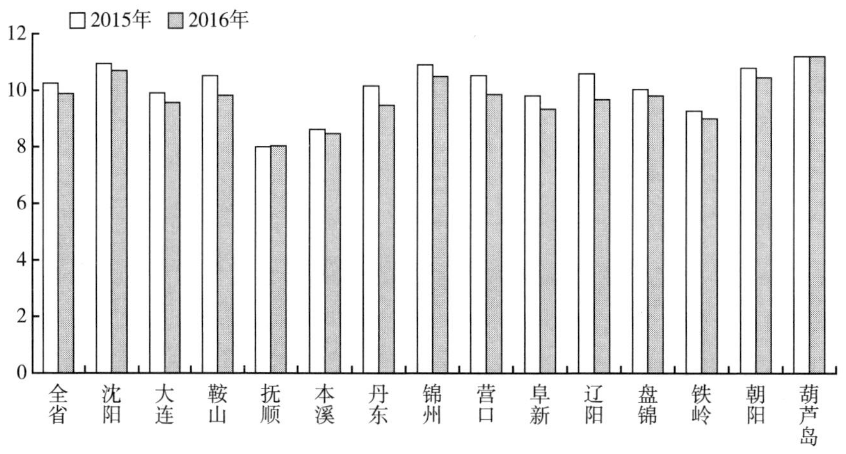


**图 15　2015 年、2016 年辽宁省各地区初中教育层面的生师比**

资料来源：根据 2017 年和 2016 年《辽宁统计年鉴》数据整理所得。

3. 高中教育层面的生师比

2015 年和 2016 年辽宁省全省高中教育层面的生师比分别为 12.68 和 12.35，同比略微改善。2016 年，在 14 个地区中，明显低于全省平均水平的地区为沈阳、大连、抚顺、营口等；明显高于全省平均水平的有鞍山、丹

东、锦州、阜新、铁岭和葫芦岛六个地区，充分说明了师资力量分配在各个地区之间的非均衡特征。

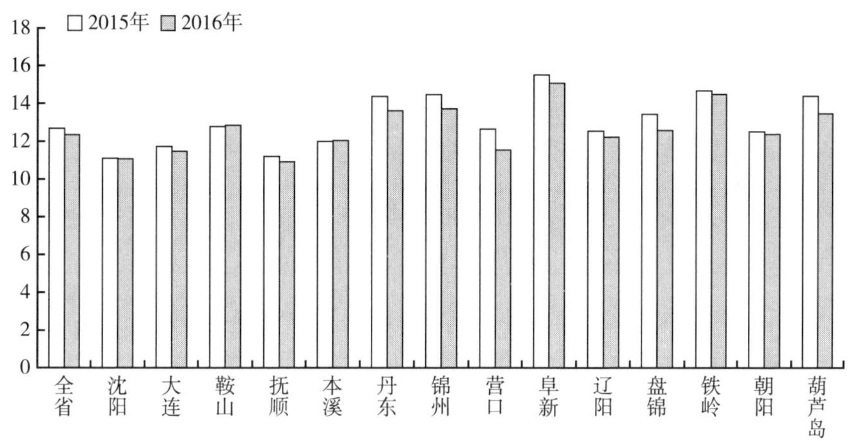


**图 16　2015 年、2016 年辽宁省各地区高中教育层面的生师比**

资料来源：根据 2017 年和 2016 年《辽宁统计年鉴》数据整理所得。

## （四）非均衡项目的汇总分析

本研究通过以上内容，结合 2017 年和 2016 年《辽宁统计年鉴》和《辽宁省教育事业发展统计公报》的相关数据，分析了辽宁省教育服务特别是基础教育服务在各地区的非均衡状况，主要从教育经费投入、校均学生规模和生师比三个指标展开分析，以反映影响教育服务质量最重要的三个因素（资金、校舍和师资）的地区差异情况和非均衡化状况，并得到如下汇总结果（见表 4）。

通过汇总及前文分析，本研究对辽宁省教育服务特别是基础教育服务均等化的现状，总结得出以下结论。

第一，全省各地区在教育经费投入总量上，存在明显的两极分化问题，经济相对发达地区（如沈阳、大连）经费投入远远高于其他地区，最高值是最低值的 5 倍左右。而在基础教育经费支出占一般公共服务支出的比重方

**表4　辽宁省各地区教育服务非均衡化比较项目汇总**

| 比较项目 | 子项目 | 相对优势地区 | 相对劣势地区 | 评价 |
|---|---|---|---|---|
| 教育经费投入 | 教育经费投入总额 | 沈阳、大连 | 抚顺、本溪、盘锦 | 两极分化十分严重 |
| | 基础教育经费支出占一般公共服务支出比重 | 阜新、铁岭、葫芦岛 | 盘锦、抚顺、营口 | 地区差异相对较小 |
| | 生均教育经费 | 本溪、丹东、大连 | 锦州、朝阳、鞍山 | 地区非均衡特征明显 |
| 校均学生规模 | 小学教育层面 | 丹东、鞍山、朝阳、葫芦岛 | 盘锦、沈阳、阜新 | 地区非均衡特征十分明显 |
| | 初中教育层面 | 抚顺、丹东 | 沈阳、葫芦岛 | 基本实现教育资源分配均衡化 |
| | 高中教育层面 | 抚顺、大连、沈阳 | 盘锦、朝阳、葫芦岛、营口 | 地区非均衡特征比较明显 |
| 生师比 | 小学教育层面 | 丹东、抚顺、阜新 | 沈阳、大连、营口 | 地区非均衡特征十分明显 |
| | 初中教育层面 | 抚顺、本溪、铁岭 | 葫芦岛、沈阳、锦州、朝阳 | 地区差异相对较小 |
| | 高中教育层面 | 沈阳、抚顺、大连、营口 | 阜新、铁岭、丹东、锦州、葫芦岛 | 地区非均衡特征比较明显 |

面，14 个地区之间的差别并不大，基本保持在 10% ~17% 。从生均教育经费指标看，地区间非均衡特征明显，考虑到高等教育在校生，2016 年教育经费投入最高的沈阳地区，生均教育经费排在第八位，本溪、丹东和大连生均教育经费处于全省前三位，锦州、朝阳、鞍山处于全省末三位。

第二，从学校扩建方面来看，全省 14 个市小学教育和高中教育地区间差异十分明显，而初中教育基本实现教育服务均等化。分地区而言，盘锦、沈阳、阜新在小学教育层面校舍建设存在严重短缺，校均学生规模远高于全省平均水平，加强小学院校建设，成为其迫在眉睫的教育投入事项。盘锦、朝阳、葫芦岛、营口地区高中校均学生规模超过其他地区，加强高中院校建设或扩建成为其教育服务投入的当务之急。

第三，在师资力量投入方面，全省初中教育的师资力量投入相对均等，各地区差异不明显；而在小学和高中教育层面，特别是小学师资力量配置方面，存在十分明显的非均衡特征。沈阳、大连、营口地区小学教育层面的生师比明显超过全省平均水平，存在师资力量短缺的严峻现实问题；阜新、铁岭、丹东、锦州、葫芦岛地区在高中教育层面，相对其他地区师资力量投入不足。

第四，各地区教育经费同比有所增长，但增长幅度不大。从全省教育经费投入占一般公共服务支出的比重看，同比保持增长的地区占多数，但是增长幅度并不大，基本保持在一个百分点以下，而与各地区各类学校在校生增长速度相比，经费增长速度远低于学生增长的速度，势必造成教育投入的滞后。

## 三　对策建议

### （一）加大教育经费投入，更加注重对经济欠发达地区的财政支持

经济总量是教育经费可供投入的最主要基础。相对沈阳、大连等相对发达地区，辽西北等地区的经济发展相对缓慢，经济基础相对薄弱，在教育方面的财政支持力度十分有限。这就需要省级财政，统筹考虑地区财政困难和亟须解决的教育问题，对欠发达地区适当采取倾斜性教育经费投入，巩固欠发达地区教育基础、完善教育设施和师资力量配备，促进全省基础教育服务均等化。

### （二）优化教育经费支出结构，提高利用效率

教育经费使用结构的优化，包含两个层面的内容，其一，提高教育经费在校舍建设、师资力量和教研设备等方面的支出比例；其二，调整优化教育经费在基础教育和高等教育方面的支出比例。以沈阳地区为例，2016 年沈阳教育经费总投入超过大连，居全省第一位，但在小学和初中校舍建设、专

任教师等师资力量投入方面，存在明显滞后，造成校均学生规模和生师比均明显高于全省平均水平。加大教育经费在小学教育、初中教育阶段的支出力度，扩建相关院校和引进师资力量，成为提高沈阳地区教育经费使用效率的主要方向。

### （三）以促进教育公平为目标，优质均衡发展义务教育

在全省各地区树立教育公平理念，并将其融入教育事业各个部门、各个群体和各项工作中，让教育公平成为教育事业发展的重要目标，多渠道保障义务教育资源投入和公平分配，高水平推动义务教育均衡发展。推进合作办学、交叉办学、帮扶办学等多种形式的师资力量平衡模式，优化教育资源公平分配、提高教育资源利用效率。

### （四）建立健全招生制度，让每个孩子都接受公平公正的教育

立足全省义务教育招生工作实际，认真落实城区义务教育学校划片招生原则，实行招生“四严格”，即严格招生计划、严格招生区域、严格控制择校、严格入学年龄，做好报名信息的审查、复核和调查确认工作，确保让每个符合入学条件的孩子都有学上、上好学。对个别因片内学生超员导致超规模、超班额的学校，转换招生思路，实现院校之间的调剂政策，并尽快加强校区建设，完善教学设施和做好师资力量配备工作。

## 参考文献

裴育、史梦昱：《加快建立现代财政制度　促进基本公共服务均等化》，《财政监督》2018 年第 3 期。

刘佳萍：《城乡基本公共服务均等化问题及对策研究》，《探求》2018 年第 1 期。

王伟、李一双、刘海涛：《城市公共服务均等化的多维辨析与评估》，《北京规划建设》2018 年第 1 期。

文宏：《推动教育公共服务均等化的优化路径——评〈公共服务均等化视角下省级

政府教育统筹发展效果评价研究〉》，《长沙大学学报》2018 年第 1 期。

龙翠红、易承志：《基本公共服务均等化、义务教育均衡发展与公共政策优化——我国义务教育政策变迁与路径分析》，《湘潭大学学报》（哲学社会科学版）2017 年第 6 期。

曹海琴：《实现义务教育公共服务均等化的三个分析维度——基于“权力—权利”关系协同的视角》，《教育与经济》2017 年第 3 期。

# B.15
# 辽宁医药健康产业发展对策研究

李晓萌*

**摘　要：** 医药健康产业是我国国民经济重要组成部门，对保障和促进人民健康，提高人们生活质量具有重要作用。充分利用竞争优势大力发展医药产业是辽宁发展医药健康产业的重要战略，提升辽宁医药产业的市场竞争地位，对推动辽宁经济发展具有重要意义。

**关键词：** 医药　健康　产业

## 一　辽宁省医药健康产业发展现状

### （一）辽宁省医药产业初步形成规模

据统计，截至2016年底，辽宁省医药工业在整个工业经济中占比继续增加，约占3.3%，规模以上医药工业增加值同比增长10.6%，高于全国平均增速，位居工业全行业前列。对辽宁省重点医药企业调查显示，重点企业产销总值占产业产销总值一半以上，有效带动了全行业利润增长。辽宁省医药企业利润增加主要依靠提升产品研发能力，一些医药企业主要通过借鉴先进技术经验，开发研制科技含量高、市场占有率高的科技产品。其中，东北制药，作为辽宁省最大的医药企业，已成为医药产业品牌代表，其依

* 李晓萌，辽宁社会科学院信息办公室，副研究员，主要研究方向为应用经济学。

靠产品结构优化，同时生产原料药和制剂，使企业利润翻倍增长。辽宁省为这些企业开发重点产品也提供了很多政策和智力支持，促进医药企业同各大高校联合，组织大连美创、沈阳三生、辽宁成大等企业与辽宁中医药大学、沈阳药科大学等高校及研究所成立生物医药产学研联盟，使辽宁省医药科研成果打入市场。

目前，辽宁省医药行业已形成以化学原料药、化学药品制剂、现代中药、生物制药、生物医学工程等新兴生物医药产业为主的发展布局。化学药品（化学原料药、化学药品制剂）行业是辽宁省产值最大的医药行业，近年来随着产业结构调整的不断深入，化学原料药的比重下降，化学药品制剂比重上升。同时，生物制药和中药饮片产业迅猛发展，全省医药工业产业结构进一步优化。

目前，辽宁省医药行业品牌发展布局主要是以新兴生物医药产业为主要发展方向，包括化学原料药、化学药品制剂、现代中药、生物制药、生物医学工程等相关领域。近年来，为了更好建设和发展辽宁省医药产业品牌，辽宁省医药产业主要从扩大规模、有限发展新兴生物医药产业、增加利润水平较高的化学药品制剂和生物药品行业的市场份额及增强高技术等方面提升产业综合竞争力，从而提升企业品牌知名度，企业逐步从注重生产转向注重产品、注重品牌无形资产、注重品牌推广。

### （二）辽宁省重点培育医药产业品牌

2016 年，辽宁省关于促进医药产业健康发展实施方案出台，提出了辽宁省医药产业发展重点和目标。以省工业和信息化委为牵头单位，以各市政府及省发展改革委、省科技厅、省财政厅、省环保厅、省卫生计生委、省地税局、省质监局、省食品药品监管局、省知识产权局、省物价局、省国税局为配合单位，根据辽宁省区域竞争优势，重点打造沈阳、大连、本溪、丹东、锦州、西丰六大医药产业品牌，发挥医药产业品牌集聚效应，使产业布局发展合理、特色鲜明。

（1）沈阳医药产业集群。通过整合现有医药产业资源，在铁西、浑南、

沈北、新民区医药产业园内，重点建设化学原料药及化学药品制剂、生物制药、现代中药等品牌。可以将电子商务平台、医药生产中心、研发中心相结合，构建医药产业智能制造生产体系、产品研究和网络平台体系，将沈阳医药产业园培育成生产、研发和电子商务相结合的交易中心，打造辽宁乃至东北地区重要的医药产业品牌。

（2）大连医药产业集群。可以重点发展化学药品制剂、生物制药和医疗器械，建设国内国外生物医药产业品牌。根据大连普新区生物医药和医疗器械发展优势，借助辉瑞制药品牌发展优势，推进大连医药技术服务、信息、研发平台，丰富和升级产业链条。

（3）本溪生物医药产业集群。以生物医药为基础，以健康医疗为突破，重点发展生物制药及疫苗、高端仿制药及化学药物新制剂、现代中药、医疗器械、食品保健品及医药相关配套产业等，打造由龙头企业主导，“产、学、研、资、用”紧密结合的产业集群，建设健康产业集聚区，建成中国药都。

（4）丹东满族医药及健康产业集群。以满族医药及道地药材、中药材和中成药的开发及二次开发为重点方向，依托丹东高新技术产业开发区、东港市前阳经济开发区、宽甸县城南产业园区等产业园区，以及丹东药业集团等重点龙头企业，不断壮大满族医药及健康产业，带动满药文化等产业发展，拓展上下游产业链，形成满族医药及健康产业集聚区，打造“满药之都”。

（5）锦州生物医药产业集群。依托锦州生物医药产业园，重点发展生物制药产业。以中枢神经系统领域为核心，专注于心血管及血液系统药物领域的研究，不断加大抗肿瘤等领域新产品开发力度，扩大生产规模，提高市场占有率。

（6）西丰鹿及保健品产业集群。以鹿产品深加工为重点，发展中药饮片和中成药；以中国东北参茸中草药材市场和西丰县生命健康产业园为载体，围绕鹿、中草药材、柞蚕、林蛙等资源，依托“美林牌”“鹿源牌”等知名品牌，做大做强医药医疗、营养保健品、绿色食品产业，打造世界鹿产品加工基地和鹿茸经销集散中心。

## 二　辽宁省医药健康产业发展面临的问题

### （一）与先进省份及发达国家相比差距较大

到2016年底，全国健康产业增加值占GDP比例平均为4.5%，辽宁省健康产业规模和技术水平总体上处于国内中下游水平，健康产业增加值占GDP比例不足4%，落后于上海、北京、杭州等多个城市。发达省份将打造健康城市作为重要战略目标，把发展健康产业列为抢占制高点的战略举措，其健康产业增加值占GDP比例平均达到5%。从发达国家情况看，美国是健康产业发展最好的代表，其健康产业增加值占GDP比重约为16%。近几十年来，日本、韩国、新加坡等亚洲国家健康产业也得到快速发展。与之相比，辽宁省健康产业发展仍处于起步阶段，还有较大发展空间。

### （二）辽宁省健康产业每年外流资金较多

调研结果显示，辽宁省从1995年开始已经进入人口老龄化社会，截至2015年底，辽宁省老年人口879.0万，占总人口的20.6%，预计2020年老年人口将超过1000万。老年人日常护理、慢病管理、重症康复、健康教育和咨询、中医保健等都是带动健康产业发展的内生动力。目前60岁以上的老年人是健康产业的主要受益群体之一，辽宁60岁以上的老年人平均每人每年在健康产业上的消费达1500元，总消费高达130亿元以上，加上其他年龄段人群在健康产业上的消费，每年健康产业消费总额高达150亿~200亿元，而其中辽宁省本地生产的健康产品和所提供的健康服务占比不到5%，这就意味着辽宁每年有上百亿元健康产品和服务资金流到省外和国外。根据日本总领事馆官员鸭川研究员介绍，鉴于辽宁的经济状况，日本对辽宁省进行了产业投资调整，推动养老企业大批进驻辽宁省，截至2015年，17家日本养老企业在辽宁落户，推介日本的老人养生用品、老人健康食品、老人用具、老人心理健康服务等多项产品，目前已形成规模，逐渐满足了辽宁省老年人健康的刚性需求，正在打开辽宁省社保基金消费外流渠道，成为辽宁省社保基金消费的终端受益者。

### （三）辽宁省健康产业缺少核心优势企业

近年来，医药企业国内外市场竞争形势都发生了较大变化，许多大型外资医药企业进入辽宁省，给辽宁省本土医药企业发展带来较大挑战。辽宁省医药企业应当整合有效资源，实施集团化发展。同时，联合不同医药企业，发挥资源整合优势，实现集团化管理，提升企业综合竞争力和市场占有率。以在我国有名的哈药集团、三九集团等大型医药集团为例，在经过并购重组后，它们的集团化品牌已成为企业新的利润点和增长点。它们从拥有单一知名品牌到打造集团化品牌，在注重加强建设单一知名品牌的同时，不断打造众多产品品牌，并使各品牌相互促进。对于大型医药企业，仅仅建设单一产品品牌是不够的，应当从打造单一品牌向打造品牌组合逐渐过渡，实施集团化品牌管理。随着全球一体化经济不断发展，品牌效应日益凸显。具有集团化品牌的企业在市场中垄断趋势明显。因此，如果企业想长期可持续发展，想参与到国际化市场竞争中，应当实施集团化品牌管理，一方面，有效整合企业资源，实现产品价值最大化；另一方面，利用集团化品牌建设提升企业整体竞争力和知名度，在参与市场竞争中不断宣传品牌，扩大企业影响力和市场占有率。

目前，辽宁省医药企业集团化管理还不够完善，尤其是在集团品牌规划方面还不够清晰，对品牌集团化的发展细节定位还不够准确。另外，辽宁医药企业资源配置还不够有效，没有发挥好企业自身优势，对品牌组合管理还不够完善，很多大型医药企业品牌发展单一化。此外，品牌管理人才匮乏也是影响企业品牌集团化发展原因之一。辽宁省有很多省外和国外健康企业落地，其中，2014 年底辽宁省最大的新兴健康产业龙头企业——无限极（中国）有限公司营口生产基地在营口经济技术开发区正式投产。这是无限极在中国内地设立的第二个生产基地，5 年后年产值可达 180 亿元。相比之下，辽宁省健康产业企业规模普遍较小，大型健康企业不多，呈碎片状分布，市场竞争无序，健康产业集中度偏低，政府管理部门同质化审批导致产业结构趋同，目前无法形成辽宁省健康产业的集群化发展，无法合理延长产业链，导致健康产业落后产能过剩。健康产业相关企业属于高技术企业，而辽宁省相关企业以仿制品生产为主，利润偏低，积累能力弱，无法实现高研发投入、高技术产出、高利润回报、再度研发更新产品的良性循环。

### （四）辽宁省现有健康产业自主创新能力不强

高效的研发创新是健康产业发展的生命线，而辽宁省支撑健康产业发展的科技力量相对薄弱。自主研发新产品是辽宁省健康产业发展的短板，辽宁省从事健康产业的企业自主创新能力普遍不强。由于缺少大型核心企业和相关投融资体系，辽宁省健康产业研发资金不足，不用与发达国家大型跨国公司相比，就是与国内先进省份一些企业比差距也是很大。因此，辽宁省的大部分健康企业只能仿制别人的产品，利润空间十分有限。一方面，金融机构“嫌贫爱富”，而公立医疗机构大多具有投资额巨大、建设周期长、收益小（甚至没有）等特点属性，再加上很多医疗设施受法律的限制不得充当抵押物，导致很多金融机构不愿意为健康企业提供贷款，导致辽宁省健康产业发展资金缺位。另一方面，辽宁省大多数健康企业规模较小，由于信用度和资产抵押等条件限制，很难从国内银行获得贷款，健康产业融资出现外资化趋势，境外投资者通过各种类型的投资，获取辽宁省健康产业科研成果的掌控权，成为产业化的受益者。

### （五）医药健康品牌定位不清晰，产品功能展现不全面

对于一般商品来说，产品品牌定位一方面是包括产品质量在内的产品功能性定位；另一方面是企业整体品牌定位。一个企业会提供不同产品，企业整体品牌是首先进入消费者视野的。企业整体品牌定位是提供对消费者心理属性上的利益。因此，企业营销产品，不仅应当满足消费者对产品质量等功

能性的利益，还应当满足其心理上的利益。对于医药企业来说，医药品不同于一般消费品，医药品主要注重针对消费者出现的症状，其所能提供的产品功效。因此，医药产品品牌定位应当根据产品功能、功效等，为消费者突出药品功能性及服用后的功效。例如，肛泰主要针对的是痔疮治疗，它强调治疗痔疮的方便性；东阿阿胶中的复方阿胶浆主要是具有滋补养生的功效。医药品在为消费者提供功能性利益时，也要为消费者提供心理属性的利益。例如，胃药斯达舒，除在包装上强调该药主要是治疗胃痛、胃酸、胃胀等，还印上“关心就在身边”标识，为消费者提供心灵慰藉。这种宣传方式不仅能够清晰地表述产品的功能和功效，还能够满足消费者心理上的利益，增强消费者对该品牌的信任度和认知度。因此，医药企业在对产品进行品牌定位时，不能够单纯依靠广告宣传和媒体传播，而是应当在保证产品质量的前提下，获得消费者心理上的认同，以塑造良好的医药企业品牌。

## 三　辽宁医药健康产业发展路径研究

### （一）省委省政府应该根据辽宁省老龄化社会这个最大的省情，确立健康产业在全省经济社会发展中的战略地位

辽宁省发展健康产业基础非常好，前景广阔。辽宁省健康产业起步不比其他省份晚，20 世纪 70 年代以来，先后涌现出人参、鹿茸、海参、五味子、沙棘等产品研发销售企业和基地。近年来，具有一定经营规模及知名度的医疗机构、健康产业公司以及以“健康管理”命名的公司在辽宁省得到发展，健康产业人才培育取得一定成果。只要下定决心、真抓实干，使辽宁省健康产品占领省内市场并逐步推向省外和国外，就一定能够扭转资金外流的局面，为全面振兴发展辽宁老工业基地做出新贡献。为此，建议省委省政府把发展健康产业列入各级党委和政府的重要议事日程，以及经济社会发展规划和产业结构调整的内容。健康产业直接关系广大群众的生命安全、生命质量和幸福指数，必须从立党为公、执政为民的高度来认识发展健康产业的

极端重要性。一是积极争取将辽宁列为“健康中国”的试点区域。二是抓紧建设具有辽宁特色的健康乡镇、健康城市样板。三是通过大数据、云计算分析掌握辽宁省健康产业发展现状和公众需求。在确保健康产品和服务安全的情况下，鼓励企业勇于创新；建立健全相关法律法规和行业标准，为企业创新提供法律保障。

### （二）辽宁省应重视健康产业人才培养，开发健康产业人力资源

健康产业是一个新兴产业，企业竞争说到底是技术竞争、是人才竞争。人才是企业获取可持续竞争优势的源泉，发展辽宁省健康产业，就要把人才培养提升到战略高度。新兴的健康产业急需复合型人才，他们不仅要具备管理、经济、法律等方面的知识和良好的沟通能力，还要掌握基本医学方面和健康管理方面的知识技能。复合型的人才培养需要通过产学研相结合的方式进行，让用人单位参与到人才培养过程中来，实现人才培养与市场需求的无缝对接。大力引进国内外具有相关科研成果的专家学者，与企业合作实现科技成果转化。辽宁省各地区应当根据本地区企业实际需求制定健康产业人才引进机制，让来辽宁发展的相关人才在经济上有较高收入，在精神上有动力。

### （三）辽宁省应拓展健康大视野，拓宽健康产业发展空间，发展新型人工智能化健康产业

辽宁省应在“十三五”期间谋划产业布局，迎接健康产业人工智能时代的到来。由于传统健康产业缺乏互联网思维，不能在新一轮信息化大潮下实现产品与服务的融合，因此健康产业新产品、新流程、新服务需要基于互联网技术，以互联互通思维进行产业改造和融合升级。健康产业产品的发展应遵循数字化、互联化、智能化的路径。比如通过“互联网+”便携诊断仪器收集健康信息和数据，分析潜在需求，开发相关产品和服务，提供健康咨询与管理，通过云端服务实现健康数据终生保留，为健康管理提供科学的依据。未来是人工智能时代，辽宁省应当利用特有的机器人制造业优势，提前做好人工智能方面的技术储备。

### （四）精准化和细化辽宁省健康产业发展目标，打造特色健康产业

一是打造辽宁特色老年保健食品。老年健康产品特别是保健品、营养食品面临着巨大的发展机遇。辽宁省生态环境良好，森林覆盖率较高，具备发展绿色无公害保健食品的得天独厚的优势和条件，可重点发展保健人参酒、保健核桃饮料、保健沙棘饮料、保健五味子酒等具有地方特色的保健食品。

二是发展现代生态农业，协同发展健康产业。辽宁省海拔适中，土地资源肥沃，具备发展现代生态农业休闲观光园的优势和条件。比如抚顺、本溪有长白山余脉，风景秀丽，两地应主动把握机遇，积极应对各种挑战，大力发展集旅游观光、特色医疗、中医养生、中药膳食为一体的现代生态农业休闲观光园，延长大健康产业链。实现以游带医、以医带养、以养带药的健康产业良性循环。

三是做好做实养老护理产业。我国老年人长期护理总费用需 8590 亿 ~ 14316 亿元，占 GDP 预测值的 0.32% ~0.53%。辽宁省是老年人口占比较大的省份，有做好养老产业的人口优势。辽宁应充分利用现有基层医疗资源，以村、社区 65 岁以上老人体检为切入口，通过体检车，实现医生带设备上门提供体检服务，解决老人去医院体检难的问题。做好做实基层健康大数据、云计算等平台，确实掌握辽宁省老年病、慢性病的特点，为临床治疗与科研提供翔实的数据支持。

四是大力发展健康咨询、健康管理产业。依托省内医药企业和医疗机构成立健康咨询和健康管理中心，利用健康咨询和健康管理中心的人才和平台优势发展健康咨询、健康管理等产业，提升大健康产业的服务质量，促进大健康产业向着更高层次、更全面地发展，为辽宁省大健康产业全覆盖、全周期、全方位发展打基础。

五是打造医药健康拳头企业。对具有发展潜力的几家大型企业，在研发新产品方面进行扶持。以企业为依托精准转化生物医药科研成果，发展生物

医药制剂类等有较高附加值的产品。重点发展肿瘤治疗药物、心脑血管疾病治疗药物、抗艾滋病治疗药物，加快研发肿瘤和艾滋病预防疫苗。引进一批战略投资者，打通生物制药行业的投融资渠道，加快建设资金保障平台。另外，要对企业进行合理定位。首先为品牌建立较为稳固的根基。这个阶段是为企业进行方向性定位的阶段，尤为重要。企业一定要仔细研究自身的实际情况，通过自身反省和外脑观察这种内外结合的方式，充分了解企业自身的优势所在，从而确定企业定位。一般来说，可以从以下三个方面来考虑：其一，产品方面。医药商业企业经营的首要元素是药品。企业药品销售的方向，决定了企业发力的方向。企业可以充分研究目前自身产品体系的情况，弄清楚自身是以中药为主还是以西药为主、是以大科室品种药为主还是以特色品种药品为主、是以针剂为主还是以口服剂或膏剂等剂型为主、是以品牌药品经营为主还是以普通药品经营为主。通过这样的细分，整合企业的资源，确定企业未来的发展方向。其二，价格方面。价格作为目前市场竞争中比较敏感的因素，也可以作为医药行业企业实现品牌个性化的参考因素。高价位药品有其特有的适用群体，而低价位药品也有其特定的消费群体，这是由中国消费者基数庞大的多元化结构决定的。所以，在企业产品的市场营销之路上，价格战略决定了战术组合的不同，从而形成企业品牌的不同属性。其三，渠道方面。医药商业企业面对终端的销售，总有其占据主导地位的渠道，不可能面面俱到均衡发展。这种渠道定位的不同，也决定了医药商业企业各自有其独特的渠道优势资源，或是临床渠道，或是第三终端，或是OTC 渠道，抑或是某一细分的特殊渠道（如专科渠道）。销售渠道作为影响企业销售的核心环节，其定位准确才是企业打造个性品牌的核心元素。

六是辽宁省应建设成立大健康产业协同创新中心。充分依托省内高等院校和科研院所，联合健康企业和医疗机构建立大健康产业协同创新中心，开展大健康产业发展的关键性技术研究，通过协同创新中心的人才和平台优势重点攻关大健康产业发展面临的深层次、全局性问题；为大健康产业发展研究制定和完善相关产业法规和政策；培养发展大健康产业的高层次人才，建立健全大健康产业人才梯队。

## 参考文献

张彬：《央企积极布局健康产业》，《经济参考报》2013 年 4 月 12 日。

王振国：《加快健康产业发展的思考》，《吉林日报》2010 年 11 月 15 日。

张冰雁：《健康管理在雅安市社区卫生服务中的应用研究》，电子科技大学硕士学位论文，2012。

# B.16

# 辽宁省食品安全监管现状与对策建议

王淑娟*

**摘　要：** 2017年，辽宁省食品安全治理取得突出成绩。采取的一系列措施如加强食品安全监管体制建设，健全法律体系，加强监测能力，严厉打击食品安全违法犯罪行为等，使辽宁食品安全水平稳中有升。但一些制度性、体制机制性问题还未从根本上得到解决，辽宁省应该继续重视食品安全监管工作，通过不断完善制度保障，健全法规体系，加强食品安全非制度保障建设等，积极推动食品安全监管创新，以保障食品安全供给。

**关键词：** 辽宁省　食品安全　监管创新　社会共治

## 一　辽宁省食品安全监管工作现状

党的十九大报告提出"实施食品安全战略，让人民吃得放心"。这是党中央对各级食品药品监管部门做出的明确指示，也是食品安全监管工作的根本目标与基本遵循。辽宁省委、省政府非常重视食品安全工作，在完善食品安全监管体制、健全食品安全法律体系、提升食品安全检测技术水平、食品安全市场监管等方面，都做了较为成功的尝试，并取得了突出成绩，辽宁食品安全水平明显提高。2017年辽宁省各地食品安全工作得到显著

* 王淑娟，辽宁社会科学院经济研究所副研究员，经济学博士，主要研究方向为公共经济。

加强，没有出现区域性、系统性食品安全问题报告，食品安全基本保持了总体稳定向好的态势。

### （一）食品安全监管体制进一步理顺

辽宁省食品安全监管主要是通过在省、市、县（区）政府成立食品安全委员会，由其负责食品安全监管。其中，市、县、乡三级食品安全监管体制改革基本完成，村级协管员队伍全面组建，一个政府统一领导、各部门联动的食品安全监管体系已初步建成。为强化食品安全管理，食品安全监管已被列入相关政府部门政绩考核体系。食源性疾病检测样本数量完成率和食源性疾病病例监测报告等指标被列入辽宁省政府和各市政府卫生计生目标责任状考核体系。辽宁省食品药品监督管理局在推动建立落实食品安全企业主体责任、地方政府负总责的机制方面做出了努力，为系统性地防范食品安全风险起了重要作用。

### （二）食品安全监管法规体系进一步完善

随着对食品安全的日益重视，辽宁食品安全法律法规体系进一步完善。制定出台了一系列法律法规和政府规章，如《辽宁省畜禽产品质量安全管理条例》《辽宁省畜禽屠宰管理条例》《辽宁省食品生产许可电子证书管理暂行规定》《辽宁省农产品质量安全管理办法》《辽宁省清真食品生产经营管理条例》《辽宁省食品安全条例》等。为配合《辽宁省食品安全条例》和《辽宁省食品生产加工小作坊生产许可管理办法（试行）》等有关规定的实施，辽宁省制定了《辽宁省食品生产加工小作坊生产许可审查通则（试行）》。《辽宁省中小学生校外托餐食品安全监督管理办法（试行）》和《辽宁省农村集体聚餐食品安全管理办法（试行）》的制定实施，为填补小饭桌等食品安全法规体系空白和完善辽宁省食品安全监管提供了法治保障。

### （三）食品安全监管力度进一步加大

食品安全网格化管理得到积极推行，针对食品生产经营各个环节的重点难题问题，组织开展了针对各类重点品种的治理整顿和严厉打击非法添加非食用物质和滥用食品添加剂等违法犯罪专项行动，对典型案例进行严厉查处，解决了群众反映较强烈的问题。辽宁省食品药品监督管理局公布了2017年全年食品安全监督抽检信息共计40期，对于每期监督抽检检验项目、合格产品、不合格产品情况在附件中详细列明，普通上网用户都可以下载查看。2017年第三季度辽宁省各类食品监督抽检结果显示，各类食品安全抽检样本共计15853批次，其中15597批次合格，256批次不合格，合格率98.4%。与全国同年第三季度各类食品监督抽检结果比较，合格率高出0.8个百分点。辽宁各类食品监督抽检中，乳制品、速冻食品、薯类和膨化食品、蛋制品、可可及焙烤咖啡产品、特殊膳食食品、婴幼儿配方食品、食品添加剂合格率均达到了100%。对于公布的不合格样品，辽宁省食品药品监督管理局组织各市食品药品监管部门依法进行查处。

### （四）食品安全监管能力有所提升

省政府办公厅印发了《辽宁省加强食品安全监管四年滚动计划（2017～2020年）》和《2017年辽宁省食品安全重点工作安排》，对今后食品安全监管工作有重要政策指导意义。监管能力提升主要体现在检测技术水平的提高、监管队伍的壮大、科技水平的提高，以及食品安全风险预警和抽检、应急处置能力的提高等方面。随着食品安全检测技术水平的提高和食品安全标准的逐步完善，以及《辽宁省食品安全标准与监测评估“十三五”规划》的出台，预计到“十三五”期末，全省食品安全风险监测能力将明显提升，省、市、县、乡四级工作网络将基本完善。

辽宁省食品安全检测技术取得了重大进展，填补了相关领域国内、国际多项空白。依据《健康辽宁2030行动纲要》，到2030年，全民健康素养将达到大于等于30%的水平，届时，食品药品安全将得到有效保障，消除一批重大疾病危害。为此，辽宁省食品安全监管部门正在积极努力，做好风险监测和食品安全标准工作，共建共享，促进食品安全与健康融合，充分发挥食品安全标准工作和食品安全检测在食品安全治理中的基础性作用。

《2017 年辽宁省食品安全监督抽检计划实施方案》的制定，为食品药品安全监督管理局组织对本行政区域内的各类食品进行监督抽检提供了依据。实践证明，抽检效果明显，有效地推动了企业自律和社会道德感的培育。

## 二　辽宁食品安全监管中存在的主要问题

### （一）食品安全监管体制亟须完善

食品安全监管体制历经数次改革，辽宁省依据中央机构改革总体方案进行调节，逐步适应市场经济发展需要和监管创新的需要。在现有食品安全监管体制下，地方政府对食品安全负总责的工作格局并未完善，地方保护主义时有发生。企业存在寻租行为，基层监管人员缺乏和处罚力度不够，导致“暗访”“抽检”等结果并不理想。2017 年是推进健康辽宁建设的关键年，《中共中央关于深化党和国家机构改革方案》出台，新一轮政府机构改革中，将国家工商总局的职责、国家质检总局的职责、国家食药监总局的职责等进行整合，组建了国家市场监督管理总局，形成综合监管新格局。史上最严食品安全法强调前端管理、源头治理、风险监测和预警机制，而目前辽宁省食品安全监管体制并未完全理顺，交叉监管的现象仍然存在，最严格的覆盖全过程的监管制度尚未建立。由于改革涉及其他部门的人员编制、经费使用以及设备等协调问题，按照中央改革方向和地方特色，辽宁食品安全监管体制调整起来具有一定的难度。辽宁总体改革朝着回归垂直管理的方向进行，通常机构改革需要两年时间，改革的实际内容和成效值得关注。

### （二）食品安全法律体系不健全，食品安全标准体系亟待完善

网售食品和农村食品安全监管法规亟须完善。外卖食品安全涉及原材

料、储存、制作到配送等环节甚至全链条的食品安全隐患，当前掀起的线上消费热潮，对线下消费产生了迭代冲击，导致线下消费互联网化的趋势比较明显。而目前各类平台食品安全法规体系并不健全。《辽宁省食品经营许可审查细则（试行）》明确规定了通过互联网从事食品经营者，必须申请网络经营方式，提供相应的材料供许可机关审查，审查合格者才能继续销售。但是在相关细则中，并未对网络销售的产品因包装造成的食品安全隐患进行明确规定。

食品安全标准过多过滥，重叠交叉，缺乏统一性。标准较多，这是我国食品安全监管领域普遍存在的问题。食品安全标准有国家标准、地方标准、企业标准，且老标准不及时修订，而新标准又未及时制定，这严重束缚了辽宁省食品安全工作的进一步开展。有关资料显示，我国食品安全标准中大多数低于国际标准和国外先进标准，国内食品安全标准采用国际标准和国外先进标准的比例是23%，而我国国家标准采标率总体水平为44.2%，行业标准国际采标率更低。由于国内农业初级产品标准采标率过低，特别是在国家标准采标率和行业标准国际采标率更低的情况下，食品质量安全存在隐患。早在2015年辽宁省就发布了包括酸菜、即食海参、餐具集中消毒、鸡肝和鸡肉等在内的四项食品安全地方标准，但标准体系应随着食品安全意识和技术水平的提高而进行相应完善，标准修订工作应引起重视。

### （三）食品安全抽检工作需加强

食品安全抽检结果不容乐观，食品安全监管执行力亟待提升。依据各类食品监督抽检结果，无论是对于合格率这样的还算令人满意的结果，还是那些一直被视为“重点监管”领域的难题，都应当正确看待，这样才能有助于提升总体监管水平。依据省食品药品监督管理局官网统计数据，2017年辽宁省各类食品监督具体抽检结果见表1。

辽宁省食品安全技术鉴定方面存在严重问题，是食品安全监管的短板。在抽查检测企业食品安全问题时，往往出现一些食品企业因技术鉴定无法明断、致证据欠充分而免于刑罚的情况。抽检结果中，发现食品中超范围、超

**表 1　2017 年辽宁省各类食品监督抽检结果汇总**

| 食品类别 | 抽检批次 | 合格批次 | 不合格批次 | 合格率(%) |
|---|---|---|---|---|
| 粮食加工品 | 4170 | 4144 | 26 | 99.4 |
| 食用油、油脂及其制品 | 2197 | 2170 | 27 | 98.8 |
| 调味品 | 4013 | 3961 | 52 | 98.7 |
| 肉制品 | 4303 | 4234 | 69 | 98.4 |
| 乳制品 | 3293 | 3227 | 66 | 98.0 |
| 饮料 | 3482 | 3425 | 57 | 98.4 |
| 方便食品 | 534 | 529 | 5 | 99.1 |
| 饼干 | 714 | 697 | 17 | 97.6 |
| 罐头 | 688 | 682 | 6 | 99.1 |
| 冷冻饮品 | 872 | 822 | 50 | 94.3 |
| 速冻食品 | 923 | 912 | 11 | 98.8 |
| 薯类和膨化食品 | 699 | 690 | 9 | 98.7 |
| 糖果制品 | 652 | 645 | 7 | 98.9 |
| 茶叶及相关制品 | 199 | 199 | 0 | 100 |
| 酒类 | 3957 | 3872 | 85 | 97.9 |
| 蔬菜制品 | 1717 | 1677 | 40 | 97.7 |
| 水果制品 | 872 | 829 | 43 | 95.1 |
| 炒货食品及坚果制品 | 1076 | 1007 | 69 | 93.6 |
| 蛋制品 | 399 | 374 | 25 | 93.7 |
| 可可及焙烤咖啡产品 | 28 | 27 | 1 | 96.4 |
| 食糖 | 362 | 347 | 15 | 95.9 |
| 水产品 | 1414 | 1386 | 28 | 98.0 |
| 淀粉及淀粉制品 | 646 | 618 | 28 | 95.7 |
| 糕点 | 4387 | 4206 | 181 | 95.9 |
| 豆制品 | 1089 | 1053 | 36 | 96.7 |
| 蜂产品 | 395 | 384 | 11 | 97.2 |
| 特殊膳食食品 | 271 | 268 | 3 | 98.9 |
| 婴幼儿配方食品 | 249 | 248 | 1 | 99.6 |
| 食品添加剂 | 67 | 67 | 0 | 100 |
| 餐饮食品 | 4104 | 4046 | 58 | 98.6 |
| 食用农产品 | 3225 | 3148 | 77 | 97.6 |
| 合计 | 50997 | 49894 | 1103 | 97.8 |

资料来源：《辽宁省食品药品监督管理局关于 2017 年度食品安全监督抽检情况的通告》（辽食药监公告〔2018〕11 号），辽宁省食品药品监督管理局官网。

限量使用食品添加剂案例，占不合格总数的25.2%；食品中有微生物污染问题的案例，占不合格总数的25.1%；食品品质不达标案例，占不合格总数的15.3%；农兽药残留不合格数占不合格总数的2.69%；非法添加或使用非食用物质、禁用农兽药的案例，占不合格总数的2.54%；重金属污染案例，占不合格总数的1.12%；其他污染物污染案例，占不合格总数的1.94%。虽说在统计意义上，食品抽检合格率较过去有所进步，但是它并不能完全真实反映该地区食品安全总体状况。对于在抽检中还算令人满意的结果，监管放松有可能带来新的食品安全问题。

### （四）农村食品和网售食品市场乱象亟须加强整治

农村食品质量存在一定的安全隐患，农村食品经营者主体责任落实不到位的问题也很突出。辽宁省对于农村食品经营者违法行为的监管和惩罚执行力不足。学校周边、城乡接合部、乡镇、小卖部等地方，“三无”（无生产厂家、无生产地址、无产品商标）食品问题严重。相比城区食品安全监管，农村的食品安全监管力量特别薄弱，个别不法监管者还存在“养鱼执法”行为，农村食品市场乱象亟须整治。

黑加工点、黑作坊一般地处城乡接合部或者农村比较隐蔽的地区，不合格产品的生产、流通均无记录也无账目可查。由于相关利益人合谋行为的普遍存在，原材料提供、初加工、深加工、批发、销售一条龙的产业链已经形成。对于这类情况，食品安全监管部门在经费、人力等有限的情况下，一般连基本的抽查样本检测都无法做到，基本处于监管缺失的状况。此外，部门间联合执法机制不健全，对虚假食品广告的规范和查处力度不够。

目前在辽宁省农村食品销售环节的监管主要体现为省级“双随机”检查。2017年辽宁省在对农村的食品安全监督检查中，以地市为单位，覆盖14个市，在随机选取的32家农村食品销售样本单位中，累计检查项目8118项，共发现问题717项，问题发现比例为15%。农村消费者对食品安全辨别能力较差，维权意识不强，一般选择看似“物美价廉”的产品，这给质量不合格的山寨食品营造了广大的销售市场，同时一些农村和城乡接合部的小商店销售一些过期食品，广大农村消费者购买时一般不会关注保质期，而这类食品如果长期食用，对人体危害极大。省食药监局利用有限的时间，通过专项整治的方式对农村食品安全进行监督，并不能从根本上解决农村食品安全问题，食品安全市场监管工作执行力亟待加强。

外卖食品安全的监管基本处于缺失状态。市场准入方面，无证餐饮单位渗透到网络交易平台中的情况屡见不鲜。在规范网络订餐方面，准入机制仍不健全，第三方平台对入网餐饮单位提交的相关资质证明等做到现场核实的少。这就无法确保外卖食品供给单位的资质及其生产场所达到卫生标准等，这使得网售食品天然地带有安全风险。

此外，送餐的容器与高温食品接触，食品会否受到容器的污染，或者是否会有一定的有害物质挥发到食物中去，这是值得注意的问题。目前，装有外卖食物容器的塑料，比较常见的有如下几类：1 号聚对苯二甲酸乙二醇酯（PET）、5 号聚丙烯（PP）和 6 号聚苯丙烯（PS）。具体见表 2。

**表 2　容器塑料种类及应用举例**

| 序号 | 塑料种类 | 在生产过程中是否使用塑化剂 | 耐热范围（℃） | 应用举例 |
|---|---|---|---|---|
| 1 | 聚对苯二甲酸乙二醇酯(PET) | 不需要 | 80 | 用后即弃饮料瓶 |
| 2 | 高密度聚乙烯(HDPE) | 不需要 | 75 | 奶类、乳酪饮料瓶 |
| 3 | 聚氯乙烯(PVC) | 需要 | 80 | 玻璃瓶的金属盖垫片、商用保鲜纸、手套 |
| 4 | 低密度聚乙烯(LDPE) | 不需要 | 70 | 保鲜纸、食物袋 |
| 5 | 聚丙烯(PP) | 不需要 | 140 | 可用于微波炉的容器、饮管 |
| 6 | 聚苯丙烯(PS) | 不需要 | 95 | 用完即弃的外卖盒 |

用 PVC 制成的塑料容器含有塑化剂，而 PVC 是最常使用塑化剂的硬塑料，PVC 受热后会产生一种有毒物质，对身体的生殖系统会造成严重影响。对于此类原因造成的食品安全问题，目前处于监管不到位的状态。

### （五）食品安全追溯体系不健全，食品安全主体责任无法全面落实

食品安全追溯体系建设滞后是影响食品生产经营者主体责任承担的重要原因。并非所有食品生产经营者都会严格按照《食品安全法》的规定建立并执行食品原料、食品添加剂、食品相关产品进货查验制度，以及出厂检验记录、销售记录等制度。特别是小作坊、小餐饮企业、食品摊贩，进货查验记录缺失情况比较多见，食品生产经营者的主体责任无法全面落实。监管部门进行查验的时候，并不能出示相关凭证，无法确保食品安全责任可追溯。目前辽宁仍在探索将冷链物流纳入食品安全追溯体系工作。

《辽宁省加快推进重要产品追溯体系建设工作实施方案》已发布，为实现 2020 年辽宁省建成“食品安全放心省”目标，未来辽宁省内所有食品生产经营者都将接受较全面严格的监管，促使其达到主体责任标准。要实现食用农产品合作社、农产品龙头企业以及重点领域规模以上食品生产经营企业的产品质量可追溯达到 100%，任务艰巨。

### （六）公众参与不足，食品安全社会共治格局尚未全面形成

辽宁社会共治格局尚未全面形成，这也是各地食品安全监管普遍存在的问题。近年来食品安全监管体制改革思路，均体现了社会共治思想。但是从实际情况来看，公众参与和行业协会等社会各界监督作用发挥得并不充分，影响了食品安全监管效果。

从消费者的角度来看，消费者受专业知识、信息、收入以及消费观念等因素影响，相比食品经营者，对食品安全风险的判断不够准确。普通消费者一般也不会以承担诉讼成本为代价来积极实现食品安全的公众参与最优。

从食品企业生产经营者的角度看，食品产业就是良心产业。有些食品企

业缺乏良心，只考虑经济利益，忽视安全卫生，不考虑社会责任，逃避食品质量的主体责任，针对这类食品企业生产经营者的规范体系还不健全。

从行业协会的角度看，行业协会作为政府与企业之间的桥梁纽带，其作用是显而易见的，但在减少行业内不正当潜规则、会员行为规范以及推动行业诚信建设等方面还需要继续加强。

此外，媒体宣传在很大程度上受检测机构和相关政府部门所掌握的信息的影响，有些媒体报道会在短期内对消费者消费安全食品起到警示作用，但媒体监督的效果仍有待检验。

## 三　推进辽宁省食品安全监管创新的对策建议

辽宁省正处于食品安全监管创新的关键时期，应本着确保消费者舌尖上的安全原则，凝聚全社会共治的合力，坚持源头控制、产管并重、重点治乱，明确责任。辽宁省要领会党的十九大报告提出的“实施食品安全战略”丰富内涵，紧密围绕《健康辽宁 2030 行动纲要》要求，通过加强有形的制度、技术体系建设和无形的企业道德建设，以及提高食品安全意识等来缓解食品供给与实际需求之间的矛盾，推动食品安全形势持续改善，共同维护全社会食品安全，不断提升全民满意度和获得感。

### （一）理顺食品监管体制机制，全力推进食品安全供给侧改革

全力推动供给侧结构性改革在食品产业方面得到了体现。而食品产业领域最需要的就是规范和安全，确保安全食品的供给成为食品安全监管的核心内容。近年来辽宁省食品安全事件屡屡发生，且不合格产品不断出现，食品安全问题并未从根本上得到解决，食品安全乱象亟须整治。为此，辽宁应积极贯彻党的十九大报告提出的“实施食品安全战略”的要求。一是加强顶层设计，构建统一高效的监管体制。在充分调研的基础上，借鉴先进经验，完善机构改革，科学合并“事权”，并适当增加“编制”，协调多部门监管。法律法规体系的完善是理顺食品安全监管体制机制的关键，未来辽宁省应继

续严格遵照《辽宁省食品安全条例》加强食品安全监管，细化相关法规并扩大监管覆盖面。比如将针对食品添加剂、食品安全标准、小作坊、小摊贩、学生小饭桌、乡村美食体验等问题的法规加以细化。二是各级政府要进一步完善组织管理体系，明确加大食品安全工作在地方政府绩效考核和地方领导干部综合考核评价中的权重。三是加强法律体系建设。加快建立健全网络食品安全的法律法规体系，加强对虚假食品广告的法律约束，加大惩罚力度。加快农村食品安全监管的法规体系建设，逐步完善对流动小摊贩、小饭桌、城乡接合部食品企业的监管体系建设。完善辽宁省地方标准管理机制，确保制定的食品安全地方标准具有地方特色。四是充实基层监管力量，优化农村食品安全监管体制。优化基层食品安全监管执法资源，加快协管员队伍建设，充实各地监管力量。扎实推进网格化监管，使"互联网+食品安全"成为整合完善四级监管网络的重要推手，并将协管员工作管理纳入法治化轨道。除了以上法律法规制度的完善，辽宁食品安全监管创新还要考虑强化非制度因素的影响，引导非正式制度发展，促进正式制度更加完善。比如考虑加强企业伦理道德与诚信意识的培养，推动消费者健康消费心理和安全意识的提升等。

### （二）推动科技创新，提高食品安全监测水平

食品安全标准和监测工作在食品安全治理体系中具有不可替代的基础性作用，因此在食品安全监管工作中，要继续坚持共享共建原则，强化食品安全标准与监测工作体系。通过科技创新提高各市监测能力，建立健全长效食品安全标准管理机制。

科技创新能力直接决定了食品安全检测技术水平，随着检测技术水平的提升以及食品安全标准统一和优化，食品安全水平必然会提高。具体可以通过市场化运作方式引导社会资本投入科技创新活动，全社会共同致力于食品安全检测技术的开发和应用，继续推动辽宁与江苏人才对口交流合作，并继续将科技创新重点放在创新环境构建、开展创新主体培育行动、加速科技成果转移转化等方面，通过科技创新尽快突破食品安全关键检测技

术开发的科技瓶颈。

推动科技创新，提高监管能力，打造高素质专业监管队伍。最基本的就是要打造高素质的专业人才队伍，要建立健全高层次人才培养和引入机制，完善人才流动机制。近年来各地招揽人才的举措很多，也取得了实际效果，如沈阳市“盛京优才英才”集聚培训计划的实施；大连市“5 + 22”人才政策；2017 年锦州市出台的《关于促进实体经济发展引进培育科技创新创业人才的实施意见》；葫芦岛市等以高补贴经费吸纳高层次科技人才。各地可以尝试学习这些做法，并创新吸纳人才的办法，比如创造更为宽松的人才交流环境，形成良好的人才流动机制，建立学科行业专家库，进而推动食品安全产学研及监管一体化发展。

### （三）创新食品安全监管模式，全面加强监管执行

辽宁省要以国家食品安全示范城市创建为契机，按照相关标准，创新食品安全监管模式，加强食品安全监管，特别是毫不放松地抓好专项整治，对食品违法犯罪行为“零容忍”。建立健全食品安全监管技术支撑体系，运用科技化的监管手段，建立健全标准化集贸市场快检室，开展电子监控地图项目建设，加强对食品生产企业、农家乐等场所实施全覆盖移动执法。借鉴盘锦模式，探索通过集中配送保障供应安全食品，即通过试点食品销售环节“集中配送企业 + 食品销售者”模式，加强食品安全监管执行。规范符合条件资质的企业通过“基地 + 采购”的方式采购产品，包括食用农产品。规范进货渠道，通过“企业快检 + 第三方抽检 + 监管部门监检”方式，对采购食品进行全方位检验检测，确保配送食品安全有保障。

全面加强监管执行，对食品违法犯罪行为“零容忍”。坚持“最严谨的标准、最严格的监管、最严厉的处罚、最严肃的问责”，坚持贯彻“最严食品安全法”，持续加大食品安全监管力度。党的十九大报告提出实施乡村振兴战略，农村食品安全监管工作作为乡村振兴战略的重要内容，亟须完善。加强农村食品安全日常监管需要加大财政投入，继续尝试聘请特邀食品安全监督员和村级食品安全信息员，依据实际需要，增加食品监管人员编制，并

规避广大农村基层一线的监管人员的监督不作为。重点对乡村小商店的食品进行监督检查，对违法犯罪行为进行严惩；重点检查小作坊、校园周边食品安全，小饭桌食品安全，旅游市场食品安全等。还应重点对网络食品安全加强监管，对于一些典型案例，应重点查办，以儆效尤。

### （四）落实企业主体责任，推动食品企业担当社会道德责任

继续推进落实食品安全主体责任要求，督促食品经营企业公示企业主体资质、日常监管记录、企业食品安全承诺等信息。弘扬社会道德，严格落实食品安全企业主体责任，是确保食品安全监管效果的重要方面。企业道德责任是其社会责任的重要组成部分，而其道德责任的形成和承担程度与企业未来发展息息相关，企业道德责任主要取决于其核心领导层的道德观念和经营理念。因此，鼓励和支持那些严守道德、合法经营的生产经营者，成为监管机构应该考虑的重要课题。针对食品生产经营者的激励措施，有可能产生皮格马利翁效应，从而使监管结果朝着更加积极的方向发展。

### （五）全社会共同缔造食品安全监管网，力促社会共治新常态

动员全社会的力量，使各方共同参与食品安全监管工作，在全社会营造良好的舆论氛围，力促社会共治新常态，加快辽宁省各市创建国家食品安全示范城市步伐。

落实监管责任，加强党和政府对食品安全监管工作的领导，在机构改革中不断完善食品安全监管部门的监管责任，形成食品安全监管良性发展体系。食品监管部门应定期在社区、农村做“食品消费提示”宣传，使普通消费者充分了解普通食品、保健食品的选购注意事项，并逐渐使普通消费者成为食品安全的重要监督者。增强广大消费者食品安全意识，畅通民意诉求渠道，完善并落实有奖举报政策，建立覆盖城乡、互联互通的食品安全监管体系。

着力建立健全食品安全“执法人员 + 监督员 + 村级信息员”的社会共治模式，打通食品安全监管“最后一公里”。同时，要注意严查信息员不作

为现象。基层食品安全监管执法队伍建设是重要内容，也是今后食品安全监管创新需要努力的重点，在目前监管执法资源有限的情况下，定期和不定期对农村食品安全治理进行专项检查成为最有效的方式。

开拓创新，借鉴学习，不断提高全省食品安全信息化整体水平，新闻媒体在这一监管过程中发挥着不可忽视的作用，要在舆论上加大企业违法成本，加大政府与企业合谋成本，从而起到良好的社会监督作用。在一个相对比较健全的食品安全体系网络中，媒体作为一个最佳的信息传播载体，而非信息爆料者，应在满足公众知情权、监督舆论、保护公众合法权益方面发挥不可替代的重要作用。在辽宁省食品安全体系网的不断完善过程中，可尝试实行特邀食品安全监督员制度。省内各市县区加大投入，聘请多名媒体记者担任特邀食品安全监督员，协助开展食品安全宣传和教育工作，主要是对食品安全工作举措、进展进行跟踪报道，真实地监督食品生产经营企业守法诚信经营。媒体真实、理性、建设性地报道真相，对于推动食品安全监管工作具有建设性作用。

# B.17
# 辽宁省生态环境建设的成效、问题及路径研究

沈忻昕　孙玉阳*

**摘　要：** 伴随着经济的快速发展，人们对美好环境的需求日益凸显。辽宁城乡“生态文明”理念不断加强，环境治理工作水平不断提升，“蓝天工程”的实施、“碧水工程”的贯彻、“净土工程”的推进，使全省环境治理状况较之前得到明显改善。但是，辽宁作为老工业基地，环境保护历史欠账较多，加之处于老工业基地振兴和经济转型的关键时期，存在空气质量有待提高、部分流域污染出现反弹、秸秆焚烧依然存在、土壤治理有待加强、农村环境有待治理等突出问题。因此，辽宁需要不断完善环境领域相关政策，包括优化能源结构、实现产业结构升级、实行河长制等具体可行的对策，并需要进一步落实，才能保障环境与经济协同发展，为决胜全面小康宏伟目标提供强有力支撑。

**关键词：** 辽宁省　环境保护　生态文明　老工业基地

党的十九大报告提出，要提供更多优质生态产品以满足人民日益增长的优美生态环境需要。2017 年，辽宁省在生态文明建设方面取得的成效显著，

* 沈忻昕，辽宁社会科学院城市发展研究所副所长、副研究员；孙玉阳，沈阳城市建设学院讲师。

生态环境治理明显加强，环境状况得到改善，然而人民日益增长的对美好环境的需求和环境供给不平衡不充分的矛盾依然突出。围绕辽宁老工业基地新一轮振兴发展和补齐辽宁生态环境短板，以提升环境质量和促进振兴发展为主线，实现经济与环境协同发展，从而实现全面建成小康社会的目标，辽宁省委省政府采取多项政策和措施，推进了辽宁省环境的改善。

## 一　辽宁省生态环境建设取得明显成效

### （一）环境治理政策不断完善

《辽宁省“十三五”控制温室气体排放工作方案》（辽政发〔2017〕3号）要求，到2020年，全省单位地区生产总值二氧化碳排放比2015年下降18%，碳排放总量得到有效控制。氢氟碳化物、甲烷、氧化亚氮、全氟化碳、六氟化硫等非二氧化碳温室气体控排取得成效。

《辽宁省“十三五”节能减排综合工作实施方案》（辽政发〔2017〕21号）强调全省单位地区生产总值能耗要有明显改善，到2020年要比2015年下降15%；强调能源消费增量有明显改善，到2020年要控制在3550万吨标准煤以内；强调化学需氧量、氨氮、二氧化硫、氮氧化物排放总量要有明显改善，到2020年要分别控制在101.1万吨、8.8万吨、77.5万吨、66.2万吨以内，比2015年分别下降13.4%、8.8%、20%、20%。

《辽宁省控制污染物排放许可制实施计划》（辽政办发〔2017〕12号）提出完成覆盖所有固定污染源的排污许可证核发工作日程表，要求到2020年完成两大目标：一是实现由行政区域污染物排放总量控制向企事业单位污染物排放总量控制转变；二是实现对固定污染源系统化、科学化、法治化、精细化、信息化的“一证式”管理。

《辽宁省污染防治与生态建设和保护攻坚行动计划（2017～2020年）》（辽政发〔2017〕22号）明确全省环境空气质量达标率要有明显改善，到2020年不低于76.5%；明确全省空气中细颗粒物（PM2.5）浓度要有明显改善，到2020年下降到42微克/立方米；明确全省河流水质优良比例要有明显改善，到2020年达到51.16%以上；明确各市集中式饮用水水源地水质要有明显改善，到2020年优良比例达到96.29%以上；明确建成区黑臭水体要有明显改善，到2020年控制在10%以内。

《辽宁省河流断面水质污染补偿办法》（辽政办发〔2017〕45号）确认，一是凡是跨市断面当月水质指标值超过考核目标，由上游市对下游市给予超标补偿；二是干流断面水质超过考核目标，即缴纳补偿金100万元，递增超标一个水质类别则增加100万元；三是其他断面水质超过考核目标，必须缴纳补偿金50万元，递增超标一个水质类别，增加50万元。

《辽宁省城乡生活垃圾分类四年滚动计划实施方案（2017～2020年）》（辽政办发〔2017〕91号）对于基本建立垃圾分类相关法规规章和标准体系问题，规定到2020年底必须形成可复制、可推广的生活垃圾分类模式。同时规定沈阳、大连市城区生活垃圾回收利用率和盘锦市农村生活垃圾回收利用率，分别都要达到35%以上；东港市、新宾县、辽阳县农村生活垃圾回收利用率，要达到25%以上；其他地区也要结合实际，开展农村生活垃圾回收利用的试点工作。

《辽宁省畜禽养殖废弃物资源化利用工作方案（2017～2020年）》（辽政办发〔2017〕92号）规定了建立科学规范、权责清晰、约束有力的畜禽养殖废弃物资源化利用制度，要求到2020年全省畜禽粪污综合利用率和现有畜禽规模养殖场粪污处理设施装备配套率，分别达到75%和95%以上，并且大型规模养殖场粪污处理设施装备配套率提前一年达到100%，从而构建种养循环发展机制。

《辽宁省河长制工作管理办法（试行）》（辽政办发〔2017〕114号）宣布实行总河长会议、河长会议、部门联席会议和省河长办会议4种河长制会议的模式，规定总河长会议主要任务是研究决定全省河长制重大决策部署等，河长会议主要任务是研究决定责任区河长制重点工作、实施方案、推进措施等，部门联席会议主要任务是协调解决重点难点问题，协调开展专项整治等工作，省河长办会议主要任务是贯彻落实总河长、河长及部门联席会议要求等相关工作。

《辽宁省推进全省清洁取暖三年滚动计划（2018～2020年）》（辽政办发〔2017〕116号）规定：在城镇地区，要优先发展集中供暖，对于集中供暖难以覆盖的地方，要加快实施各类分散式清洁取暖方式；在农村地区，要优先利用地热、生物质能、太阳能等清洁能源取暖，特别是有条件的地区，要积极发展天然气或电供暖，适当扩大集中供暖延伸覆盖范围。总的目标是，全省力争2020年清洁取暖率达到70%以上。

### （二）环境整治强度不断加大

在“蓝天工程”建设方面，为了加快淘汰燃煤小锅炉工作，辽宁制定出台有关淘汰燃煤小锅炉的奖补办法，对各市拆除燃煤小锅炉工作进行绩效考评。到2017年11月底，辽宁就已经超额完成小锅炉拆除的全年任务，共拆除燃煤小锅炉6951台。为了降低热电联产机组和供暖锅炉对大气的污染排放，辽宁省共对46台热电联产机组进行超低排放技术改造。为了加快推进淘汰黄标车的工作，降低汽车尾气对大气的污染，沈阳、大连等各市相继出台了多项补贴政策，通过政策引导以及经济激励，加快淘汰黄标车。截至2017年11月底，辽宁已经提前完成全年淘汰黄标车的任务，全省累计淘汰黄标车和老旧车辆14.5万辆。辽宁还加强工地现场扬尘管控以及施工运输车的防尘管控，有效地抑制了扬尘的污染。针对农村的秸秆焚烧现象，加强县、乡、村三级机构的网络化管控，同时加大流动巡视力度，对重点区域以及重点事件加大巡查的力度和频率，对于出现火点的地区，严格按照省委省政府的规定实施问责程序。

在“碧水工程”建设方面，率先建立辽宁省四级河长制，加大管理力度。全省已经完成治污工程38项，支流河水质状况得到明显的改善。其中大连登沙河治理工作成效最为明显，成为全省第一条销号的未达标河流。同时辽宁也加大对河流跨界污染处罚的力度，现已对跨界超标污染累计处罚61次，总计扣缴资金达5583万元。将全省70条黑臭水体的名称、起始边界、达标期限等相关信息进行全部公示。与此同时，全省黑臭水体治理取得较好效果，为了降低城镇污水对河流污染的程度，辽宁对已有的38座城镇污水处理厂进行技术改造和升级，同时又新建了56座城镇污水处理厂，到目前为止，辽宁已经累计建设城镇污水处理厂160座，其污染处理能力达到855万吨/天，基本上满足省级以上工业集聚区污水处理的要求。

在“净土工程”建设方面，为加强土壤保护，全面推进土壤污染防治工作，加大防治力度，辽宁在全省范围内开展较为详细的土壤污染调查工作，并逐步建立和完善土壤环境监测网络，对土壤污染状况进行实时监测。不断完善土壤污染防治组织机构的建设，现已建立起省、市、县三级土壤污染防治组织机构，为土壤污染防治提供了机构保障。全省积极开展土壤污染状况详查，共布设农用地详查点位18437个、深层土壤点位208个、农产品点位1478个，在全国率先完成农产品采样。建设土壤环境监测网络，共布设点位1406个，2017年已对其中544个点位进行了监测。探索建立农用地分类管理相关制度，全省36个产粮（油）大县，全部启动了土壤环境保护方案编制工作。

在“美丽乡村”建设方面，深入开展宜居乡村建设，加大环境综合整治力度。2017年全省完成环境综合整治村611个，超额完成52%；开展农村“厕所革命”，完成生活污水集中收集处理村118个，超额完成18%；新增生活垃圾分类减量村330个，超额完成10%；创建省级生态镇20个、省级生态村200个。共建设村内沥青或水泥路面道路6288.3公里、村内桥梁3708.1延长米，受益人数474.7万人，超额完成省政府确定的4500公里年度目标任务，共安装太阳能路灯2.08万盏、垃圾箱等设备5250个，修建村内道路边沟296.5公里、村内水渠25.1公里、文化墙61.9万平方米、文体活动广场42.1万平方米，植树41.7万株。在农业部公布的2017年全国564家畜禽养殖标准化示范场名单中，辽宁省共有28家榜上有名，涉及生猪、蛋鸡、肉鸡、奶牛、肉牛、肉羊、肉驴、肉鸭等畜禽品种。辽宁省的国家级畜禽养殖标准化示范场的数量居全国各省份前列。

## （三）环境质量状况不断改进

全省大气质量进一步改善。根据《环境空气质量标准》（GB3095－2012）对辽宁大气质量的评价，2016 年，辽宁省 14 个地级以上城市环境空气质量整体良好，其中空气质量优、良的天数比例为 15.8% 和 61.8% 。全省城市环境空气中主要污染物的浓度分别为细颗粒物（PM2.5）为 46 微克/立方米、可吸入颗粒物（PM10）为 79 微克/立方米、二氧化硫（$SO_2$）为 34 微克/立方米、二氧化氮（$NO_2$）为 31 微克/立方米，与 2015 年相比浓度分别下降了 16.4% 、15.1% 、15.0% 、6.1% ，说明辽宁省大气治理工作取得了良好的效果，其中 PM2.5 和 PM10 含量分别超二级标准 0.31 倍和 0.13 倍，$SO_2$ 和 $NO_2$ 年均浓度符合二级标准，这就说明 PM2.5 和 PM10 仍然是辽宁大气污染治理的主要对象。与 2015 年相比，除 O3 日最大 8 小时平均第 90 百分位数浓度同比上升外，其余 5 项污染物浓度同比均下降，CO 日均值第 95 百分位数浓度下降了 20.0% 。

全省水质量进一步改善。2017 年前三季度，辽宁省国家“水十条”考核的 86 个河流水质断面中，Ⅰ至Ⅲ类水质占 54.7% ，同比上升 10.6 个百分点，说明流域水质的状况得到较大的改善。劣Ⅴ类占 9.3% ，同比下降 14.5 个百分点，也说明水污染治理措施取得明显的效果。国家考核的 54 个地级及以上城市集中式饮用水水源地中，50 个水源地水质达标，达标率为 92.6% 。在对入海河流水质断面的考核中，7 条入海河流全部达标。

全省土壤质量进一步改善。2017 年 12 月国土资源部发布《2016 年全国耕地质量等别更新评价主要数据成果的公告》，截至 2015 年末，全国耕地质量等别调查与评定面积为 13462.40 万公顷（20.19 亿亩），全国耕地评定为 15 个等别，1 等耕地质量最好，15 等最差。辽宁省共有耕地 7466.12 万亩，占全国耕地的 3.7% ，列各省区市的第 14 位，表 2 表明辽宁省耕地质量状况集中在中等地偏下，优等地为零，说明辽宁省耕地质量有待提高。

**表 1　2015 年辽宁省耕地质量状况**

单位：万亩

| 1 等 | 2 等 | 3 等 | 4 等 | 5 等 | 6 等 | 7 等 | 8 等 |
|---|---|---|---|---|---|---|---|
| 0 | 0 | 0 | 0 | 0 | 0 | 0.71 | 44.06 |
| 9 等 | 10 等 | 11 等 | 12 等 | 13 等 | 14 等 | 15 等 | 总计 |
| 429.45 | 1117.14 | 3132.05 | 2544.6 | 197.09 | 1.01 | 0 | 7466.12 |

资料来源：国土资源部。

## 二　辽宁省生态环境建设存在的突出问题

虽然辽宁生态环境保护工作在一定程度上取得了一些成绩，但是作为东北老工业基地，辽宁环境保护历史欠账较多，近几年新型工业化和新型城镇化正在快速推进，老的环境问题尚未根治，新的环境问题相继出现，环境保护形势依然严峻，面临的压力仍然较大。

### （一）生态文明建设整体排名靠后

2017 年 12 月国家统计局、国家发改委、环保部、中央组织部联合公布《2016 年生态文明建设年度评价结果公报》，虽然辽宁环境治理指数位列第 10 名，但是，环境质量指数和生态保护指数都列第 18 位，全国各省区市处在中下游水平。特别是辽宁绿色发展指数在 31 个省区市的排名中列第 27 名，其中资源利用指数、增长质量指数以及绿色生活指数分别列第 30、28、29 名，这是导致辽宁省生态建设排名靠后的主要原因（见表 2）。

**表 2　2016 年生态文明建设年度评价结果排序**

| 地区 | 绿色发展指数 | | | | | | | 公众满意程度 |
|---|---|---|---|---|---|---|---|---|
| | | 资源利用指数 | 环境治理指数 | 环境质量指数 | 生态保护指数 | 增长质量指数 | 绿色生活指数 | |
| 北　京 | 1 | 21 | 1 | 28 | 19 | 1 | 1 | 30 |
| 福　建 | 2 | 1 | 14 | 3 | 5 | 11 | 9 | 4 |
| 浙　江 | 3 | 5 | 4 | 12 | 16 | 3 | 5 | 9 |

**续表**

| 地区 | 绿色发展指数 | 资源利用指数 | 环境治理指数 | 环境质量指数 | 生态保护指数 | 增长质量指数 | 绿色生活指数 | 公众满意程度 |
|---|---|---|---|---|---|---|---|---|
| 上　海 | 4 | 9 | 3 | 24 | 28 | 2 | 2 | 23 |
| 重　庆 | 5 | 11 | 15 | 9 | 1 | 7 | 20 | 5 |
| 海　南 | 6 | 14 | 20 | 1 | 14 | 16 | 15 | 3 |
| 湖　北 | 7 | 4 | 7 | 13 | 17 | 13 | 17 | 20 |
| 湖　南 | 8 | 16 | 11 | 10 | 9 | 8 | 25 | 7 |
| 江　苏 | 9 | 2 | 8 | 21 | 31 | 4 | 3 | 17 |
| 云　南 | 10 | 7 | 25 | 5 | 2 | 25 | 28 | 14 |
| 吉　林 | 11 | 3 | 21 | 17 | 8 | 20 | 11 | 19 |
| 广　西 | 12 | 8 | 28 | 4 | 12 | 29 | 22 | 15 |
| 广　东 | 13 | 10 | 18 | 15 | 27 | 6 | 6 | 24 |
| 四　川 | 14 | 12 | 22 | 16 | 3 | 14 | 27 | 8 |
| 江　西 | 15 | 20 | 24 | 11 | 6 | 15 | 14 | 13 |
| 甘　肃 | 16 | 6 | 23 | 8 | 25 | 24 | 23 | 11 |
| 贵　州 | 17 | 26 | 19 | 7 | 7 | 19 | 26 | 2 |
| 山　东 | 18 | 23 | 5 | 23 | 26 | 10 | 8 | 16 |
| 安　徽 | 19 | 19 | 9 | 20 | 22 | 9 | 23 | 21 |
| 河　北 | 20 | 18 | 2 | 30 | 13 | 25 | 19 | 31 |
| 黑龙江 | 21 | 25 | 25 | 14 | 11 | 18 | 12 | 25 |
| 河　南 | 22 | 15 | 12 | 26 | 24 | 17 | 10 | 26 |
| 陕　西 | 23 | 22 | 17 | 22 | 23 | 12 | 21 | 18 |
| 内蒙古 | 24 | 28 | 16 | 19 | 15 | 23 | 13 | 22 |
| 青　海 | 25 | 24 | 30 | 6 | 21 | 30 | 30 | 6 |
| 山　西 | 26 | 29 | 13 | 29 | 20 | 21 | 4 | 27 |
| 辽　宁 | 27 | 30 | 10 | 18 | 18 | 28 | 29 | 28 |
| 天　津 | 28 | 12 | 6 | 31 | 30 | 5 | 7 | 29 |
| 宁　夏 | 29 | 17 | 27 | 27 | 29 | 22 | 16 | 10 |
| 西　藏 | 30 | 31 | 31 | 2 | 4 | 27 | 31 | 1 |
| 新　疆 | 31 | 27 | 29 | 25 | 10 | 31 | 18 | 12 |

## （二）大气污染治理失衡

依据国家《环境空气质量标准》（GB3095－2012），辽宁省的14个地级市中仅有大连、丹东、盘锦、营口四地的PM10浓度达到或超过国家二级标准，尚未有一座城市达到国家一级标准，其中抚顺、铁岭和朝阳PM10的排放情况持续恶化，朝阳最为严重。辽宁省14个地级市中仅有大连和丹东市的PM2.5浓度符合国家二级标准，尚未有一座城市达到国家一级标准，其中抚顺、朝阳和铁岭PM2.5的排放状况持续恶化，从综合指数来看，辽宁省大部分城市空气质量有所改善，但是部分城市的空气质量持续恶化，并且PM10和PM2.5仍是影响空气质量的重要因素。

**表3　2017年辽宁省各地区空气质量变化情况**

| | 空气质量综合指数 | | | PM 10 | | | PM 2.5 | | |
|---|---|---|---|---|---|---|---|---|---|
| | 综合指数 | 同比变化（%） | 排名 | 浓度（微克/立方米） | 同比变化（%） | 排名 | 浓度（微克/立方米） | 同比变化 | 排名 |
| 沈阳市 | 5.86 | 改善3.8 | 14 | 88 | 改善6.4 | 14 | 51 | 改善5.6 | 14 |
| 大连市 | 4.16 | 改善9.6 | 2 | 59 | 改善11.9 | 1 | 34 | 改善12.8 | 1 |
| 鞍山市 | 5.57 | 改善4.6 | 11 | 86 | 改善7.5 | 13 | 48 | 改善14.3 | 11 |
| 抚顺市 | 5.10 | 改善1.4 | 9 | 83 | 恶化6.4 | 10 | 47 | 恶化6.8 | 8 |
| 本溪市 | 4.68 | 改善9.1 | 3 | 71 | 改善4. | 5 | 40 | 改善11.1 | 3 |
| 丹东市 | 4.06 | 改善13.6 | 1 | 62 | 改善12.7 | 2 | 35 | 改善16.7 | 2 |
| 锦州市 | 5.79 | 改善5.7 | 12 | 80 | 改善1.2 | 6 | 48 | 改善12.7 | 11 |
| 营口市 | 4.81 | 改善1.6 | 5 | 69 | 改善5.5 | 4 | 43 | 改善2.3 | 7 |
| 阜新市 | 4.84 | 改善4.9 | 6 | 81 | 改善2.4 | 8 | 41 | 改善6.8 | 5 |
| 辽阳市 | 5.13 | 改善2.7 | 10 | 83 | 持平 | 10 | 47 | 持平 | 8 |
| 盘锦市 | 4.77 | 恶化0.2 | 4 | 67 | 持平 | 3 | 40 | 持平 | 3 |
| 铁岭市 | 5.06 | 恶化0.4 | 8 | 85 | 恶化2.4 | 12 | 50 | 恶化4.2 | 13 |
| 朝阳市 | 4.97 | 恶化7.6 | 7 | 80 | 恶化15.9 | 6 | 42 | 恶化7.7 | 6 |
| 葫芦岛市 | 5.81 | 改善2.5 | 13 | 82 | 改善5.7 | 9 | 47 | 持平 | 8 |

资料来源：辽宁省环保厅。

### （三）水污染“回潮”状况有所加剧

《辽宁省环境状况公报》（2016 年）按照 21 项指标对辽河、浑河、太子河等 90 个干、支流断面进行评价，结果显示，Ⅳ类水质断面占 42.7%，比 2015 年上升 3.8 个百分点，Ⅴ类水质断面占 20.2%，较 2015 年上升 5.8 个百分点，Ⅳ类、Ⅴ类劣、Ⅴ类水质断面合计占 82%。36 个干流断面中Ⅳ类、Ⅴ类劣、Ⅴ类水质断面合计占 80.5%，氨氮、总磷和五日生化需氧量仍然是污染的主要因素。辽宁省除鸭绿江流域以外，其他流域污染依然严重。

### （四）土壤污染蔓延状况不容忽略

辽宁土壤污染一般集中在企业或工业密集区、矿山及周边等地区。辽宁省各地区均有土壤重金属超标地块分布。其中镉污染主要来自重污染企业及周边地区、工业企业遗留或遗弃场地等。铬、砷等含量超标问题主要存在于采矿区及周边地区、重金属危险废物堆存区及周边地区。随着经济发展，城镇化水平提高，劳动力向城镇转移，农村出现空心化，加之土地交易制度的不断完善，农村部分土地被转让，土地集中化程度不断提升，并且农村生产方式由传统的人工生产方式向机械化生产方式转变，农药和化肥的使用量逐年增加，同时现有的土地生产能力已经遇到瓶颈，只有通过农药和化肥才能提高土地产量，而过度使用农药和化肥导致农村土地污染，土壤肥力下降，为了维持农田生产力，农民需要使用更多农药和化肥，由此造成恶性循环。

### （五）工业固体废弃物污染依然严重

根据《2017 年全国大、中城市固体废弃物污染环境防治年报》，辽宁省一般工业固体废弃物产生量，位居全国第二，总体产生量将近 2 亿吨（见图 1）。其中辽宁省的辽阳市共产生一般工业固体废弃物 5772.1 万吨，位居一般工业固体废弃物产生量排名前十城市的第二位。

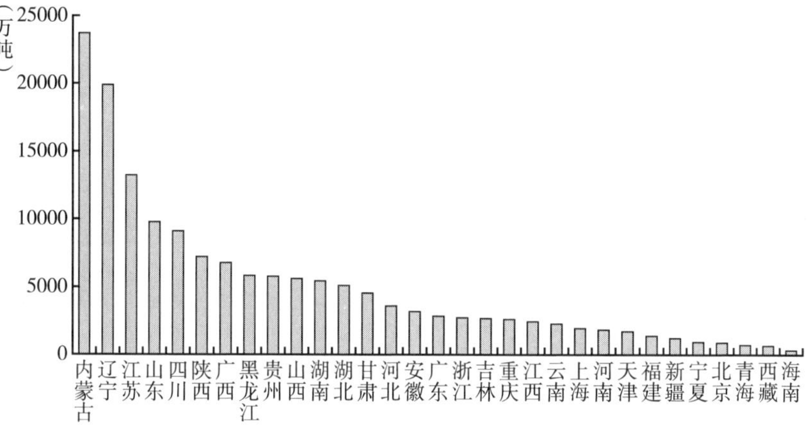


**图1　2016年辽宁省一般工业固体废弃物产生情况**

资料来源：《2017年全国大、中城市固体废弃物污染环境防治年报》。

## （六）秸秆焚烧现象难以杜绝

根据环保部卫星监测秸秆焚烧火点的数据，辽宁2017年月平均火点数54个，2016年月平均火点数42个，火点数较上年增长28.57%。秸秆焚烧贯穿全年，秸秆焚烧主要集中在1~4月、10~12月。

**表4　2017年环境卫星监测秸秆焚烧火点汇总（辽宁）**

| 月份 | 火点数(个) | 火点强度(个/千公顷耕地面积) | 2016年同期火点数(个) |
|---|---|---|---|
| 1 | 12 | 0.0037 | — |
| 2 | 86 | 0.0266 | 60 |
| 3 | 377 | 0.1167 | 140 |
| 4 | 30 | 0.0093 | 133 |
| 5 | 5 | 0.0015 | 2 |
| 6 | 3 | 0.0009 | 9 |
| 7 | 2 | 0.0006 | 5 |
| 8 | 3 | 0.0009 | 1 |

续表

| 月份 | 火点数(个) | 火点强度<br>(个/千公顷耕地面积) | 2016 年同期火点数<br>(个) |
|---|---|---|---|
| 9 | 8 | 0.0025 | 24 |
| 10 | 44 | 0.0136 | 58 |
| 11 | 56 | 0.0173 | 25 |
| 12 | 18 | 0.0056 | 4 |

资料来源：环保部官网。

### （七）海洋污染严重状况尚未改变

一方面，近岸海域环境污染仍然较重，主要是因为部分地区污水管网建设相对滞后，污水处理能力不足，导致部分污水未经过有效的处理直接排到海洋，加之入海污染物排放总量过大，加剧近海岸的污染程度。其中2016 年，Ⅵ类海域面积仍然较大，共计 767 平方公里，主要分布在大连、锦州、盘锦和营口市海域，其中大连海域污染最为严重，其劣Ⅵ类海域面积达 2321 平方公里。另一方面，围填海造地对海洋生态造成破坏。为满足不断增加的港口、临港工业区和房地产开发用地需求，一些地区违规开展围填海造地运动，造成自然岸线不断减少。截至目前，辽宁省大陆自然岸线占比较低，尚不能满足“水十条”以及辽宁省关于海洋功能 35% 区划的要求，并且对区域内的海洋生态环境造成严重破坏，使海洋生物呈现锐减趋势。

## 三 辽宁省生态环境建设的优化路径

### （一）大气治理需要进一步优化能源消费结构

一是必须加快落实新建用煤项目煤炭等量或者减量替代制度。全省实行煤炭消费总量控制和目标责任管理，在控制煤炭消费总量的基础上，提高煤炭使用的效率。通过推进气源和天然气管网建设，推进气化辽宁工程建设。

制定清洁能源供暖优惠价格政策，积极发展太阳能利用等清洁能源技术，扩大清洁能源的使用规模。

二是加快产业结构优化升级。在供给侧改革和振兴东北老工业基地背景下，积极推进化解煤炭等行业过剩产能，通过相关财税政策的积极引导，鼓励相关企业进行结构升级或转型转产，主动退出过剩产能。同时通过环境政策等措施，提高企业准入的门槛。积极发展包括新能源汽车、电子商务等在内的新兴行业，使其成为经济增长的新动力，提高新兴产业总产值在工业总产值中的比重。

三是继续推进原有小锅炉拆除工作，加强冬季供热建设。新建燃煤锅炉必须经省主管部门审批，并经过环评审查，严控新建燃煤锅炉数量和质量。各地区因地制宜制定供热发展规划或热电发展规划，深入推进一县一热源建设。充分利用钢铁、热电等行业余热资源，推进工业余热供暖。重点推广地下水源热泵、污水源热泵等热泵资源，适度发展“热泵”供热。

预计从 2018 年开始到 2020 年，全省大气污染治理路径进一步优化，二氧化硫、二氧化氮、一氧化碳、臭氧四项大气污染物稳定持续达到《环境空气质量标准》（GB3095 - 2012）二级标准；地级及以上城市可吸入颗粒物浓度控制在 85 微克/立方米；细颗粒物未达标地级及以上城市年均下降浓度完成国家下达的任务要求；地级及以上城市空气环境质量优良天数的比例完成国家下达的任务要求。

## （二）水污染治理需要进一步优化水资源利用结构

一是实施流域污染综合治理。实施水污染物排放限值，适度扩大排放限值实施范围。结合流域水质考核断面分布，将全省流域控制范围划分为 85 个控制单元。区分优先控制、重点控制和控制三类，对水体和水质实施分类管控、综合施策，确保所有断面水质达标。

二是加强工业水污染防治。全部取缔不符合国家产业政策和行业准入条件的“十小企业”，开展重点行业水污染整治。不断提高环境准入的标准，建立环境负面清单制度，禁止高污染企业进入，同时对不符合国家产业政策以及违反相关环境法律法规的企业应依法责令进行整改、停产甚至关闭。

三是进一步实行“一河一策”，层层建立“河长制”，确保水体水质达到目标要求。辽河干流河滩封育区植被覆盖率达到90%，辽河保护区湿地栖息地鸟类持续达到30种以上，鱼类恢复到50种以上。凌河干流河滨带地表植被覆盖率达到90%，凌河保护区鸟类达到77种以上，鱼类恢复到33种以上。

预计从2018年开始到2020年，全省水污染治理路径进一步优化，河流水质优良比例达到51.16%以上；各市建成区黑臭水体控制在10%以内，集中式饮用水水源地水质优良比例达到96.29%以上；全省地下水质量不下降，近岸海域水质优良比例不下降；辽河、凌河保护区水生态系统功能显著恢复，生态环境质量明显改善，生态系统呈良性循环趋势。辽宁生态环境保护水平与全面建成小康社会目标相适应。

### （三）土壤治理需要进一步优化国土资源保护结构

一是以耕地为重点，划定农用地土壤环境质量类别，建立分类清单，定期进行信息更新。在优先保护类耕地的集中区域，加快现有行业企业升级改造步伐。综合考虑土壤污染类型、土地利用类型、地区代表性等因素，分步骤推进土壤污染治理与修复。

二是大力推进、拓展测土配方施肥。一方面，因地制宜示范推广施肥新技术、高效新型肥料，探索有机养分资源利用的有效模式；另一方面，要加强对农业生产者的技术指导和培训，倡导和鼓励农民减少农药、化肥使用量，切实加强农药生产、销售与使用的有效管理与监督。

三是实现土壤环境质量监测点位对所有县（市、区）的全覆盖。制定辽宁省土壤污染治理与修复规划，建立项目库；加强土壤环境信息化管理，2018年，将环保、国土、农业等部门相关数据上报国家；力争到2020年，建成土壤环境基础数据库和土壤环境信息化管理平台辽宁子平台。

预计从2018年开始到2020年，全省土壤治理路径进一步优化，测土配方施肥率达90%以上；实施耕地质量保护与提升补助项目20万亩，开展黑土地保护利用试点项目20万亩；畜禽粪便养分还田率达到60%以上，机械施肥占主要农作物种植面积40%以上；生态农业发展道路得以积极探索，农用地和污染地块土壤污染治理与修复试点得以广泛开展。

## （四）工业固体废弃物污染治理需要进一步优化规范体系结构

一是加强工业固体废弃物相关的法律法规建设，将其依法纳入法治轨道，明确工业固体废弃物防治的标准。

二是在工业生产中改进工艺和技术，提高资源利用效率，同时推进清洁化生产，尽量使固体废弃物消灭在生产过程中。

三是加强一般工业固体废弃物的处理产业化建设，积极发展一般工业固体废弃物的处理技术、工艺和装备，推进一般工业固体废弃物的产业化。

预计从2018年开始到2020年，全省固体废弃物管理体系建设得到大力加强，通过固体废弃物申报登记，与总量控制相结合，综合利用各项管理方法和措施，加强一般工业固体废弃物的综合利用，实现工业固体废弃物资源效用最大化。

## （五）海洋保护需要进一步优化风险防控结构

一是控制和削减陆源污染物排放。完成清理非法和不合理入海排污口工作，依规责令进行关闭和改进；积极推进排污许可证核发工作，加强污染物的总量控制，不断加强海水养殖污染防控工作，防止造成海水的富营养化，制定并发布沿海6市《养殖水域滩涂规划》，规范海水养殖工作。

二是坚守海洋生态保护红线。不断完善和推进“海域－流域－控制区域”三级水污染控制体系的建设，推动以维护近海域生态系统为核心的海洋生态保护以及预防工作建设。严格执行海洋的生态红线制度，对于违反规定的人员按照相关法律法规进行从严从重处理，坚决遏制海岸线过度开发利用。

三是加强近岸海域环境污染防范能力建设。针对近海岸可能出现的重大环境风险，建立起环境响应机制，对可能发生的风险提早制定预案，一旦发

生风险能及时处理，避免因处理不当造成重大环境破坏。

预计从2018年开始到2020年，全省入海河流综合管控将深入推进，“河长制”将全面推行，“一河一策”综合治理水质达标方案将有效实施，近岸海域环境质量将切实改善。

## （六）农村环境治理需要进一步优化城乡公共资源共享结构

一是积极引导和扶持秸秆综合利用，促进秸秆的能源化利用，对于已经比较成熟的秸秆综合利用技术，要尽快向农村推广，推进肥料化利用，提高秸秆利用效率。

二是推进生物质能利用，结合乡村环境整治和节能减排措施，积极推广秸秆生物气化、热解气化、固化成型、炭化、直燃发电等技术，改善农村能源结构。

三是落实秸秆收储组织、秸秆收集专业户等主体，在有条件的农村，引导、扶持、建立像粮食收购站一样的秸秆收集处理中心，加快发展秸秆综合利用。深入推动农村生活垃圾分类减量和资源化利用试点建设，在44个涉农县（市、区）全面铺开。

预计从2018年开始到2020年，全省将建设1000个美丽乡村示范村、10000个宜居达标村，创建80个生态乡镇、800个生态村。新增完成环境综合整治建制村1900个以上，新建生活污水集中收集处理设施400套。完善农村基础设施建设，以村庄环境治理为重点，建设“环境整洁、设施完善、生态优良、传承历史、富庶文明”的宜居乡村。

# 乡村振兴篇

**Rural Revitalization Articles**

## B.18
## 2017年辽宁农村经济运行态势分析及对策建议研究

王 丹　王仕刚*

**摘　要：** 2017年辽宁积极落实各项强农惠农措施，农业经济发展取得了良好的成效，主要呈现出以下特征：粮食产量稳步增长，结构调整成效显现；畜牧业平稳发展，养殖结构略有调整；农民收入平稳增长，四项收入呈全面增长态势等。但在发展中也存在着基础设施弱、农业创新整体驱动力不强、新产业新业态兴起相对缓慢、农产品缺乏品牌效应等诸多现实问题。辽宁农业农村要实现优先发展，本文认为要从加快基础设施建设、积极采取措施推动农村三产融合发展、加快农业大数

* 王丹，辽宁社会科学院农村发展研究所研究员，主要研究方向为农村经济、区域经济；王仕刚，辽宁社会科学院农村发展研究所助理研究员，主要研究方向为农村经济、区域经济。

据开发、鼓励农业创新驱动、打造辽宁农业品牌等方面切实解决好目前面临的现实问题。

**关键词：** 乡村振兴　农民增收　结构调整　三产融合

## 一　2017年辽宁农村经济发展态势分析

2017 年辽宁省各级政府紧紧围绕推进农业供给侧结构性改革这条主线，以提高农业经济效益和增加农民收入为努力方向，坚持“稳产能、调结构、转方式”并重，贯彻落实中央一号文件精神，抓好各项强农惠农措施的落实，推进结构调整、绿色发展，积极促进农民增收，全省农村经济发展态势良好，粮食生产稳定，农业产业结构有所优化，经济运行总体平稳。

### （一）农村经济运行基本情况

1. 粮食产量稳步增长，结构调整成效显现

2017 年，据对全省 44 个县（市、区）741 个村 2223 个抽中地块的实测，全省粮食产量预计为 427.3 亿斤，比 2016 年增加 7.2 亿斤，增长了 1.7%，仅低于 2013 年，再创第二个丰收年，辽宁粮食生产能力已稳步跨入 400 亿斤大省行列，居全国第 12 位。其中，玉米、水稻总产量达到 389.5 亿斤，占粮食总产量的 91.1%。粮食单位面积产量为每亩 441.4 公斤，同比增长 1.9%。辽宁粮食单产水平仅低于吉林省，在 13 个粮食主产省①中列第二位。全省粮食生产能力超过 20 亿斤的产粮大县，由上年的 3 个上升到 4 个，分别是新民、黑山、昌图、建平，其中建平为新晋县，昌图县产量超过 45 亿斤。

① 13 个粮食主产省分别是：黑龙江、河南、山东、吉林、江苏、河北、四川、安徽、湖南、内蒙古、湖北、辽宁、江西。

**表1　2017 年辽宁省主要农作物产量**

单位：亿斤，%

| 粮食作物 | 产量 | 比上年增长 |
|---|---|---|
| 粮食总产量 | 427.3 | 1.7 |
| 谷物 | 406.7 | 0.1 |
| #玉米 | 289.8 | -1.1 |
| #水稻 | 99.7 | 2.8 |
| #谷子 | 7 | 52.6 |
| #高粱 | 8.4 | 16.7 |
| #其他谷物 | 1.3 | 15.5 |
| 豆类 | 8 | 30.3 |
| #大豆 | 7.4 | 30.4 |
| #绿豆 | 0.2 | 30.4 |
| #红小豆 | 0.3 | 54.5 |
| 薯类 | 12.7 | 19.8 |
| #甘薯 | 2.3 | 13 |
| #马铃薯 | 10.4 | 21.3 |

资料来源：辽宁省统计局网站。

2017 年辽宁积极推进农业供给侧结构性改革，适当调整种植结构，调减非优势区玉米种植面积，其他品种则均有不同程度增加。粮食播种面积基本保持稳定，为4840.7 万亩，比上年减少6.4 万亩，下降0.1%。谷物播种面积为4421.7 万亩，比上年减少 40.8 万亩，降幅为 0.9%。其中，玉米播种面积比上年减少了 118.8 万亩，下降 3.5%；水稻播种面积比上年增加 28.8 万亩，增长 3.4%，占粮食作物播种面积比重由上年的 17.4% 上升到 18%。豆类、薯类播种面积均有所增长，分别增长 8% 和 10.3%。尤其值得关注的是，这几年调减玉米面积主要用于发展其他杂粮，杂粮面积增长较快。2017 年谷子播种面积为 141.8 万亩，增长 46.8%，小麦播种面积为 10.7 万亩，增长 23.1%，高粱播种面积为 93.6 万亩，增长 0.4%。其中谷子和高粱的平均亩产创历史新高，分别达到 245.1 公斤和 451.1 公斤。

2. 畜牧业平稳发展，养殖结构略有调整

2017 年辽宁畜牧业生产继续保持平稳向好的发展态势。虽然经历了养殖利润空间缩减、进口产品冲击加剧、环保整治力度不断加强等各种不利因

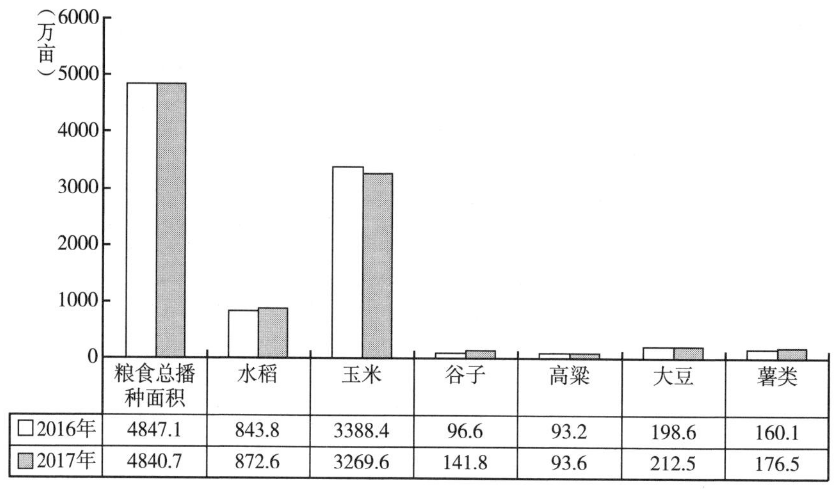


| | 粮食总播种面积 | 水稻 | 玉米 | 谷子 | 高粱 | 大豆 | 薯类 |
|---|---|---|---|---|---|---|---|
| □2016年 | 4847.1 | 843.8 | 3388.4 | 96.6 | 93.2 | 198.6 | 160.1 |
| ▩2017年 | 4840.7 | 872.6 | 3269.6 | 141.8 | 93.6 | 212.5 | 176.5 |

**图1　2017 年与 2016 年辽宁省主要粮食作物种植面积对比**

素的影响，但肉类产量全面增加，市场供给较为充足。2017 年猪牛羊禽肉产量合计达到 420.3 万吨，同比增长 2.9%。其中，猪肉 220.9 万吨，牛肉 25.1 万吨，羊肉 9.5 万吨，禽肉 164.8 万吨，同比分别增长 0.8%、5.9%、8.9% 和 5.1%。

由于受价格波动、对养殖污染的整治力度不断加大、养殖成本的增加、养殖模式转变等因素的影响，畜牧业养殖结构出现了不同程度的调整。2017 年生猪、羊和家禽存栏数量均有所下降，只有牛存栏数量增加。2017 年末辽宁省生猪存栏 1308 万头，同比下降 7%；羊存栏 792.6 万只，同比下降 10.9%；家禽存栏 41490.7 万只，同比下降 9.8%；牛存栏 227.8 万头，同比增长 12.7%。而从出栏情况来看，生猪、牛、羊和家禽的出栏均呈现增长。2017 年末生猪出栏 2627.2 万头，同比增长 0.7%；肉牛出栏 159.9 万头，同比增长 3%；肉羊出栏 837.6 万只，同比增长 8.8%；家禽出栏 96295.5 万只，同比增长 5.1%。

3. 农资价格总水平呈现小幅上扬，价格结构性变动突出

2017 年受农机用油和农业生产服务价格上涨的影响，辽宁农资价格总水平比 2016 年上涨 0.3%，但涨幅比 2016 年回落了 0.1 个百分点。从月同比指数看，总体呈高开低走、平稳回升的运行态势（见图 3）。数据显示，

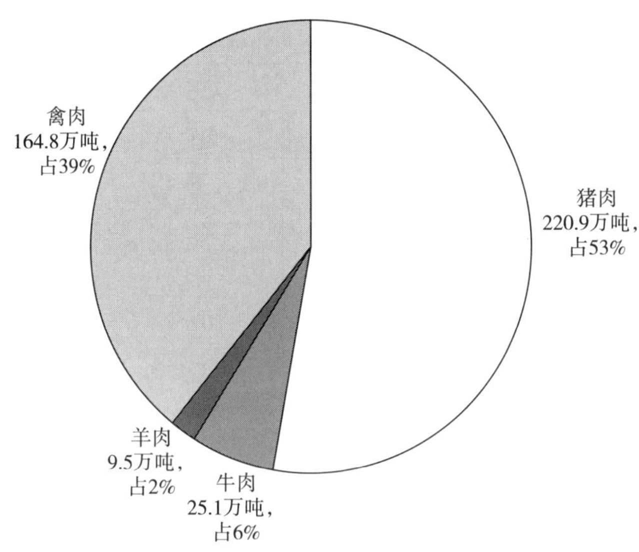


**图 2　2017 年辽宁肉类产量结构**

2017 年所调查的十大类农资商品及服务价格上涨面明显扩大，且下降类别的降幅都呈现不同程度的收窄态势，结构性变动突出。其中，仔畜幼禽及畜产品价格涨幅大幅回落，改变了自 2015 年起的连续上涨、持续高位运行的态势，开始出现高位回落的运行态势；受产能过剩、供大于求的市场影响，化学肥料价格持续低位运行；受玉米、豆粕等原料价格持续低迷的影响，饲料价格降幅也收窄（见表 2）。

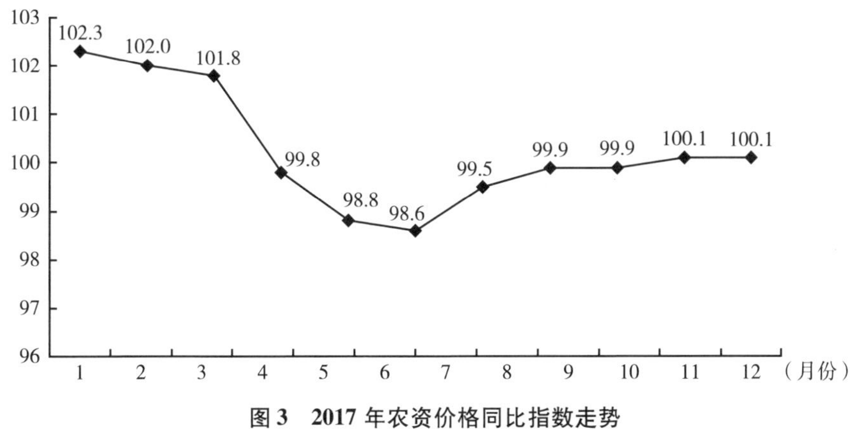


**图 3　2017 年农资价格同比指数走势**

**表 2　2017 年十大类农资价格指数变动情况**

| 调查类别 | 2016 年 | 2017 年 | 增长(%) |
|---|---|---|---|
| 农用手工工具 | 100.1 | 100.9 | 0.8 |
| 饲料 | 97.5 | 98.5 | 1.0 |
| 仔畜幼禽及畜产品 | 131.2 | 100.1 | -31.1 |
| 半机械化农具 | 99.4 | 100 | 0.6 |
| 机械化农具 | 99.6 | 100.8 | 1.2 |
| 化学肥料 | 95.8 | 97.5 | 1.7 |
| 农药及农药器械 | 99.4 | 99.6 | 0.2 |
| 农机用油 | 98.5 | 109.7 | 11.2 |
| 其他农业生产资料 | 101.6 | 100.4 | -1.2 |
| 农业生产服务 | 99.8 | 102 | 2.2 |

资料来源：辽宁省统计信息网。

4. 农民收入平稳增长，四项收入呈全面增长态势

2017 年，辽宁省农村常住居民人均可支配收入 13747 元，增长 6.7%，扣除价格因素，实际增长 5.6%，增幅略大于城镇常住居民人均可支配收入（34993 元，增长 6.4%，扣除价格因素，实际增长 5.0%）①。城乡居民收入倍差为 2.55∶1。2017 年辽宁农村居民人均可支配收入高于全国水平（13432 元），增速略低于全国水平（7.3%）。从 2017 年前三季度绝对额数据来看，农民四项收入全面增长，其中：人均工资性收入增长 6.6%、经营净收入增长 1.3%、财产净收入增长 1.5%、转移净收入增长 18.7%。从构成情况来看，工资性收入占比（38.8%）基本与上年（38.6%）持平，经营净收入（41.8%）比上年（43.7%）下降近 2 个百分点，财产净收入（2.0%）与上年持平，转移净收入占比（17.4%）比上年（15.5%）高近 2 个百分点。工资性收入增长的主要原因是服务业企业劳动力需求回暖，外

① 数据来源：2017 年辽宁省统计公报。

出务工的农民有了更多的就业机会；转移净收入在可支配收入四项构成中增长最快，成为拉动农民可支配收入增长的主要动力；经营净收入增幅较小，主要受农业收入减少和牧业收入增幅回落影响；财产净收入略有增长主要是因为土地经营权租金净收入拉动作用大。

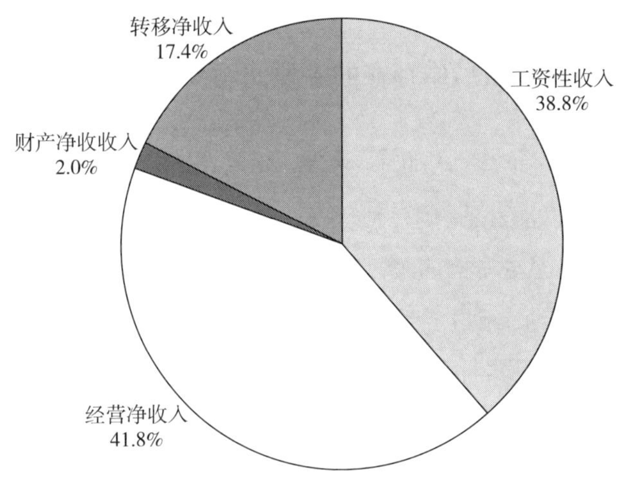


**图4　2017年辽宁省前三季度农民收入构成情况**

5. 积极落实各项惠农政策，确保农民种粮积极性持续稳定

2017年，根据中央财政对辽宁的玉米和大豆生产者补贴资金总量，省级财政继续调剂5%（约2.9亿元）作为省级种植结构调整资金。同时各市也按相同的比例下拨种植结构调整资金，重点支持新建规模化设施农业小区，规模化种植的特色杂粮、高效作物等。

农业相关部门积极落实100万亩耕地轮作试点计划，大力推广玉米与大豆、杂粮、薯类等作物的轮作，同时积极采取措施推进干旱地区加快种植业结构调整，调动农民调整作物结构的主动性，确保农民种粮积极性不减。

积极推广农业科学技术和农业科技服务，实施提升东北黑土地保护利用试点项目，开展测土配方施肥全覆盖主要粮食作物，推广手机信息化服务技术和主要作物控减施肥技术等，促进了粮食生产的稳定发展。

近年在中央和省级财政支持下实施的1000万亩滴灌节水增粮工程，有效地降低了2017年春旱的影响。而且密植型玉米膜下滴灌技术，有效利用了当地光热资源，保证了作物生长关键时期的水分需要，许多高产地块实现了吨粮田，该项技术成为推进干旱地区粮食稳产增产的关键技术措施。

## （二）农村经济发展中存在的主要问题

### 1. 基础设施建设需进一步加强，确保农村经济平稳健康发展

农业基础设施建设既是确保粮食安全的物质基础，又是促进农民可持续增收的必要条件。从农业自身发展来看，农业基础设施尤其是水利建设，在一定程度上成为制约农业生产发展的重要因素之一。近些年辽宁粮食生产虽然一直保持稳定的发展，但依然未摆脱靠天吃饭的困扰。辽宁的耕地以旱田为主，大约占耕地面积的86.5%（2016年数据），有效灌溉面积仅占耕地面积的34.4%。从辽宁近几年的农业生产来看，经常受干旱的困扰，一些地区农田水利设施明显不足，严重影响了抗旱能力。同时，种植结构调整也需要进一步加强基础设施建设，如玉米地如果要改种其他经济作物就缺乏水利设施，而且水利设施的恢复和建设需要很大投入，分散农户难以做到。从乡村建设来看，与农村全面发展相配套的基础设施也亟待加强，大多数地区与农业产业融合发展相关的供电、供水、供气条件较差，道路、网络通信、仓储物流设施等有待进一步提高，与城镇基础设施互联互通衔接性不强。

### 2. 农业创新整体驱动力不强，新产业新业态兴起相对缓慢

近年来，随着农业供给侧结构性调整改革的不断推进，农业发展体制和机制不断创新，在农业生产经营、管理和服务等领域，现代信息技术、网络技术、生物科技等新技术被广泛应用，农业新产业、新业态不断涌现。从辽宁农业新产业新业态发展的现状来看，只有沈阳、盘锦、大连、阜新等地出现了一批有一定规模的新产业新业态，在生产的各个环节采用了大量的互联

网、物联网等现代信息技术。但其他地区新产业新业态发展缓慢，形式也相对简单，主要表现为农家乐、采摘、赏花等初级形式，且项目同质性强，用新理念、新技术、新装备对农村农业改造升级明显不足，先进技术要素扩散渗透力不强。与南方农业新型业态蓬勃发展的现状相比，辽宁农业新业态发展明显迟缓，创意农业、观光农业、体验农业、特色小镇等一些新型业态虽有所涉及，但大多处于探索起步阶段。在辽宁未来的农业发展中，政府层面应加大对农业创新驱动的支持力度，从现代信息技术的基础设施建设方面促进互联网、物联网渗透到农业生产的各个环节，促进新产业新业态的兴起。

3. 农产品缺乏品牌效应，农产品加工需进一步加强

近年来，辽宁培育形成了众多具有各地地理特点的农产品，如盘锦的大米、朝阳的大枣、大连的海参和鲍鱼、金州的大樱桃和黄桃、盖州的苹果、鞍山南果梨、东港的草莓、庄河的蓝莓、铁岭的榛子等。但这些具有地域特点的农产品品牌形成规模化经营的很少，具有“小、散、弱”的特点，叫得响的自主品牌很少，缺乏品牌效应，或者牌多精少，技术含量低。各类名牌评选名目繁多，但品牌认定程序缺乏统一的规范，使得品牌运作水平较低，权威性不高。同类产品质量参差不齐，好产品也卖不出好价钱。虽然部分企业有一定的名牌意识，也创出一些农业名牌，但是相当数量企业仍缺乏创名牌意识，常常从眼前利益出发，忽视农产品名牌的创建和保护工作。在这些优势特色农产品主产区，有的已经形成农产品加工集聚区，但大多数农产品加工只是初级加工，产品的附加值不高。农产品加工业大多数企业发展相对滞后，企业规模小，缺乏有实力、带动力强、科技含量高的龙头企业。辽宁的农产品加工业主要是初级加工，这也可以从辽宁农产品的出口现状看出来，辽宁的农产品出口国主要是日本、韩国和欧美国家，出口的产品主要是低级原料和初级产品。

4. 三产融合存在诸多现实障碍，需加快破解促进发展

乡村振兴战略把农村一、二、三产业融合发展作为促进农村繁荣，推动

农业增效的重要举措提出来。从目前来看，辽宁农村一、二、三产业融合发展已经初见成效，涌现出多种发展模式，如产业集聚型、链条延伸型、功能拓展型、创新驱动型、产城融合型等，主要集中在农业示范区、农业产业园及农产品加工集聚区，但总体上处于初级阶段，经营主体数量少，而且大多数实力有限，带动能力不强。部分新型经营主体结构单一、经营能力不强、管理粗放、创新能力不足，无论是在产业链整合上，还是在功能拓展上，带动能力都十分有限，尤其是还有一部分合作社有名无实。大部分行业协会等组织服务能力不强，有一些协会甚至是形同虚设。当前三次产业融合工作是以经营主体对产业链的整合和拓展休闲功能为主，产业融合程度低、层次低，而且在资金支持、土地供给方面仍然不足。

5. 农民收入增长乏力，农民增收压力大

农民人均可支配收入主要来自四项：工资性收入、家庭经营净收入、财产净收入和转移净收入，其中 80% 来自工资性收入和家庭经营净收入，但近几年这两项合计占比不断下降。从 2017 年这几项指标的表现来看，工资性收入实现增长，但与 2016 年同期相比，增幅回落。辽宁的农民工大多选择在省内就业，辽宁经济虽然企稳回升，但城市对农民工的吸纳能力有限，很难短期内实现大幅增长。2017 年农民转移净收入增长较快，成为拉动可支配收入增长的主要动力，其中养老金或离退休金比 2016 年同期增长 19.1%，新农保、城镇养老保险开始使很多农村家庭受益，但其不具备普遍成长性。财产净收入虽略有增长，但增幅较小。农民增收最具有成长性的是家庭经营净收入，也就是向农业生产要效益，但 2017 年家庭经营净收入由于农业收入减少和牧业收入增幅回落而增长缓慢。辽宁是全国主要粮食种植省份，农村收入受粮食价格和产量的影响较大，辽宁粮食以玉米种植为主。相关数据显示，2017 年由于玉米出售价格下降，降幅超过两成，农村居民人均农业经营净收入大幅下降，玉米价格虽然出现回升，但未来价格走势仍不乐观。由此可见，辽宁未来要保持农民收入持续增长依然难度较大。

**表 3　2011 年至 2017 年前三季度辽宁农村居民人均可支配收入结构**

单位：%

| 指　标 | 2011 年 | 2012 年 | 2013 年 | 2014 年 | 2015 年 | 2016 年 | 2017 年前三季度 |
|---|---|---|---|---|---|---|---|
| 人均可支配收入 | 100 | 100 | 100 | 100 | 100 | 100 | 100 |
| (一)工资性收入 | 38.3 | 38.7 | 40 | 39 | 39.2 | 39.4 | 38.8 |
| (二)家庭经营净收入 | 51.5 | 51 | 49 | 46.9 | 46.2 | 43.8 | 41.8 |
| 1. 农业 | 32.6 | 34.3 | 32.4 | 27 | 26.3 | 23.6 | 16.2 |
| 2. 林业 | 0.3 | 0.3 | 0.6 | 1.4 | 1.2 | 1.1 | 1 |
| 3. 牧业 | 10 | 7.6 | 7.2 | 7.1 | 7.4 | 8.1 | 10.6 |
| 4. 渔业 | 0.2 | 0.2 | 0.6 | 0.8 | 0.7 | 0.8 | 0.3 |
| (三)财产性净收入 | 3 | 2.6 | 2.7 | 2.1 | 1.9 | 2 | 2 |
| (四)转移性净收入 | 7.2 | 7.7 | 8.3 | 12 | 12.6 | 14.9 | 17.4 |

资料来源：《辽宁统计年鉴（2017）》及辽宁统计信息网。

## 二　2018年辽宁农业发展面临的改革与挑战

### （一）面临的改革

1. 乡村振兴战略启动实施，农业农村迎来发展新契机

2018 年，党的十九大报告首次提出“实施乡村振兴战略”，并指出：“要坚持农业农村优先发展，按照产业兴旺、生态宜居、乡风文明、治理有效、生活富裕的总要求，建立健全城乡融合发展体制机制和政策体系，加快推进农业农村现代化”。这是以习近平同志为核心的党中央对“三农”工作做出的新战略部署，给新时期如何做好“三农”工作指明了方向。

（1）乡村振兴战略将促进农业供给侧结构性改革的进一步深化。党的十九大报告强调，我国社会主要矛盾已经转化为人民日益增长的美好生活需要和不平衡不充分发展之间的矛盾。乡村振兴战略进一步明确了农业供给侧结构性改革的方向，即坚持农业农村优先发展，按照产业兴旺、生态宜居、乡风文明、治理有效、生活富裕的总要求，加快推进农业农村现代化。乡村

振兴战略描绘出一幅生机勃勃的新农村景象，体现出城乡的共同发展和社会的全面进步，更深层次地体现出人的全面发展的公平性。

（2）乡村振兴战略将促进城乡发展由统筹走向融合。乡村振兴战略的实施将打破阻碍城乡融合发展的体制机制和政策障碍，在城镇化的大趋势下确保乡村与城市共同发展，同步进入小康社会。

（3）乡村振兴战略将带来乡村治理机制的大变革。党的十九大报告强调："加强农村基层基础工作，健全自治、法治、德治相结合的乡村治理体系。"这是党的重大报告首次针对乡村治理问题提出的要求。"三治合一"的乡村治理体系开辟了我国乡村治理体系创新的新境界。党的十九大报告提出健全"三治合一"的乡村治理体系，也释放出国家在乡村振兴战略中将把社会治理重心向农村基层下移的信号，这意味着在实施乡村战略进程中乡村治理机制的新变革将不可避免，乡村基层民主法治建设、村民自治制度建设将不断完善，乡村人民对美好生活向往的坚实制度基础将不断夯实。

（4）乡村振兴战略将使农业农村迎来优先发展的新时代。在这次党的十九大报告中，中央在乡村振兴战略中非常突出地提出"要坚持农业农村优先发展"，这是我国在农业农村发展中前所未有的提法。"农业农村优先发展"的核心词是"优先"，表明国家发展战略已经从工业化和城镇化"优先"转移到乡村振兴上来，农业农村发展迎来一个全新的时代。

2. 农村产权制度改革试点在辽宁有序推进，积极探索农村土地集体所有制有效实现形式

2015 年海城市被选为全国农村集体经营性建设用地入市试点单位。2016 年该市又被授权开展农村土地征收制度改革试点工作。两年来，海城市坚持审慎稳妥的原则，改革试点工作有序推进。

（1）明确入市主体和决策程序。针对农村集体经济组织缺失的实际情况，探索由村委会或由村民小组委托村委会作为入市主体。结合农村集体资产股份权能改革，创造性地在入市先行地区成立镇级农业开发公司，作为入市主体。明确了入市主体的决策内容和程序方法，决策内容包括集体经营性建设用地入市、村集体和个人的土地增值收益分配方案、由市土地储备交易

中心进行交易授权委托、出让底价等。在决策程序方法上，均采取由入市主体按照《村民委员会组织法》的相关规定和村民委员会议事规则，组织召开村（组）集体经济组织成员或成员代表大会，对宗地入市决策事项进行表决通过，形成入市民主决议，签订入市交易授权委托书。

（2）明确土地增值收益调节金征收办法和比例。按照建立兼顾国家、集体、个人土地增值收益分配机制的目标，在征收方式上以土地纯收益为基数计征土地增值收益调节金；在征收比例上区分用途、处置方式等确定了10%～40%的比例。财政部、国土资源部《农村集体经营性建设用地入市土地增值收益调节金征收使用管理办法》下发后，海城市及时调整了征收标准和具体操作形式。在集体和个人土地增值收益分配上，实行2∶8比例分配，确保农民“得大头”。

（3）丰富入市交易方式。在入市交易规则设计上，对协议出让、挂牌出让、拍卖出让、租赁、作价入股等不同方式均做了规范。从已入市的两宗集体经营性建设用地看，既有村集体所有土地，也有镇集体所有土地；既有就地入市，也有调整入市；既有工业用地，也有商业用地；既有协议出让，也有挂牌出让，有一定的代表性，达到了试规则、试办法的目的。

（4）完善使用权权能。辽宁率先开展了集体经营性建设用地抵押，在国家有关管理办法出台前，海城市主动探索解决集体经营性建设用地抵押难题，办理集体经营性建设用地抵押74000余平方米，贷款770万元。通过实践、完善、再实践、再完善，建立制度、规则、办法22项。特别是国家《集体经营性建设用地入市土地增值收益调节金征收使用管理办法》印发以后，海城市重新修订了《入市土地使用权出让收支管理办法》和《入市土地增值收益调节金征收使用管理办法》，调整了收缴标准，形成完整的政策链条和工作流程，为促进土地市场建设奠定制度基础。

（5）改革试点不断向纵深推进。未来改革试点将从以下几个方面推进：一是注重全渠道入市，推进多元化试点实践。紧紧围绕试制度、试规则，不断拓展试点的类型、途径、空间，全面开展就地入市、整治入市、调整入市。二是注重规模入市，推进产业化发展。结合发展实际，通过政策引导，

促进一二三产业融合，形成土地等综合要素集聚效应，实现产业化发展。三是注重融合发展，推进两项改革的有机协调。进一步推进集体经营性建设用地入市和土地征收制度改革融合发展，坚持以调整入市为载体，推进政策与实践的配套改革。四是注重政策研究，推进改革试点工作创新。深入开展农村土地制度改革的政策研讨，做好土地增值收益与土地出让收益平衡问题、农村集体产权问题、群众的即期收益与预期收益的可持续问题等多方面政策研究。①

## （二）面临的挑战

### 1. 玉米价格持续低位运行，农民种粮收益预期减少

近两年来，受国内供需状况以及玉米价格市场化政策的影响，玉米价格自 2015 年 6 月的高点 2. 41 元/公斤一路下滑，2016 年也一直在低位徘徊，在 2017 年第一季度跌至低点（2017 年 2 月最低点为 1. 25 元/公斤），随后市场开始不断回暖，基本恢复了季节性涨跌规律。全省粮食生产大县实地调研数据显示，2017 年玉米收购平均价格为 1. 28 元/公斤，较上年秋收玉米价格增长 7%，涨幅较小。目前根据《关于建立玉米生产者补贴制度的实施意见》，全省平均每亩地补贴约为 150 元。但据课题组对玉米种植户走访调查了解，玉米生产者补贴并不能弥补种植户由于价格下降产生的收入损失。从目前玉米国内市场来看，去库存压力并未得到有效的释放，国际粮价亦未见明显变化，国内玉米价格持续徘徊在低位区间的预期较高。辽宁省的玉米播种面积占粮食作物播种面积的比重高达 70%，是农民农业生产经营收入的主要来源，因此玉米的产量和价格波动将直接影响农民收入水平，同时玉米价格在低位运行也直接影响玉米种植户的种植热情。

### 2. 县域经济成发展短板，如何走出困境成为现实挑战

县域经济发展滞后，已经成为辽宁经济发展的短板。辽宁县域经济从 2014 年出现了下滑，一直在低谷徘徊。2016 年辽宁 41 个县（市）的 GDP

① 资料来源：辽宁统计信息网。

占全省的比重仅为29.31%，从曾经占全省的近半壁江山，下滑到占比不到1/3（见表4）。从全国情况来看，辽宁一直以来属于县域经济比较发达的省份，但近几年全国百强县中“辽宁板块淡化”已经引起关注。2017年，辽宁只有瓦房店上榜，而且仅仅排在第89位。2017年在全省经济企稳回升的大好形势下，县域经济总量却在下降。2017年上半年，41个县（市）生产总值为2824亿元，占全省的27.4%，同比下降1.2%。同时政府债务高、财政支出高、房地产库存高、三次产业发展缓慢等问题突出。县域经济在辽宁振兴发展中处于十分重要的战略地位，辽宁能否全面实现小康社会目标关键在于如何补齐县域经济发展这块短板。

**表4　2011～2016年辽宁省县域GDP占全省的比重**

单位：亿元，%

| 年份 | 县域 GDP | 全省 GDP | 比重 |
|---|---|---|---|
| 2011 | 10486.23 | 22453.8 | 46.70 |
| 2012 | 11952.92 | 25086.6 | 47.65 |
| 2013 | 12603.50 | 27500.5 | 45.83 |
| 2014 | 11046.50 | 28910.7 | 38.21 |
| 2015 | 10604.80 | 28902.7 | 36.69 |
| 2016 | 6520.59 | 22246.9 | 29.31 |

注：根据2012～2017年《辽宁统计年鉴》数据计算整理。其中，2016年为41个县。

## 三　2018年辽宁农村经济发展的对策建议

### （一）加快基础设施建设，为乡村振兴奠定物质基础

从现实发展来看，尽快完善农田水利等基础设施建设是实现乡村振兴发展的必由之路，建议各级政府要继续加大对农业基础设施建设的投入力度，同时要加强调查研究，科学编制一些重点水源工程建设规划，加快粮食主产区小型农田水利设施建设，加强田间节水工程建设，推进灌渠配套和节水改造，抓紧完成因灾受损的水利设施修复，增强抵御旱涝灾害的能力。同时要

进一步完善村级道路、农村电网、网络设施、饮水工程建设，提高农村和城市交通设施互联互通水平，努力改善农村的生产生活条件，为农业农村的优先发展提供物质保障。

## （二）积极采取各项有力措施，推动农村三产融合发展

加强农业创新驱动机制，积极探索新型生产经营模式，建立更加紧密的利益联结机制，规范合作社和行业协会的发展。加强农村基层组织建设，提高村委会等基层组织服务能力，引导农民积极参与融合发展。加大财政投入，通过设立农业基金、贴息、担保等途径，为农业新产业新业态的发展融资。进一步开放农村金融市场，支持金融机构增加服务供给。增加土地供给，通过农地流转、充分利用废弃地、改革集体建设用地制度等措施，解决农村产业融合发展中的土地供给不足的矛盾。

## （三）引导农民调整种植结构，主动适应市场需求

从国内市场来看，玉米仍然处于供大于求的阶段，玉米市场价格虽然略有回升，但上升的空间不大，价格仍将持续在低位运行。2016 年玉米市场实行“市场定价，价补分离”政策，其实质上就是使玉米种植由原来的政策化逐渐向市场化转型。玉米种植收益下降，将直接影响种粮农民的增收。种植结构需要调整已经得到普遍认同，但到底要种什么品种，面临着种植转型是否“合理”的难题。各地区相关部门应加强市场调研，积极引导农民，根据市场需求，主动调整优化种植结构，发展特色农业种植，从资金、技术上支持农民主动缩减玉米种植面积，选择适合当地特色的优势作物，加大杂粮、大豆、蔬菜、瓜果、花卉苗木等作物的播种面积，也可以种植效益更高的青贮玉米、鲜食玉米等品种，增加种植收益，促进农民增收。

## （四）加快农业大数据开发，为农业生产提供精准服务

目前是信息化的时代，推进农业农村现代化发展，实现农业大数据发展应用是必然的选择。目前全省农业大数据发展还处于起步阶段，农业数据共

享水平有限。应进一步加强农村网络基础设施的建设，扩大通信管网，增加无线基站，确保农业大数据到达农户手中。建立农业大数据共享中心，打破各个部门之间的数据壁垒，实现农业信息及时共享。

### （五）鼓励农业创新驱动，实现经营模式优化升级

各地区要进一步加大资金投入和政策支持力度，鼓励新型经营主体结合自身优势，不断探索新的生产经营方式，利用农业新科技，整合资源，发展壮大新型经营模式，完成产业优化升级，促进现代农业高效发展。同时，应加强农业创新人才的培养，加大引进农业创新人才的资金支持，着力培养科技示范户、农机能手、大学生村官等务农创业主体，对其给予政策和资金等方面的“倾斜”。

### （六）打造辽宁农业品牌，实现销售渠道网络化

目前，大多数农产品已经形成买方市场，人们对农产品的品质越来越看重，品牌就是品质的保证，品牌好的农产品销售价格也高。品牌已经成为消费者选择的信誉保障。各地区要结合自身特色，加强具有地方特色的农业品牌建设，促进农业产业化发展，积极培育龙头企业，对龙头企业创建的优质农业品牌予以扶持奖励。各地区、各部门应加大农业新信息技术的使用，加大网络宣传力度，通过微信号、微店号、淘宝、订阅号、农产品销售平台等进行全面宣传，大力发展物联网、互联网平台，拓展农产品网络销售渠道。积极引导企业经营者和农户转变观念，树立品牌意识，营造品牌建设的良好环境。

### （七）以县域工业园区为载体，促进县域三次产业融合发展

从调研中我们发现，县域都有自己的工业园区，要充分利用这个技术、资金、土地集聚的平台，加大支持力度，进一步完善相关工业园区的基础设施建设，加强县域工业园区的绩效管理，从管理中要效益，同时在土地指标、金融扶持等方面制定倾斜性优惠政策，鼓励园区发展。县域是连接城市

和乡村的重要节点，经济发展以县域为核心，以广大农村为腹地，要充分利用这个特点，促进三次产业融合发展，要建立三次产业融合发展的创新驱动奖励基金，鼓励园区企业发展具有县域特色的农产品加工业，促进县域三次产业融合发展，培育县域经济发展的新增长点。

## 参考文献

李志国：《以休闲农业引领辽宁农业供给侧结构性改革》，《党政干部学刊》2017 年 11 月。

史新文：《加强农民专业合作社建设促进辽宁农业经济发展的对策》，《农民致富之友》2017 年第 5 期（下半月）。

张晓山：《农民专业合作社规范化发展及其路径》，《农村经营管理》2013 年 4 月。

王沛、贾可：《辽宁现代农业发展趋势与制约因素分析》，《辽宁农业科学》2017 年 6 月。

辽宁省统计局：《辽宁统计年鉴（2017）》，中国统计出版社，2016。

# B.19
# 辽宁实施乡村振兴战略推进农业种植结构调整对策研究*

侯荣娜**

**摘　要：** 党的十九大报告首次提出“实施乡村振兴战略”，这是新时代加快农业农村现代化的重大战略举措，推进农业种植结构调整是提高农业供给质量和效益，实施乡村振兴战略的必然要求。能否顺利进行种植结构调整，直接关系到辽宁省农民的切身利益，也是关乎辽宁省农业实现转型升级的关键。推进农业供给侧改革进程中，辽宁地区出现了种植结构“调整难”问题，本文主要从政策引导、市场体系建设、农产品价格保险、农业大数据发布机制、农产品加工等方面提出对策建议。

**关键词：** 辽宁　种植结构　乡村振兴

党的十九大报告首次提出“乡村振兴战略”，这是以习近平同志为核心的党中央在新时代对“三农”工作做出的一个新的战略部署，也是我国决胜全面建成小康社会、建设社会主义现代化强国的一项重大战略任务。2018年中央一号文件——《中共中央国务院关于实施乡村振兴战略的意见》又

---

* 本文系2016年度辽宁省哲学社会科学基金项目“辽宁农业供给侧结构性改革路径研究”（L16CJL006）的阶段性研究成果。

** 侯荣娜，辽宁社会科学院农村发展研究所副研究员。

提出，乡村振兴战略要“以农业供给侧结构性改革为主线，加快构建现代农业产业体系、生产体系、经营体系，提高农业创新力、竞争力和全要素生产率，加快实现由农业大国向农业强国转变”。农业供给侧结构性改革是乡村振兴战略的重要内容，而种植结构调整是整个农业供给侧结构性改革的重点。根据农业部《关于“镰刀弯”地区玉米结构调整的指导意见》以及2016年《辽宁省人民政府关于推进农业供给侧结构性改革的实施意见》，能否顺利进行种植结构调整，直接关系到辽宁省农业供给侧结构性改革的进程，也关乎辽宁省能否实现全面的乡村振兴。

## 一 以农业供给侧改革为主线，大力实施乡村振兴战略

### （一）全面实施乡村振兴战略是新时代中国发展的客观需要

#### 1. 全面建成小康社会的短板在乡村

改革开放四十年来，我国经济得到飞速发展，农村面貌发生巨变，几亿农民过上了温饱有余的生活，这是历史性的伟大成就。但是，与城市相比，农村仍然是全面建成小康社会的突出短板。随着工业化和城市化的加速推进，我国农业产值占GDP比重逐年下降，农业剩余劳动力也逐年转移，村庄、村落也逐步减少。2017年《中国统计年鉴》数据显示，2016年底农村常住人口还有大约六亿，农业仍然是我国国民经济的基础产业，农民仍然是需要关怀的最大群体，农村仍然是我国全面建成小康社会的主要短板。实现全面小康社会，就要消除贫困，就要全面缩小城乡差距。五年来，脱贫攻坚成为举国上下瞩目的重大工程之一，也取得了决定性进展，六千多万贫困人口稳定脱贫。贫困发生率从2012年的10.2%，下降到4%以下。但距离2020年还有两年的时间，脱贫任务还是艰巨繁重，很多深度贫困地区脱贫成本高、难度大、见效慢，一些已经脱贫的地区基础也比较薄弱。一些特殊区域的贫困和发展问题，是全面建设小康社会必须跨过的一道门槛。

2. 推进国家现代化的新时代难题

在乡村，农业现代化是国家现代化的基础和支撑，农业现代化作为国家现代化的重要组成部分，既是农业自身发展的内在要求，也是我国实现工业化、城镇化的重要支撑。长期以来，农业现代化都是我国“四化”同步发展的突出短板，我国农业现代化水平一直滞后于工业化、城镇化水平，农业现代化的发展滞后反过来又影响我国城镇化发展，农业现代化水平不提高，就业结构滞后于产业结构发展，农业剩余劳动力无法顺利转移，土地效率也无法提高，进而也导致我国的工业化、城镇化质量不高，从而也影响着国家全面现代化的实现。在我国农业不仅是国民经济的基础，同时还是保障我国粮食安全的一道重要屏障。如何更好地实现农业现代化，确保农村和城市两个板块共同发展，是我国进入新时代的难题。

3. 满足美好生活需要最大的动力在乡村

2017 年我国人口城镇化率已经达到 58. 52%，经过改革开放 39 年的时间，人口城镇化率比 1978 年的 17. 9% 提高了 40 个百分点，从农业农村来讲，这无疑是一项非常了不起的成就。如果没有城镇化率的逐年提升，农民的收入、农村的建设、农民的生活状况都不可能得到如此大的改善，所以在现代化的进程中，城镇化可以说对农村的发展起到了一个很大的推动作用，然而同时也带来了城市病以及乡村衰落这个双输的局面，基本上把农村的人、财、物都吸纳到城里去了，城乡发展失衡更加严重了，中国乡村普遍遭遇了劳动力、土地、资金等生产要素流失，以及由此带来的乡村社会和风俗瓦解等危机。2000 ~2010 年，中国自然村落由 363 万个锐减至 271 万个。10 年间，90 多万个自然村落消失，其中不乏一些具有独特民俗民风的传统村落。2013 年底召开的中央城镇化工作会议中，“望得见山、看得见水、记得住乡愁”的表述体现了我国从国家政策层面对“重城市、轻乡村”的城镇化模式的反思以及对乡村价值的高度重视。美好生活不仅要高质量的物质文明，也要高质量的精神文明，包括生态、文化、社会、人与人之间亲情的关系等。美好生活的最大发展空间是乡村，美好社会建设最大的动力在乡村，所以，“中国要强，农业必须强；中国要美，农村必须美；中国要富，农民必须富”。

4. 解决新时代社会主要矛盾转变重点在乡村

党的十九大报告明确提出，社会主要矛盾已经转化为人民日益增长的美好生活需要和不平衡不充分的发展之间的矛盾。新时代我国社会主要矛盾在农业上反映为，人们对食物的消费不仅在于满足吃饱的需要，还在于满足人们不断增长的吃得丰富、安全和健康的需要，并且还要满足人们不断增长的对农业的生态价值和文化价值追求的新需要。当前我国农业农村经济发展失衡问题有很多：农产品供给的数量和质量失衡、农业多功能发展不平衡、农业生产的规模与效益不平衡、国内国外两个市场资源利用不平衡、各类新型经营主体发展不平衡，这些失衡问题如果解决不好，乡村振兴就难以实现。以辽宁省来说，大农业（农、林、牧、副、渔业）内部结构失衡；种植业内部结构失衡，粮、经、饲三元结构失衡，整体上以粮食作物为主，而粮食作物内部又结构性失衡，辽宁粮食作物基本上是以玉米播种为主；此外，还表现为农产品结构失衡，高端供给不足，低端供给过剩。然而辽宁社会消费阶层已经出现了高、中、低端的消费分化，但农村的生产模式没有发生变化，生产并没有满足市场的需要。

### （二）乡村振兴战略的关键举措是破解农业供给侧结构性矛盾

新时代我国农业主要的矛盾已由过去的总量不足转为结构性失衡矛盾，突出表现为：阶段性的供过于求与供求不足并存，农业总体供给质量和效益不高。因此，乡村振兴战略的关键举措是破解农业供给侧结构性矛盾，通过“调结构、提品质、促融合、去库存、降成本、补短板”六大任务进一步优化农业资源配置，实现农业生产方式的绿色化、生态化，提高农业整体的供给质量和效率，从而让农业成为最有奔头的产业，农民成为体面的职业、农村成为安居乐业的美丽家园。农业供给侧改革之“调结构”是农业供给侧结构性改革的核心内容。想要满足人类日益增长的美好生活需要，农业的供给思维就需要从“保数量”向“提品质”转变，根据市场需求，调整生产结构、种植结构，以满足中、高端消费群体的需要，要按照新时代人民美好生活要求的标准，着力优化产业产品结构；要协同发挥政府和市场“两只手”的作用，更好引导农业生产，优化供给结构、种植结构，如从消费主导、区位优势、特色产业、品种结构（稳粮、优经、扩饲）等角度调整辽宁省种植结构、深化改革。总之，农业供给侧结构性改革，是贯穿生产、加工、流通整个农业产业链的改革举措。这一举措给农业生产者和下游加工、销售企业带来新挑战的同时，也带来了更多的新机遇。因此，应抓住改革要领，不断在去库存、调结构、强科技等多领域深化改革，顺应经济转型新时代，促进农业与农村发展。

## 二　乡村振兴战略实施进程中辽宁农业种植结构调整现状

辽宁作为我国重要的粮食生产基地、主要粮食品种的优势产区，应深入贯彻落实党的十九大精神，以习近平新时代中国特色社会主义思想为指导，扎实推进农业供给侧结构性改革，实现农业“稳粮、优供、增效”总体目标，进一步优化辽宁农业种植结构，2017 年 2 月，农业部提出要求，要扎实推进种植业结构调整，压减玉米种植面积，2017 年力争调减籽粒玉米面积 1000 万亩，改种大豆、杂粮、青贮玉米等作物。据了解，2017 年 3 月，辽宁继 2016 年调减玉米种植面积 236 万亩后，计划再调减 100 万亩。然而笔者通过对辽西、辽北地区 13 个村镇调研发现，90% 以上的农村土地依然在种植玉米，大多数农户不愿意调整种植其他类经济作物，出现了不敢调、调不了、不愿调、调不起的“调整难”状况。玉米临储改革主要是引导东北地区农民改种大豆、薯类杂粮、青贮玉米、优质饲草等。在铁岭市某村调研发现，全村六千多亩土地，几乎种植的全部是玉米。农户们担心，改种其他替代经济作物后“效益难保证、产品销售难”。另外，农业种植结构调整必须尊重农民意愿，基层政府不能强制推行，农民有耕种自主权，这也是政策执行必须尊重的底线。据调研，基层政府在引导农民种植结构调整过程中，虽然积极进行了政策宣传、引导，但是由于农民观念跟不上，种植结构调整推进并不是那么顺利。种植结构调整是一个整体性的系统工程，涉及市场供求、农民的思想观念、经济实力、诚信等主观、客观因素，调整效果并不能立竿见影。总之，在基层无论是新型经营主体、普通农户，还是基层干部都反映，调整优化农业种植结构面临很多现实困难，需要政府高度重视，着力加以解决。

## 三　乡村振兴战略实施进程中辽宁农业种植结构调整存在的问题

### （一）收益风险高、地质条件制约，农民“不敢调”

（1）替代种植作物的价格不能保证。对于东北地区，国家积极倡导农民种大豆，然而由于大豆种植风险大、种植效益低，农民积极性并不高。据农民反映，“即使玉米上市价格跌到（每斤）6 毛钱也比种大豆强，大豆的最高亩产为 400 斤左右，大部分亩产在 300 斤左右，按当前每斤 2 元多的价格折算，种大豆的收入根本比不上种玉米”，很多农民想改种杂粮，但是杂粮种多了，老百姓又担心价格下来，如果价格不能保障，即使政府有补贴，那点补贴也是九牛一毛。

（2）受地质因素所限，替代种植作物产量不能保障。辽西北很多地区，土地以丘陵为主，地势不平，旱改水条件不具备，因为不接近水源，国家号召种杂粮，但是产量保障不了，因此很多现实因素摆在眼前，短期内农民不敢调。

### （二）机械更新难、技术支撑难，劳动力老化，农民调不了

（1）农民进行种植结构调整的一个重要困难还在于替代种植作物装备技术支撑难以及劳动力约束。调研发现辽宁省很多农村不具备生产、收割大豆的机械。有的农民反映：用于种大豆的农具都没有了，如果改种大豆，还要购置农具，成本较高不划算。有的农民还反映：想改种鲜食大豆，然而却

不具备储藏加工设备和冷冻条件。农民反映“种植结构调整难，关键因素还在于技术支撑不行，技术不行，产量就上不去，收益就不能保障。比如搞蔬菜大棚，大棚种植技术很复杂，包括温度把控、用水等，农民由于整体文化素质不高，缺乏这方面的技术，一旦种植过程出现无法克服的问题，对农民收入的打击将是巨大的，很可能一下子由温饱转为赤贫”。

（2）劳动力约束也成为农民转型种植的障碍。随着近年来农村劳动力的城市化转移，在农村务工的劳动力以老弱者为主，因此其对于种植结构的选择更倾向于省工、省力、省时的作物，玉米就是最省时、省事的作物，豆类、杂粮、马铃薯等都属于费时、费工作物，而且收割费劲，市场前景也不明朗。

### （三）农产品销售难，农民“不愿调”

（1）替代种植作物托底收购政策缺位。比如国家倡导马铃薯种植，政府并没有托底收购政策，这导致很多农民心里没底，不愿意尝试转型。还有些农户虽然看到了种植蔬菜的良好收益，但他们发现种蔬菜付出的财力、人力、物力要比种粮大得多。加之蔬菜买卖受行市影响波动很大，风险大，远不如粮食买卖稳当，所以不少农民还是有后顾之忧。

（2）订单农业发展滞后。据辽宁××县×镇镇长反映，他们这儿订单农业很少，即使有少量订单，由于订单合同不规范，违约现象也时有发生。订单签订时，农民并无多少话语权。而一些企业利用手中的资本优势和信息优势，常常把利润的大头拿走，只把小头留给农民。在市场形势好的年头，农民还能得到一点好处；如果市场形势不好，农民基本上就是微利甚至亏本。这种情况的存在，影响了农民兑现订单的积极性。因此订单农业在一定程度上也难以解决农产品销售难的问题。另外，辽宁省很多地区农产品优势不优，特色不特，没有品牌效应，产品粗糙、档次低，很难抢占市场。

### （四）推广设施农业面临资金、保险等金融瓶颈，农民“调不起”

资金瓶颈是辽宁省种植结构调整难的关键影响因素。根据 2017 年中央一号文件精神，农业供给侧改革核心在于调优调精农业结构，然而这需要大量资金投入，农户个体的自身积累远远不能满足实际需要，因此面临严重资金瓶颈。据村民反映“如果改种别的作物或发展设施农业都需要灌溉用水，这样就得打井，这些年打井的费用越来越高，有的时候还会遇到打了井却没水的问题，如果搞大棚，一个大棚投入至少得 20 万元，根本投不起”。另外，农户现有耕地、宅基地、自留地等集体所有的土地使用权在现实以及操作层面还不能用于抵押。法律和政策规定可以抵押的农产品、农机具、农房等农民的主要财产，由于价值不高、保存困难、不易变现等原因，很难成为银行接受的有效担保物。调研同时还发现，一些农业大宗保险理赔标准低、保障范围窄，国家现行畜牧业政策性保险仅涉及能繁母猪、奶牛，肉羊肉牛等畜种尚未纳入农业政策性保险保费补贴范围，一定程度上影响了辽宁省种植结构往畜牧业上调整的积极性。

## 四　大力实施乡村振兴战略　推进辽宁农业种植结构调整的对策建议

### （一）做好省级农业规划设计，科学调控种植结构

种植业结构调整涉及市场、政策、信息、服务等多项领域，涵盖农、工、商等多个部门。因此辽宁省要立足区域资源特点，加强顶层设计，做好规划指导，有针对性、长远性和可操作性，防止种植结构调整出现跟风和盲目等现象。要积极引导农民合理安排种植结构和品种结构。辽宁省种植业结构调整要结合《全国种植业结构调整规划（2016～2020 年）》进行，科学制定辽宁农业种植结构调整区域性规划，并积极融入国家关于将薯类作为主要粮食作物的粮食安全新战略，循序渐进调减玉米种植面积，引导农民改种大豆、薯类杂粮、青贮玉米、优质饲草等经济作物，加大对粮食主产区高标准农田投入，并开展耕地轮作试点，在生态严重退化的地区开展耕地休耕试点，促进辽宁省农业的可持续发展。此外，还要大力促进辽宁省从“耕地

农业”向“粮草兼顾结构”转型发展，粮草并重是今后我国农业发展的大方向。尤其是辽宁省辽西北地区，要重点发展粮草产业，全力促进辽西北发展农牧结合，充分发挥辽西北地质优势、气候特点，兼顾该区域的生态功能以及粮食保障功能和饲料的需求特点，全力发展草地农业系统，实行草粮结合、草林结合等，这将有助于辽宁省种植结构的调整，从而可以促进辽宁农业可持续发展。

### （二）强化政策引导与金融扶持作用

由于农业本身是弱势产业，因此不能把种植结构调整完全看作是农民自己的事，需要在尊重市场导向的前提下，发挥省政府政策引导、服务和金融扶持作用，对冲种植调整风险。

（1）要强化舆论宣传，促进农民思想观念转变。要充分利用电视、报刊、互联网等公共媒体，及时宣传报道各地在种植业结构调整工作中涌现出的好做法、好经验、好典型，引导农民科学安排种植结构。并强化示范引导，动员农技人员、基层干部，还有一些种植大户、种植能手，率先开展种植结构调整，政府要在技术物资方面尽可能提供好的服务。

（2）政府要着手建立辽宁省农产品大数据分析发布机制。要利用“大数据”技术，对农产品的生产、需求以及市场行情进行动态监测、分析，使农民提前获知相关农产品可能遇到的价格、产量波动风险，让农产品生产、销售建立在对市场进行理性分析的基础上，从而相对理性地进行种植结构调整。

（3）大力推广农产品价格保险制度，提高农民的风险意识。一是针对种粮大户、农业合作社等新兴经营主体和主产区各级农业干部，抓紧开展价格保险、期货期权、信息分析预警等理论和实战培训，增强其风险管理意识和市场参与能力；二是积极扩大价格保险试点范围，在总结近两年经验的基础上，继续扩大“保险 + 期货”试点范围，实现稳定农民收益，减轻财政负担等多重目标。

（4）加大辽宁省豆类、杂粮以及马铃薯补贴力度。由于目前黑龙江、辽宁都取消了大豆目标价格政策，实施了大豆“市场化收购” + 补贴的新机制，因此建议辽宁省提高补贴标准，恢复农民种大豆的积极性。同时，财政要建立薯类和杂粮类的专项补贴，促进农民种植结构积极转变。

### （三）重点发展辽宁农产品加工业，延伸农业产业链条

农产品加工是农村一、二、三产业融合的关键环节，也是种植结构调整的有力驱动。辽宁应重点发展薯类、杂粮类农产品加工。2015 年，国家提出马铃薯主粮开发战略，辽宁省应重点支持发展马铃薯种植。加工是马铃薯主粮战略中最关键的环节，在政策设计上辽宁应以马铃薯加工转化作为农业供给侧改革的有力抓手，一方面，通过财政支持手段引导农产品加工企业在辽宁省布局，鼓励其对马铃薯主粮化产品、生产技术工艺与配套设备的研究与开发；另一方面，鼓励马铃薯加工企业进行技术改造和升级，提高加工水平和产品质量，提高其附加值。

### （四）因地制宜，形成合理区域种植结构布局

发挥市场机制的决定性作用，充分利用辽宁省各个地区的自然资源优势，让各地区资源优势能够转化成为产品优势以及市场优势。不搞强迫命令，不搞一刀切，尊重农民意愿，充分保障农民耕种决策的自主权，形成辽宁省合理区域种植结构布局。按照“宜牧则牧、宜养则养”和“以养定种、以种促养”的原则，因地制宜发展饲用玉米、饲草等作物，加快构建粮饲兼顾、农牧结合、循环发展的新型农业生产结构。根据《辽宁省人民政府关于推进农业供给侧结构性改革的实施意见》（辽政发〔2016〕41 号），积极组织开展辽宁省粮改饲和种养结合模式试点。目前辽宁省饲料作物播种面积仅占全省播种面积的 0.2%，远不能满足饲料用粮的需要。因此在大连、抚顺、本溪和铁岭传统玉米优势主产区，政府继续鼓励和引导农民改种青贮玉米、苜蓿等优质饲草料，以代替籽粒玉米种植。此外，还要改善玉米的品种，增加甜玉米、高淀粉、高含油玉米等品种。在辽西朝阳、阜新、锦州部分干旱丘陵地区要全面扩大小杂粮、杂豆生产。丹东、营口、辽阳、盘锦在

地形上属于平原地区，水源充足，应全面扩大优质水稻种植，推广抗旱节水种稻技术。另外，大豆是辽宁省乃至东北地区的优势品种，从全国看大豆比较短缺，所以辽宁省要在发展大豆生产上做文章，有计划地推行玉米大豆轮作，扩大优良品种和高质量的非转基因大豆品种，以增强大豆在国内和国际市场的竞争力。

### （五）强化农业科技的支撑作用以及农田基础设施建设

在调整、构建科学种植结构的同时，辽宁省要强化农业科技的支撑作用。只有实现科教兴农，才能有效增加农业的收益以及更有效地调整农业种植结构，进而从根本上解决农业问题。

（1）不断提高和改良辽宁省农产品品种，并以关键产品为主，不断培育出优良的品种；重点研究饲用农作物生产、青贮和饲喂一体化技术体系、培育优质品种和栽培技术以及玉米产区替代作物的品种选育和推广等技术，探索降低用水、用肥、用药的低成本种植技术，探索生态农业的发展。

（2）不断推广更先进的农业生产技术，将典型先进的农业生产技术与模式进行推广，如间作套种模式，通过不断拓展优质作物的产量来增强辽宁省农业的整体生产力。

（3）推动互联网、物联网等信息技术在农业方面的开发应用。

（4）要加大农田水利基础工程建设，尤其是在辽西干旱地区，提高农业抗灾抗旱能力，这样农业种植结构调整才能顺利进行。

### （六）加强农产品市场体系建设，搞活农产品流通

（1）种植结构调整，应重点致力于农产品市场体系建设，搞活农产品流通，解决农产品销售难问题。政府搭建渠道共享平台，实现农产品货源与销路对接。辽宁省应建立省、市、县、乡多层级的农产品批发市场体系。基层政府通过举办展销会、博览会等形式，推介辽宁省杂粮杂豆等特色农产品，扩大市场消费份额。同时积极推进辽宁省“互联网＋现代农业”的发展进程，加快推进农业电商以及期货交易，拓展消费市场，提高农产品流通

能力。

（2）要重视发展农贸、超市等零售市场，既要拓展市场的外延，合理布局市场网点，方便农产品交易，又要培育新型经营主体，提高农民话语权，引导农民进入附加值更高的农产品流通领域。

（3）规范发展订单农业。基层政府要加强引导，积极引导企业和农民按市场需求大力发展订单农业，加强交流，积极利用各种渠道，组织农民与本地和外地农产品加工企业签订合同。签订合同后，基层政府要积极地监督、规范双方履行合同，更好地促进辽宁省订单农业的健康发展。此外，还要加强专业技术协会和农民专业合作组织建设，根据各地有优势、有特色、有品牌的作物，新增和建立健全专业技术协会和农民专业合作组织，通过协会带动农民进行结构调整。

**参考文献**

唐安来、翁贞林、吴登飞、胡智：《乡村振兴战略与农业供给侧改革——基于江西的分析》，《农林经济管理学报》2017 年第 16 期。

宋圭武：《全面实施乡村振兴战略》，《社科纵横》2017 年 12 月。

B.20

# 辽宁农产品加工业发展问题研究

马　琳*

**摘　要：**　农产品加工业联结工农、沟通城乡、亦工亦农，是为耕者谋利、为食者造福的重要民生产业。作为辽宁重点发展的三大产业之一，农产品加工业发展，有助于优化产业结构，助推农业供给侧结构性改革；有利于破解农产品出售难问题，带动农民增收；有利于促进三产融合，促进农业现代化。近年来，辽宁农产品加工业稳步快速发展，取得了一定的成绩，但其在拉动农业产业化方面的作用和农村经济社会发展的要求相比，仍存在较大的提升空间。在当前政策经济环境和国际背景下，辽宁应立足省情，针对农产品加工业发展存在的问题，走出一条具有自身特色的农产品加工业发展之路。

**关键词：**　农产品加工　集聚区　农业品牌

## 一　辽宁农产品加工业发展现状

农产品加工业作为辽宁重点发展的三大产业之一，已经成为辽宁联结工农、沟通城乡、破解资源枯竭型城市转型难题的重要抓手，成为辽宁新的经济增长点。辽宁的农产品加工业主要包括食品加工、纺织品加工、轻工农产品加工和中药材加工，其中食品加工（以粮油和果蔬加工为主）是农产品

---

* 马琳，辽宁社会科学院农村发展研究所助理研究员，主要研究方向为农村经济。

加工业的支柱产业。2014～2017 年，辽宁省粮食总产量呈逐年递增的良好态势（见图 1），这为农产品加工业奠定了良好的自然基础。特别是 2017 年，辽宁的粮食产量达到 2136.7 万吨，比上年增长 36.1 万吨。其中，水稻产量 498.4 万吨，玉米产量 1448.9 万吨。全年油料产量 81.2 万吨，蔬菜及食用菌产量 2048.0 万吨。全年水果产量 809.2 万吨，比上年增加 6.9 万吨。

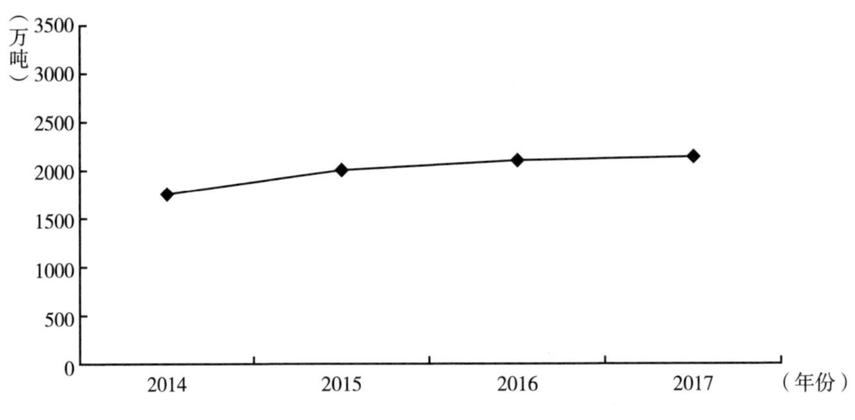


**图 1　2014～2017 年辽宁粮食总产量**

为了加快农产品加工业发展，推进农产品加工产业集聚，延长产业链条，提高附加值，辽宁省积极推进农产品加工集聚区建设，并已初步形成规模。全省初具规模的农产品加工集聚区已达到 23 个，其中省级农产品加工示范集聚区 9 个。集聚区规划总面积 875 平方公里，其中核心区规划面积 149 平方公里。23 个农产品加工集聚区主营业务收入为 845 亿元，占比达到辽宁规模以上农产品加工企业主营业务收入的 20% 以上。各县（市、区）以特色主导产业为依托，发挥区位、资金和技术等优势，将资源优势转化为经济发展优势，围绕粮油加工、乳品加工、畜禽加工、果蔬饮料加工、饲料加工、良种繁育、农产品物流以及冰葡萄、山参、中药材等优势特色农产品，建设了各具特色的集聚区，如辉山农产品精深加工、西丰县鹿产品加工、桓仁中医药保健、台安畜产品加工、喀左农产品加工出口等特色集聚区。全省各地不断加大招商引资力度，积极推进农产品加工企业向园区集中、产业向园区集聚，农产品加工集聚效应开始显现。截至2016年底，全省23个集聚区共入驻农产品加工企业1141家，实现税收收入19.2亿元，出口创汇4.4亿美元；共落地农产品加工项目120个，总投资规模223.7亿元，其中，亿元以上项目达到75个。一批重大项目向集聚区集聚，为今后集聚区发展奠定了基础。集聚区通过合资合作、并购参股、品牌联盟和延伸上下游产业链，充分发挥了农产品加工龙头企业带动作用，与当地农民种养殖大户、农民合作社等建立紧密的利益联结机制，带动原料基地生产面积235万亩，带动农户62万户，吸纳农民就业10.4万人，形成了集专用品种、原料基地、农产品加工、现代物流和便捷营销为一体的三产融合发展先导区。

## 二　辽宁农产品加工业发展面临的问题

### （一）集聚区规模偏小，企业带动力不强

辽宁农产品加工企业存在的问题主要包括：规模小、知名度低、对农户的带动能力偏弱。省内农产品加工集聚区虽然总数不少，但较大规模和中等规模集聚区偏少，集聚区入驻企业数量较少。全省23个集聚区中主营业务收入超过30亿元的集聚区只有8个，超过50亿元的只有1个，有5个规模不足10亿元；有5个入驻企业不到10户。

而对比国内其他省份，例如内蒙古自治区的蒙牛集团，以40亿元的企业资产，带动了30万户奶农，其产业链条辐射到了120万牧户；再如山东寿光蔬菜产业集团以及福建超大现代农业集团等，这些企业都是农产品加工行业非常有名的企业，它们都有大规模的生产基地，参与订单生产的农户达到几万甚至十几万，为农民带来了可观的经济收益。

### （二）深加工水平不高，知名农产品品牌少

缺乏深度加工是我国农产品加工企业普遍面临的问题。目前，我国农业产品的精加工程度只能维持在0.74∶1，而发达国家农产品加工产值与农业

产值之比大都在2∶1。在我国农产品的加工程度为43%，而发达国家可达到84%以上。辽宁农产品资源极其丰富，是许多高品质初级及初加工农产品的产地，比如大米、杂粮，蔬果，食用菌类、畜牧产品和水产品等，但目前精深加工产品少，加工转化和增值率低，产品附加值得不到提升，农产品加工标准、技术和国际接轨尚不够紧密，滞后于市场发展的要求。此外，辽宁销售的许多初加工农产品都没有自己的品牌商标，农产品质优价廉的优势没有体现出来，也没有宣传出去。虽然近年来，辽宁农产品品牌数量有较快的增长，但影响力大多局限在本市或者本省，能够真正成为全国知名，甚至打入国际市场的农产品品牌却寥寥无几，这与其他农业大省仍存在着较大差距。

### （三）技术装备水平偏低，研发创新能力有限

在现有农产品加工集聚区中，普遍存在着硬件配备不过关，加工设备陈旧老化、质量粗糙、性能低等问题，技术方面也存在着技术装备水平低、工艺技术落后等问题，这直接导致生产效率低、生产成本高的现状。大部分集聚区基础设施建设虽然满足了企业入驻条件，但由于起步晚，积累不够，基础设施建设档次低，有的仅具备“三通一平”条件，严重影响了农产品加工集聚区（园区）的整体技术水平。

现阶段，农产品加工业的技术储备严重不足。从企业内部看，企业缺乏自主科研能力，中小型农产品加工企业多数没有建立研究开发机构，一些大型和龙头企业虽然建立了研发机构，但资金投入不够，缺乏高素质的人才，企业技术人员研发和创新能力有限，突出表现在缺乏创新平台和创新主体，研发不足仍限制了企业核心竞争力的增强。从企业外部看，科研成果转化为生产力的比例小，科研单位与生产企业脱节问题严重，农产品加工技术得不到更新，总是在低水平的层次上徘徊不前。这些直接导致了我国农产品国际竞争力不足，农产品综合利用率低等问题，如玉米加工中的蛋白、大豆中的低聚糖、米糠中的多糖等都没有得到很好的利用，不仅增加了我国农产品的生产成本，而且由于成品价值不高且较为单一，在农产品出口的市场结构上

只能集中在亚洲的近邻国家，这种出口市场过于单一的现象对我国农产品贸易的多元化发展有制约作用。

### （四）服务平台不完善，产业链条短

目前辽宁农产品加工聚集区只是简单地将农产品加工企业集中到一起，并没有在实质上发挥聚集区应有的作用，聚集区缺乏一个统筹全面的信息发布平台，不能很好地整合区内企业之间的信息，每个企业只能各自为战，由于企业得不到生产上下游环节的即时信息，很容易盲目扩张部分农产品原料生产规模，导致产品的集中上市，造成价格的不稳定，农民增收困难，一定程度上影响了园区建设的质量和效益。

产业链条短，聚集程度和资源集约利用程度仍需提高。在农产品加工集聚区内仍以单一的生产行为为主，集聚区尚未与农民、合作社、生产基地等建立长期和稳定的利益联结机制，未能形成企业自身的产业链，对原材料的需求和对成品的销售仍然依赖供货商和销售商。聚集区内的企业很多只是空间上的集聚，没有形成相互联系、相互依存和相互促进的关系，聚集效益不高，辐射带动能力不强，企业多依赖自身条件，与市场直接对接，企业之间缺乏有效的沟通和互补，没有形成产业联动机制，不利于降低企业发展成本，实现资源的集约与循环利用。

## 三　辽宁农产品加工业发展方向及发展趋势

### （一）发展方向

2017 年 6 月印发的《辽宁省农产品加工集聚区发展规划（2017～2020年）》，为辽宁农产品加工业的发展指明了方向。

（1）在沿海发达地区建设沿海农产品加工集聚区，主要建设水产品基地、水果生产基地和创汇农业基地，重点打造出口型、精深型、科技型、牵

动型农产品加工业。

（2）在中部平原地区建设中部平原农产品加工集聚区，重点建设优质稻米基地、蔬菜生产基地、蛋奶生产基地以及精品农业基地，发展综合性的农产品加工业。

（3）在辽东地区大力发展特色农产品加工业，建设绿色食品加工集聚区，充分利用辽东地区山区资源优势，重点建立林木生产基地，建立食用菌、山野菜、柞蚕以及中药材等特色产品生产基地。

（4）在辽西地区发展具有西部特色的农产品加工集聚区，建设旱作农业和草畜养殖生产基地、优质杂粮生产基地、油料生产基地、蔬菜以及经济作物生产基地。

（5）在辽北地区发展大宗的粮牧并举的加工集聚区，建立大型商品粮生产基地、加工专用粮生产基地、优质大豆和特种玉米生产基地以及饲料粮、肉牛、肉猪生产基地。

### （二）发展趋势

农产品深加工可以使农业初级产品转化成更多种类和用途产品，在满足现代消费需求的同时，也可以增加生产环节，延伸产业链条，使农业初级产品实现多次增值，在更加广泛的领域中得到应用。农产品深加工的发展趋势主要有以下四个方面。

（1）加工技术将持续创新发展。得益于科学技术的不断进步，未来农产品深加工技术将不再满足于单一的学科技术，而是多学科技术互相渗透互相作用。同时，自动化和网络技术的发展，也将使加工过程更加智能化和精细化。这势必会促使新技术、新工艺的出现，使传统产品质量更好，又能开发新产品。

（2）加工原料倾向于更加专用化。由于市场和加工用途不断细分，原料的品种和质量将决定最终产品的质量，因此，现代加工业更加倾向于选择专用化的原料品种。农业生产采用更具针对性的育种、栽培、养殖和防治病虫害等技术，将进一步促进农业生产专业化程度的加深，从而促使农产品深加工业向农业生产领域进一步延伸。

（3）深加工的最终产品在更多领域得以应用。随着科学技术的提高和应用，人们对农产品的成分组成和应用价值有了更新的认识，可以制造功能性和附加值更高的产品，而不是局限于食物、饲料和简单的工业原料，更多的产品可能是从某些植物中提取特有的天然成分，这些天然成分可以应用于抗氧化、防衰老护肤品的生产，甚至可以加工成预防肿瘤和提高人体免疫力的医药保健产品。

（4）生产过程和产品向国际标准化方向发展。要想将产品打入国际市场，参与国际市场竞争，得到国际市场的认可，具备国际市场竞争的资格，就需要遵循国际公认的生产和质量标准。因此，辽宁农产品加工业必须将生产过程和产品向国际标准化方向发展。

## 四　辽宁农产品加工业发展对策

### （一）加快农业集聚区建设，加强龙头企业培育

大力支持农产品优势区域建立农产品聚集区，原则上新建企业都要进入聚集区，不断加大对农产品聚集区的基础设施建设投入，以形成区域企业群体化，形成对内带动力强、对外辐射力大的合力优势。

建设好辽宁省农产品加工示范集聚区，关键是做优做强农产品加工龙头企业。着力培育和打造技术创新能力、现代管理能力和带动能力强的龙头企业，通过收购、兼并、参股、产业链延伸以及品牌联盟等多种形式进行重组和整合，实现“强强联合”“强弱联合”，组建资本结构多元化、产品科技含量高、市场竞争力强的产业集团，提高产业集中度和核心竞争力。发展壮大龙头农产品加工企业集团，鼓励它们建立专用原料生产基地，加快市场主体培育，促进产业转型升级，提升核心竞争力。大力发展农产品加工合作社，引导农民合作社、村集体等兴办农产品加工流通企业，建立起企业与农户、农民合作社以及村集体的紧密联结机制。完善“企业 + 合作组织 + 农

户”的带动模式，扶持龙头企业采取订单农业、保护价收购、利润返还和入股分红等方式，使企业与农户真正形成“利益共享、风险共担”的利益共同体。

通过政府扶持、市场运作和政策引导，培育壮大加工规模大、技术含量高、市场竞争力强、带动力强的大型龙头企业群，鼓励重点龙头企业开展上市融资，进行跨行业、跨区域和跨所有制的联合与合作。积极扶持和培育关联度高、带动性强的大企业、大集团，发挥其示范带动、信息扩散、产品辐射和构建销售网络的龙头作用，引导社会资源向龙头企业和产业园区集聚，做大做强做优龙头企业，进而发挥龙头企业的示范带动效应，逐步吸引更多的企业集聚。

### （二）强化农产品的精深加工，实施品牌战略

农产品加工业要实现由粗加工向精加工的转变。政府要全面部署农产品加工业发展领域，定期组织各部门、各行业专家加大对高新技术研究和应用的力度。采取优惠政策从国外引进先进技术和工艺设备，促进我国农产品加工业的升级换代。加快农产品生产及加工标准体系建设，把农产品生产加工全过程纳入标准化轨道。加强农产品质量安全监管，落实农产品加工企业主体责任，建立加工产品安全可追溯体系，实现从农田到餐桌全程质量安全监管。逐步推进出口食品和农产品内外销“同线同标”生产，开拓国内中高端市场。

注重产品质量，实施品牌战略。支持农产品加工企业通过技术创新、产品创新和管理创新，争创品牌企业、名牌产品、中国驰名商标。支持协会、企业开展农产品地理标志的申报和保护，打造地域品牌、区域品牌。支持农产品加工企业注册自有品牌，利用自主的知识产权来发展进出口贸易，加速培育跨国企业和国际知名品牌。开展多种形式的品牌展示、推介和宣传活动，建立辽宁农产品国外展示平台和销售渠道，进一步提升辽宁农产品加工企业及品牌的影响力。第一，维护好现有农产品品牌美誉度，贯彻执行国家《食品安全法》和《农产品质量安全法》，大力开展标准化生产和“三品一

标”认证，重点扶持技术含量高、附加值高、市场潜力大的名牌产品，对被评为国家、省级名牌及驰名商标、著名商标的品牌要予以奖励，鼓励名牌产品企业扩大品牌经营规模。第二，打造一批新的更加知名的农产品加工品牌。根据产品市场定位确定品牌目标，打造国际品牌、中国品牌、地方品牌等，同时要不断保护和提升原有品牌。在打造品牌的过程中，首先要进行品牌策划、定位，制定市场营销策略，找准市场切入点，有计划、有步骤地扩大品牌知名度。其次要把打造品牌和产品创新有机结合起来，以品牌为引导带动新产品开发和技术含量提升，不断扩大品牌的知名度。第三，要积极开拓产品市场，不断扩大产品的市场覆盖面，提高产品的影响力，最终形成知名度高的品牌产品和品牌企业，逐步形成农产品加工业的品牌产业群。

加快集聚区品牌建设。鼓励农产品加工企业以品牌为纽带，通过技术创新、产品创新和管理创新，争创品牌企业、名牌产品、中国驰名商标。坚持政府、协会、企业联手，积极开展农产品地理标志的申报和保护，打造地域品牌、区域品牌。支持农产品加工企业注册自有品牌，利用自主的知识产权来发展进出口贸易，加速培育跨国企业和国际知名品牌。开展多种形式的品牌展示、推介和宣传活动，建立辽宁农产品国外展示平台和销售渠道，进一步提升辽宁农产品加工企业及品牌的影响力。逐步推进出口食品农产品内外销“同线同标同质”生产，开拓国内中高端市场，打造中国乃至世界的农产品品牌产品和知名企业。

### （三）加强基础设施建设，加快科技创新能力提升

加强基础设施建设，高标准、高起点、规范化建设电力、交通、通信、污水处理及给排水系统，形成农产品加工集聚区的空间布局与产业布局相结合以及产业优势与农产品加工集聚区特色相协调的融合发展体系。

加快集聚区科技创新能力建设。农产品加工既要充分发挥政府的主导作用，也要充分发挥企业在技术创新中的主体作用。坚持以企业科技创新为核心，建立多元化、多层次、多渠道的科技投入体系，加快国家级、省级企业技术中心和重点实验室、工程技术研究中心、高新技术企业孵化器建设。加

速科技成果转化，支撑企业技术创新。组建辽宁农业科技创新联盟，通过农业科技协同创新机制的建立，解决农业产业发展必须依靠的重大关键性技术问题。加强知识产权保护，推进以加工企业为主体的科技成果转化和技术转移。鼓励企业联合高等学校、科研院所组建产业技术研究院和产业技术创新战略联盟等新型产学研合作组织。

### （四）改善营商环境，进一步加大融资力度

进一步减少和取消前置审批要件，规定并依规执行各类项目最长审批时限，提高审批透明度，将审批流程进一步简化，改善营商环境，提高效率。对各种资本投资农产品加工项目，由当地政府行政服务中心实行“一条龙”服务，所有收费项目、标准集中公示，实行“一卡收费”。优先保证省级重点龙头企业生产和新建项目用电，对符合农业生产用电类别的专业化种养业项目，执行农业生产用电电价政策。有关部门要严肃查处乱收费、乱罚款、乱摊派行为，发现问题要进行严肃问责，为企业发展营造良好的营商环境。

充分利用辽宁省产业（创业）投资引导基金，积极吸引社会资本建立若干只农产品加工业股权投资基金，加大农产品加工业发展的投融资力度。引导金融机构结合农产品加工企业生产特点，调整优化涉农信贷结构，合理安排授信，创新金融产品和服务。鼓励银行机构开展农产品加工企业商标权、专利权等知识产权质押贷款，扩大抵押物范围。鼓励银行机构积极利用支农再贷款，加大对农村企业和城市涉农企业的支持力度。改善融资服务，支持各类符合条件的农产品加工企业在国内中小企业股份转让系统挂牌融资以及境内外上市融资，扩大股票市场再融资规模。

加强集聚区服务平台建设。严格按照政府搭建平台聚集资源服务行业的要求，搭建农产品加工集聚区集融资担保功能、检验检测功能、仓储物流功能以及安排劳动用工、出口代理功能于一体的公共服务平台。加强农产品营销服务。引导有条件地区打造农产品集散、冷链物流、产品展销中心。实现农产品销售渠道和手段的创新，大力发展直供直销、连锁经营、“互联网+流通”等新型流通业态和模式。鼓励骨干企业利用农产品期货市场开展套

期保值和风险管理。加强检测检验平台建设。明确农产品质量检测检验平台体系建设在农产品质量安全监管和现代农业建设中的基础性地位和保障作用。支持省级农产品加工示范集聚区建设国家级和省级农产品质量检测检验平台，引入高标准第三方检验平台。强化农产品质量检测检验平台建设项目管理，为农产品加工企业进入国内外市场、产品研发、原材料进厂、产品出厂提供服务和咨询。

## 参考文献


朱珊珊：《浅谈我国农产品加工贸易现状及对策》，《三农论坛》2017 年第 2 期。

白雪冬、吴丽萍：《我国农产品加工的发展思路分析》，《农业研究》2016 年第1 期。

郭雪霞、张慧媛等：《中国农产品加工产业聚集问题研究与对策》，《世界农业》2015 年第 7 期。

张涛：《分析新形势下我国农产品加工的发展思路及其相关策略》，《农业科学》2016 年第 10 期。

《2017 年辽宁省国民经济和社会发展统计公报》，辽宁统计信息网。

《辽宁省农产品加工集聚区发展规划（2017～2020）》，辽宁省人民政府办公厅文件。

**B**.21
# 辽宁农业信息消费现状及发展研究

范忠宏*

**摘　要：** 随着现代信息技术的快速发展、互联网搭建平台以及电子商务与农村发展的融合，农业信息消费成为经济发展的新蓝海。辽宁要抓住实施乡村振兴战略的契机，把信息技术应用到农业农村发展中，实现辽宁农业农村的现代化发展。辽宁应通过引导农业信息消费发展，改变农村发展以政府为主导的模式，改变农民的生产方式与生活方式，提升农民的互联网意识，并增强农民对信息技术的把控能力，从而缩小城乡数字鸿沟。

**关键词：** 乡村振兴　农业信息消费　辽宁农村发展

乡村振兴是具有中国特色的农业农村发展道路，这样的发展不仅是土地、资本和劳动力三者的发展，而且应该充分利用计算机、互联网、移动互联网、物联网、大数据、云计算、区块链、AI人工智能等多种现代科学技术，特别是把信息技术应用到农业农村发展中，实现农业农村的现代化发展。2017年8月13日国务院正式发布的《关于进一步扩大和升级信息消费持续释放内需潜力的指导意见》（国发〔2017〕40号）指出，信息消费已成为当前创新最活跃、增长最迅猛、辐射最广泛的经济领域之一，对拉动内需、促进就业和引领产业升级发挥着重要作用，该《指导意见》重点提到了关注农村的信息消费。

* 范忠宏，辽宁社会科学院农村发展研究所，副研究员，主要研究方向为农村经济。

自2015年以来辽宁经济发展遭遇前所未有的困难，全省生产总值同比负增长，固定资产投资同比更是严重下滑，传统的装备制造业增速放缓、效益回落，战略性新兴产业优势发展不明显，县域经济发展不足成为经济发展中的短板。辽宁经济如何走出低谷，迎来经济发展的新春天？辽宁在结构调整和改革创新的过程中，要把乡村振兴发展放在首要考虑的位置，将信息化发展与农村经济发展相结合，也就是将农业信息消费作为发展农村与农业的一个入口；将农业与旅游、文化、康养融合发展，加快实现4G网络全覆盖，把“互联网+农业”的模式在农村推广，通过现代信息科技促进乡村振兴战略的实现。研究辽宁省农业信息消费情况，从农业信息消费入手寻找辽宁农业发展的新增长点。

## 一　农业信息消费概况

农业信息消费是现代信息技术在我国农业生产、经营、管理、服务等方面的应用，依据应用的不同可以把信息消费细分为：农业生产性信息消费、农业经营性信息消费、农业管理性信息消费、农业服务性信息消费。

农业生产性信息消费是指农业生产过程中种植、园艺、养殖、产品初加工等环节相关信息的提供与需求，包括大田种植、设施园艺、畜禽养殖、渔业生产及农产品初加工信息。农业生产信息的供给与消费可以提高农业的生产效率，农民对生产信息的采纳可以降低生产劳动成本，从而转变农业生产方式和发展方式。农业生产性信息包括水、土、光、热、气候等资源信息，也包括作物育种、种植、施肥、植保、过程管理、收获、加工、存储、机械化等生产中各环节的相关信息，无论是从类型还是数量上来看，农业生产性信息都是繁杂巨大的，必须依靠信息技术开发大数据资源来发展农业大数据，通过建立农业大数据平台来解决农业生产信息不对称问题。农业大数据及应用系统的建立能够为农民提供资源性信息及生产性信息以便安排相应的生产和销售计划。农业大数据的提供可以帮助政府做合理科学的分析并应用其进行资源调配、对农业进行指导和管理。

农业经营性信息消费是指农业经营过程中的物流、市场等环节相关信息的供给与需求。农业经营性信息的提供与消费可以提高农产品的交易效率，并减少因信息不对称而产生的交易成本等，解决小规模农民单体的生产和大市场之间的矛盾。农业经营性信息消费的发展需要电商平台积极布局农业电子商务，发展区域性农业电子商务平台，促进新型经营主体信息平台应用的快速增长。比如，农业电子商务、批发市场信息化建设、休闲农业信息服务等，及时地为农户和企业提供市场交易信息，有利于企业和农户准确地把握市场供求与价格波动情况，使农民与企业的生产行为和市场交易行为都变得智能又快捷。

农业管理性信息消费是指农业管理活动相关信息的供给与需求。农业管理性信息包括农业资源管理、农业综合执法、农业行业管理、农业应急指挥、农产品质量安全等信息。农业管理性信息的提供与消费主要用来应对突发的农业自然灾害、农业“四情”、农业公共卫生事件、农业事故灾难等情况，通过建立应急指挥、视频会议、农机购置补贴、财务监管、质量安全流程追溯等农业管理信息系统，使得管理农业生产过程顺畅，行业规范，市场竞争公平，农产品质量有保证，以及农业补贴的使用更加有效率。

农业服务性信息消费是指农业服务活动相关信息的供给与需求。农业服务性信息涉及提供农业科技、农业政策、农业气象等公益服务，看病就医、生活缴费、银行业务等便民服务，以及有关生活消费品、生产资料和农产品等电子商务服务的信息，也包括“12316”、农产品市场监测及手机短信等。农业服务性信息消费的发展要求丰富服务手段，增强服务体验，贴近服务对象，提高服务效率。现在不少地方覆盖县、乡、村的三级信息服务体系初步建立，使得农村信息消费和服务能力都迈上了新台阶。

发展农业信息消费不是关注农民使用宽带、智能手机、有线电视网情况，而是要通过“宽带乡村”的全域覆盖，运用信息技术为农村提供远程教育、医疗保障、金融等服务，实现信息化手段与民生消费需求的有效结合；是把信息技术融入农业农村发展的方方面面，从而带动农业结构调整和农民生活方式改善，实现农村进一步发展。通过引导农业信息消费发展，改变农村发展以政府为主导的模式，转向由多元主体推动与农民自发参与，从而形成不同的具体模式，从信息服务向交易领域深化，从着眼其经济利益转向助力农村的全面发展。农业信息消费改变了参与者传统的社会身份，参与者通过改变自己的生产方式与生活方式，取得新的社会身份。农业信息消费将改变农民的生产方式与生活方式，提升农民的互联网意识，增强农民对信息技术的把控能力，从而缩小城乡数字鸿沟。

2004 年 1 月 16 日，信息产业部下发了《关于在部分省区开展村通工程试点工作的通知》，同时出台了《农村通信普遍服务——村通工程实施方案》，作为一个过渡时期的解决方案。“村村通”工程的实施内容包括公路、电力、生活和饮用水、电话网、有线电视网、互联网等。“村村通”工程的开展在各地筹建或进一步完善了服务“三农”的信息平台、“农信通”、“信息田园”等农村综合信息服务平台，提升了农村信息消费和服务的能力，为农业信息消费提供了一定的基础。

目前，我国的农村信息消费不断地在广度和深度上拓展。全国农业系统公益性服务专用电话号码“12316”经过十多年的发展演化成为为农民提供大量市场、科技等信息服务的综合信息服务平台，已为全国 1/3 以上的农户提供服务。

2014 年以来连续三年中央 1 号文件对信息进村入户做出战略部署，各地启动实施信息进村入户试点，已实现试点覆盖所有省份，并从 2017 年开始每年选 10 个省份集中力量推进信息进村入户。信息进村入户工程是打通农业农村信息化“最后一公里”的重要工程，也是农业信息消费发展的基础。截止到 2015 年底，已有 26 个省份的 116 个县建成运营 7940 个益农信息社，覆盖全国行政村总数的 1.35%，便民服务和电子商务开始进村到户。电商企业阿里巴巴开设的农村淘宝点已达 1.6 万个，涉及 29 个省份的 300 个县，覆盖从日常网络代购到旅行、医疗、教育等生活服务业务。各地农村借助互联网信息平台提供农业科技、农业政策、农业气象等公益服务，看病就医、生活缴费、银行业务等便民服务，以及有关生活消费品、生产资料和农产品等的电子商务服务。据商务部2016年的数据，2016年上半年农村网络零售额超过3100亿元。其中，实物型的网络零售额超过2000亿元，非实物商品的网络服务零售额超过1100亿元。2016年以来，农村网络零售额持续快速增长，增速明显超过城市。

## 二　辽宁省农业信息消费情况

辽宁省这些年一直在农业信息化发展的道路上探索。2002年10月由辽宁省农业厅、辽宁省农村经济委员会、辽宁省财政厅、辽宁省通信管理局、辽宁省信息产业厅联手实施的百万农民上网工程，以信息产业技术为依托，采用网络、应用软件系统、硬件设备等基础设施，采集、加工、处理、分析种植业、林业、畜牧业、水产业等各类农业信息，然后利用计算机、信息通、语音信箱、电话咨询、短信等互联网信息服务将信息及时传送给农民，从农业生产、管理与经营等方面推动了农业信息消费的发展。辽宁还组织农民进行上网培训，通过印制培训教材、辅导农民上网，使得许多农民走进了互联网，此次尝试成为辽宁在“互联网+农业”发展道路上的一次历史性的探索。2015年辽宁省启动信息进村入户工程，到现在已累计建成益农信息社超过9100个，覆盖全省行政村总数的81%以上，一半以上的益民信息社开通了农行或商业银行服务，并积极为农民提供公益、便民和电商等服务。辽宁省还组织益农信息社信息员进行相关的培训工作，培训内容包括信息进村入户工程的背景意义、12316公益服务内容、益农网网上购物与信息发布方法、益农信息社信息员的权利与义务等。截至2017年9月20日，各市开展益农信息社社长培训班共17期，培训2174人。

辽宁共有农户640多万户，现已有超过三成的农户参与农业信息消费，他们在查询农业生产技术、价格资料，发布农产品销售信息等方面获益。“辽宁金农网”、“盛世金农网”和“中优商务网”由辽宁省农委信息中心支持，分别侧重服务于农业部门、农民、合作社以及农业企业。“辽宁金农网”是辽宁省最大的农业网站平台，提供的信息涉及种植、畜牧、水产等

30 多个领域，使农民可以便利地获取农业科技信息和农产品销售信息。互联网将农业信息全面、准确地传递给农民，使得农民感受了科技致富的力量，越来越多的农民融入农业信息服务体系之中。2017 年，辽宁省联合东软集团及社会力量共同推出全国第一个农业互联网平台“农 +”，进一步推进“互联网 +”现代农业的农业信息化建设，为农业信息消费提供广阔平台。

2005 年辽宁省开通金农热线“12316”，迄今已经不间断运行 13 年。截至 2016 年底，辽宁省金农热线“12316”累计接受农民咨询 1219 万人次，目前日均话务受理量 3000 ~ 4000 次，人工服务时长达 48456 小时，200 多名农业干部参与。该平台由开通之初的 6 个座席，发展到延伸至乡镇的 154 个座席，推送各类涉农信息逾 2000 万字，播发电视广播节目 5000 余期，出版科技图书 64 万册，开展信息下乡助农活动 220 余次，累计为农民挽回直接经济损失及帮助农民增收节支超过 55 亿元。辽宁省金农热线“12316”通过机制创新改进服务质量，由政府统筹规划开展建设投资，运营企业执行具体的平台开发、运行、维修等任务，使政府资源与市场资源有机结合、互相补充，充分发挥新媒体服务三农的作用。来自辽宁省农村经济委员会信息中心 500 农户调查的数据显示，2005 年、2009 年、2012 年辽宁省金农热线“12316”的最高拨打量分别为 570 次、1826 次、798 次，其中，2009 年最高拨打量最大；2005 年、2009 年、2012 年辽宁省金农热线“12316”的平均拨打量分别为 5 次/人、12 次/人、18 次/人，平均拨打量呈逐年上升趋势（见图 1）。目前，辽宁省全省的金农热线“12316”共有大连、本溪、丹东、锦州、阜新、铁岭、葫芦岛等 10 个市级话务中心，9 个县级话务中心，各市在信息进村入户工程中依托金农热线为“三农”工作提供了大量的公益性服务。比如，丹东市在全市建立 27 个“12316”呼叫座席，组建水稻、草莓、蔬菜、水产等各方面的种养殖专家技术团队，为农民提供技术指导与权威解答。阜新市在全市建立 15 个呼叫座席，在 500 多家益农信息社里安装“12316”免费电话，方便农民解决种养殖技术难题。阜新市还开发了“12316”微信公众号，已受到 6947 位农民关注。

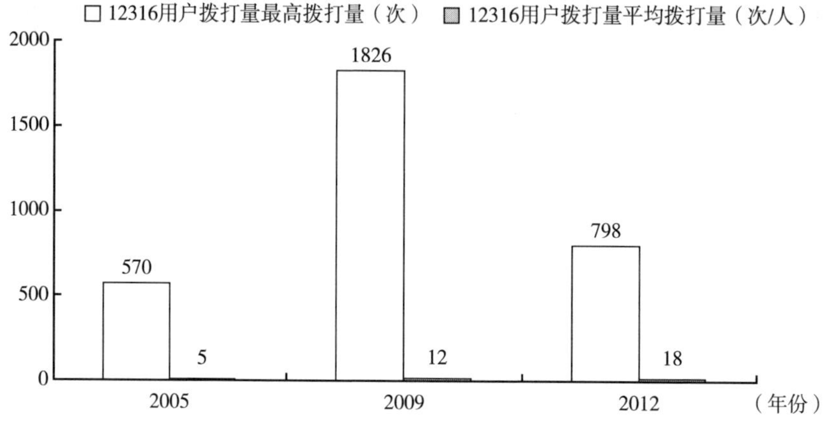


**图1　12316 用户拨打量**

资料来源：辽宁省农村经济委员会信息中心 500 农户调查。

在全国农业信息化发展的带动下，在辽宁省经济发展的推动下，辽宁省农业信息化发展取得了一定的成绩。农村的信息化基础设施建设得到了省市县各级领导的重视，在不断地完善与发展。依托“百万农民上网工程”、“信息进村入户工程”以及金农热线发展，辽宁省的农业信息化发展从农业生产、经营、管理、服务等四个方面提供给农民信息化服务，农业生产性信息消费、农业经营性信息消费、农业管理性信息消费、农业服务性信息消费在辽宁都有所发展。但从目前发展的现状来看，农业服务性信息消费发展得相对较好，农业经营性信息消费与农业管理性信息消费次之，农业生产性信息消费发展得相对较差。农业生产性信息包括水、土、光、热、气候等资源信息，也包括作物育种、种植、施肥、植保、过程管理、收获、加工、存储、机械化等生产中各环节的相关信息，需要多种资源的整合利用，是农民最需要的也是操作难度最大的，亟待科技创新来解决农业生产性信息的提供与消费的发展。农业服务性信息消费的发展潜力仍然很大。农业的发展需要多方的支持与服务才能应对大市场的竞争，而服务的提供可以缩短城乡之间的差距，提供优质高效的农业服务性信息是农业农村发展中必需的，也是参与农业农村发展的重要切入点。

从辽宁金农热线“12316”的发展来看，辽宁农民对于农业信息化的认识与利用还不够，农民对于信息的意识还是以接受服务为主，缺乏主动获取信息的认识，因此农民消费农业信息的动力不强。

## 三　辽宁省农业信息消费发展的不足之处

辽宁省近年来农业发展取得了重要成就，农业综合生产能力不断提高，农业产业结构调整不断优化，农业产业化发展持续进行，为辽宁实施乡村振兴战略奠定了坚实的基础。实施乡村振兴战略，需要改造传统农业的生产经营管理模式，将科技创新与农业相结合，推动互联网与农业的深度融合发展，农业信息消费的发展是农业与互联网深度融合的结果，虽然辽宁这些年来在农业信息化发展中取得了一定的成绩，但在农业信息消费的发展中也存在一些不足之处。

### 1. 农业信息基础设施建设不完善

目前，辽宁省的信息化基础设施建设水平在城乡之间还存在较大的差距。截至2016年4月，辽宁省农民的电脑拥有量超过50万台，90%以上的行政村开通宽带实现上网，200万名农民成为网络信息的直接受益者。[①] 虽然，辽宁省的大部分行政村开通了宽带，可是宽带的速率仍然不够，实现20M以上光纤入户的很少，移动通信网络信号存在盲点，覆盖率达不到100%。且辽宁省共有农民1218.6万，也就是说网络信息的受益农民群体占比不到20%。由于农村的经济基础比较薄弱、地理环境相对复杂、人口密集度不高，宽带建设和运行维护的成本高、收益低，农村的固定宽带家庭普及率比城镇低太多。农业信息化发展很难形成规模，运营成本高，数据共享水平低下，信息基础设施建设模式需要进一步创新。

### 2. 农业信息消费产品有待开发

农业信息包罗万象，大体可以分为四大类：农业生产性信息、农业经营

---

① 资料来源：辽宁省农业信息工作会议，2016年3月30日。

性信息、农业管理性信息、农业服务性信息。其内容包括农业生产过程中种植、园艺、养殖、产品初加工等环节的相关信息，农业经营过程中的物流、市场等环节的相关信息，农业资源管理、农业综合执法、农业行业管理、农业应急指挥、农产品质量安全等信息，农技支持、政策获取、农业气象等公益服务，医疗挂号、水电缴费、取款等便民服务，以及购买消费品、生产资料和销售农产品等电子商务服务的相关信息。从农业信息消费所包括的内容来看，辽宁所提供的农业信息消费产品还有待进一步开发。农业生产性信息包括水、土、光、热、气候等资源信息，也包括作物育种、种植、施肥、植保、过程管理、收获、加工、存储、机械化等生产中各环节的相关信息，无论是从类型还是数量上来看，农业生产性信息都是繁杂巨大的，辽宁省还未能依靠信息技术开发建立农业大数据平台来解决农业生产信息不对称问题，另外农业信息产品的技术性与稳定性参差不齐，硬件故障率与运行、维修成本高等，难以满足农民进行农业生产的需求。农业经营性信息消费不足，农业电子商务、批发市场信息化建设、休闲农业信息服务等信息平台没有充分发挥作用。截至 2017 年底，辽宁省全省供销社系统发展电子商务平台 26 个，新建县域电子商务运营中心 40 个，农村电商服务站（点）53 个，实现网上交易额 3 亿多元,[①] 而 2017 年辽宁省全省供销系统销售总额超过 413.8 亿元。农业服务性信息消费方面提供的服务内容不够。除了金农热线"12316" 提供的公益服务和益民信息社主要提供的硬件服务和农村生活用品采购及农资的线上线下销售外，基层公共服务开展的内容相对较少。

3. 农业信息化发展中的信息系统安全性仍需加强

农业信息系统是现代农业发展的重要组成部分，对农民生产、生活都有重大作用。农村信息消费市场不规范的发展及个人信息保护的法制机制不健全等问题严重影响农业信息消费的发展。在信息化发展过程中，往往网络建设和应用推广发展受到更多的关注，与网络建设投入相比，信息安全的投入相对滞后，许多应用系统安全防护能力低或处于不设防状态，存在着极大的

① 《辽宁日报》2018 年 3 月 26 日。

信息安全风险和隐患。

4. 农民的信息化应用能力有待加强

2016 年全国城镇居民家庭平均每百户拥有移动电话 231. 4 部，平均每百户拥有计算机 80 台；农民家庭平均每百户拥有移动电话 240. 7 部，平均每百户拥有计算机 27. 9 台。[①] 2016 年辽宁省城镇居民家庭平均每百户拥有移动电话 210. 7 部，其中接入互联网的为 120. 2 部，城镇居民家庭平均每百户拥有计算机 71. 3 台，接入互联网的为 62. 9 台；农民家庭平均每百户拥有移动电话 208. 78 部，平均每百户拥有计算机 34. 46 台。[②] 虽然辽宁省与全国的农民家庭平均每百户拥有移动电话数与拥有计算机数相差不大，但无论是全国还是辽宁省的城乡家庭平均每百户拥有计算机的数量差距都很大。农民对于信息化的利用较之城镇居民相比还很落后。

## 四　辽宁省农业信息消费的未来发展规划

1. 加强农业信息消费的基础性建设

完善升级农村信息基础设施。一是推动网络宽带提速升级，光纤进村入户。二是优化网络应用性能，积极发展新型信息消费载体。

培养新型农民。一是培训农民提升信息应用能力和操作技能。二是在农村培养信息消费意识。通过益农信息社向农民宣传信息消费、互联网金融、移动支付、网购等新兴消费理念、农业信息致富理念，提升农民对数字服务、智慧应用的需求欲望。

2. 优化农业信息消费发展环境

加强网络安全监督管理工作。一是根据 2016 年 11 月发布的《中华人民共和国网络安全法》落实网络安全监督管理工作。二是加强信息安全培训。通过开展培训提高系统维护者在实践中的信息消费安全保障能力。三是提高

---

① 数据来自 2017 年《中国统计年鉴》。

② 数据来自 2017 年《辽宁统计年鉴》。

网络监管能力，营造安全消费环境。维护农民的网络消费合法权益，保障农民放心地进行网络消费。

保障个人信息安全。一是不断完善个人信息安全领域的配套法规。对于个人信息泄露与安全威胁加强相关法治建设，要求收集用户信息的企业承担起保护的责任。二是提高农民信息安全意识。通过宣传与开展培训提高农民信息消费安全自我保护能力与危险识别能力。

3. 培育信息消费需求

丰富信息消费内容。鼓励农业企业创新开发新技术推进网络信息技术与服务模式融合创新。一是以发展“互联网 +”为契机，加深农业相关企业与农村、农户的互动关系，通过信息技术使农户与企业在生产指导、产品销售及农业政策等方面交流顺畅，提高农业生产效率与增加农产品销售渠道。二是围绕移动互联网、云计算、大数据、智能终端等热点，建立农业信息库，收集农业生产、农产品产出等信息以及农业企业的农产品需求信息，实现农业发展网上对接。三是依托“智慧城市”建设，推动基于数字家庭技术的影音娱乐、智能家电、健康保健、居家养老等电子信息产品发展。

培育信息消费理念。利用媒体、网站或通过讲座、座谈会等形式向农民宣传信息消费新理念，为农民提供各类免费新兴信息服务和信息产品体验服务，增加农民的信息消费体验服务。

## 参考文献

《辽宁统计年鉴（2017）》，中国统计出版社，2017。

《中国统计年鉴（2017）》，中国统计出版社，2017。

国务院：《关于进一步扩大和升级信息消费　持续释放内需潜力的指导意见》，（国发〔2017〕40 号），2017 年 8 月 24 日。

石志恒、晋荣荣、孙鹏飞、秦来寿：《消费行为视角下农户农业信息消费能力及影响因素研究——以甘肃为例》，《信息资源管理学报》2017 年第 4 期。

# 专 题 篇

**Special Articles**

# B.22

# 辽宁军民融合产业发展问题研究

宋帅官*

**摘 要：** 党的十八大以来，军民融合发展已经上升为国家战略，这是党和政府从国家安全和经济发展战略全局出发做出的重大决策。辽宁是军工大省，军民融合发展基础较好，尤其是军民融合产业发展潜力巨大，完全有条件培育优势产业和新的经济增长点。现阶段，辽宁存在诸多“军转民”和“民参军”体制机制障碍，军民融合产业发展规模较小，竞争力不强。在老工业基地筑底企稳的关键时期，辽宁应深度融入国家战略，大力发展军民融合产业，加强顶层战略规划和统一领导，着力突破管理机制、市场准入、资源共享等体制障碍，积极搭建合作平台，细化扶持政策，重点打造国家级军民融合产业示范区，为推

* 宋帅官，辽宁社会科学院经济研究所副研究员，主要研究方向为区域经济和产业经济。

动全省供给侧结构性改革，促进新旧动能转换注入新的活力。

**关键词：** 辽宁老工业基地　军民融合产业　体制机制创新

军民融合产业主要是指利用国防工业科技优势，通过技术转化开发面向市场的产品而形成的“军转民”产业，民用企事业单位利用自身技术和产品优势参与军品开发、军工配套而形成的“民参军”产业，以及在关键领域有工业动员潜在应急能力的产业。党的十八大以来，以习近平同志为核心的党中央把军民融合发展上升为国家战略。在2017年“两会”上，习近平总书记参加辽宁代表团审议时再次指出，辽宁要形成军民融合发展的新格局，这为培育壮大辽宁军民融合产业注入强大动力。辽宁是军工大省，具有较强的产业基础、科研能力和人才保障，已经形成较为完善的军工生产和科研体系，涵盖船舶、航空、航天、兵器、核电设备、电子信息等六大行业。大力发展军民融合产业，是贯彻落实习近平总书记军民融合战略思想的一项重要任务，是促进辽宁工业经济转型升级，培育新的经济增长点的重要抓手，对于进一步加快建设制造业强省，助推辽宁老工业基地全面振兴具有重要意义。

## 一　辽宁军民融合产业发展现状和特点

近年来，辽宁省、市两级政府高度重视军民融合工作，采取很多重要举措，积极推动船舶、航空、航天、兵器、核电设备、电子信息等六大行业与地方开展技术合作和产业配套，着力推进军民融合产业快速发展。

### （一）不断加强军民融合产业发展的顶层设计

为促进地方军民融合产业快速发展，沈阳、大连、葫芦岛、铁岭等市加强顶层设计，成立了军民融合发展领导小组，统筹部署军民融合产业发展工作，研究制定相关规划和政策措施，积极协调和解决军民融合产业发展重大问题。沈阳市、大连市制定了军民融合深度发展规划方案，葫芦岛等市积极创建省级重点军民融合示范区市。沈阳、大连等市正在积极争取成为国家军民融合创新示范区，旨在提高军民资源利用效率和共享水平，探索形成军民融合发展机制和体系。

## （二）积极搭建军民融合产业发展平台

2016 年，辽宁与国防科工局签署了《关于推进军民融合深度发展战略合作框架协议》，成立了航空产业联盟，推荐了 12 家单位、15 项产品技术进入工信部“军转民”和“民参军”产品和技术推广目录，为推动军民融合产业深化发展发挥重要作用。沈阳市政府与中国航天系统科学与工程研究院携手共建沈阳军民融合中心，旨在推动沈阳科技创新成果向军工领域渗透，加快形成全要素、多领域、高效益的军民融合深度发展格局和生产力双向转移的良好局面。沈阳市成立了全省首个军民融合产业发展联盟，为军民融合搭建平台，提供资金、技术、成果转化等方面的支持。大连市与中国运载火箭技术研究院合作成立大连军民融合创新中心，积极推进一批军民融合产业公司及项目入驻。葫芦岛市健全军民融合产业发展对接机制，建立了以政府为主导、企业为主体、市场为导向的军民融合科技创新体系，形成了“技术创新—产品创新—产业创新”的军民两用技术成果转化应用体系，并在财政、金融、土地等生产要素方面予以配套支持。铁岭市获批国家级军民融合产业基地以来，积极搭建发展平台，通过定期举办军民融合成果对接会，推动企业进一步了解国家军民融合政策，促进民企走向军工市场。

## （三）扎实推进军民融合创新示范区建设

几年来，辽宁紧抓军民融合产业发展的重要战略机遇，积极创建军民融合产业园区，吸引军民融合各类要素资源，提升产业聚集能力、科技转化能力和创新驱动能力。全省目前共建设 7 个军民融合特色产业基地（园区），主要分布在沈阳、大连、葫芦岛、铁岭，其中包括铁岭经济技术开发区和大连登沙河产业区两个国家级军民融合产业基地。7 个基地（园区）现有军民融合型企业110余户，其中有65%的军工企业取得军工资质，直接参与和配套服务企业达90%以上（见表1）。

**表1　辽宁部分城市军民融合情况**

| 地区 | 产业发展重点 | 依托军工及大型民营企业 | 产业基地 |
| --- | --- | --- | --- |
| 沈阳 | 民用航空、装备制造、机器人、高档数控机床、燃气轮机、新能源材料 | 沈阳黎明航空发动机有限责任公司，沈阳新光集团、沈阳飞机工业集团、沈阳兴华电器制造公司等 | 新松军民融合特种机器人生产基地，沈北航空零部件产业园、浑南航空产业园等 |
| 大连 | 船舶制造、核电装备、民用航空、海洋工程、军工装备新材料等 | 大连造船厂、大连重工起重集团有限公司、大连核设备制造厂 | 大连湾临海装备制造业聚集区、大连经济技术开发区、大连高新区、大连瓦房店市 |
| 铁岭 | 军用医疗方舱、军民两用装甲、防爆车辆、军民通用重型卡车、罐车、消防车等专用车及配套产业 | 中航工业集团、辽宁际华集团等 | 铁岭经济技术开发区等 |
| 葫芦岛 | 船舶及海洋工程、航空航天用品及材料、装备制造、涉核产品、两用爆破器材 | 渤海船舶重工、辽宁锦华机电公司、海通电气、孚迪斯石油化工 | 葫芦岛军民融合产业基地等 |

## （四）持续提升民口军品配套能力和水平

目前，辽宁有300多家企业取得武器装备科研生产单位保密资格，近200家企业是许可单位。其中中央军工集团所属骨干单位26家，民口配套中科院研究所3家，其他中央企业10家，高等院校9家，地方国有企业8家，民企配套企业占全部许可单位的比重超过70%。沈阳市军民融合产业取得快速发展，地方企业“民参军”热情不断高涨，全市民口军品配套单位近100家，涉及航空、装备制造、汽车、工业自动化、新能源材料等诸多领域。大连市有70多家重点军工单位及民营配套单位，拥有一批承担军工重点任务、军工技术研发的高等院校和科研院所。葫芦岛市参与军民融合的企业已达30多家，其中规模以上工业企业18户，涉及装备制造、船舶工业、核电配套、新能源、新材料等多个行业。葫芦岛2016年实施了AP1000

核电主管道、老虎重装机器人关节减速器等军民融合重点项目12个，军民融合产业产值超过110亿元，增幅超10%。

## 二 辽宁军民融合产业发展存在的问题

总的来看，辽宁军民融合发展空间较大，但产业发展仍处于起步阶段，产业融合的广度和深度不够，仍存在市场进入、信息共享、技术推广等方面的体制机制障碍。主要表现在以下几方面。

### （一）“民参军”准入门槛太高，“取证”较难

辽宁部分军品的二、三级配套认证已经逐步放开，但对民营企业来说，真正取得军工“四证”却非常困难，申请过程中需要应对多个标准、多个部门、多次考验，且后期维护需要投入大量的人力物力，企业不堪重负。相比来看，深圳等南方地区取得“四证”并直接为军工配套的民营企业占比超过90%。调研中部分企业反映，军方已经对“四证”不再收费，但申请“四证”的培训费“水涨船高”。很多省内企业虽然具备一类装备研制生产能力，但不在《非公有制经济参与国防科技工业建设指南》允许进入的范围，导致这些企业不能真正参与军工产品的研制和生产。

### （二）产业融合存在严重的信息不对称，呈现“一头冷一头热”现象

目前，军队武器装备采购部门和军工产品生产总承包商的采购需求、产品、科研生产和配套保障等信息发布的渠道十分狭窄，导致民营企业不知军工企业有什么科研项目，军工企业不知民营企业有什么先进技术，产业融合的供需对接不上，政府、民企与军工企业联系不紧密，普遍存在“一头冷一头热”现象。通过调研发现，沈阳集诚航空设备公司等民营企业科技创新能力很强，一直致力于航空设备的设计研发，但与军队和军工企业仅仅偶

尔有合作关系，要及时了解军用航空设备发展的技术标准，仍然有层层关卡、层层障碍。

### （三）军民融合产业园区的发展仍处于起步阶段，集聚效应尚未形成

目前辽宁7个军民融合特色产业基地（园区）内军民融合型龙头企业数量较少，规模偏小，产业基础薄弱，产业配套能力有待提高，尚未形成有效的产业链集群，生产要素集聚能力有限。多数园区发展思路和产业定位不够清晰，公共服务体系不健全，平台建设有待加强。

### （四）政府部门间协调机制不完善，存在体制机制障碍

由于没有建立省级层面的军民融合产业发展领导机构，缺少对全省军民融合产业的顶层战略规划和统一领导，因此，主管军民融合发展的相关职能部门存在于各个部门，推进军民融合发展的责任主体不明确，缺少工作指引，协调推进力度不够。民营企业“想参军”，不知该找哪个部门当“介绍人”，更谈不上具体项目对接。通过调研发现，沈阳福鼎捷军民融合科技有限公司等企业想进入军工行业，但不知道从哪里进入，没有“门路”、没有方向，地方政府口号多、实招少，民企急切盼望本地军工整机生产企业能把配套任务留在当地。

## 三　国内发展军民融合产业的经验

### （一）高度重视军民融合产业发展

自军民融合上升为国家战略以来，陕西、四川、湖北、上海等几个军工大省（市）从发展战略和全局的高度来看待军民融合产业的发展，相继成立军民融合产业发展领导机构，制定了《军民融合产业发展“十三五”规划》。陕西省把军民融合产业作为特色优势产业着力培育，持续实施“重点

扶持100个军民结合企业和重点支持100个军民结合产业化项目”的“双百工程”。四川省将军民融合发展作为全省系统推进全面创新改革试验和供给侧结构性改革的重点任务，加快军转民，鼓励“民参军”，推动军用技术和成果转化。湖北省制定了《关于统筹经济建设和国防建设推进军民深度融合发展的意见》，将军民融合发展作为全省推进供给侧结构性改革五个专项行动方案之一加快推进。上海市把发展军民融合作为推进经济增长和产业转型的重要抓手，从全市层面统筹军民融合工作；将军民融合发展纳入各级党委议事日程、纳入政府工作职能、纳入经济发展规划；聚焦科技研发成果转化和产业化链条，健全完善军民融合组织协调机构。

### （二）着力突破体制机制障碍

陕西省重点聚焦支持军工企业与军工科研院所体制改革。建立军工资质统一受理机制，试行军工仪器设备和军民信息共享机制。上海市为促进军民融合产业发展，建立了一整套军民融合法规机制，实现了由“碎片化”到“常态化”产业融合的突破。积极打造体制机制创新“试验田”，成立上海（航天）军民融合创新创业中心，重点围绕空间信息应用、商业航天、新材料、新能源、智能智造等产业发展，打通军民两用技术产业化“最后一公里”。湖北省建立推动军工领域开放式发展的新体制。深化军工科研院所分类改革，推动发展混合所有制经济。引导促进更多的优势民营企业进入武器装备科研、生产和维修领域，推动先进适用民用技术在国防领域应用。四川省创新军品市场准入机制，开展许可资质和承制资格联合审查试点。政府要加强与国防科工局许可办等相关单位的衔接，力争获得开展联合审查试点的相关政策措施支持，在“军”与“民”之间牵线搭桥，推荐民营企业的优势技术和产品，扩大配套合作。

### （三）设立产业发展基金

四川省将军民融合发展重点项目纳入“绿色通道”保障范畴。设立总规模100亿元的军民融合产业发展基金，助推军工技术向民用领域转化。引导民口企业进入武器装备研发、生产、维修领域。陕西省组建了总规模100亿元的陕西军民融合产业投资基金，支持推进新舟研制、无人机产业化示范基地、新一代运载火箭液氧煤油发动机等军民融合重点项目建设。

### （四）积极搭建平台

上海市积极搭建军民科技协同创新平台，形成了“研究所+”“校企全面战略合作”“以民掩军”“政产学研用联合创新”等科技协同创新模式，支撑了国家重大工程项目的研制。同时成立了军民融合产业联盟，集聚了24家单位，梳理对接了一大批重点军民融合产业项目，制定完善了相关产业政策。湖北省成立军民融合研究院，致力于为军民融合产业发展打造智力支撑、资本支撑、项目支撑和平台支撑。陕西省陆续将组建10个军民融合产业联盟，培育一批“民参军”专业化配套企业，加快推进中国西部科技创新港、空天动力研究院、西工大无人机技术产业化基地等建设。四川省联合中航工业等58家单位共同组建军民融合高技术产业联盟，该联盟将推动军民融合向多领域、跨行业对接，消除行业壁垒和垄断，加快“军转民”和“民参军”。

## 四　辽宁军民融合产业发展展望

党的十九大把军民融合发展战略列为开启全面建设社会主义现代化国家新征程的七大国家战略之一，并把坚定实施军民融合发展战略写入中国共产党章程，进一步凸显了军民融合发展战略在国家战略体系中的重要地位。军民融合产业作为军民融合发展战略的核心内容，未来将迎来蓬勃发展。辽宁拥有渤海造船重工、沈阳飞机工业集团、大连造船重工等众多军工企业，拥有诸多政策红利，拥有完善的工业体系和配套功能体系，发展军民融合产业的优势得天独厚。未来，辽宁军民融合产业发展将驶入快车道。

### （一）政策红利不断释放，促进军民融合产业快速发展

2018 年是军民融合产业发展的关键之年，国家几大军工集团将深入贯彻军民融合发展战略，聚焦创新驱动和技术转化应用，主动寻求下游企业技术合作和产业配套，扩大与地方企业交流合作，这将有助于促进辽宁民营企业的成长，推动军民融合产业发展。另外，中央 7 号文件、国务院 62 号文件、东北振兴“十三五”规划以及东北振兴三年行动方案等一系列政策文件均提出要推动军民融合创新发展，建立军民融合产业发展机制。辽宁必将利用好新一轮东北振兴的政策红利，加快军民融合产业发展。

### （二）聚焦重点领域和发展方向，产业呈现集群发展

在辽军工企业涉及的产业领域较多，这些产业大多数与辽宁工业领域的产业结构相吻合，辽宁工业配套体系比较完善，技术成熟度较高。未来，辽宁地方企业与军工企业的重点合作方向主要集中在民用航空、先进装备、船舶制造、先进材料与制造、机器人、军用汽车及零部件等领域，随着工业化与信息化的不断融合，军民合作的领域将会拓展到导航与定位、动力与传动、新能源、网络与通信、云计算与大数据、核心电子元器件等领域。另外，辽宁拥有两个国家级军民融合产业基地，沈阳和大连也有望成为国家军民融合创新示范区。可以预见，随着辽宁地方企业与军工企业加强产业和技术合作，军民融合产业发展潜力将得到进一步释放，未来可能成为辽宁新的优势产业，涌现出一批主导产业明晰、配套功能完善、具有较强竞争力的军民融合产业集群。

### （三）“民参军”和“军转民”的体制机制更加完善

军民融合发展过程中无论是“民参军”还是“军转民”，都离不开体制机制的创新，进一步梳理和完善体制机制是军民融合产业发展的前提和基础。“军”和“民”是国家经济发展体系的两个方面，两者之间存在诸如信

息不对称、你情我不愿、技术创新不协同、基础资源不共享等体制机制障碍。随着辽宁着力体制机制创新，一批军民融合产业发展的服务平台将逐渐搭建起来，一些融合层面的屏障和壁垒将会逐渐被打破，辽宁军民融合发展将更顺畅，实现合作与共赢。

## 五　促进辽宁军民融合产业发展的对策建议

当前，在军民融合加速发展的背景下，辽宁要主动对接国家战略，突出问题导向，精准施策，建立完善顺畅的体制机制，打破军民技术和信息壁垒，实现资本融合，推动辽宁军民融合产业快速发展。

### （一）加强组织领导，尽快成立军民融合产业协调推进机构

一是研究成立辽宁军民融合产业发展工作协调领导小组，整合省、市两级相关部门职能，建立跨部门的议事协调机构，实现军民融合发展归口管理，尽快形成政府主导、需求牵引、市场运作相统一的工作运行体系。研究建立全省联席会议制度，定期举行高层会商或召开联席会议，协调解决军民融合产业发展中的重要问题。二是积极主动与军队、国防科工局、在辽军工集团建立战略合作关系，着力推进一批军民融合重大项目落户辽宁，并通过建立对接协调工作机制，争取国家有关部委更多、更大的支持。三是制定军民融合产业发展规划，明确产业定位、功能布局和发展目标，并将促进军民融合的各类政策措施落到实处。四是尽快建立装备科研生产许可制度和武器装备承制单位资格审查制度，探索建立国防科技工业管理部门与军队管理部门联合审查制度，鼓励中介机构代办相关资格证，解决“办证难”的问题。

### （二）建立省级军民融合产业发展和技术创新联盟

将从事军工科研生产、军民用技术双向转移和成果转化、国防科技交流的军事院校及相关科研院所等企事业单位融合到一起，成立产业发展和技术创新联盟，重点开展与军民融合产业密切相关的重大项目合作、技术成果转

化及孵化、关键核心技术产业化、技术转化服务平台建设等活动，聚力打造一批国家级重点实验室、国防重点实验室、行业技术中心、企业技术中心等；加快制定军民融合技术标准管理办法，推动军民两用标准统一（包括技术体制标准、质量管理标准、成本管理标准、服务保障标准）；探索建立利益共享与风险共担模式，把责任与收益权、责任与决策权、责任与主导权关联起来，激发民间资本的参与热情，提升民间力量参与度。

### （三）搭建军民信息供需对接平台

一是要建立公共服务平台。省军民融合产业协调推进机构要与军队有关部门、军工总承包商充分协调，尽快搭建军工产品采购信息发布平台，准确发布竞争性装备采购需求信息。二是要强化指引。编制辽宁自主知识产权“民参军”信息技术产品目录，以及“民参军”技术与产品推荐目录，引导本地民营企业参与配套。三是根据实际情况，定向发布武器装备科研生产需求、技术标准、招投标信息，推进技术链、产业链、价值链、信息链有机融合。

### （四）设立省级军民融合产业发展基金

在辽宁产业投资引导基金的基础上，建议由省金融办牵头，批准成立辽宁省军民融合产业发展基金，研究和出台促进辽宁军民融合发展的科技金融服务办法，简化基金审批程序和周期，为符合条件的“民参军”企业提供各类资金支持。对具有国际领先水平、引领带动全省发展，实现重大突破的顶尖创新创业团队，以及具有重大影响力的军民两用技术研究和成果转化项目，要加大政策倾斜和资金扶持力度。

### （五）规划高起点的军民融合产业示范区

在现有的军民融合特色产业园区中选取 1 ~ 2 个资源要素好、产业基础厚、融合发展潜力大的产业集聚区，开展省级军民融合产业示范区试点，构建完整的功能配套和畅通的物流通道，重点推进“核心带动配套”

的产业链延伸。探索项目审批、金融融资、专利管理、税收优惠等多项政策扶持方法，推动建立“民参军”快速绿色通道，实现园区内项目对接、资源共享、供需对接，通过发挥示范作用，形成可复制的经验，在全省逐步推广。

## 参考文献

王建青：《军民融合产业集群发展路径研究》，《中国国情国力》2017 年第 2 期。

罗菁秋、张宇：《实现我国军民融合产业发展的路径研究》，《西南科技大学学报》（哲学社会科学版）2016 年第 1 期。

李静军：《实现军民融合产业发展的路径研究》，《企业改革与管理》2016 年第 7X 期。

于志强：《浅谈我国军民融合产业发展实现路径》，《经济》2016 年第 7 期。

# B.23

# 辽宁老字号发展现状与振兴战略研究

王　焯*

**摘　要：** 近年来，辽宁省的老字号工作成就显著，尤其在抢救恢复老字号、发挥行业组织功能、助推老字号“走出去”等方面逐步取得了相应的成效。但也存在着品牌价值较低、产品优势不足、宣传和营销措施落后等问题。辽宁的老字号工作应把握政府培育、企业内生、社会促动、法律保护等合力，通过发展老字号企业及其文化形成辽宁服务产业的亮点和名片，并作为特色品牌和商业资源有效提升省域文化软实力和整体经济水平。

**关键词：** 辽宁　老字号　企业

老字号是中华传统优秀文明的杰出代表，是“中国制造”质量与信誉的象征。近年来，在国家政策的感召下，老字号这一民族品牌得到了政府和社会各界的普遍关注，辽宁省的老字号工作也随之取得了可喜的成绩，许多老字号企业焕发出了勃勃生机，并逐渐成为“辽宁品牌”的靓丽名片，在繁荣活跃市场、满足百姓消费需求、丰富辽宁历史文化等方面发挥了重要作用，为发展辽宁服务业、振兴东北老工业基地、建设富庶文明幸福新辽宁做出了重要贡献。

---

* 王焯，辽宁社会科学院社会学研究所副所长、副研究员，主要研究方向为文化人类学。

# 一　辽宁老字号发展现状与特点

## （一）行业分布比较广泛，地方特色突出

目前，辽宁省有“老字号”企业百余家，其中，商务部认定的“中华老字号”企业有34家，商务厅认定的“辽宁老字号”企业38家（见表1、表2）。老字号的发展深受当地政治、经济、文化等因素的影响，具有鲜明的地域特征。老字号的分布也与当地经济文化发展水平密切相关，据统计，沈阳、大连、鞍山、辽阳四个市区的老字号数量占辽宁总量的70%左右，经济发展比较好的地区老字号数量和发展态势也比较多、比较好。

**表1　辽宁“中华老字号”企业名录**

| 序号 | 企业名称 | 所属行业 | 地区 | 注册商标 |
|---|---|---|---|---|
| 1 | 沈阳萃华金银珠宝制品实业有限公司 | 服务业 | 沈阳 | 萃华 |
| 2 | 沈阳市甘露饺子馆 | 餐饮住宿 | 沈阳 | 甘露 |
| 3 | 鸿兴泰抚顺饮食文化有限公司 | 食品加工 | 抚顺 | 鸿兴泰 |
| 4 | 沈阳老边饺子馆 | 餐饮住宿 | 沈阳 | 老边 |
| 5 | 丹东市老天祥大药房 | 医药 | 丹东 | 老天祥 |
| 6 | 葫芦岛市高桥陈醋厂 | 食品加工 | 葫芦岛 | 高桥 |
| 7 | 沈阳市沈河区马烧麦馆 | 餐饮住宿 | 沈阳 | 百年马烧麦 |
| 8 | 沈阳市宝发园名菜馆 | 餐饮住宿 | 沈阳 | 宝发园 |
| 9 | 鞍山市上海信利熏腊店 | 食品加工 | 鞍山 | 信利 |
| 10 | 沈阳市中和福茶庄 | 食品加工 | 沈阳 | 中和福 |
| 11 | 鞍山市老精华眼镜有限公司 | 服务 | 鞍山 | 老精华 |
| 12 | 锦州小菜有限责任公司 | 食品加工 | 锦州 | 锦州 |
| 13 | 沈阳天江老龙口酿造有限公司 | 酒类 | 沈阳 | 老龙口 |
| 14 | 葫芦岛市高桥小菜厂 | 食品加工 | 葫芦岛 | 锦港 |
| 15 | 辽宁道光廿五集团满族酿酒有限责任公司 | 酒类 | 锦州 | 道光 |
| 16 | 辽宁省灯塔市铧子酒厂 | 酒类 | 辽阳 | 磨齐山 |
| 17 | 辽宁凤城老窖酒业有限责任公司 | 酒类 | 丹东 | 凤山 |
| 18 | 辽宁铁刹山酒业有限责任公司 | 酒类 | 本溪 | 铁刹山 |

续表

| 序号 | 企业名称 | 所属行业 | 地区 | 注册商标 |
|---|---|---|---|---|
| 19 | 辽宁千山酒业集团有限公司 | 酒类 | 辽阳 | 千山 |
| 20 | 盘锦市盘山酒业有限责任公司 | 酒类 | 盘锦 | 盘锦 |
| 21 | 沈阳稻香村商业有限公司稻香村食品厂 | 食品加工 | 沈阳 | 稻福 |
| 22 | 北镇市刘家猪蹄熏鸡厂 | 食品加工 | 锦州 | 刘万成 |
| 23 | 北镇市沟帮子尹亚茹(尹家)熏鸡有限公司 | 食品加工 | 锦州 | 尹家 |
| 24 | 大商集团股份有限公司 | 零售 | 大连 | 大商 |
| 25 | 沈阳鹿鸣春饭店有限公司 | 餐饮住宿 | 沈阳 | 鹿鸣春 |
| 26 | 沈阳市三盛轩回民饺子馆 | 餐饮住宿 | 沈阳 | 三盛轩 |
| 27 | 沈阳西塔大冷面餐饮有限公司 | 餐饮住宿 | 沈阳 | 西塔 |
| 28 | 沈阳市明湖春酒店 | 餐饮住宿 | 沈阳 | 明湖春 |
| 29 | 大连群英楼食品有限公司 | 食品加工 | 大连 | 群英楼 |
| 30 | 沈阳天益堂药房连锁有限公司 | 医药 | 沈阳 | 天益堂 |
| 31 | 岫岩满族自治县益元堂大药房 | 医药 | 鞍山 | 益元堂 |
| 32 | 沈阳广生堂药业有限责任公司 | 医药 | 沈阳 | 广生堂 |
| 33 | 鞍山市大光明洗染有限责任公司 | 服务业 | 鞍山 | 大光明洗染店 |
| 34 | 大连大仁堂药房连锁有限公司 | 医药 | 大连 | 大仁堂 |

**表 2 “辽宁老字号”企业名录**

| 序号 | 企业名称 | 所属行业 | 品牌(字号) | 注册商标 |
|---|---|---|---|---|
| 1 | 沈阳爱新觉罗祖家坊酒业有限公司 | 酒类 | 爱新觉罗 | 爱新觉罗 |
| 2 | 沈阳红药制药股份有限公司 | 医药 | 红药 | 沈阳红药 |
| 3 | 沈阳十里香酒厂 | 酒类 | 十里香 | 十里 |
| 4 | 沈阳市协顺园回头馆总店 | 餐饮住宿 | 协顺园 | 协顺园 |
| 5 | 沈阳沈河明远堂中医眼科诊所 | 医药 | 明远堂 | 明远堂 |
| 6 | 沈阳八王寺饮料有限公司 | 食品加工 | 八王寺 | 八王寺 |
| 7 | 沈阳工艺美术商厦有限责任公司 | 商业 | 工艺美术 | 工艺美术 |
| 8 | 沈阳沈河金砚中医骨伤科诊所 | 医药 | 金氏骨科 | 金砚金氏骨科 |
| 9 | 辽宁东祥金店珠宝有限公司 | 其他 | 东祥 | 东祥 |
| 10 | 沈阳中街冰点城食品有限公司 | 食品加工 | 中街大果 | 中街 |
| 11 | 沈阳市大东副食品商场 | 商业 | 大东副食 | 新帝 |
| 12 | 沈阳市李连贵熏肉大饼餐饮中心(有限公司) | 餐饮住宿 | 沈阳李连贵 | 关东富贵 |
| 13 | 沈阳大光明钟表眼镜有限公司 | 商业 | 大光明 | 大光明 |
| 14 | 沈阳生生摄影有限责任公司 | 服务业 | 生生 | 生生 |
| 15 | 孔氏正骨研究所中医骨伤诊所 | 医药 | 孔氏正骨 | 孔氏正骨 |

续表

| 序号 | 企业名称 | 所属行业 | 品牌(字号) | 注册商标 |
|---|---|---|---|---|
| 16 | 沈阳馨香包子铺 | 餐饮住宿 | 馨香 | 馨香 |
| 17 | 沈阳市胡魁章笔庄 | 其他 | 胡魁章 | 胡魁章 |
| 18 | 沈阳市普云楼原味斋烤鸭店 | 餐饮住宿 | 原味斋 | 普云楼原味斋 |
| 19 | 大连凯林宜昌食品有限公司 | 食品加工 | 益昌凝 | 益昌凝 |
| 20 | 大连金州康德记中医门诊部 | 医药 | 康德记 | 德记号 |
| 21 | 大连长兴岛酒业有限公司 | 酒类 | 龙泉 | 龙泉牌 |
| 22 | 大连共庆园食品有限公司 | 餐饮住宿 | 共庆园 | 共慶园 |
| 23 | 鞍山市大光明美容美发形象会馆 | 服务业 | 大光明 | 大光明 |
| 24 | 抚顺三联商贸有限责任公司 | 商业 | 三联商场 | 抚顺三联商场 |
| 25 | 本溪木兰花乳业有限责任公司 | 食品加工 | 木兰花 | 木兰花 |
| 26 | 丹东市福兴堂大药房有限公司 | 医药 | 福兴堂 | 福兴堂、太乙炉 |
| 27 | 辽宁沟帮子云杉熏鸡有限公司 | 食品加工 | 云杉熏鸡 | 云杉 |
| 28 | 辽宁三沟酒业有限责任公司 | 酒类 | 三沟 | 三沟 |
| 29 | 辽阳张书酒厂 | 酒类 | 张书 | 铁源白酒 |
| 30 | 辽宁省玉生金酒业有限公司 | 酒类 | 玉生金 | 玉生金 |
| 31 | 辽阳市弓长岭菊花老窖酒厂 | 酒类 | 菊花老窖 | 金菊花香 |
| 32 | 辽阳辽麻风味餐厅 | 餐饮住宿 | 辽麻 | 辽麻餐饮 |
| 33 | 辽阳市老世泰食品有限公司 | 食品加工 | 老世泰 | 老世泰 |
| 34 | 朝阳凌塔酿造科技开发有限公司 | 食品加工 | 凌塔 | 凌塔 |
| 35 | 盘锦大洼田庄台老胡家食品有限公司 | 食品加工 | 老胡家烧鸡 | 老胡家 |
| 36 | 辽宁盘宝食品有限公司 | 食品加工 | 盘宝 | 盘宝 |
| 37 | 辽宁每日农业集团有限公司 | 食品加工 | 二届沟 | 二届沟 |
| 38 | 辽宁忠华酒业有限责任公司 | 酒类 | 六股河 | 六股河 |

这些老字号企业有餐饮、食品加工、酿造、中药、零售等多个门类，发展水平参差不齐，比如餐饮住宿和食品加工类老字号发展情况良好，持续盈利，而加工制造类老字号却相对经营困难，发展式微（见表3）。可见，老字号的发展与人们的消费习俗关系密切，饮食习惯的变迁相对较为平缓，所以餐饮类老字号经营状况一直较为乐观，但加工制造类老字号，比如大光明美容美发、生生摄影等就颇受时代变迁的影响，发展迟缓。为此，有些老字号企业非常重视对传统产品和技艺的挖掘整理，不断提炼提升老字号优秀经营理念和品牌文化，使老字号及其文化在新时代得到有效弘扬。比如胡魁章

笔庄一直坚持古法制笔，如今已经成为北派狼毫笔制作技艺的唯一传承者。同时，其充分结合现代设计需求，与深圳知名设计师合作出品的狼毫笔荣获了 2017 年德国红点设计大奖，为传统工艺注入新的生机。

**表 3 辽宁国家和省级老字号发展情况调查**

单位：家

<table>
<tr><td>老字号总数</td><td>72</td><td colspan="2">中华老字号数量</td><td>34</td><td colspan="2">辽宁老字号数量</td><td>38</td><td>共 1 批</td></tr>
<tr><td rowspan="2">行业分布（中华老字号/辽宁老字号）</td><td>餐饮住宿</td><td>食品加工</td><td>零售</td><td>医药</td><td>工艺美术</td><td>居民服务</td><td>加工制造</td><td>其他</td></tr>
<tr><td>9/5</td><td>15/19</td><td>3/3</td><td>5/6</td><td>0/2</td><td>1/2</td><td>0/0</td><td>1/1</td></tr>
<tr><td rowspan="2">企业类型（中华老字号/辽宁老字号）</td><td>上市公司</td><td>国有独资</td><td>国有控股</td><td>有限责任公司</td><td>股份公司</td><td>合伙企业</td><td>个人独资</td><td>其他</td></tr>
<tr><td>1/0</td><td>1/1</td><td>2/0</td><td>19/22</td><td>1/3</td><td>0/0</td><td>10/12</td><td>0/0</td></tr>
<tr><td rowspan="2">经营情况（中华老字号/辽宁老字号）</td><td colspan="2">发展成效突出</td><td colspan="2">持续三年盈利</td><td colspan="2">正常经营但后劲不足</td><td>经营困难</td><td>倒闭歇业</td></tr>
<tr><td colspan="2">8/8</td><td colspan="2">12/15</td><td colspan="2">10/12</td><td>3/3</td><td>1/0</td></tr>
</table>

## （二）经营方式有所创新，竞争能力加强

大部分老字号企业经营方式已由原来的作坊式单体经营转变为现代连锁或集团化经营，如老边饺子、萃华金店、沟帮子熏鸡、大商集团等企业，通过采用现代经营方式，积极开展连锁和组建集团，不断扩大品牌影响力，放大自身优势，市场竞争和抵御风险能力不断增强。比如八王寺不断拓展饮料品种以满足不同消费需求，并根据客户需要开始了“量身定做”，企业营业收入一直稳步增长。在利好形势下，八王寺的董事长一举开展了并购战略，将辽宁酒业老字号“老龙口”收归旗下，在“能人”效应的带动下，老龙口改头换面，营销措施也与时俱进，发展态势可观。萃华金店作为辽宁省老字号企业的标杆，在体制转型后发展潜力充分释放出来，于 2014 年在深交所上市。近年来，萃华金店在文化产业中也投入巨大的力量，旨在搭建一艘萃华文化航母。比如 2017 年，它通过与魔吻文化旗下文化类产品结合打造“魔吻 - 小黄人首饰”。在故宫博物院举办的首届“紫禁城”杯中华老字号

文化创意大赛中，萃华珠宝研发设计的作品“龙腾盛世头饰”荣膺特别金奖。

据《老字号蓝皮书》课题组调研，辽宁省老字号企业在经营发展方面，主要采取的措施为“增加新产品”（占比 19.5%），其次是“提高服务水平”（占比 18.3%），再次是“改善经营环境”（占比 13.4%），除此之外，还采取了“增加新的工艺技术”“增设新的分公司”“降低成本”“增加宣传广告”“增加新的生产线”等措施来促进自身发展（见表4）。

**表4　受访老字号企业近年来在经营发展方面采取的措施**

单位：人，%

| 措施 | 频次 | 比例 |
|---|---|---|
| 增加新产品 | 16 | 19.5 |
| 提高服务水平 | 15 | 18.3 |
| 改善经营环境 | 11 | 13.4 |
| 增加新的工艺技术 | 7 | 8.5 |
| 增设新的分公司 | 7 | 8.5 |
| 降低成本 | 7 | 8.5 |
| 增加宣传广告 | 6 | 7.3 |
| 增加新的生产线 | 5 | 6.1 |
| 增加销售网点 | 3 | 3.7 |
| 优化业务流程 | 3 | 3.7 |
| 扩大到其他行业 | 1 | 1.2 |
| 增大投资 | 0 | 0.0 |
| 增加员工数量 | 0 | 0.0 |
| 其他 | 1 | 1.2 |
| 总计 | 82 | 100.0 |

## （三）服务意识和竞争意识显著增强

老字号企业，分布在餐饮、零售、食品、居民服务等众多行业，各行业竞争是非常激烈的，对此各老字号企业在服务软环境和硬环境设施建设上，加大投入、持续改善，加强对员工的培训、教育和管理，规范服务标准，提高服务质量。在硬环境服务上加大了对老旧设施改造，打造优雅舒心的服务环境。比如老龙口、鹿鸣春、西塔大冷面等企业对店面进行了整体修缮。

据调研，辽宁老字号企业在新产品开发方面所采取的措施中，最重视的就是“开发新的生产工艺”（占比 19.4%）与“迎合新的消费需求”（占比 19.4%），其次是“迎合传统消费”（占比 10.4%），再次是“设立研发部门”（占比 9.0%）（见表 5）。

**表 5　受访企业近年来在新产品开发方面采取的措施**

| | 频数 | 百分比(%) |
|---|---|---|
| 开发新的生产工艺 | 13 | 19.4 |
| 迎合新的消费需求 | 13 | 19.4 |
| 迎合传统消费 | 7 | 10.4 |
| 设立研发部门 | 6 | 9.0 |
| 增加研发人员的数量 | 6 | 9.0 |
| 增建新的厂房 | 5 | 7.5 |
| 高薪引进研发人才 | 4 | 6.0 |
| 降低生产成本 | 4 | 6.0 |
| 改善生产环境 | 3 | 4.5 |
| 提高研发人员的工资 | 2 | 3.0 |
| 增加新的生产线 | 2 | 3.0 |
| 其他 | 2 | 3.0 |
| 总计 | 67 | 100.0 |

## 二　辽宁发展老字号工作成绩与时代优势

### （一）以政策为保障，统筹振兴辽宁老字号

自 2006 年商务部启动“振兴老字号工程”以来，国家层面出台了若干关于加强老字号保护与振兴工作的文件，如《商务部关于实施“振兴老字号工程”的通知》（商改发〔2006〕171 号）、《商务部关于进一步做好中华

老字号保护与促进工作的通知》（商商贸发〔2011〕22 号）。2017 年春，《商务部等 16 部门关于促进老字号改革创新发展的指导意见》（商流通发〔2017〕13 号）下发，对老字号振兴工作赋予了新时代的重要意义。为了贯彻落实中央有关文件精神，辽宁下发了《关于在全省进一步开展保护和促进老字号工作的通知》（辽服发〔2012〕17 号），将“中华老字号”纳入辽宁服务业发展资金支持范围，对部分老字号企业以贴息贷款、补助等方式给予支持。随后又下发了《“辽宁老字号”认定规范》，对辽宁老字号的认定范围、认定条件、认定方式及认定程序等做出了具体规定。2017 年，辽宁紧跟国家政策，制定了《省商务厅等 14 部门关于促进老字号改革创新发展的实施意见》（辽商零售〔2017〕218 号），针对辽宁的优势和短板，明确了老字号发展的步骤和战略规划。系列政策的出台，为弘扬辽宁老字号优秀文化，拓展辽宁老字号品牌价值奠定了坚实的根基，充分发挥其在稳增长、促消费、惠民生中的积极作用。

### （二）以资源为基础，开展省级老字号认定工作

2017 年，辽宁省级老字号第二批推荐认定工作正式开展，旨在深挖老字号资源，壮大老字号队伍，形成企业发展合力。2013 年，辽宁省认定了第一批省级老字号，省内 38 家品牌创建历史在五十年以上、拥有注册商标、财务状况良好，产品、技艺和文化有特色的企业被认定为“辽宁老字号”，进一步壮大了辽宁的老字号队伍。据悉，第二批认定工作开展以来，已有 50 家左右企业积极申报，2018 年认定工作将完成。根据省委省政府安排，到 2020 年，辽宁的“中华老字号”和“辽宁老字号”企业数量将达到 100 家以上，这些老字号势必将成为辽宁老字号振兴的中坚力量，为弘扬辽宁传统商业文明，振兴“辽宁制造”发挥榜样引领和示范带动作用。

### （三）以交流为推手，提升老字号整体形象

近年来，辽宁省商务厅组织全省各级商务部门加强对老字号品牌的宣传与推介，通过多种形式为老字号企业搭建振兴和发展的平台，在辽宁大力营

造关心老字号、保护老字号、发展老字号的良好氛围，广泛宣传老字号的经营理念、文化内涵、产品技艺、诚信服务等特色与精髓，增进全社会对老字号的了解和认知，进一步使保护老字号这一理念深入人心。2017 年，辽宁省商务厅将老字号作为 2017 辽宁特色产品采购订货会的首选品牌。2018 年 1 月，在辽宁省商务厅有关领导的带领下，辽宁省老字号协会、部分老字号企业赴北京参加了在京东总部举办的老字号无界零售发展联盟启动仪式，广东省、浙江省、山东省、黑龙江省、吉林省等负责老字号工作的政府工作人员和老字号协会负责人齐聚一堂，组建了京东零售联盟，不仅扩大了辽宁老字号与外省市老字号企业的交流与合作，而且有效地提升了辽宁老字号的整体形象。

### （四）以协会为助力，形成全社会共促的发展氛围

目前，辽宁有省级老字号协会 1 家、市级老字号协会 1 家。实践证明，行业组织在老字号发展进程中发挥着积极的推动作用。辽宁省老字号协会于 2015 年成立，该协会将与老字号企业“共建共商共享”作为协会发展宗旨。2017 年，该协会配合辽宁省文化资源建设服务中心拍摄的 40 集大型文化专题片《辽宁老字号》在辽宁文化共享频道播出，协助撰写的《中华老字号博物馆》由中国轻工业出版社出版。同时，该协会还积极参与了辽宁卫视《品牌辽宁》、辽宁广播电视台《辽宁品牌故事》的策划工作，为积极推介和宣传辽宁老字号做出了积极贡献。

## 三　辽宁老字号发展中面临的问题

虽然辽宁拥有丰富的老字号资源，但在挖掘和利用老字号方面与上海、北京、杭州等地差距较大，还拥有较大的上升空间。辽宁老字号应该充分借助其良好群众基础及优势资源，充分发掘其经济价值、文化价值和社会价值，努力将老字号打造成为辽宁的地域品牌形象代言产品，类似北京的“瑞蚨祥”、杭州的“天堂伞”和上海的“南翔小笼包”等，使老字号成为

游客旅游首选购买的纪念品，打破“来沈阳没有什么可买”的困局，为传统商业经济发展与文化传承的良性互动贡献一分力量。

### （一）数量不多，产品优势不强

辽宁“中华老字号”数量位列全国第 9（34 家），占全国的 3%，与上海（180 家）、北京（117 家）、江苏（96 家）差距较大。究其原因，除了老字号文化价值挖掘力度不够外，还与市场优胜劣汰有关。许多老字号企业由于产品内容或形式不能与时俱进逐渐被历史抛弃，比如沈阳著名的鞋业老字号“内金生”。还有一些老字号逐渐失去了传统优势，如沈阳的天益堂药房与其他连锁药店没有太大区别，曾经享誉东北的坐堂医也逐渐衰落，技艺没有及时得到传承或更新。

### （二）竞争力较弱，品牌价值偏低

“中华老字号”品牌价值百强榜中，辽宁仅有老边饺子 1 家入选，数量上与上海（15 家）、北京（13 家）等相比差距较大，与排在榜首的贵州老字号“茅台”相比更是不在一个量级。目前，全国的“中华老字号”中，诸如同仁堂、马应龙、王老吉、恒顺、茅台、老凤祥、中国宣纸集团（红星）和健民制药集团（叶开泰）等都已成为上市公司，发展前景相当可观。据了解，省外许多老字号品牌价值较高，不仅逐步发展成为同行业领军企业，而且在全国品牌价值排行榜中也名列前茅，如“张裕”“茅台”“东来顺”等，这些老字号在中国品牌对外经济交流和“文化走出去”进程中持续贡献着力量，社会效益和经济效益相当可观。

### （三）营销不足，宣传措施滞后

“酒香也怕巷子深”，大部分老字号企业宣传方式落后、传播渠道窄。据调研，辽宁的老字号企业有常规广告宣传的比例不到 15%，平面和多媒体宣传的比例更少，仅有 47% 的中华老字号拥有门户网站，电商营销比例不足 3%。这些滞后的营销管理模式致使多数老字号企业销售份额和影响力逐年降低。此外，许多老字号企业没有开发除传统产品外的适宜带走的礼物或者纪念品，外地游客总抱怨说“没法买，带不走”。比如老边饺子、沟帮子熏鸡等速冻食品和高桥陈醋、老龙口酒等大多包装较大或比较沉重、不宜携带，胡魁章毛笔偏居一隅、交通不便，且没有其他代销点。

## 四　辽宁老字号建设的几点建议

### （一）把老字号作为“辽宁名片”，使其成为旅游和对外交流的闪光点

将老字号打造成“辽宁名片”，利用一切可利用的资源宣传推广“老字号”。一是通过租赁、租赁分成、购销代销、展示几种方式在交通枢纽、旅游目的地为辽宁的老字号企业搭建宣传展示和促销平台。二是通过省、市商务部门和老字号协会组织有意向的老字号企业进行类似展销，摊档采取流动形式、具有规模性。三是宣传广告可由企业自行制作，但规格和样式需进行统一规划，体现辽宁文化特色。在机场、火车站、公交车站等处依托展柜、翻转灯箱和 LED 灯柱等多种方式进行老字号项目展示。比如北京首都国际机场 T3 航站楼在 GTC 连廊之间便进行了相关展览，内容包括艺术文化、京城美食、中医养生和服装服饰四方面，比如戴月轩湖笔、一得阁墨汁、全聚德、便宜坊、六必居、同仁堂、马聚源、瑞蚨祥等。

在主要商圈、景点和交通枢纽附近规划建设老字号商业街或市集，形成特色旅游目的地。通过老字号产品提升旅游经济总收入，也为企业发展注入新的活力，使文化与经济产生“1 + 1 > 2”的效应。以老字号周村烧饼为例，周村烧饼的影响力在当地仅处于一般，但周村景区的发展，带动了周村烧饼的兴旺，反之也刺激了周村景区的门票收入增长。一个烧饼店铺的年销售量比景区的门票收入还要高，随之而来的是景区里的商铺和文物博物类收入比门票收入还可观。

## （二）持续加大老字号的挖掘和培育力度

积极加强国家和省级老字号申报工作，鼓励老字号企业申报各级非物质文化遗产名录。建立老字号名录体系和信息档案库，全面了解和掌握辽宁老字号的发展历史和现状，加强对老字号传统技艺、发展历史史料和实物的收集、整理工作，充分挖掘老字号"工匠精神"的文化价值。以此为基础，加强宣传和推广，主动适应新时代经济发展大趋势，充分利用好老字号的品牌优势，积极弘扬老字号文化，扩大老字号的市场认知度和社会影响力，营造关心老字号、保护老字号、发展老字号的良好舆论氛围。

振兴与发展老字号，要坚持传承与创新相结合，政策扶持与企业自身努力相结合，部门推进与社会广泛参与相结合，通过各方努力，共同建立和完善老字号发展的保障与促进体系，不断增强老字号发展的内生动力，提高老字号整体发展水平。目前辽宁省仅有省级和沈阳市市级老字号协会，建议尽快组织建立其他市级老字号协会，充分发挥民间组织的社会功能。由于老字号企业的跨行业性，老字号协会具有更加灵活、便捷的特点，且大多由有实力的老字号企业牵头组建，能充分发挥行业带头引领作用。此外，辽宁"老字号"还应广泛开展与国内外同行业间的交流与合作，组织老字号企业参加全国性老字号博览会等大型行业活动，并通过举办和参加各类论坛、专家讲座、考察观摩等，加强与国内外交流与合作，开阔视野，面向未来，促进辽宁老字号全面发展与技术进步。

## （三）增强老字号企业内生活力，创新产品及服务

积极引导老字号企业适应市场经济发展需要，探索建立现代企业制度，特别是个体经营的老字号企业应加快公司化改造，奠定好企业发展的制度基础，通过提升品牌文化和产品竞争力不断提高老字号的美誉度、影响力和核心竞争力。创造条件实施"走出去"战略，努力开拓国际市场，拓展企业更大的发展空间。

各类老企业结合各自的行业特点和企业发展实际，把握好自身的功能定

位，不断发展壮大自己。餐饮类老字号企业在挖掘传承特色技艺文化的同时，进行现代化升级改造，不断向安全、环保、绿色、健康的现代餐饮方向发展，努力探索生产工艺流程和产品配方标准化，积极运用现代经营管理手段，形成餐饮老字号品牌发展的新优势。食品加工类老字号企业在保持原有品牌特色的基础上，注重应用现代科学技术，不断改进生产工艺和设备，创新企业运营模式和营销方式，确定和发展好目标市场，不断提高知名度和市场竞争力。医药类老字号企业传承好中医药精华，努力探索中西医结合之路，积极为祖国中医药事业发扬光大做贡献。

同时，鼓励老字号企业开发特色商品或旅游纪念品，将老字号产品作为地域特色商品进行推广，同等条件下政府优先采购老字号产品。国内许多优秀的老字号企业一直致力于改进和丰富产品及配套服务，在传承独特文化内涵的基础上，充分把握和增强了核心竞争力，顺应了市场发展。比如，属于手工艺制造业的“张小泉”针对旅游市场开发了最小的可放入火柴盒内的旅行剪。“王致和”开拓了调料、虾片、精包装干酱、仿日清酒和低盐度调料等衍生产品，满足了市场需求。

### （四）积极推进相关政策法规建设

以往因抢注引发的老字号商标纠纷屡见不鲜，老字号因知识产权保护意识匮乏而导致品牌流失现象也时有发生。因此，应根据商务部有关文件精神，同时参考非遗法，制定有关辽宁老字号知识产权保护的法规政策，建立健全老字号工作的长效机制，为老字号企业保护和发展提供政策保障。同时，老字号企业应增强知识产权保护意识，做好商标注册、专利申请等知识产权保护工作，有条件的老字号企业应根据事业发展需要进行国外商标注册。

## 五　辽宁老字号工作的发展与趋势分析

### （一）筑巢引凤，社会各界关注度和重视度不断提高

保护和促进老字号是实施质量强省战略、促进民族企业发展、扩大消费

需求的重要举措，也是弘扬辽宁优秀传统工商业文化、推动特色经济发展的一项战略任务，对振兴辽宁老工业基地具有重要的现实意义。辽宁各级商务部门势必充分认识保护和促进老字号发展工作的重要性，持续增强责任感和使命感，将老字号工作纳入重要工作日程，加大工作力度，全面推进老字号事业发展。同时，老字号工作会继续得到社会各界的关注和支持，逐步建立健全振兴和发展老字号的保障体系，大力挖掘和保护老字号传统文化、产品和技艺，增强老字号企业自主创新和自我发展能力，确保老字号工作取得实效，再上新台阶。

### （二）抓住契机，老字号数量和规模不断壮大

按照“巩固一批、认定一批、恢复一批、提升一批”的工作思路，一批发展潜力大、市场竞争能力强的老字号将会做大做强，成为具有引领和示范作用的辽宁知名品牌，老字号街区将初具规模，老字号企业数量会持续增加，预计2020年，辽宁省级以上老字号数量将会达到100家。同时，老字号企业应正确认识和处理好传承与创新的关系、资质认定与培育品牌的关系、政策扶持与自身努力的关系，适应新时代辽宁经济社会发展的新形势、新要求，在挖掘传承老字号优秀品质和文化内涵的基础上，不断深化企业内部改革，不断创新发展理念、运营模式、经营方式和管理手段，实现又好又快发展。

### （三）多方合力，老字号发展外部环境持续优化

老字号工作涉及部门多，各方都在积极争取各级领导和有关部门的支持与配合，努力形成合力，齐抓共管，创造有利于老字号健康持续发展的外部环境。一是争取得到地方政府和有关部门的支持，把老字号纳入当地文化特色旅游产业整体推进。二是结合老字号企业发展实际，将保护和促进老字号发展工作纳入商业发展规划，为老字号创造更广阔的生存和发展空间。三是加大对老字号的支持力度。辽宁省将安排一定数额的发展资金对老字号企业开展品牌保护与促进工作、技艺传承和技术改造、市场开拓和基地建设，信息化管理系统、检验检测系统建设等给予支持。

### （四）品牌力量，老字号将为辽宁特色产业注入活力

党的十九大报告明确提出要建设“质量强国”，而品牌建设就是重要路径之一。在新时代品牌建设大潮中，老字号无疑将融汇文化、经济、社会的多重价值，释放出地域特色产业的生机与活力，老字号企业在开拓市场、扩大消费等方面的重要作用也将得以大力发挥。种种迹象表明，老字号企业正逐步将品牌作为企业的核心竞争力，大力加强品牌建设，提升品牌的溢价能力，积极探索创新企业运营模式，不断拓展经营服务领域，创新产品和服务方式，以期更好地满足广大消费者对老字号产品和服务的需求。实践证明，结合企业发展实际，许多老字号开始采取连锁经营、电子商务等现代经营方式，不断提高流通效率，提高服务质量，扩大消费需求，经济收益增加明显。

品牌与质量密不可分，随着各行各业普遍开展的诚信体系建设，特别是在当前食品安全、产品品质、服务质量等方面问题比较多的情况下，老字号企业可以并应该勇于担当，承担更多的社会责任，旗帜鲜明地站在维护社会诚信的前沿，提供安全放心的产品和优质的服务，争做诚信经营建设的排头兵。为此，老字号企业应努力探索生产加工及产品的标准化和服务流程的规范化路径，不断提高产品质量和服务水平。

# B.24

# 辽宁省文化产业发展现状及对策研究*

李晓南　安　娜**

**摘　要：** 2017年以来，辽宁深入学习贯彻习近平新时代中国特色社会主义思想和党的十九大精神，认真落实中央和省委省政府重大决策部署，深入推进文化机制体制改革，全省文化产业平稳发展，群众文化获得感进一步增强。与此同时，文化产业发展依然面临诸如总量规模偏小、市场主体缺乏活力、创新驱动能力不足、发展合力不强等问题。2018年，辽宁将通过完善市场环境体系建设、加快重大牵引项目建设、推进文化与科技等产业融合、实施品牌战略等措施，切实推进文化领域供给侧结构性改革，保障文化产业发展“双效合一”。

**关键词：** 文化产业　供给侧改革　产业融合

党的十九大报告明确提出要坚守文化自信、推动文化事业和文化产业发展，满足人民过上美好生活的新期待，提供丰富的精神食粮。国务院28号文件、中央7号文件等也强调要扶持东北地区文化创意、影视出版、演艺娱乐等文化产业发展。辽宁作为工业大省，势必也将成为文化产业创新发展的大省。文化产业的蓬勃发展，对于辽宁抢抓新一轮东北振兴机遇，实现新旧

---

* 本文为辽宁社会科学院2018年院级课题“深化东北地区文化供给侧结构性改革与老工业基地文化资源的保护利用研究”（课题编号lnsky18zx001）的阶段性研究成果。

** 李晓南，辽宁社会科学院社会学所副研究员，主要研究方向为城市社会学、文化产业；安娜，辽宁省统计局社科文处主任科员，主要研究方向为文化及相关产业统计。

动能转换，具有重要意义。2017 年，在习近平新时代中国特色社会主义思想指引下，全省文化系统以党的十九大精神为动力，在省委省政府的正确领导下，切实推动文化发展与改革，辽宁省文化产业取得了新进展新成绩，文化产业平稳发展，产业结构进一步优化，文化市场规范有序，对推动辽宁老工业基地转型创新做出了新贡献。

## 一 辽宁省文化产业发展基本态势

1. 文化产业发展总体保持平稳

2017 年，辽宁省文化及相关产业（以下简称文化产业）总体发展态势较为平稳，虽然规模以上法人单位数、营业收入等主要指标仍在下降，但下滑速度已明显放缓，近年来连续大比例下滑的趋势得以遏制。2017 年，全省规模以上文化企业实现营业收入 586.48 亿元，比上年同期下降 1%。从产业类型来看，文化制造业全年营业收入 239.55 亿元，同比下降 1.3%，比上年同期减少 3.37 亿元；文化批发和零售业全年营业收入 140.96 亿元，同比下降 1.9%，比上年同期减少 2.68 亿元；文化服务业全年营业收入 205.97 亿元，实现收入增长 0.34 亿元，同比增长 0.2%。

**表 1 2016 年、2017 年辽宁文化及相关产业规模以上企业营业收入及增速情况**

单位：亿元，%

| 分类 | 2017 年 | 2016 年 | 增速 |
|---|---|---|---|
| 规上文化企业 | 586.48 | 592.19 | -1.0 |
| 文化制造业 | 239.55 | 242.92 | -1.3 |
| 文化批发和零售业 | 140.96 | 143.64 | -1.9 |
| 文化服务业 | 205.97 | 205.63 | 0.2 |

资料来源：辽宁省统计局，《文化产业 2017 年定期统计报表》。

分行业看，文化产业的十大分类中，广播电影电视服务业、文化休闲娱乐服务业和文化用品生产业实现显著增长，其他行业均为下降状态。2017 年，广播电影电视业营业收入为 13.26 亿元，同比增长 1.9%，期末从业人

员 0. 27 万人，比上年末增长 13. 1%；文化休闲娱乐服务业营业收入为 21. 24 亿元，同比增长 8. 9%，期末从业人员 0. 81 万人，比上年末增长 14%；文化用品生产业营业收入为 243. 29 亿元，同比增长 6%。而文化专用设备生产、工艺美术品生产及文化产品生产的辅助生产等行业营业收入则出现比较显著的下滑。

**表 2　2016 年、2017 年辽宁十大分类规模以上文化企业营业收入及增速情况**

单位：亿元，%

| 文化大类 | 2017 年 | 2016 年 | 增速 |
|---|---|---|---|
| 总计 | 586. 48 | 592. 20 | -1. 0 |
| 一、新闻出版发行服务 | 39. 29 | 39. 42 | -0. 3 |
| 二、广播电影电视服务 | 13. 26 | 13. 01 | 1. 9 |
| 三、文化艺术服务 | 2. 47 | 2. 69 | -8. 2 |
| 四、文化信息传输服务 | 33. 91 | 34. 31 | -1. 2 |
| 五、文化创意和设计服务 | 107. 65 | 108. 05 | -0. 4 |
| 六、文化休闲娱乐服务 | 21. 24 | 19. 51 | 8. 9 |
| 七、工艺美术品生产 | 8. 72 | 9. 84 | -11. 4 |
| 八、文化产品生产的辅助生产 | 23. 36 | 25. 55 | -8. 6 |
| 九、文化用品生产 | 243. 29 | 229. 48 | 6. 0 |
| 十、文化专用设备生产 | 14. 81 | 21. 74 | -31. 9 |

资料来源：辽宁省统计局，《文化产业 2017 年定期统计报表》。

分地区来看，2017 年本溪、盘锦和丹东在全省营业收入较上年略有下降的情况下，实现较快增长，规模以上文化企业营业收入分别为 2. 31 亿元、16. 77 亿元、16. 59 亿元，分别比上年增长了 39. 2%、14. 5% 和 12. 1%，其中盘锦是全省 2014 年以来唯一连续保持增长的市。而朝阳和锦州文化产业出现明显下滑，规模以上文化企业营业收入分别为 1. 60 亿元和 5. 07 亿元，分别比上年降低了 19. 6% 和 14. 2%。沈阳、大连规模以上文化企业分别实现营业收入 222. 19 亿元和 287. 01 亿元，占全省比重为 37. 9% 和 48. 9%，其中大连市继 2015 年超越沈阳达到全省最高占比后，2017 年占比继续提高，已接近全省半壁江山，优势显著。沈阳市占比基本保持平稳。沈阳、大连两市合计占比达到86.8%，其他12个市总共占比13.2%，辽宁省文化产业发展高度集中于沈阳、大连两市的情况没有改变。

**表3　2016年、2017年辽宁分地区规模以上文化企业营业收入及增速情况**

单位：亿元，%

| | 2017年 | 2016年 | 增速 |
|---|---|---|---|
| 总计 | 586.48 | 592.20 | -1.0 |
| 沈阳市 | 222.19 | 223.78 | -0.7 |
| 大连市 | 287.01 | 294.51 | -2.5 |
| 鞍山市 | 14.27 | 14.48 | -1.5 |
| 抚顺市 | 5.72 | 5.41 | 5.7 |
| 本溪市 | 2.31 | 1.66 | 39.2 |
| 丹东市 | 16.59 | 14.80 | 12.1 |
| 锦州市 | 5.07 | 5.91 | -14.2 |
| 营口市 | 6.31 | 6.32 | -0.1 |
| 阜新市 | 2.31 | 2.30 | 0.2 |
| 辽阳市 | 3.04 | 2.92 | 4.3 |
| 盘锦市 | 16.77 | 14.65 | 14.5 |
| 铁岭市 | 0.89 | 0.92 | -3.3 |
| 朝阳市 | 1.60 | 1.99 | -19.6 |
| 葫芦岛市 | 2.43 | 2.54 | -4.5 |

资料来源：辽宁省统计局，《文化产业2017年定期统计报表》。

2. 文化产业结构继续优化

2017年，全省文化产业结构中，文化制造业和文化批发零售业的比重继续小幅下降，文化服务业比重相应上升。自2014年以来，辽宁省文化产业总体经济效益显著下降，其中文化制造业下滑程度远超文化批零业和文化服务业，导致辽宁省一直以制造业为主的文化产业结构在2016年后发生了明显变化，制造业、批零业、服务业从以往的5:2:3格局变为4:2:4格局。2017年，文化制造业、文化批零业、文化服务业占比由上年的41.0%、24.3%、34.7%调整为40.9%、24.0%、35.7%，文化制造业正在逐渐失去其龙头地位，文化服务业的经济效益与之渐趋接近。此外，全省通过积极

培育壮大省属重点文化企业，带动出版、发行、教育、娱乐等四大支柱产业成长，并集聚文化金融、文创平台等高端要素，构建“4+2”发展格局。“一县一品”战略在文化产业中深入开展，目前辽宁文化产业已创建24个地方文化品牌，有效推动了全省县域经济的加速发展。

3. 文化市场规范有序发展

2017年，全省着力优化营商环境，总体经济形势正在好转。在文化领域，辽宁省出台优化营商环境建设工作方案、优化营商环境六项工作制度等文件，为文化部门优化营商环境提供制度保障。不断优化行政审批工作，省文化厅将全部26项审批事项都纳入“最多跑一次”审批清单，将19个审批事项纳入“容缺受理”，并推动“减证便民”、多证合一等多项改革措施尽快落地，为文化产业发展形成了良好氛围。同时，省文化厅深入推动落实文化部“放管服”政策措施，开展文化市场情况督察，推进娱乐行业和上网服务行业转型升级，鼓励、引导上网服务与公共文化服务相结合，并向乡镇农村延伸。继续加强文化市场监管，展开专项整治，查处违法违规经营。通过成立艺术品市场专家委员会、游戏游艺设备内容审核委员会，加大对违禁内容的审查力度，保障文化市场秩序。

4. 现代文化产业体系基本形成

目前，辽宁省已经规划了文化产业的发展方向和具体任务，确立了文化创意、新闻出版、文化旅游、动漫游戏等十大重点产业，并基本形成了以演艺娱乐、动漫游戏、文化会展和工艺美术四大主导产业为支撑的现代文化产业发展体系。2016~2017年四大主导产业实现20%以上的增长，带动全省文化产业体系建设稳步前进。①

演艺娱乐业继续保持较快发展。2017年，全省大力推进常态化演出项目培育工作，培育城乡演出市场，全年培育常态化演出项目42个。在辽宁省第十届艺术节期间集中上演近三年来全省各级艺术院团的新作品，共有32台剧（节）目参演，演出60场次，观众近6万人次，展示了辽宁艺术创

① 数据来源：辽宁省文化厅。

作新成果。沈阳京剧院原创剧目《青天道》、武戏折子戏《雁荡山》参加第八届中国京剧艺术节演出，受到观众热烈欢迎。辽宁人民艺术剧院的话剧《开炉》参加第三届中国原创话剧邀请展演出，受到北京观众和专家的热烈欢迎和一致好评。话剧《干字碑》参加纪念话剧 110 周年开幕式演出。营口盖州辽剧团创作演出的辽剧《养女情》参加全国基层地方戏曲优秀剧目展演获得广泛赞誉。大众娱乐业建设趋向规范化、规模化、品牌化，全省近 7000 家网吧中连锁网吧达到 99% 以上。

动漫游戏产业取得显著突破。继续发挥沈阳、大连两个国家级动漫产业基地优势，带动鞍山、丹东、营口和阜新等地动漫产业快速发展。2017 年，全省数字内容服务业和软件开发业营业收入分别达到 0. 12 亿元和 49. 66 亿元，比上年末分别增长 40% 和 3. 9% 。同时，全省支持社会力量举办大型动漫游戏会展活动，辽宁省第二届大连国际动漫电玩博览会及第三届沈阳国际动漫电玩博览会成功举办。龙头企业相继涌现，大连博涛多媒体有限公司、大连金山互动娱乐有限公司、大连坐标数码有限公司等动漫企业深入参与国家文化出口，成为辽宁省文化“走出去”的重点企业，动漫产业开放度进一步提升。

文化会展业向特色化、高端化、国际化转型升级。近年来，辽宁省各地积极举办富有地方特色的会展节庆活动，逐渐培育、形成许多富有地域特色的文化品牌，并产生较大的社会效益与经济效益。2017 年，全省继续举办各类丰富多彩的会展活动，全年共举办大型文化会展活动 17 个，各类小型展会百余个。2017 年 8 月，以“文创产业助推东北振兴”为主题的第七届东北文化产业博览会在沈阳成功举办，本届文博会首设“一带一路”综合馆，并利用沈阳的国家、省、市级文化产业示范园和基地设置了 40 个分展馆，用来举办特色文化展览和特色文化消费活动。共有国内 10 余个省、区、市和 10 个国家的文化机构以及 500 余家企业参展，参观人数达到 40 万人次，主展馆现场交易额达到 5017 万元，推出 120 多个文化产业招商项目，其中有 14 个合作项目现场签约额达到 39. 76 亿元。此外，成功举办第十二届中国·锦州古玩文化节，实现交易额 8 亿元。继续

支持优秀文化企业“走出去”，先后组织50余家优秀文化企业参加国内外会展活动。

工艺美术产业品牌战略稳步实施。通过鼓励企业集聚，大力扶持具有鲜明特色的工艺美术产业集聚区。坚持培育一批骨干企业，全省规模以上工艺美术企业达到105家。深入推进品牌战略，打造了沈阳辽瓷、大连贝雕和青铜雕、鞍山岫玉、阜新玛瑙、本溪辽砚、朝阳紫砂及树化玉等一批具有辽宁地域特色且已具备一定知名度与美誉度的工艺美术品牌。并逐步推进锦州古玩城、阜新玛瑙大市场等10大古玩工艺品交易市场建设。工艺美术品生产市场化、专业化、高端化程度日益提高。

文化产业园区、基地建设健康有序发展。开展第四批省级文化产业示范园区、基地评选命名工作。截至2017年底，辽宁省共有国家级文化产业示范园区、基地18个，省级园区、基地69个。近年来，逐步构建形成辽宁中部城市群文化产业综合示范区和大连、丹东沿海沿江文化创意产业先导区及辽西特色文化产业区。文化产业发展在东北老工业基地振兴建设中发挥了重要作用。此外，国家扩大文化消费试点和文化文物单位文创产品开发试点工作积极推进。指导沈阳市和盘锦市举办首届群众文化消费节活动，打造文化消费平台，成效显著。辽宁省五家试点单位利用馆藏资源开发文创产品百余种，实现销售收入1000余万元。①

## 二　辽宁省文化产业发展面临的主要问题

当前，辽宁省文化产业发展还存在一些亟待解决的问题，主要包括对国家出台的重大文化政策还缺乏更深入的研究，贯彻落实党的十九大精神的新举措还不多；文化领域有效供给不足，文化产业规模小，文化市场发育不足；文化单位管理不规范等问题。这些问题的存在，有碍辽宁省文化产业的健康发展和综合效益的发挥。

---

① 数据来源：辽宁省文化厅。

1. 文化产业总量规模偏小，有效供给不足

对比文化产业发展较好的省份如浙江、江苏等省，可以发现辽宁省文化产业发展存在总量规模偏小，总体实力偏弱，有效供给不足情况。辽宁省文化产业增加值在全省经济总量和全国文化产业增加值中所占份额均偏小，与文化产业成为支柱型产业的目标仍有较大差距。2016 年，全省文化产业增加值为 550.63 亿元，比上年减少 3.39 亿元，下降 0.6%，占 GDP 比重只有 2.48%，占全国文化产业总量比重仅为 1.78%。而同年广东省文化产业增加值占 GDP 比重为 5.26%，占全国文化产业总量比重高达 13.82%；浙江省文化产业增加值占全省 GDP 比重为 6.84%，占全国文化产业总量比重为 10.50%。2016 年末，辽宁省规模以上文化企业单位数为 734 个，在全国的占比仅为 1.3%；年末规模以上文化企业从业人员为 122057 人，只占全国的 0.6%；规模以上文化企业营业收入为 665.7 亿元，只占全国比重 0.7%。在经济新常态背景下，辽宁省文化产业短时间内较难实现跨越式发展，要实现“成为支柱性产业”和解决新时代“人民日益增长的美好生活需要和不平衡不充分的发展之间的矛盾”的要求还任重道远。以影视领域为例，截至 2016 年底，浙江省院线内影院达 515 家，观影人数突破 1 亿人次大关，票房收入高达 34.57 亿元。而同年辽宁省电影院数量为 257 个，观影人次为 5336.2 万，票房收入仅有 15.57 亿元。

**表 4　2016 年辽、苏、浙、粤及全国文化产业增加值情况比较**

单位：亿元，%

| 地区 | 文化产业增加值 | 占全省 GDP 比重 | 增速 | 占全国文化产业总量比重 |
|---|---|---|---|---|
| 辽宁省 | 550.63 | 2.48 | -0.6 | 1.78 |
| 江苏省 | 3800 | 5 | 9.13 | 12.34 |
| 浙江省 | 3232.98 | 6.84 | 13.1 | 10.50 |
| 广东省 | 4256.63 | 5.26 | 16.67 | 13.82 |
| 全国 | 30785 | 4.14 | 13.0 | — |

资料来源：2016 年国家统计局公布数据、各省统计公报。

2. 市场主体竞争力不足，规模亟须壮大

辽宁省文化企业发展总体呈现严重的活力不足。骨干型文化企业以国有企业为主，对市场变化的认识还不到位，适应能力较弱，与打造文化产业的全国领军型、“航母”企业还有较大差距，企业核心竞争力亟待进一步提升。过去，中国文化企业 30 强评选中，辽宁省一直没有企业入选。2017 年，总部设在大连的华录集团终于成功入围，同时北方联合出版传媒（集团）刚刚进入提名名单，这已经是辽宁省国有文化企业的最好成绩。而江苏省则拥有凤凰出版集团、省广电集团和江苏有线，这 3 家企业连续多年入围全国 30 强，2017 年幸福蓝海影视文化集团又获得提名。浙江省 2017 年则有浙江出版联合集团、浙报传媒、华策影视、宋城演艺、华谊兄弟等 5 家文化企业入选 30 强，还有华数传媒、思美传媒两家企业获得提名。除体量、规模的差异外，江浙两省入选企业分属新闻出版、影视制作、旅游演艺、数字传媒等多个领域，而辽宁省的华录集团则是文化制造业企业，相比之下辽宁省文化企业对市场变化的理解认识程度和跟进速度等都略显迟滞。

由于不能及时进行产业转型、促进内涵式发展，近年来辽宁省文化企业创新增长动力不足，缺乏经济效益。新闻出版、文化艺术、工艺美术和文化设备制造业等行业面临很大的转型压力，纸媒等传统行业的广告经营收入持续下滑。数据显示，2017 年辽宁规模以上文化企业的主要指标继续呈下降走势。根据 2017 年统计快报，全省现有规模以上法人单位 708 家，年末从业人员为 103887 人，比上年下降 0.3%；营业利润为 18.72 亿元，比上年下降 8.5%；应缴增值税为 8.27 亿元，比上年下降 3.4%。另外，2016 年末，辽宁省规模以上文化企业单位数占全国的比重只有 1.3%，全国规模以上文化企业单位数增长 10.9%，辽宁增幅低于全国 28 个百分点，单位数在全国排名第 17 位；年末规模以上文化企业从业人员占全国的比重只有 0.6%，全国规模以上文化企业从业人员增长 6.7%，辽宁增幅小于全国 18.9 个百分点，年末规模以上文化企业从业人员数量在全国排名第 18 位；规模以上文化企业营业收入占全国比重只有 0.7%，增幅小于全国 33.4 个百分点，在全国排名 19 位。而辽宁省的对口省份江苏省，2015 年规模以上文化企业已经达6800多家，占全国的13.83%，居全国第一；年末文化产业从业人数达116.9万，占全国13.23%；营业收入1.3万亿元，占全国16.49%。可见辽宁省文化产业发展的总体状况不但与先进地区差距正在逐年扩大，与党的十八大以来全国文化产业发展整体良好态势亦渐行渐远。

3. 产业结构还需优化，产业融合水平不高，质量效益亟须提升

辽宁省文化产业供给结构对需求和趋势变化的适应性和灵活性较低，新业态和新动能不明显，产业结构和布局尚不完善。当前，我国已经快速进入互联网经济、共享经济时代，数字类、创意类业态已经在文化产业发展先进地区占据支配地位，但辽宁省这类新业态总体上仍处于萌芽和培育阶段。长期以来，辽宁省文化制造业收入占文化产业总收入的50%以上。2016年，受文化制造业经济效益下滑的强烈影响，文化制造业占比首次下跌到40%左右，与文化服务业接近，产业结构发生明显变化，但核心内容产业比重、内容创造能力还需要进一步提升。例如新闻出版发行、文化艺术服务及文化创意和设计服务等行业的从业人数、营业收入和利润总额等指标近年来整体处在下降区间，形势不容乐观。以影视制作为例，2016年影视强省浙江共制作电视剧57部2576集，电影60部；而辽宁省2016年仅制作电视剧1部50集，电影4部，差距可见一斑。

此外，辽宁省文化产业整体发展质量效益还需提升，产业融合的深度和广度还不够。辽宁省互联网文化产业发展潜力还没有得到充分挖掘；文化与科技双轮驱动不足，缺乏数字科技带来的内容创新、模式创新和业态创新，部分文化产品层次较低，科技含量、创意水平和附加值均有待进一步提高；文化产业与工业、农业、商业等产业及旅游休闲、教育、医疗康养等民生相关行业融合发展水平还不够高，文化产业助推相关产业转型升级的作用还有待增强。比如出版业虽为辽宁文化产业发展的重点领域和优势行业，但在数字出版方面辽宁的反应还是比较滞后，截至2016年底辽宁拥有互联网出版资质单位21家，而同期浙江省则有62家，仅在杭州一地就集聚数字出版企业近200家。在互联网出版、网络视听节目等新兴业态的发展规模、创作能力和技术水平等方面辽宁省存在明显短板。

4. 文化资源尚未有效转化为产业资源，品牌创建滞后，缺少精品供给

辽宁是文化大省，文化资源层次多样、内容丰富、主题多元，在历史文化、边疆文化、工业文化、抗战文化、民族文化和自然资源等方面具有得天独厚的优势。然而，辽宁还不是文化强省，对既有文化资源的深挖利用尚不充分，通过创意增加文化供给，将文化资源转化成经济动能的能力不强。例如，辽宁省拥有省级及以上非物质文化遗产 248 项，其中有 67 项为国家级，但现在能成功转入生产产生经济效益的却不多。同时，文化资源散落于各个部门系统中，由于条块分割、各自为政的管理方式，对各类文化资源进行统一协调规划开发，也存在较大困难。再如，传统村落既是珍贵的传统文化资源，又是产业资源，完全可以基于保护进行适度开发。截至目前，我国已经将 4153 个村落纳入中国传统村落保护名录，其中多者如浙江省，共有 401 个，而辽宁累计只有 17 个。可见辽宁省对很多文化资源的认知把握还停留在较浅层次，还欠缺以供给创造市场、创造需求的活力和能力。

同时，文化产业发展品牌化、精品化不足。目前辽宁省在全国具有举足轻重地位的文化产业集群还很有限；有重大影响力的文化品牌不多；文化产品和服务供给精品不多，文化产业的品牌营销推广策略亟待改善。以工业文化产业开发为例，辽宁省作为历史悠久的老工业基地，所拥有的工业历史遗存与工业文化资源总量可观，然而长期以来由于缺乏较高的保护意识与先进的保护理念，保护工作不成体系，相关基础性研究与管理工作滞缓，导致大量珍贵的工业文化遗产在城市更新改造中被拆毁改建，造成巨大损失。而对已经纳入保护范围的工业文化遗存，辽宁不注重开发与利用，产生不了显著的社会与经济效益，内涵式发展严重不足，导致目前工业文化产业开发上辽宁明显落后于北京、上海、山东、浙江甚至重庆等地。2017 年，在首批 10 家国家工业遗产旅游基地和首批 22 家国家工业旅游创新单位的评选中，辽宁无一单位入选。再如，围绕世界级文化遗产大 IP 沈阳故宫，近年来辽宁省依托馆藏文化和文物元素已精心研发出 910 种文创产品，但采取的品牌塑造和营销手段仍相对保守，主要依托省内实体书店、文

博机构等进行销售，缺少前沿的整体营销战略，品牌影响力主要局限于省内。2017 年全年文创产业收入仅 624 万元，相比北京故宫 9000 余种文创产品、每年超过 10 亿元的销售额，其品牌知名度、美誉度及社会和经济效益仍有巨大提升空间。

## 三　推进辽宁省文化产业发展的对策建议

### 1. 转变思维方式，营造鼓励发展的良好氛围

习近平总书记在十三届人大一次会议内蒙古团审议时强调，思维方式不能停留在老套路上，要推动经济高质量发展，把重点放在推动产业结构转型升级上。满足人民过上美好生活的新期待和新需求，必须提供高质量的精神文化产品，适应居民文化消费加快升级的趋势。贯彻习近平总书记“三个扎实”重要讲话精神，深化文化产业供给侧结构性改革，对辽宁老工业基地抢抓转型升级重大机遇、实现全面振兴具有重要意义。辽宁省必须转变思维方式，一是更加高度重视文化产业发展工作，并将其纳入全省重点打造的重大产业，使之成为辽宁发展“一带五基地”的重要支撑。在经济新常态背景下，文化产业对转变经济发展方式、推动产业融合、接驳新旧业态、实现动力平稳过渡的作用日益凸显。像浙江省近年来就将文化产业、旅游产业都纳入全省“八大万亿产业”发展战略，以信息产业、文化产业等作为新经济增长点和未来经济转型升级的关键。这启示辽宁省应对文化产业的发展重新进行顶层设计和更高规格的工作部署，并从资金、税收、土地、金融、人才等多方面制定专项规划、工作细则，为产业发展提供强力支持，通过长期持久的宏观政策营造稳定的文化经济环境。二是推动建立东北地区文化产业协同发展的合作机制。同时，把握周边日、韩两国文化产业均比较发达的外部环境，将文化产业作为大东北开发和中日韩朝东北亚地区合作建设的切入点。三是坚持项目引领。以项目为抓手，大力推动高端牵动性项目建设，提高文化产业供给的质量和效率。组织开展境内外招商活动，大力引进创意文化、休闲娱乐等文化项目。除采取大规模政府组团招商模式外，更多实行

“园区招商”“专业队伍招商”等更加务实的招商模式。以产业园区和聚集区作为招商引资的重要平台。同时加强社会组织参与力度，为开展对内外交流搭建合作平台。

2. 加快完善市场环境体系建设，释放企业活力，保障供给能力

市场运行机制是经济增长最重要的内生动力。为了遏制规模以上文化企业单位数量连续锐减的态势，保持现有存量规模，应改善辽宁文化企业的生存环境，从根本上清理不利于企业生存发展的制度因素、环境因素、人为因素，进一步优化和完善市场体系建设，下决心排除一切干扰，通过一系列实效行动，为本土文化企业提供自主经营、公平竞争的外部环境，形成适度竞争、关系和谐的市场运行机制，最大限度地降低企业运营的综合成本，释放企业的活力。一是确保各项优惠政策落实到相关的每一家文化企业，推动产业政策落地，在顶层设计和基层落实之间实现顺畅沟通。特别是税收减免优惠政策，做到广而告之家喻户晓，简化企业申报、备案流程，缩短获惠周期，更好地发挥政府作用，使政策的优惠效应能尽快实现。二是适当扩大文化企业税收减免政策的实施范围，适当延长优惠政策的执行期限，适度解决部分行业文化企业增值税，从整体上扩大政策覆盖面，对现有文化企业政策扶持进行优化升级。三是贯彻落实文化企业“双效合一”政策，积极为文化企业争取政策性资金和项目支持，引导和扶持文化企业在实现社会效益的同时取得良好的经济效益。设立文化产业发展基金和银行，扩大文化企业的投融资渠道。目前，辽宁出版集团已经成立辽宁省第一只市场化运作的文化投资基金，未来应陆续设立省级文化产业投资集团、发展基金和银行，扩大文化企业的投融资渠道，集中力量推动文化领域战略性新兴产业发展、完善文化产业服务体系。通过社会资本的加入推动文化资源与创意元素的融合并向文化产品转化，强化这一过程中的信息整合、产品开发、金融支持、技术支撑、品牌营销等环节。

3. 加快建设文化牵动项目，扩大增量

为了缩小辽宁省文化产业整体发展水平与全国先进地区的差距，必须想方设法扩大增量。一是优化企业内部生态系统，加快培育市场主体，增加文

化企业单位数量，累积文化产业发展的规模效应。有数据显示，文化产业小微企业从业人员占全部文化企业的63.3%，且机制灵活，应变力强，其创新行为比大企业更加活跃，效率更高，对文化消费需求的动态变化更具适应性，对文化产业的贡献和影响不应小觑。目前省内扶持文化产业的政策多以优化外部环境为出发点，对企业生态系统建构和优化的直接关注还不够。辽宁应继续加快推进小微文化企业主推成长工程，加快落实小微文化企业发展政策，确保不同类型与规模的文化企业在资源获取、资金筹措、劳动力招募、盈利空间等方面享受合法权益与公平的机会，防止大型企业的扩张对小微企业生存空间的过度挤压。经过3~5年的培育发展，全省小微文化企业蓬勃发展的良好局面将形成，实现中小微企业、个体创业者与大型企业之间的良性竞争、合作共赢。二是加快实施品牌战略，扩大有效供给，增强精品供给。做优做强文化市场主体，推动特色文化园区建设，带动相关文化企业发展，形成产业集聚效应。目前，辽宁省虽然形成了演艺娱乐、动漫游戏、文化会展和工艺美术等四大主导文化产业，但缺乏本土有标志性的大项目大品牌。辽宁应在全面梳理地方文化资源的基础上，尽快把握整合本土资源优势，将有一定文化价值和经济价值的文化遗产提炼出来，转入生产环节，加大对前清文化、辽金文化、抗战文化、工业文化、民俗历史文化等文化品牌的打造，做大做精既有品牌。重点提高现有龙头企业规模化经营水平，充分发挥其聚集作用和辐射效应。谋划推进重大项目大平台建设，特别是注意继续打造一批有能力参与国内国际竞争的骨干文化企业，如辽宁演艺集团、沈阳杂技团、大连大青文化产业集团等，促进辽宁的文化输出。

4. 补齐短板优化产业结构，不断开创融合发展新格局

进一步优化产业结构，从供给的角度来说，首先应杜绝低俗供给，减少低端供给。坚持培养德才兼备的文艺创作者，提高大众文化审美层次，不以丑态、病态、媚态的低俗产品和服务去迎合观众。同时管理者应该给出明确的市场准入标准和底线，通过依法行政、严格执法，落实惩戒机制来抵制低俗文化产品。继续深化文化企事业单位改革，更好地发挥市场对文化资源的

配置作用和政府的引导作用，实现文化产品和企业的优胜劣汰，减少生产资源的浪费。

此外，应加快融合互动，增加高端供给。创新文化供给的产品、渠道和方式，形成新兴文化业态，从而创新文化市场，引领文化消费新需求。从目前文化消费发展趋势上看，大众对能够启迪心智、陶冶性情的较高层级、较高质量的发展型、享受型文化消费需求在增加，但其供给不足，且价格较高。辽宁应进一步提升文化产业与相关产业如信息、健康、旅游、农业、商业、高端装备制造业融合水平，促进文化旅游、休闲娱乐、工业设计等传统业态升级转型，重塑产业结构。例如，可依托现有文旅产业基础，深挖辽宁省独特的革命文化、工业文化、历史民俗文化资源和北国山水生态资源，重新规划一批旅游路线，推进全域四季文化旅游，如依托一宫三陵、明长城等遗址开发辽宁明清古建筑之旅，依托高铁沿线城市群工业遗产和民国老建筑，开发辽宁百年记忆之旅。着重发展旅游演艺，打造一批像“宋城千古情”“最忆是杭州”这样的有较高知名度的文化旅游演艺品牌；同时，结合特色小镇、美丽乡村建设等，引导发展出一批像西塘古镇、莫干山裸心谷这样因地制宜、特色鲜明并且能够整合多种旅游项目的老字号商圈和旅游民宿群等，使文化旅游成为促进城乡转型发展、乡村振兴与精准扶贫的重要手段和途径。

同时，进一步拓展文化产业与互联网、高科技融合的深度和广度。当前，我国已进入追求高质量发展阶段，文化产业也随之进入创新驱动的新发展时期，在此过程中，文化产业内部结构已经发生重大变化，科技创新、互联网相关的产业已经上升为核心的、主导型产业，而辽宁省目前的优势产业仍多体现在文艺演艺、广播影视、新闻出版、广告会展、工艺美术等传统领域，没有紧跟文化与科技高度结合这一趋势。未来应注重发展数字文化科技领导的高端产业、领军产业，如数字阅读、VR 以及以直播、网红经济为代表的 IT 泛娱乐产业等，充分挖掘互联网文化产业发展潜力，提高文化产品与服务的层次，增强文化产业创新发展动力。

## 参考文献

辽宁省统计局:《辽宁省文化及相关产业综合统计制度》(2017 年定期统计报表)。

辽宁省统计局:《2016、2017 辽宁省文化产业统计概览》。

陈凤军:《辽宁文化产业两年实现 20% 以上增长》,《沈阳日报》2017 年 12 月 2 日。

王笑梅:《给群众更多文化获得感——辽宁省推进文化体制机制改革追踪》,《辽宁日报》2018 年 1 月 9 日。

中共辽宁省文化厅党组:《文化发展助力辽宁老工业基地振兴》,《中国文化报》2017 年 9 月 11 日。

# B.25
# 辽宁自贸区沈阳片区的发展与前景分析

杨冬梅*

**摘　要：** 唯创新求发展。辽宁自贸区沈阳片区以制度创新为核心，建设“一基地、三中心”，正式运营一年来，制度和项目建设双丰收，但在发展过程中也存在各种障碍性因素，如何借鉴、复制先进地区的经验，创新、推广自身特色，值得辽宁深思。

**关键词：** 辽宁　自贸区　创新

自由贸易区，一般是指签订自由贸易协定的成员，在 WTO 最惠国待遇基础上，相互进一步开放市场，分阶段取消绝大部分货物的关税和非关税壁垒，在服务业领域改善市场准入条件，开放投资，促进商品、服务、资本、技术、人员等生产要素的自由流动，实现贸易和投资的自由化，实现优势互补，促进共同发展，从而形成涵盖所有成员的一种特殊的功能区域。

当今世界，日新月异，各个国家越来越重视通过建立和发展自由贸易区来为自己的经济发展服务。在中国境内试点自由贸易区，实施“境内关外”政策，实现贸易的高度自由、高度开放，是适应经济全球化新趋势的客观要求，更是中国经济进入发展新时代的必然选择。党的十七大将自由贸易区建设上升为国家战略，党的十八大提出加快实施自由贸易区战略。国务院于 2013 ~2015 年先后批复成立中国上海、广东、天津、福建自由贸易试验区，于 2017 年批复成立辽宁、浙江、河南、湖北、重庆、四川、陕西自由贸易

* 杨冬梅，辽宁社会科学院经济研究区域研究室主任，副研究员，主要研究方向为应用经济学。

试验区，2018 年党中央宣布支持海南全岛建设自由贸易区。习近平总书记强调，加快实施自由贸易区战略，是全面深化改革、构建开放型经济新体制的必然选择。

## 一 中国（辽宁）自由贸易试验区沈阳片区的创立

2017 年，国务院批复成立中国（辽宁）自由贸易试验区沈阳片区，4 月 10 日，正式揭牌，大沈阳进入“自贸时代”。

1. 辽宁自贸区沈阳片区的区位优势

中国（辽宁）自由贸易试验区沈阳片区位居中国东北地区南部，毗邻渤海，地处东北亚的地理几何中心，与日本东京、韩国首尔、蒙古乌兰巴托、俄罗斯伊尔库斯克几乎在等距离的辐射线上。依托这些天然的地理区位优势，沈阳汇聚了富有影响力的空港、高铁站和东北地区最大铁路货运编组站，以及一小时经济圈涵盖的多功能港口，多项联动，交通枢纽功能优势集聚。第一，沈阳是东北铁路交通枢纽，京哈、沈大等多条铁路干线交会于此，是国际联运通往朝鲜、俄罗斯的必经之地；第二，沈阳桃仙国际机场是东北地区第一大航空港，2 小时航程内连接东北亚各国的主要中心城市；第三，沈阳毗邻海港，与大连港、营口港、锦州港等港口距离均不超过 400 公里。完备的交通功能，不仅促进了辽宁自贸区沈阳片区与其他自贸片区的良性互动，而且拓宽了辽宁自贸区沈阳片区与“一带一路”沿线国家、地区的合作范围和领域，不仅有助于彼此间基础设施的互联互通，而且能够重塑投资贸易格局，为振兴老工业基地服务。

2. 辽宁自贸区沈阳片区的战略定位

大沈阳经济区依托国家战略，国家全面创新改革试验区、国家自主创新示范区、国家高新技术产业开发区、国家产城融合示范区政策优势叠加，为中国（辽宁）自由贸易试验区沈阳片区创新机制、体制提供了坚实基础。大沈阳经济区产业优势显著，不仅具备完备的装备制造业体系，汇聚了智能制造、航空装备、信息技术等高端制造产业集群，同行业排头兵企业众多，在重大技术装备、成套设备制造等领域水平先进，而且拥有多家国家级重点实验室和工程技术中心，以及便捷的商贸物流服务体系。在全球产业结构调整的大背景下，沈阳以装备制造为着力点进行国际产能合作的前景可期。依托雄厚的比较优势，按照国家和辽宁省自由贸易试验区总体方案的规划，沈阳片区确定：重点发展装备制造、汽车及零部件、航空装备等先进制造业，建设具有国际竞争力的先进装备制造业基地；发展金融、科技、物流等现代服务业，提升国家新型工业化示范城市水平，建设国际化区域科技创新中心、金融中心、商贸物流中心。

3. 中国(辽宁)自贸区沈阳片区的功能区分布

根据中国（辽宁）自由贸易试验区总体方案对沈阳片区的功能定位，沈阳片区制定了注重产业发展的基本思路，即“集群发展、创新发展、高端发展、开放发展、联动发展”；并初步确定产业发展的目标，建设“一基地、三中心”。围绕产业发展思路和发展目标，经过努力探索与实践，辽宁自贸区沈阳片区建设了八大功能区，即装备制造功能区、研发创新功能区、综合保税功能区、物流商贸功能区、商务金融功能区、分拨物流功能区、会展商贸功能区、机场口岸功能区。

## 二　辽宁自贸区沈阳片区的发展现状

中国（辽宁）自由贸易试验区沈阳片区于2017年4月10日正式挂牌，经过一年来的探索与发展，成绩喜人：新注册企业突破1.5万户，占全省自贸区新增企业60%以上，注册资本超过1500亿元。2018年1～3月，沈阳片区内企业实现税收1.45亿元，同比增长73%，自贸试验区建设实现良好开局。

1. 制度创新和项目发展双丰收

自挂牌以来，沈阳片区积极展开顶层设计和制度安排，紧紧围绕政府职能转变、投资领域改革、贸易转型升级、金融开放创新、老工业基地结构调整、加强对外开放合作等方面，逐步健全政策支撑体系，不断完善载体功能，基本形成“四梁八柱”的改革框架，企业集聚效应持续显现。

健全管理体制。按照“小政府、大企业”的原则，组建自贸区管委会，成立国库沈阳片区支库及税务分局，建立财政税收分配体制，以保证政府职能及体制机制的高效运行。

强化顶层设计。首先是编制沈阳片区实施方案和三年滚动计划，制定空间布局规划、产业发展规划、控制性详细规划和综保区新 B 区规划，明确年度推进任务目标。围绕制度创新，提出 8 个方面 53 大项 230 条具体试验任务和措施，聚焦重点领域和关键环节，先后出台两批共 200 条政策清单。全面推广借鉴上海等自贸试验区的改革经验，深入推进“放管服”改革，率先实现 26 证合一、网上企业注册登记、国地税一窗通办；率先启动“证照分离”改革和“集报集缴”通关改革。明确功能定位，具体规划 5 个产业集聚区和 2 个配套服务功能区。

扩大招商引资。围绕产业集聚，沈阳片区发布了“重点发展产业目录”，制定了“1 +4”政策支持体系，大力促进先进制造、金融服务、融资租赁、科技创新等产业发展，确保精准招商。为扩大自贸区的影响力，沈阳片区累计推介、宣讲 46 场次，参加人数达到 7000 余人次。并利用京沈对口交流会、中国第十六届装备制造业博览会、中国第十九届国际高新技术成果交易会等大型活动平台开展宣传，推介沈阳片区。启动沈阳自贸区国际商会总部基地，举办中俄跨境产业融合大会，并分别与美国东北商会、加拿大东北同乡总会、法国法中高端品牌联合会、智利—中国投资贸易促进会、新加坡中国商会、香港华侨华人总会以及澳门中国东北贸易投资促进会等 11 家商会签署了战略合作伙伴关系协议，与毕马威会计师事务所、仲量联行、沈阳俄丝路电子商务有限公司等 9 家内外资公司签署了项目投资及战略合作协议。

加快项目建设。自贸区新政务服务中心于 2018 年初建成使用，综保区新 B 区正式获批并全面启动建设工作。搭建自贸金融在线服务平台，人民银行沈阳分行和省外汇管理局先后出台 36 条金融举措和 16 条外汇举措支持自贸区发展，如与人民银行业务柜台互联，实现新设企业开立账户、纳入征信系统等业务当日办结。规划建设金融岛，涵盖“一小镇、两中心、三基地”，吸引新兴金融业态企业253家，注册资本249.4亿元，其中融资租赁企业138家，注册资本183.27亿元。

唯创新求发展。沈阳片区一系列的改革与探索，正在转化为生产力、竞争力，推动着辽宁自贸区沈阳片区的发展与繁荣。

2. 发展初期障碍性因素较多

当前，辽宁自由贸易试验区沈阳片区发展刚刚起步，尚处于初级阶段，片区发展的运行机制并不完善，在发展过程中难以避免发生这样那样的问题，遇到这样那样的困难。

（1）法律体系不完善

自2013年始，中国境内已设置12个自由贸易试验区，数量较多，发育程度、战略定位各不相同，而作为支撑的法律法规体系却并不完善，不具有系统性。沈阳片区作为刚刚起步的自由贸易试验区，更是急需系统的法律法规来提供有力的保障。

（2）管理体系不规范，创新管理理念缺失

辽宁自由贸易试验区沈阳片区的管理体系不规范，不能够实现对资金、货物以及人员等生产要素进行科学、合理的管理。管理模式存在理念平庸、立意不高的问题，主要表现在：一是本土性缺失，沈阳片区现行的管理模式大多取材于国际规则、国际惯例，或者照搬国内其他自贸区的管理经验，几乎没有属于自己的、契合老工业基地实际的管理理念。二是主动性缺失，沈阳片区的管理模式受制于国际范例，过于强调国际化，被动忍受他国规则，而缺乏为他人立规的胆略，缺乏创新思维。

（3）对外贸易增长乏力，国际竞争力有待提高

“十二五”期间，辽宁省对外贸易总额虽然有所增长，但增长率却呈现快速下滑趋势，甚至出现了负增长。外贸商品结构仍然失衡，劳动密集型产品的出口比重过大，出口商品附加值较低，缺乏国际竞争力。贸易方式以加工贸易为主，又过度依赖外资，获得的贸易附加值较低，对增强外贸企业自主发展能力、提升沈阳片区的国际竞争力十分不利。

（4）产业结构调整缓慢，转型升级迫在眉睫

与上海、广东等沿海地区不同，沈阳片区重工业发达，而轻工业和第三产业发展相对滞后，产业结构不尽合理。虽然沈阳片区一直致力于调整产业结构，但和全国整体情况相比，差距仍然稍大。装备制造、冶金、石化和农产品是沈阳片区的四大支柱产业，但由于缺乏高技术含量产品，不能适应市场需求变化，传统优势逐渐丧失，发展遭遇瓶颈。以供给侧结构性改革为导向，提高新兴行业比重，降低产能过剩的传统行业比重，构建高端制造业、战略性新兴产业、现代服务业和传统优势产业协调发展新格局，是沈阳片区转型升级的主攻方向。

## 三　辽宁自由贸易试验区沈阳片区近期发展目标

自贸试验区是改革创新的高地，2018 年，辽宁自贸区沈阳片区的改革创新将进入新的阶段，集中力量推进关键性、基础性、标志性改革。发挥“马上办、钉钉子”精神，扎实推进重点项目的引进与建设，提升区域竞争优势和对外开放水平。

加强营商环境建设。深入推进“证照分离、多证合一”改革试点，全面借鉴上海模式，分类推进 93 项行政许可改革事项落地实施，坚决杜绝“明减暗不减、前减后增、主减附增”现象，破解企业“办照容易办证难”问题。完善产业发展支撑体系，制定“1＋4”产业政策实施细则，研究制定具有沈阳特色的任务清单，推进重大创新试验。强力推进制度创新，增强发展内生动力。

夯实对外开放载体。强力推进“国际贸易单一窗口”建设，拓展服务功能，提升通关效率。比如在自贸专区集成出入境人员综合服务等个性化功能，争取到 2018 年底，达到上海 3.0 版本，企业上线率突破 70%。

不断创新管理模式。创新体制机制，实践“互联网＋”政务服务，打破信息孤岛，推进市场化开发建设运营；深化“开发区＋园区”建设发展模式，以产业发展规划为依据，加强健康医疗、民用航空等特色产业园区建

设，推进“金融岛”建设；深化“管委会+平台公司”运营管理模式改革，在重点领域和关键环节不断推陈出新，加快创新经验可复制、可推广的进程。

## 四　促进辽宁自由贸易试验区沈阳片区运行发展的建议

加快建设自由贸易试验区，作为国家战略，习近平总书记强调，要牢牢把握国际通行规则，大胆闯、大胆试、自主改，尽快形成一批可复制、可推广的新制度。

### 1. 深化管理体制改革，转变政府职能

加快自由贸易试验区沈阳片区建设，必须创新发展，必须严格按照国际投资标准和贸易规则，不断转变政府职能，适应法治化、国际化的要求，深化管理体系改革。

建设法治化政府。“转变政府职能”应该坚持权责法定，依法明确政府职能，依法理顺政府、市场、社会的关系。深化管理体制改革，简政放权，也应该坚持有法可依，依法履职，依法清理和规范行政审批事项，坚决杜绝变相审批；依法严格规范，文明执法，强化市场监管。

建设信息化政府。加快实施“互联网+”政务服务工程，不断完善信息网络服务平台，建立信息公开机制，提高行政管理的透明度，提升政务服务的协同化、智能化、便捷化水平。

### 2. 扩大金融业对外开放，完善信用体系建设

大力建设中国（辽宁）自由贸易试验区沈阳片区，实现跨境贸易的自由化、投融资的便利化，促进实体经济健康蓬勃发展，必须进一步扩大开发开放，在吸引外资金融机构集聚、落户，金融创新、金融法治建设，发展培育高层次金融人才等多方面采取新举措，形成新优势，增强沈阳自贸片区全球资源配置能力和影响力。

进一步扩大金融领域的开发开放，以自身的个性化吸引高质量生产要素集聚，需要完善的信用体系的保障。金融信用体系建设是社会信用体系建设

的核心环节，已经成为国家重要战略。大力推进金融诚信建设，积极创新金融信用产品，整合各类信用信息，改善金融服务，规范金融市场秩序，建立高效的数据监测系统和风险预警系统，强化守信激励机制和失信约束监管。

3. 推进融合发展，激发经济活力

自贸区本身承担着国家战略任务，沈阳片区要对接国际投资贸易规则，营造法治化、市场化营商环境，提高营商环境建设的效率，力争将沈阳自贸片区建设成为开放程度最高与制度创新能力最强的自贸区，将沈阳打造成为具有全球影响力的贸易、投资、金融和科技研发创新中心。例如，可以将自贸区与国家“一带一路”建设相配合，鼓励企业在“一带一路”沿线国家或地区设置海外新生产基地，并拓展新市场；继续改善沈阳市营商环境，打造诚信规范、互利共赢的开放环境，努力建设与国际接轨的营商规则体系，争取将一般行政审批办理让办事人“跑一次”办结。

4. 提高海关信息化水平，促进快速通关

为了落实海关总署出台的自贸区发展战略，辽宁自贸试验区沈阳片区应针对发展高端装备制造业、航空产业，快速打造现代物流体系，促进东北一体化协同发展；提高海关信息化水平，协调海关总署出台相关保护政策，促进快速通关。同时，创新海关监管制度，加强在岸与离岸金融账户监管或保证在岸与离岸业务既严格区分又相互联系，促进贸易便利化：包括优先推进自贸试验区“互联网 + 海关”特色服务、率先推进通关一体化改革、建设国际先进水平的国际贸易“单一窗口”、推进海关税收征管方式改革、创新企业管理制度、深化国际海关合作等。

## 皮书起源

“皮书”起源于十七、十八世纪的英国，主要指官方或社会组织正式发表的重要文件或报告，多以“白皮书”命名。在中国，“皮书”这一概念被社会广泛接受，并被成功运作、发展成为一种全新的出版形态，则源于中国社会科学院社会科学文献出版社。

## 皮书定义

皮书是对中国与世界发展状况和热点问题进行年度监测，以专业的角度、专家的视野和实证研究方法，针对某一领域或区域现状与发展态势展开分析和预测，具备原创性、实证性、专业性、连续性、前沿性、时效性等特点的公开出版物，由一系列权威研究报告组成。

## 皮书作者

皮书系列的作者以中国社会科学院、著名高校、地方社会科学院的研究人员为主，多为国内一流研究机构的权威专家学者，他们的看法和观点代表了学界对中国与世界的现实和未来最高水平的解读与分析。

## 皮书荣誉

皮书系列已成为社会科学文献出版社的著名图书品牌和中国社会科学院的知名学术品牌。2016 年，皮书系列正式列入“十三五”国家重点出版规划项目；2013~2018 年，重点皮书列入中国社会科学院承担的国家哲学社会科学创新工程项目；2018 年，59 种院外皮书使用“中国社会科学院创新工程学术出版项目”标识。

# 中国皮书网

（网址：www.pishu.cn）

发布皮书研创资讯，传播皮书精彩内容
引领皮书出版潮流，打造皮书服务平台

## 栏目设置

关于皮书：何谓皮书、皮书分类、皮书大事记、皮书荣誉、皮书出版第一人、皮书编辑部

最新资讯：通知公告、新闻动态、媒体聚焦、网站专题、视频直播、下载专区

皮书研创：皮书规范、皮书选题、皮书出版、皮书研究、研创团队

皮书评奖评价：指标体系、皮书评价、皮书评奖

互动专区：皮书说、社科数托邦、皮书微博、留言板

## 所获荣誉

2008 年、2011 年，中国皮书网均在全国新闻出版业网站荣誉评选中获得“最具商业价值网站”称号；

2012 年，获得“出版业网站百强”称号。

## 网库合一

2014 年，中国皮书网与皮书数据库端口合一，实现资源共享。

## 中国社会发展数据库（下设12个子库）

全面整合国内外中国社会发展研究成果，汇聚独家统计数据、深度分析报告，涉及社会、人口、政治、教育、法律等12个领域，为了解中国社会发展动态、跟踪社会核心热点、分析社会发展趋势提供一站式资源搜索和数据分析与挖掘服务。

## 中国经济发展数据库（下设12个子库）

基于“皮书系列”中涉及中国经济发展的研究资料构建，内容涵盖宏观经济、农业经济、工业经济、产业经济等12个重点经济领域，为实时掌控经济运行态势、把握经济发展规律、洞察经济形势、进行经济决策提供参考和依据。

## 中国行业发展数据库（下设17个子库）

以中国国民经济行业分类为依据，覆盖金融业、旅游、医疗卫生、交通运输、能源矿产等100多个行业，跟踪分析国民经济相关行业市场运行状况和政策导向，汇集行业发展前沿资讯，为投资、从业及各种经济决策提供理论基础和实践指导。

## 中国区域发展数据库（下设6个子库）

对中国特定区域内的经济、社会、文化等领域现状与发展情况进行深度分析和预测，研究层级至县及县以下行政区，涉及地区、区域经济体、城市、农村等不同维度。为地方经济社会宏观态势研究、发展经验研究、案例分析提供数据服务。

## 中国文化传媒数据库（下设18个子库）

汇聚文化传媒领域专家观点、热点资讯，梳理国内外中国文化发展相关学术研究成果、一手统计数据，涵盖文化产业、新闻传播、电影娱乐、文学艺术、群众文化等18个重点研究领域。为文化传媒研究提供相关数据、研究报告和综合分析服务。

## 世界经济与国际关系数据库（下设6个子库）

立足“皮书系列”世界经济、国际关系相关学术资源，整合世界经济、国际政治、世界文化与科技、全球性问题、国际组织与国际法、区域研究6大领域研究成果，为世界经济与国际关系研究提供全方位数据分析，为决策和形势研判提供参考。

# 法律声明